KB192596

# NLP 입문

# NLP 입문

조셉 오코너 · 존 시모어 공저

설기문 · 이차연 · 남윤지 · 정동문 · 권원달 · 김행신 공역

학지사

## 🫧 역자 서문

1970년대에 미국에서 개발된 NLP는 신경-언어 프로그래밍이라는 용어로 번역되어 알려지고 있다. NLP는 인간의 우수성이나 탁월성을 증진하고 보다 빠른 인간의 심리 및 행동의 변화와 심리치료적 목적을 달성하기 위한 차원에서 개발되었으며, 이제는 세계 속으로 급속히 보급되고 있다. 이와 함께 우리나라에서도 최근에 와서 NLP가 크게 발전·보급되고 있기에 NLP 전문가의 한 사람으로서 기쁘게 생각한다. 처음에는 다소 생소하게 들리던 NLP라는 용어가 이제는 보다 가까이에서 자주 접할 기회가 많아지고 있고 보다 직접적인 도움이 될 수 있는 NLP 관련 강좌가 개설되고 책 또한 많이 출간되고 있어 반갑기 그지없다. 바로 이런 상황에서 이 책이 우리 손에 의해 번역되어 출간된다는 것이 너무나 기쁘고 뿌듯하다.

NLP가 우리나라에 들어온 역사가 이제 거의 20년이 되어 가는데 2010년에 출간하는 이 책에는 사연이 많다. 사실 이 책의 원서는 이미 다른 분에 의해서 1996년에 번역·출간된 바 있어 우리나라 최초로 NLP를 소개한 책이 되었다. 하지만 그 책에 대한 아쉬운 부분이 있어 여러 가지 우여곡절 끝에 2010년에 새로운 모습으로 다시 출간하게 되었다.

나는 이 책을 내가 재직하고 있는 동방대학원대학교 'NLP 최면학' 전공의 대학원생 제자들과 공동으로 번역하는 형태를 취했다. 그들은 나로부터 NLP 과정을 공부하였을 뿐만 아니라 각각 국제공인 트레이너 자격증을 취득한 트레이너였기에 다음과 같은 이유로 이번 번역 작업에 동참시켰다. 첫째는 제자들에게 전공인 NLP 분야의 원서에 대한 번역 훈련의 기회를 주고자 함이었고, 둘째는 그들에게 이 번역 작업을 통해서 NLP에 대해서 좀 더 깊이 공부하고 연구하도록 하는 계기를 마련해 주고자 함이었다. 셋째는 무엇보다도 내가 지도교수로서 제자들과 함께 책을 출판한다는 것이 그들 자신은 물론 후배들을 위해서도 좋은 모델이 되고 선례가 될 것이라 여겼기 때문이다. 마지막으로 이 책을 통해서 국내에서 유일하게 전공과목으로 설립되어 있는 동방대학원대학교의 'NLP 최면학'을 세상에 좀 더 널리 알리고 싶은 이유도 있었다.

나는 교육학과에서 상담심리를 전공하여 석사학위 및 박사학위를 취득하였다. 그리고 부산 동아대학교 교육학과 교수이자 한국상담심리학회와 한국상담학회 공인 상담전문가 및 집단상담 전문가로서 지속적인 상담 및 상담 관련 활동을 해 왔다. 그런데 NLP와 함께 트랜스를 활용하여 인간 내면의 치유를 돕는 최면치료 분야를 공부하고 가르치는 동안에 점차 내가 관심을 가지고 연구하는 분야의 연구 내용과 교육 성격의 방향이 조금씩 바뀌게 되었다. 그리고 시기적절하게 2007년부터 동방대학원대학교의 석사 및 박사 과정에서 NLP와 최면학 분야가 학문적으로 더욱 발전할 수 있도록 전공과목으로 개설됨에 따라 책임교수로서 이 분야를 보다 심도 있게 연구하고 가르치고자 하는 노력을 기울여

왔다.

이미 오래전 일이지만, 나는 동아대학교 교육학과 교수로서 재임하던 시절에 학교 활동과는 별도로 1997년부터 부산에서 전문인들과 일반인을 대상으로 NLP와 최면을 보급해 왔다. 2001년 이후로는 서울에서 다양한 교육기관 및 개인의 연구소를 통하여 NLP와 최면을 교육할 뿐만 아니라 심리상담을 실시해 오고 있다. 이런 인연으로 나는 그동안 수많은 제자를 양성하고 그들과 함께 트랜스와 관련된 다양한 연구 활동을 펼쳐 오고 있는데, 이 과정에서 그들과 함께 이 책을 번역하게 되었으니 행복한 마음이다.

이 책은 국제적으로도 유명한 책으로서 영국의 NLP 전문가이자 공인 트레이너인 조셉 오코너(Joseph O'Connor)와 존 시모어(John Seymour)가 공저한 *Introducing Neuro-Linguistic Programming: Psychological Skills for Understanding and Influencing People* (1993)을 번역한 것이다. 이 책의 초판은 1990년에 출간되었는데, 출간 이듬해에 영국 최면사자격검정위원회(British Council of Hypnotist Examiners)로부터 최면치료 관련 분야의 최우수 도서(1991 Prize for the Best Book)로 선정되었다. 그리고 이 책은 현재 20여 개국의 언어로 번역되어 NLP 분야에서는 세계적으로 가장 널리 읽히는 저명한 책으로 평가받고 있다.

이 책의 원본 초판 출판 연도(1990년)를 생각해 본다면 벌써 20년의 세월이 흘렀기 때문에 오래되었다는 느낌이 드는 것도 사실이다. 그럼에도 이 책은 초보자를 위한 우수한 NLP 입문서이자 개론서이며, NLP 분야의 교과서에 해당한다고 생각되기에 가치가 크다. 그래서 이 책은

NLP의 대부분의 주요 기법을 망라하여 종합적이며 명료하고 상세하게 소개하고 있다. 뿐만 아니라 이 책은 NLP를 주제로 하거나 NLP를 직접 다룬 다양한 저서와 관련 자료들을 폭넓게 소개하고 있다. 또한 초보자들에게 도움이 될 만한 다양한 NLP 훈련 과정이나 기관들에 대해서도 안내하고 있을 뿐만 아니라 각종 NLP 용어를 광범위하게 설명하고 있는 NLP 참고서이기도 하다.

이 책은 나의 책임하에 번역되었다. 역자들은 원서의 전체적인 내용을 적절히 분담하여 번역하기로 하고 초벌 번역을 시도하였다. 그리고 그 내용을 기초로 내가 책 내용과 용어의 통일성을 기하기 위한 검토와 수정 그리고 편집 작업을 하였다. 이 과정에서 역자는 원저자가 전달하고자 하는 정확한 의도를 살리고자 최대한 노력하였다. 그렇지만 가능하면 원문의 내용에 집착하여 직역하기보다는 우리나라 독자들이 보다 쉽게 이해할 수 있도록 필요한 부분에서는 의역하였음을 밝힌다. 즉, 독자의 이해를 돕기 위한 차원에서 부분적으로는 원서의 내용 이상으로 보충 설명을 첨가하기도 하였으며, 경우에 따라 특정한 개념이나 내용에 대해서는 원서에는 없는 역자의 각주를 달았다. 따라서 이 번역서의 모든 각주는 역자가 임의로 첨가한 것임을 밝힌다. 그렇게 함으로써 저자와 원서의 의미가 보다 분명하게 전달될 수 있도록 배려하였다. 결과적으로 이 번역서는 원서에 비해서 양이 늘었고 원서에 없는 내용도 많이 첨가되었다고 할 수 있다. 뿐만 아니라 '부록'에서는 우리나라 독자들에게 직접 도움이 되도록 우리나라에서 출간한 NLP 관련 책을 소개하였고, 우리나라 실정에 맞게 NLP 용어를 번역하였다.

　NLP가 특별히 언어와 관련된 것이기에 동일한 내용이라 하더라도 어떤 용어나 단어로 표현하고 전달하느냐에 따라서 그 내용이 얼마든지 다르게 이해될 수 있다는 것은 NLP의 기본적인 원리에 해당하는 사실이다. 그렇기에 아무리 실력 있는 NLP 전문가라고 하더라도 서양 사람들이 영어로 표현한 NLP의 내용과 문헌을 우리 문화에 맞게 우리말로 옮긴다는 것은 여간 어려운 작업이 아니다. 내가 1996년에 캐나다에서 처음으로 NLP를 배웠을 때뿐만 아니라 2001년에 미국에서 트레이너 과정을 공부할 때 늘 나의 마음에서 떠나지 않았던 생각과 고민은 NLP의 용어와 내용을 어떻게 알기 쉬운 우리말로 옮기고 바꿀 것인가에 관한 것이었다.

　예를 들어, NLP의 가장 전형적인 용어 중의 하나인 앵커링(anchoring)과 같은 개념이나 기법을 우리말로 무엇이라고 표현해야 할 것인가에 대해 오래 고심하였다. 그래서 초기에는 그것을 '접목하기' 또는 '닻내리기'로 번역하기도 했지만 왠지 아쉬움이 느껴져 언제부턴가는 영어 발음 그대로 앵커링으로 사용하기로 하였다. 이처럼 번역상의 어려움이 있기 때문에 국내 NLP 전문가들 사이에서도 동일한 개념이나 기법을 서로 다른 이름으로 사용하고 있는 것이 사실이다. 이것은 아마 비영어권의 다른 나라에서도 마찬가지 현상일 것이라고 생각한다.

　또 하나 빼놓을 수 없는 용어나 기법으로 'swish pattern'이라는 것이 있다. 이 말을 번역 없이 '스위시 패턴'이라는 영어 발음 그대로 사용할 수도 있겠지만, 나는 이를 굳이 '휘익 기법'이라고 번역하였다. 왜냐하면 그것이 이 기법을 사용할 때 소리 내는 휘익(swish)이란 의성어를 포함하는 용어이기 때문이다. 마지막으로 하나 더 언급한다면 하위양식으로 번역한 'submodality'에 대한 것이다. 이 개념은 다섯 가지의 감각양식(오감)을 구성하는 하위 요소를 의미하는 것이기에 하위양식이라고 하였다.

물론 나는 이미 NLP 관련 책을 여러 권에 걸쳐서 저술하고 번역한 적이 있다. 그때마다 용어의 번역 문제 때문에 어려움을 겪었지만 이번에는 이 책의 상징성 때문에 더욱 신경을 쓴 것이 사실이다. 아무튼 그런 번역상의 어려움에도 불구하고 이 한 권의 책을 마무리하고 보니 이 책이 과연 독자들에게 쉽게 읽히고 활용될까 염려도 된다. 부분적으로는 매끄럽지 못한 번역어들이 있을 것으로도 생각한다. 혹시나 원저자의 진정한 의도를 곡해하거나 잘못 번역한 부분도 있지 않을까 신경이 쓰이기도 한다. 하지만 역자로서는 최선을 다했다고 생각하며, 아쉬운 점이나 부족한 점뿐만 아니라 혹시 오역이 있다면 그것은 전적으로 나의 책임임을 밝힌다. 그러므로 그런 부분에 대해서 독자 여러분이 피드백을 해 준다면 기회가 되는 대로 기꺼이 수정하거나 보완할 것을 약속하는 바다.

마지막으로 이번 번역본을 마무리하면서 동방대학원대학교의 제자들이 합심하여 완성한 이 최초의 책이 앞으로 각자의 더 큰 발전을 위한 밑거름이 되기를 바란다. 아울러 NLP의 학문화를 위한 과정에 더 많은 후학이나 후배들이 우리의 전공에 동참하기를 바라는 마음이다. NLP를 통해 새로운 인연을 만들고 함께 뜻을 모아 커다란 공동체가 되어 세상을 위해, 자신을 위해 의미 있는 학문으로 발전시켜 나가는 일에 함께할 새로운 동지를 마음으로 기다려 본다. 그들과 함께 사람을 돕는 다양한 NLP 프로그램을 만들어 내고 발전시킬 것을 기도하며 새로운 또 하나의 희망을 갖는다.

이 책의 출간과 함께 우리나라 대학원에서 최초로 석·박사과정에서 NLP를 전문으로 연구하고 가르칠 수 있도록 'NLP 최면학'이라는 전공을 개설해 주신 동방대학원대학교 정상옥 총장님께 뜨거운 마음으로 감사를 드린다. 정 총장님과 동방대학원대학교 덕분에 우리나라의 NLP가 더욱 발전할 것으로 믿는다. 그리고 늘 NLP에 관심을 가지고 좋은 책을 만들겠다고 수고를 아끼지 않고 격려해 주시는 학지사의 김진환 사장님과 편집부의 김순호 차장님 및 늘 애써 주시는 학지사 관련 직원분들께도 감사를 드린다.

천천히, 천천히…… 느리지만 결코 멈추지 않는 발걸음으로 NLP와 함께 자신의 내면의 무한자원을 찾아내고 다듬어 가는 동안 우리의 삶이 아름다운 것임을 깨달아 가게 되길…….

2010년
설기문

헌신적이고 진지한 마음으로 NLP를 공부하는 많은 사람이 자신이 하는 일에서 재능을 발휘하는 것을 보는 것은 항상 즐거운 일이다. 이 책에서 저자인 조셉 오코너와 존 시모어는 기본적인 NLP의 원리와 방법을 아주 쉽게 잘 설명해 주고 있다. 이 책은 또한 대화체의 편안한 문체로 쓰였으면서도 NLP의 풍성함과 정교함을 훼손하지 않고 잘 보존하고자 하였다. 그렇게 함으로써 알베르트 아인슈타인의 '모든 것은 더 이상 단순할 수 없을 정도로 최대한 단순해야 한다.'는 격언이 옳다는 사실을 잘 확인시켜 주고 있다.

더욱 중요하게도, 이 책에서는 가장 중요한 NLP의 기본을 소개할 뿐만 아니라 이 분야에서 최근에 개발된 이론과 기법들까지도 통합함으로써 독자를 최신의 NLP 세계로 안내하면서 NLP가 어떤 것인지를 총체적으로 이해할 수 있도록 해 주고 있다. 이 자리를 빌려 NLP의 미래를 위한 초석을 다지느라 수고하신 두 저자의 성취에 대하여 축하의 인사말을 전하는 바다.

로버트 딜츠(Robert Dilts)

1989년 12월 캘리포니아 주 산타크루즈에서

합리적인 사람은 스스로를 세상에 적응시킨다.

비합리적인 사람은 세상을 자기에게 맞추려 한다.

이것이 바로 모든 진보가 비합리적인 사람에 의해 성취되는 이유다.

- 조지 버나드 쇼[1]

역사가 기록될 때 그 기록된 역사는 마지막 만병통치약 판매상의 노래[2]와 공통점을 가진다.[3] 그래서 외교관과 같은 사람은 스스로를 세상에 적응시키지만 자기 신념이 강한 사람들은 오히려 세상을 자기에게 맞추려 한다. 만약 그렇지 않다면 달리 어떠하겠는가?

글자가 만들어지기 전 원시문화의 구전되는 역사를 생각하면 그것은 한편으로는 편할 수 있겠지만 다른 한편으로는 불편하다. 즉, 글자가 없을 때는 어떤 일이 일어난 순서대로 말하면 되는 것이니까 편하지만 말하는 사람조차 어떤 사실이나 순서를 잊어버리게 되는 일이 생길 수 있다. 그런 경우에는 불편해지지 않겠는가?

그레고리 베이트슨(Gregory Bateson)은 인간이 처해 있는 치명적인 삼각형적 상황에 대해서 우리에게 경고한 바 있다. 그 삼각형이란, 첫째는 테크놀로지, 둘째는 인간의 자연적 환경(아마존의 밀림)을 인공적인 것(뉴욕의 도로)으로 대체시키려는 충동, 셋째는 무의식적 차원과의

---

1) George Bernard Shaw(1856~1950): 영국의 극작가 · 소설가 · 비평가. 영국 근대주의의 창시자로 문명사회를 비판 · 풍자한 작품을 썼으며, 1925년에 노벨문학상을 받았다.
2) 앞에서 인용한 조지 버나드 쇼의 시를 비유한 표현이다.
3) 이 말은 곧 판매상이 어떤 노래를 부르느냐에 따라서 역사는 달리 기록될 수 있다는 뜻으로 해석될 수 있으며, 또 '역사란 승자의 기록' 이란 말을 연상시키기도 한다.

균형이나 조화를 생각하지 않는 의식적 차원의 계획이라는 세 가지를 포함하는 현실을 말한다.

톰 멀로이[4]는 그의 멋진 소설 『여명의 종막』에서 '적자생존'이라고 한 찰스 다윈의 언어적 장애, 즉 어떤 현상을 정확한 언어로 잘 표현하지 못하는 문제를 꼬집었다. 즉, 그는 다윈이 적자생존(適者生存)이라는 의미로 사용한 개념 survival of the fittest에서 fittest라는 최상급을 fitter라는 비교급으로 바꾸어 survival of the fitters라고 하는 것이 더 나을 것이라며 수정하였다.[5]

오코너와 시모어 두 사람은 하나의 엄청난 모험을 하나의 잘 정리된 이야기로 바꾸어 놓았다. 리처드 밴들러(Richard Bandler)와 내가 과거에 함께 돌아다녔던 정글은 신기하고 특이한 곳이다. 반면에 오코너와 시모어는 그 정글을 하나의 영국식 장미 정원으로 바꿔 놓았다. 그런데 정글과 장미 정원 모두는 각각의 매력을 가지고 있다.

독자들이 지금 읽으려고 하는 이 책의 내용은 정확히 사실과 일치한다고 할 수는 없다. 그럼에도 적어도 나에게는 제법 그럴듯하게 보인다.

존 그린더(John Grinder)

1989년 12월

---

4) Tom Malloy: 미국 유타대학교의 심리학과 교수이며 『여명의 종막(*The Curtain of Dawn*)』이라는 소설을 썼다.

5) 여기서 fittest란 최상급의 개념을 사용하면 적자가 최고에 해당하는 한 명만 해당되지만 fitter란 비교급의 개념을 쓰면 다른 사람들보다 나은 사람들이라는 뜻이 되어 상대적으로 더 나은 복수의 여러 명을 지칭할 수 있다. 이렇게 볼 때 멀로이의 말은 다윈이 '가장 뛰어난 한 사람만 생존한다.'는 뜻으로가 아니라 '남들보다 더 나은 사람들이 생존한다.'는 뜻으로 적자생존의 개념을 사용했어야 함을 의미한다고 이해할 수 있다.

이 책은 NLP, 즉 신경-언어 프로그래밍이라는 분야를 소개하는 안내서다. NLP는 우수성 또는 탁월성(excellence)의 기술이며 과학으로서, 여러 분야의 최고의 사람들이 어떻게 해서 남다른 우수한 능력을 발휘하게 되는지를 연구하는 것에서 유래하였다. 이 NLP의 커뮤니케이션 기법은 개인적인 목적으로나 직업적인 목적으로 일의 능률과 효율성을 증진하고자 하는 어떤 사람이라도 배울 수 있다.

이 책은 NLP가 커뮤니케이션, 비즈니스, 교육, 치료와 같은 분야에서 이룩한 탁월성의 많은 모형에 대해서 설명하고 있다. NLP의 접근은 아주 실용적이며 결과 지향적인 것으로서 오늘날 세계적으로 많은 학문 분야에서 점차로 지대한 영향력을 발휘하고 있다.

NLP는 여전히 성장하고 있으며 새로운 개념과 원리가 계속하여 창출되고 있다. 그런데 우리는 저자로서 오히려 이와 같은 책은 실질적으로 그러한 발전상을 제대로 담아내지 못한다는 점을 인식하고 있다. 왜냐하면 책이란 것은 아무리 잘해도 그 책이 쓰일 당시의 상황까지밖에는 반영하지 못할 정도로 고착되고 정지된 상태에 있기 때문이다. 그것은 마치 어떤 대상을 동영상으로 찍는 것이 아니라 스냅사진으로 찍는 것과 같다고 할 수 있다. 그러나 그 대상이 내일이 되면 모습이 달라질지도 모른다는 이유로 오늘의 모습을 찍을 필요가 없다고 말할 수는 없을 것이다.

　독자 여러분은 이 책에 대해서 새로운 영토를 탐색하고 평생의 신나는 여행을 계속할 수 있게 하는 디딤돌과 같은 것이라고 생각해 주기를 바란다. 이 책은 저자들이 NLP를 공부하면서 경험하고 이해한 개인적인 생각을 반영한 것이지, 결코 NLP 자체의 결정적이거나 공식적인 견해를 설명하는 것은 아님을 알아주기 바란다. 어쩌면 NLP의 성격상 그러한 책은 결코 있을 수가 없을 것이다. 이 책이 입문서이기 때문에 우리는 이 책에서 어떤 내용을 포함시키고, 또 어떤 내용을 제외시킬 것인지에 대해서 많은 고민을 하였다. 그것은 어쩌면 선택의 문제일 수도 있다. 어쨌든 그 선택의 결과로서 이와 같은 책이 나왔는데, 이것은 많은 가능한 종류 중의 하나라고 할 수 있다.

　NLP는 우리가 어떻게 자신의 독특한 인생 경험을 구조화하는지에 대한 이론적 모형이기도 하다. 그리고 그것은 인간의 사고와 커뮤니케이션이 가지는 환상적이고 아름다운 복잡성에 대해서 생각하고 그것을 체계화할 수 있는 여러 가지 방법 중 한 가지일 뿐이다. 저자로서 우리는 이 책을 두 사람이 공동 저술함으로써 더욱 깊이 있는 책이 되었기를 바란다. 이 책이 한 사람만의 단독 저서로 출간되었다면 그러한 깊이에 이르지 못했을 수도 있기에 하는 말이다. 여기서 깊이라는 것은 어떤 표적물을 두 개의 눈으로 보고 초점을 맞추는 것과 관련될 것이다. 왜냐하면 한쪽 눈으로만 보면 세상은 입체가 아닌 평면으로 보일 것이기 때문이다.

NLP는 마음의 태도와 이 세상에서 인간의 존재 방식을 대변해 주는 것이다. 그러나 그러한 것을 한 권의 책으로 적절히 설명한다는 것은 불가능한 일일지도 모른다. 비록 책의 행간을 읽음으로써 어느 정도의 짐작은 가능하겠지만 말이다. 멋진 음악을 즐긴다는 것은 악보를 봄으로써가 아니라 소리를 들음으로써 가능한 것이다.

NLP는 실천적인 것이다. 그것은 세상에서 효과적으로 사고하고 행동하게 하기 위한 이론 모형, 기술, 기법의 체계라고 할 수 있다. NLP의 목적은 실용성을 증진하고 선택의 폭을 넓히며 삶의 질을 높이고자 하는 것이다. 그러므로 독자들이 이 책에서 무엇을 얻을 것인지에 관해서 물어볼 수 있는 가장 중요한 질문은 그것은 과연 유용한가? "그것은 효과가 있을까?" 하는 것이다.

따라서 이 책의 내용을 실제로 적용해 보면서 무엇이 유용하며, 무엇이 효과가 있는지를 알아보도록 하라. 보다 중요한 것은 효과가 발휘되지 않는 곳이 어디인지를 찾아보고 효과가 발휘될 때까지 방법을 바꾸어 계속해서 적용해 보라는 것이다. 그런 것이 바로 NLP 정신이다.

우리가 이 책을 쓰는 목적은 계속 늘어만 가고 있는 NLP에 관심 있는 많은 사람의 욕구에 부응하기 위한 것이다. 그래서 우리는 NLP 분야를 총체적으로 살펴볼 수 있는 책을 쓰기로 작정하였다. 우리는 이 책을 통하여 사람들이 어떤 방식으로 생각하는지에 대해서, 그리고 변화는 가능하다는 점에 대해서 알았을 때 우리 스스로가 경험했던 흥분의 경험을 독자들과 공유할 수 있을 것이다. 이 책은 변화하는 세계에서 변화를 위한 도구로 곧바로 활용될 수 있는 가장 유용한 기술과 기법, 패턴 들을 망라한 것이다.

이 책은 또한 한 번 읽고 버릴 것이 아니라 그 후에도 계속해서 참고용으로 사용될 수 있도록 하였다. 그리고 독자들이 이 책을 통해서 알게 된 NLP 세계에서 특정한 분야에 대한 관심과 흥미를 좀 더 키우고 활용의 범위를 넓히기 위하여 그에 맞는 다른 책을 구입하여 읽고자 할 때 이 책은 좋은 가이드가 될 수 있을 것이다. 마지막으로 독자들은 이 책을 읽어 봄으로써 자신에게 맞는 NLP 트레이닝 코스를 선택하는 데도 도움을 얻을 수 있을 것이다.

NLP를 한마디로 설명하기 어려운 것을 감안할 때 이 책을 쓰고자 하는 우리의 목적은 너무 어려운 것이어서 우리 두 사람 중에 어느 누구도 먼저 시작하겠다고 나서지를 못했다. 그러나 우리는 우리 두 사람의 능력을 통합하는 가운데 용기를 낼 수 있었다. 우리가 과연 얼마나 목적 달성을 잘했고, 성공했을지는 독자들이 이 책을 얼마나 유용하다고 여기느냐에 달려 있다고 생각한다.

우리는 특히 독자 여러분이 NLP 분야에 대해 좀 더 깊이 있게 공부해 볼 것을 권하고 싶다. 이러한 강력한 NLP의 개념과 원리를 여러분 자신과 타인을 위해서 진심 어린 마음과 존중심을 갖고 사용하게 되기를 바란다. 그리고 여러분의 개인적인 삶과 직업 생활뿐만 아니라 다른 사람들의 삶 속에서 선택의 폭을 보다 넓히고 더 많은 행복을 만들어 나가게 되기를 바란다.

우리는 처음에 사람들이 어떻게 NLP라는 것을 발견하고 어떻게 경험했는지에 대한 이야기를 하나의 장으로 쓰려고 계획했었다. 그러나 그렇게 하는 것이 별로 효과가 없을 것 같다는 생각을 하였다. 남의 이야기를 통한 간접 경험은 재미는 있을지 몰라도 다른 사람들에게 별 영향은 주지 못할 것 같았기 때문이었다. 대신에 우리는 NLP 정신에 따라 여러분 각자가 NLP를 사용하면서 겪었던 재미있는 경험에 대한 장을 독자적으로 한번 써 보라고 권하고 싶다.

NLP는 현장에서 활용할 때 가장 좋다. 일단 메뉴를 읽어 보고, 그중에서 마음에 드는 음식이 있으면 그 자리에서 그것을 주문하여 맛있게 식사를 즐겨라.


사진이 곧 사람 자체가 아니다.

디딤돌이 곧 여행 자체가 아니다.

악보가 곧 음악 소리가 아니다.

마술은 없다. 다만, 마술가와 사람들의 착각이 있을 뿐이다.

## 🐚 제2판 저자 서문

　우리는 처음부터 이 책을 체계적으로 업데이트하겠다는 의도를 가졌다. 이 책의 내용이 계속하여 경계를 넓혀 가고 변화해 가는 NLP의 최근의 흐름에 맞추어 가게 되기를 바랐기 때문이었다. NLP는 본질상 결코 한자리에 머물러 있을 수 없다. 그러므로 우리가 이 새로운 2판 작업을 한다는 것은 즐거운 일이다. 이 책의 초판은 우리가 가졌던 꿈을 실현시켜 주었다. 그리고 우리는 독자들로부터 받은 피드백을 통하여 대체적으로 이 책의 저술 목적을 달성했음을 알 수 있었다. 그 피드백은 대략 '이 책은 NLP계의 유용한 입문서이자 개론서로서 자리를 잡았다.'는 것이었다. 그러므로 제2판은 그 꿈을 지속시킬 것이다.

　우리는 이 새 판에서 여러 가지의 작은 수정과 소수의 큰 수정을 가하였다. 비록 작은 수정이지만 여러 가지의 수정을 통하여 이 책은 전반적으로 초판과는 달라졌으며 질도 많이 개선되었다. 그리고 큰 변화는 부록에서 새로운 자료와 정보를 첨부하였다는 것이다. 그리고 제2판에서는 특히 메타 프로그램에 관한 부분도 추가하였다. 이 메타 프로그램의 내용은 특히 비즈니스 상황에서 더욱 필요한 것이라고 할 수 있기에 이 책에 보다 적극적으로 포함시켰다. 우리는 또한 신념에 대한 내용과 마지막 장의 모델링에 대한 부분을 확장시켰다. 이들 내용을 보충하는

데 도움을 준 마이클 닐(Michael Neill)에게 특별히 감사를 전한다.

부록에 포함된 세계의 NLP 기관에 대한 내용도 대폭 업데이트되었다. 우리는 이 부분에 있어서 특히 최근 몇 년 사이에 새롭게 성장하고 있는 많은 NLP 기관을 포함시키려고 하였다. 이 목록은 우리가 아는 범위 내에서는 비교적 종합적이고 정확할 것으로 생각한다. 최근에 독일에서의 NLP가 아주 급속도로 발전하고 있다는 점도 괄목할 만하다.

오늘날 NLP 관련 서적들이 괄목할 만한 속도로 많이 출간되고 있는데, 그러한 내용들이 간단한 논평과 함께 부록에 소개되었지만 앞으로는 더 이상 책 소개가 어려울지도 모른다. 왜냐하면 앞으로는 너무 많은 책이 발간될 것이어서 그 모두를 한꺼번에 소개하기가 쉽지 않을 것이기 때문이다.

이 책의 본문 내용을 일부나마 바꾼다는 것은 생각보다 훨씬 어려운 일이었다. NLP는 마치 홀로그램과 같다. 홀로그램은 아무리 작은 조각으로 분리하여도 그 분리된 조각에 전체의 정보가 담겨 있으며, 그 조각들은 다른 조각들과 연결되어 있기 때문이다. 마찬가지로 NLP의 모든 내용도 다른 부분과 연결되어 있다. 그러한 점이 시스템, 즉 조직이나 체제의 속성이라고 할 수 있기에 NLP는 곧 시스템적 모형이라고 할 수 있다. 그러므로 이 책이 그러한 시스템적 속성을 반영하는 한, 어느 한 부분의 변화는 곧 다른 부분도 그에 따라서 변화될 필요가 있음을 의미한다. 그것은 메타포적으로 설명하자면 메아리가 퍼져 나가는 듯한 것이며, 전체적으로 연결된 실타래가 풀릴 때는 전체적으로 풀리는 것과 같은 것이기도 하다.

그런데 아무리 NLP가 퍼져 나가도 변치 않는 두 가지 개념이 있다. 하나는 NLP가 인간에 대한 호기심을 구체화한다는 것이다. 즉, 사람들은 자기가 하는 행동을 어떻게, 어떤 식으로 하는가에 관한 것이다. 다른 하나는 모델링에 관한 것이다. 즉, 세상의 탁월성을 끊임없이 찾아내어 그것을 모방하여 사용하도록 한다는 것이다. 탁월성은 곳곳에 있는데, 때로는 그것이 너무 뻔하게 있어 우리가 보지 못하고 지나칠 수도 있다. NLP는 또한 선택의 폭을 넓히고 선택의 기회를 증가시키는 것이기도 하다. 따라서 NLP에서는 우리가 생각을 통해서가 아니라 실제적인 실행과 경험을 해 봄으로써 진정으로 이해하고 받아들이게 된다고 할 수 있다.

제이 어드만(Jay Erdmann)과 마이클 닐에게 그들의 도움에 대해서 감사의 마음을 표하고 싶다. 또한 NLP 기관에 대한 자료 수집에 도움을 준 『앵커 포인트 매거진(Auchor Point Magazine)』의 마이클 필립스(Michael Phillips), 그리고 토슨스(Thorsons) 출판사의 편집자인 리즈 푸틱(Liz Puttick)에게도 감사드린다.

마지막으로 이번 개정판을 위하여 귀중한 피드백과 제언을 해 준 많은 친구들에게도 감사를 전한다. 독자 여러분도 이 책을 읽으면서 감동을 받은 부분이 있다면 그 마음을 담아서 저자들에게 편지로 알려 주기를 바란다.

조셉 오코너 · 존 시모어
1993년 1월 런던에서

## 01 NLP의 토대와 기본 원리 ··· 27

NLP의 토대가 된 기본 개념과 원리를 소개한다. 구체적으로 현재 상태에서 원하는 미래의 바람직한 상태로 가거나 성과를 얻는 법, 커뮤니케이션의 원리, 라포 형성의 원리, 세상을 이해하는 방법 등에 대해서 다룬다.

## 02 인식과 표상체계 ··· 77

우리가 생각하기 위하여 내적으로 감각을 사용하는 방법, 언어가 사고와 관련되는 방법, 다른 사람들이 생각하는 방식을 알 수 있는 방법에 대해서 다룬다.

## 03 마음의 상태와 앵커링 … 121

마음의 상태와 그것을 이끌어 내고 활용하는 방법과 원리, 앵커링과 함께 마음의 자원 충만 상태에 접근하는 법에 대해서 다룬다.

## 04 시스템적 사고와 신경적 수준 … 157

단순한 인과관계의 맥락에서보다는 시스템적 차원에서 생각하기, 로버트 딜츠의 최신 업적과 환경, 행동, 능력 신념, 정체성을 포함하는 신경적 수준에 대해서 다룬다.

## 05 언어의 한계와 메타모형 … 195

우리의 경험에 한계를 설정하는 언어의 본질, 그 한계를 뛰어넘을 수 있는 방법과 함께 사람들이 하는 말을 명료화하기 위한 메타모형의 원리와 방법을 다룬다.

## 09 전략과 모델링 ··· 379

대표적으로 철자 전략을 포함한 다양한 실천적인 전략의 예들과 모델링의 원리와 기법을 다룬다.

## 에필로그 ··· 435

현대문화에서의 변화 상황을 NLP가 어떻게 반영하고 있는지, 우리의 내적인 사고 세계에서의 변화 과정은 외부 세계에서의 증가하는 변화의 속도를 어떻게 반영하는지에 대한 간단하면서도 사색적인 탐색에 해당한다.

## 부 록 ··· 443

NLP 트레이닝 과정과 세계 각국의 NLP 트레이닝 기관과 단체, NLP 관련 영어 원서와 한국어 책들에 대한 포괄적인 정보, 그리고 NLP 용어를 소개한다.

01

# NLP의 토대와 기본 원리

# NLP란 무엇인가

나는 이 책을 쓰겠다는 마음을 먹었으면서도 막상 첫 말을 어떤 식으로 시작할까에 대해서 나름대로 고민하고 있었다. 마침 그때 바로 며칠 전에 한 친구를 만났던 일을 기억하게 되었다. 그날 오랜만에 만난 우리는 반가운 안부 인사를 나누었다. 친구는 나에 대해서 궁금했던지 나의 근황을 물었다. 그래서 나는 "책을 한 권 쓰고 있어."라고 대답하였다.

"아, 그래? 책을 쓰고 있다고? 대단한 친구군……. 그런데 무슨 책을 쓰고 있어?"라고 친구는 물었다.

그 순간 나는 즉각 "NLP, 즉 신경-언어 프로그래밍에 관한 책을 쓰고 있어."라고 대답하였다. 바로 그때 짧지만 의미 있는 침묵의 시간이 지나갔다. 잠시 후에 친구는 "그래? 잘되길 바라네……. 그건 그렇고, 식구들은 모두 다 잘 지내겠지?"라고 말하였다. 친구는 내가 쓴다고 한 책에 대한 나의 대답을 제대로 이해하지 못한 눈치였다. 어떤 면으로 보면 내가 친구에게 했던 대답은 맞기도 하고 틀리기도 하다. 만약 내가 그 친구와 더 이상 대화를 하고 싶지 않다면 내 대답은 제대로 먹혀들었다고 할 수 있다.

사실 이 책은 사람들이 어떻게 생각하고 행동하는지에 대해서 NLP라는 차원에서 다루고자 하는 책이다. 하지만 내 친구는 '내가 무엇을 하며 지내는지'에 대해서 자기가 이해하는 언어와 방식으로 알고 싶어 하였다. 그러나 그는 내가 던진 대답에 대해서 제대로 이해할 수 없었다. 즉, 그가 알고 있는 지식이나 상식의 차원에서는 내 대답이 무엇을 의미하는지 제대로 이해할 수 없었다. 나는 당연히 내가 한 말의 의미를 알았지만 그 말을 그가 이해하는 언어와 방식으로 설명하지 못했다. 즉, 나의 대답은 그의 물음에 대한 제대로 된 답이 되지 못했던 것이다.

그렇다면 NLP란 무엇일까? NLP란 말에는 어떤 개념이나 이론들이 포함되어 있을까? 그날 이후로 나는 다른 사람들이 내가 쓰는 책이 어떤 것인지에 대하여 질문을 해 올 때마다 예전과는 다르게 다음과 같은 식으로 대답해 주었다. 즉, NLP란 사람들이 어떻게 특정의 분야에서 탁월성을 보일 수 있을지 그 방법을 연구하는 것이며, 아울러 그 방법을 사람들에게 가르치기 위한 내용에 대한 것이라고 말이다.

NLP는 개인적 탁월성 또는 우수성에 대한 예술이요 과학이다. 사람들은 누구나 남과는 조금씩 다른 자기만의 독특한 인성과 스타일에 따라서 행동을 하는데, 그러한 행동의 차이가 단순한 말 몇 마디나 테크닉이라는 차원에서는 쉽게 포착될 수 없다. 그러므로 그러한 인간 행동을 다루는 NLP는 예술이라고 할 수 있다. 또한 NLP는 탁월하거나 우수한 사람들이 특정 분야에서 탁월한 성과를 이룩하기 위하여 사용하는 원리와 방법, 즉 패턴을 찾아내고자 하는 것이기에 과학이라고 할 수 있다. NLP에서는 그러한 방법을 모방, 패턴, 기술, 테크닉이란 이름으로 부르는데, 그것은 상담, 교육, 보다 효율적인 커뮤니케이션과 자기계발을 위한 비즈니스, 그리고 가속학습[1] 분야에서 크게 활용되고 있다.

혹시 당신은 과거에 스스로도 놀랄 정도로 어떤 일을 너무도 기막히

---

1) accelerated learning: 불가리아 태생의 교육학자이자 심리학자인 게오르기 로자노프 (Georgi Lozanov, 1926~ ) 박사의 암시학습법(suggestopedia)을 바탕으로 1980년대 미국 스탠퍼드대학교에서 개발한 새로운 학습법이다. 이는 전뇌(全腦, whole-brain)와 감각에 기초한 NLP심리학에 해당하는 발견들을 학습에 적용하는 원리와 방법이기도 하다. 이 가속학습법을 바탕으로 퀀텀학습법(quantum learning)이 개발되었다.

게 잘했던 적이 있는가? 당신은 과거에 스스로 한 일이 너무도 대단하다고 생각하여 기뻐했을 뿐만 아니라 자신이 어떻게 그런 일을 해낼 수 있었는지 의아해했던 적이 있는가? NLP는 우리가 그러한 성공적인 경험을 어떻게 이해해야 하고 어떻게 모방할 수 있을지에 대해서 가르쳐 준다. 그렇기에 우리는 보다 많은 성공 경험을 해 나가게 될 수 있다. 그것은 결국 자신의 개인적 천재성을 발견하고 개발하는 한 방법이자 자신과 타인에게 숨어 있는 최고의 잠재성을 개발하는 방법이기도 하다.

NLP는 다른 사람들을 위한 가치를 창조해 내는 동시에 우리가 세상에서 진실로 원하는 결과를 창조하게 하는 실제적인 기술이다. 그것은 또한 탁월하거나 우수한 사람과 평균적인 사람들 사이에 존재하는 차이를 연구하며 교육, 상담, 비즈니스, 치료의 분야에서 활용되는 대단히 효과적인 기법을 망라하고 있다.


# 1972년의 캘리포니아 주 산타크루즈


NLP는 미국의 존 그린더(John Grinder)와 리처드 밴들러(Richard Bandler)에 의해서 1970년대 초에 창시되었다. 그린더는 당시에 산타크루즈 소재 캘리포니아대학교의 언어학 조교수였으며, 밴들러는 같은 학교의 심리학 전공 대학원생이었다. 밴들러는 동시에 심리치료 분야에도 아주 큰 관심을 갖고 있었다. 이 두 사람은 당대 세계 최고의 심리치료자 세 사람에 대해서 함께 연구를 하였다. 그 세 사람은 프리츠 펄스(Fritz Perls), 버지니아 사티어(Virginia Satir), 밀턴 에릭슨(Milton Erickson)이었다. 펄스는 게슈탈트(Gestalt) 치료라고 하는 혁신적인 심리치료법을 창시한 사람이며, 사티어는 다른 치료자들이 제대로 치료하지 못하는 어려운 가족관계 문제를 잘 해결하는 가족치료 전문가였다. 그리고 에릭슨은 정신과 의사로서 세계적인 최면치료가이자 에릭슨최면[2]의 창시자였다.

밴들러와 그린더는 새로운 심리치료 학파를 시작하려고 NLP를 개척하지는 않았다. 오히려 그들은 뛰어나거나 탁월한 심리치료자들이 즐겨 사용하는 핵심적인 치료적 기법을 찾아내어 그것을 다른 사람들에게 어떻게 가르칠 수 있을지에 대해서 알아내고자 하였다. 이런 이유로 해서 그들은 이론에 대해서는 크게 관심을 두지 않았다. 그보다 임상 실제에서 효과적으로 적용될 수 있고, 또 쉽게 가르칠 수 있는 치료의 기법을 찾아내고자 하였다.

그런데 그들이 연구한 세 사람의 대가들은 서로 아주 다른 성격의 소유자였지만 뜻밖에도 유사한 치료적 패턴을 보였다. 밴들러와 그린더는 그러한 패턴들을 찾아내고 다듬어서 최종적으로는 효율적인 커뮤니케이션, 개인 변화, 가속학습, 행복한 인생을 위한 일에 활용될 수 있는 뛰어난 치료체계로 개발하였다.

그들은 자신들의 성과물을 1975년에서 1977년 사이에 네 권의 책으로 출판하였는데, 바로 『마술의 구조 1』, 『마술의 구조 2』, 『밀턴 H. 에릭슨의 최면 테크닉의 화법 1』, 『밀턴 H. 에릭슨의 최면 테크닉의 화법 2』다.[3] 그런데 이 중에서 뒤의 두 권은 에릭슨의 최면치료와 관련된 내용을 엮은 것이다. 이 시기를 기점으로 해서 NLP 분야에서는 해마다 많은 책들이 점차로 출판되고 있다.[4]

--------------------------------------------------------------------------------
2) 에릭슨최면(Ericksonian Hypnosis)의 상세한 내용에 대해서는 설기문(2009)의 『에릭슨최면과 심리치료』(학지사)를 참고하라.

3) Structure of Magic I & Ⅱ, Patterns of Hypnotic Technigues of Milton H. Erickson, MD., Volume I & 2. 이 책들의 기본 내용에 대해서는 부록의 p. 463을 각각 참조하라.

당시에 그린더와 밴들러는 영국의 인류학자이자 커뮤니케이션과 시스템 이론에 대한 책을 쓴 그레고리 베이트슨[5]과 아주 가까운 곳에서 살고 있었다. 베이트슨은 생물학, 인공두뇌학, 인류학, 심리치료 분야에서 수많은 종류의 논문을 저술한 사람이다. 그리고 그는 정신분열증의 이중속박(double bind) 이론을 개발한 사람으로도 잘 알려져 있다. NLP에 대한 그의 공헌은 지대했는데, 아마도 오늘날에 와서야 그가 얼마나 영향력 있는 인물이었는지가 알려지게 되었을 것이다.

이와 같은 초기 역사로부터 NLP는 두 가지 서로 다르면서도 보완적인 방향으로 발달하였다. 즉, NLP는 첫 번째로 어떤 분야에서나 있을 수 있는 우수성 또는 탁월성(excellence)의 패턴을 찾아내고자 하는 과정으로서 발달하였고, 두 번째로는 뛰어난 성과를 내는 사람들이 흔히 사용하는 효율적인 사고방식과 커뮤니케이션 방식을 연구하는 것으로 발달하였다. 그렇게 하여 발달한 NLP의 패턴과 기술은 그 자체로도 유용하지만 그것을 보다 강력한 것으로 발전시키기 위한 모방 또는 모델링의 과정에서도 재활용된다.

1977년에 그린더와 밴들러는 미국 전역을 다니면서 아주 성공적인 대중 세미나를 열었다. 그리하여 NLP는 빠르게 성장하였고, 오늘날 미국에서만 해도 수십만 이상 또는 수백만의 사람들이 NLP 훈련을 받았다고 할 수 있다.

---

4) 이 시기뿐만 아니라 그 이후에 출판된 NLP 분야의 다양한 책과 한국어로 된 NLP 관련 책들은 부록(pp. 478-485)에 구체적으로 소개되어 있으니 참조하기 바란다.

5) Gregory Bateson(1904~1980): 영국 출신의 인류학자로서 당시에 객원교수로 UCSC에서 근무하고 있었다. 그는 유명한 문화인류학자인 마가렛 미드 여사의 남편이기도 했는데, 부부는 밀턴 에릭슨의 절친한 친구이기도 하였다. 후에 그는 베이트슨 프로젝트(Bateson Project)를 통하여 정신분열증에 관한 이론을 개발하였고, 이를 바탕으로 가족치료 분야의 팰러앨토그룹 결성에 결정적인 기여를 하였다.

# 1976년의 산타크루즈

1976년 봄에 그린더와 밴들러는 산타크루즈 시내가 내려다보이는 언덕 높은 곳의 통나무집에서 그동안 자신들이 함께 개발한 새로운 학문에 대해서 이야기를 나누고 있었다. 그리고 무려 36시간이나 이어진 긴 마라톤 미팅이 끝나갈 무렵에 캘리포니아산 적포도주 한 병을 앞에 두고서 "도대체 이것을 무엇이라고 부를까?"라고 자문하였다.

그 물음에 대한 답으로서 '신경-언어 프로그래밍'이라고 하는 제법 긴 이름이 탄생했는데, 그것은 적어도 세 가지의 간단한 개념을 포함하고 있다. 첫째는 N에 해당하는 '신경(Neuro)'으로서, 모든 우리의 행동이 시각, 청각, 촉각, 후각, 미각의 오감이라는 신경적 과정을 통하여 생겨난다는 의미로 사용된다. 우리는 오감을 통해서 세상을 경험한다. 우리는 정보에 대해서 '감각을 만듦'[6]으로써 이해하고, 그렇게 이해한 바탕 위에서 행동을 한다. 우리의 신경은 어떤 생각과 일에 대한 가시적인 생리적 반응[7]을 하는 것을 포함할 뿐만 아니라 비가시적 사고과정[8]까지도 포함한다. 그래서 마음은 신체적 수준에서 반영된다. 이처럼 몸과 마음은 분리될 수 없는 하나의 통일체에 포함되는데, 그것이 곧 인간

---

6) 이 경우에 영어의 원문 표현은 make sense다. 이것은 감각을 의미하는 sense를 활용하는 표현인데, 한국어로는 '이해하다' '이해되다'의 뜻으로 사용되지만 이렇게 번역된 표현을 사용할 때는 원래 sense의 의미를 제대로 살리기가 어렵다. 그래서 '감각을 만들다'라고 표현했지만 결국은 이해한다는 의미가 된다.

7) 가시적(可視的)인 생리적 반응은 얼굴이 붉어지거나 땀을 흘리는 반응, 눈동자가 움직이고 목소리가 떨리거나 특정의 제스처를 쓰는 반응 등의 예에서 볼 수 있듯이 실제로 객관적인 차원에서 확인될 수 있는 반응을 말한다.

8) 사고나 감정이 일어나고 진행되는 과정과 같은 것은 객관적으로 확인되기 어렵기 때문에 내면에서 주관적으로 진행되는 '비가시적(非可視的)'인 생리적 반응이라고 할 수 있다.

이다.

NLP의 두 번째 개념은 L로서 곧 '언어(Linguistic)'인데, 이것은 우리가 자신의 사고와 행동을 규정하고 타인과 커뮤니케이션하기 위하여 언어를 사용한다는 점을 나타낸다.

마지막 개념인 P는 '프로그래밍(Programming)'을 나타내는 것으로서, 특정한 결과를 생산하기 위하여 우리의 생각과 행동을 조직화하는 방식을 의미한다고 하겠다.

이처럼 NLP는 인간의 주관적 경험의 구조를 다룬다. 즉, 우리가 어떻게 보고 듣고 느끼는지를 알아내어 조직화하며, 또 감각을 통하여 우리가 외부 세계를 어떻게 편집하고 여과해 내는지를 다루는 것이다. 뿐만 아니라 NLP는 우리가 어떻게 주관적 경험을 언어로 표현하며 의도적이든 비의도적이든 특정한 결과를 산출하기 위하여 우리가 어떤 방식으로 행동하게 되는지를 탐구한다.

## 지도와 필터[9]

외부 세상이 실제로 어떻게 생겼든 우리는 그것을 탐색하고 그려 내기 위하여 감각을 사용한다. 세상은 온갖 형태로 표현 가능한 감각적 인상[10]으로 이루어지지만 우리는 그중의 아주 작은 일부만을 제대로 인

---

9) filter: 여과기, 즉 여과장치로서 목적이나 필요에 맞는 것만 받아들이고 나머지는 걸러 내는 장치를 말한다. NLP에서의 필터란 내적인 여과장치로서 우리가 외부 세상의 정보나 상황, 일을 인식할 때 그것을 있는 대로 또는 사실대로 인식하고 받아들이는 것이 아니라 자기중심적으로 자기에게 해당되고 자기 목적이나 관점에 맞는 것만을 선별적으로 인식하고 받아들이게 되는 과정에서 작용하는 것이다. 대표적인 NLP 필터에는 왜곡, 생략/삭제, 일반화가 있다.

식할 수 있을 뿐이다. 그나마 우리가 인식할 수 있는 부분마저도 사실 그대로가 아니라 개인의 독특한 주관적 경험, 문화, 언어, 신념, 가치관, 흥미 등에 의해 여과되어 인식된다. 사람들은 누구나 자기의 감각적 인상과 개인적 인생 경험에 바탕하여 구축되는 자기만의 독특한 주관적 실재[11] 속에서 살아가며 자기가 가진 세상모형[12]에 기초하여 행동하게 된다.

세상은 너무도 광대하고 다양하여 그것에 대해서 의미를 붙여 한마디로 단순화하기는 불가능하다. 그렇기에 세상을 있는 그대로 정확하게 그려 내는 지도를 만들기는 어렵다. 여기서 지도를 만든다는 것은 곧 우리의 일상적인 경험과 행동을 상징하는 개념이다. 즉, 우리가 어떻게 세상의 일이나 경험, 각종 상황에서 주관적인 의미를 만들고 자기 나름대로 그 세상일을 이해하는가와 관계된다. 그러므로 지도란 것은 주관적인 기준에 따라서 선별적으로 넣을 것은 넣고 뺄 것은 빼면서 목적하는 정보를 전달하고자 하는 방식으로 제작될 수밖에 없다. 그렇지만 그것은 실제의 영토를 이해하고 탐색하기 위한 가치 있는 도구가 될 수

---

10) impression: 외부의 자극이나 정보가 개인의 내부 심상 스크린에 입력되고 각인되는 것을 의미한다. 그러니까 우리가 어떤 현상이나 일을 경험할 때 그것의 모양, 색깔, 형태와 같은 시각적인 정보, 소리를 중심으로 한 청각적인 정보, 그리고 촉감이나 느낌을 중심으로 한 신체감각적인 정보가 심상 스크린에 그려지며 입력되고 각인되는 것을 설명하는 개념이라고 할 수 있다.

11) reality: 실제적인 현상이나 현실, 실제의 세상, 있는 그대로의 세상 등을 의미하는 개념이다. 보통 객관적인 세상을 의미하지만 여기서는 '주관적 실재'라고 하였기 때문에 개인의 주관적인 세계 내에서 경험되는 자기만의 세상이나 세계를 의미한다.

12) model of the world: 이것은 NLP의 중요한 개념인데, 세상에 대해서 개인이 주관적으로 인식하거나 평가하는 하나의 관념이나 세계관이라고도 할 수 있고 세상을 이해하는 자기만의 패러다임이라고도 할 수 있다. 이것은 세상이라는 실제의 땅을 축소하고 상징적으로 나타내는 '지도'와 상응하는 개념이다. NLP에서는 지도와 세상모형을 비슷한 의미를 가진 개념으로 사용하고 있다. 세상모형은 인생관이나 세계관과 같은 개념의 차원에서 이해해도 좋을 것이다.

있다. 당신이 어떤 종류의 지도를 그리느냐의 문제는 당신이 어떤 목적으로 지도를 그리며, 또 어떤 흥미를 갖고 있으면서 어떤 방향으로 가고자 하느냐에 따라 달라질 수밖에 없다.

그러므로 지도는 그것이 그려서 보여 주는 영토 자체가 아니다. 우리는 어차피 자신이 관심을 갖고 있는 세상의 일에 집중하면서 그렇지 않은 다른 일은 무시하기 마련이다. 세상은 우리가 그것에 대해서 갖고 있는 개념이나 생각보다는 훨씬 복잡하고 다양한 것으로 늘 채워져 있다. 우리가 무엇을 인식함에 있어서 어떤 필터를 장착하느냐에 따라서 우리가 사는 세상의 종류는 결정된다.

피카소에 대한 일화가 있다. 어느 날 그는 한 낯선 사람으로부터 "왜 사물을 있는 그대로 그리지 않느냐?"라는 질문을 받았다. 이에 피카소는 그 사나이의 질문에 어리둥절한 표정을 지으면서 "당신이 무슨 말을 하는지 이해를 못 하겠소."라고 대답하였다.

그러자 사나이는 자기 부인의 사진을 한 장 꺼내더니, "이보시오. 이 사진을 보란 말이오. 내 아내는 바로 이 사진처럼 생겼단 말이오."라고 말했다.

피카소는 의심스러운 표정으로 사나이를 쳐다보았다.

"당신 아내가 이렇게 작단 말이오? 설마 아니겠죠? 그리고 이렇게 납작해요?"

만약 예술가, 벌목공, 식물학자가 함께 숲길을 걸어간다면 서로 아주 다른 경험을 할 것이고 제각기 아주 다른 것을 보고 관심을 가질 것이다. 만약 당신이 탁월성을 찾아서 세상으로 나선다면 그 탁월성을 찾을 수 있을 것이다. 만약 문제를 찾아서 세상으로 나선다면 역시 문제를 찾을 것이다. 또는 아랍지역의 속담처럼 "빵이 어떻게 보일지는 배가 고픈지 안 고픈지에 달려 있다."[13]

아주 좁은 신념, 관심, 인식을 갖게 되면 세상은 그에 따라 아주 빈약하고 재미없게 보일 수 있다. 하지만 동일한 세상이라도 풍부하고 흥미롭게 보일 수 있다. 그 차이는 세상 속에 있는 것이 아니라 우리가 세상을 있는 그대로가 아닌 주관적으로 걸러서 지각하게 되는 필터에 있다고 할 수 있다.

우리에게는 많은 자연적인 필터, 유용하고 필수적인 필터가 있다. 언어란 것도 필터에 해당한다. 언어는 우리의 생각과 경험에 대한 지도이지만 동시에 진짜 세상이 아닌 그것에서 한 단계 벗어난 것이다.

당신에게는 '아름다움'이라는 단어가 무엇을 뜻하는가? 이에 대해서 잠시 생각해 보라. 당연히 당신은 그 말의 의미에 합당한 과거의 기억이나 경험을 생각하고 그와 관련하여 내적 영상, 소리, 느낌을 찾아낼 것이다. 마찬가지로 다른 사람들은 또 자기 식으로 '아름다움'에 대해서 이해하고 그에 합당한 기억과 경험을 당신과는 다르게 생각할 것이다. 이때 누가 옳을까? 각자가 다 옳고 각자가 다 자기의 실재 속에서는 맞다. 단어는 그것이 설명하는 경험 자체가 아니다. 그런데도 사람들은 '지도가 곧 영토'라고 믿으면서 싸우고, 심지어 그것 때문에 목숨까지 걸기도 하는 것이다.

우리가 가진 신념도 필터 역할을 한다. 그래서 우리는 신념에 따라서 서로 다르게 행동하고, 신념에 합당한 것에 관심을 갖거나 집중을 하는 반면 신념에 어긋나는 것들은 무시하게 된다.

NLP는 우리 자신과 세상에 대해서 어떻게 생각하는 것이 좋을지에 대한 방식을 제시해 주고 있는데, 그 자체도 어떻게 보면 또 다른 필터다. NLP를 활용하기 위해서 당신은 자신의 신념이나 가치관을 바꿀 필

---

13) 이런 경우를 두고 동양에서는 '일체유심조(一切唯心造)', 즉 "모든 것은 마음에 달렸다."라고 한다.

요가 없다. 다만, 호기심과 실험정신을 가지도록 하라. 흔히 '사람들은 ○○하다.'고 믿는 일반화[14]는 일부의 특정인에게는 맞는 말이 되겠지만 다른 사람에게는 맞지 않을 수 있다. 왜냐하면 사람마다 서로 다르고 각자 독특성을 가진 존재이기 때문이다. 그러므로 NLP의 세상에서는 어떤 무엇이 객관적으로 반드시 옳다고 할 수 있는 것은 없다. 그것은 어디까지나 모형(model)이며, 그 모형이 우리에게 의미를 주고 유용성을 갖는 것이다.

NLP에는 아주 유용한 기본적인 개념이 몇 가지 있다. 당신은 그 개념을 마치 진리인 것처럼 생각하고 그에 따라 행동해 보라. 그리고 그렇게 함으로써 생길 수 있는 차이가 무엇인지를 확인해 보라. 당신은 자신의 필터를 바꿈으로써 당신의 세상을 바꿀 수 있다.

NLP의 기본 필터 중에 *행동적 화법*[15]이란 것이 있다. 이것은 몸의 움직임을 말하는 행동적인 차원을 표현하는 화법에 해당한다. 즉, 행동적 화법은 우리가 일상적으로 취하는 행동을 묘사하는 표현 방식이요 문장 형식이라고 할 수 있는데, 일반적으로 다음과 같은 몇 가지 종류로 구분할 수 있다.

첫 번째는 문제에 초점을 두고 고민하는 대신에 원하거나 달성하기를 바라는 최종적인 성과(outcome) 또는 결과에 초점을 두는 행동 방식과 관련된 화법이다. 이 행동 방식은 진정으로 '원하는 것'이 무엇인지를 찾아내고, 현재 자신이 가지고 있는 자원이 무엇이며, 어떤 자원이

---

14) generalization: 소수의 특정 사례를 근거로 마치 모든 사례가 그러한 것처럼 믿거나 말하는 것을 말한다. 일례로 키가 큰 사람에게 사기를 당한 어떤 사람이 '키 큰 사람은 모조리 사기꾼' 처럼 생각하고 말한다면 바로 일반화의 필터로 세상을 지각하는 것이다.

15) behavioral frame: '화법' 이란 frame을 번역한 것이다. NLP에서 frame이 사용되는 예는 주로 언어의 표현방식을 말하는 '문형' 이나 '화법' 을 의미한다고 생각되어 화법이라고 번역하였다.

있는지를 찾아내며, 목표를 향해 나아가서 목표를 달성할 수 있도록 그 자원을 제대로 사용하는 것을 말한다. 문제지향행동은 비난화법의 차원에서 이야기될 수 있다. 이것은 무엇인가 잘못되거나 틀린 것을 찾아서 그것을 상세히 분석하고 비판하는 식으로 말하는 문형이다. 이 비난화법의 예는 다음과 같이 질문하는 말 속에서 찾을 수 있다.

'왜 나에게 이런 문제가 생길까?'
'이 문제가 어떻게 나를 힘들게 하고 있나?'
'이 문제는 누구의 잘못 때문에 생겼지?'

이와 같은 형식으로 질문을 하다보면 처음보다 더 기분이 나빠지게 되고 문제를 해결하는 데 있어서도 별다른 도움을 얻지 못하게 된다.

두 번째 화법은 우리가 어떤 질문을 할 때 '왜?'라는 형식으로 이유를 묻기보다는 '어떻게?'라는 형식으로 구체적인 과정이나 방법을 물어보는 것이다. '어떻게' 형식의 질문은 문제의 구조를 이해하는 데 도움이 되는 질문이다. 반면에 '왜' 형식의 질문은 변화에는 도움되지 않으면서 문제에 대한 변명이나 핑계를 찾게 한다.

세 번째는 *피드백*16) *화법* 대 *실패화법*이다. 세상에 실패라는 것은 없다. 다만, 결과만 있을 뿐이다. 그 결과는 곧 피드백으로, 잘못을 효과적

---

16) feedback: 어떤 원인에 의해 나타난 결과가 다시 원인에 작용해 그 결과를 줄이거나 늘리는 '자동조절원리'를 말한다. 이러한 피드백 과정을 통해 인체의 항상성이 유지된다. 이러한 자연과학적인 의미 외에도 심리학과 같은 행동과학에서는 진행된 행동이나 반응의 결과를 당사자에게 알려 주는 일이란 의미로도 사용된다. 그러니까 어떤 일을 했을 때 그 결과가 원하는 것이 아니었을 경우, 그 일에서 무엇이 잘못되었는지를 찾아보고 다음에는 그 잘못을 반복하지 않고 다른 방식으로 시도하게 됨으로써 원하는 결과를 얻게 될 때 앞의 일을 통해서 피드백을 받았다고 할 수 있다. 그렇다면 앞의 일은 '실패'가 아니라 뒤의 성공을 위한 '피드백'이 된 셈이 된다.

으로 교정할 수 있는 좋은 계기로 활용될 수 있을 뿐만 아니라 당신이 미처 깨닫지 못한 것을 학습할 수 있는 멋진 기회로 활용될 수도 있다. 실패라고 하는 것은 당신이 원하지 않았던 결과를 설명하는 하나의 방식일 뿐이다. 그 결과는 당신으로 하여금 새로운 방향으로 노력하도록 도움을 줄 수 있다. 피드백이란 것은 늘 목표를 전제로 하고 목표를 향하게 한다. 하지만 실패는 막다른 골목을 의미한다. 피드백과 실패는 두 개의 비슷한 단어인 것 같지만 실상은 어떤 현상에 대해서 전혀 다른 방식이나 방향으로 생각하는 예에 불과하다.

네 번째 화법은 필수성보다는 *가능성*을 생각하는 것이다. 이것은 앞의 다른 것과 마찬가지로 관점의 문제다. 즉, 어떤 상황에서 당신이 할 수 없는 것이나 제약점보다는 할 수 있는 것이나 취할 수 있는 선택을 바라보고 초점을 맞추라는 것이다. 때로는 불가능할 것같이 보이는 장벽도 생각보다는 쉽게 극복될 수 있기 마련이다.

마지막으로 NLP에서는 가정을 하기보다는 *호기심*과 *매료*(fascination)의 태도를 장려한다. 그런데 이 말은 아주 단순한 것처럼 보이지만 큰 결과를 낳는다. 어린이들은 아주 빠르게 무엇을 배우며, 모든 것에 대해서 호기심을 갖고 배운다. 어린이들은 무엇에 대해서 잘 모를 때 자기가 '잘 모른다'는 사실 자체도 인식하지 않는다. 그렇기 때문에 그러한 자기에 대해서 혹시 남들이 어떻게 생각할지 신경 쓰지 않고 그냥 질문을 한다.

한때 사람들은 태양이 지구 주변을 돌고, 공기보다 무거운 것은 공중을 날 수 없으며, 1마일(약 1.6km)을 4분 내로 달릴 수 있다는 것은 신체적으로 불가능하다[17]고 생각하고 그러한 것을 진리처럼 믿어 온 적이

---

17) 실제로 1954년에 영국의 의대생이었던 로저 배니스터(Roger Bannister)는 역사상 처음으로 4분 벽을 깨고 1마일을 3분 59초 4라는 기록으로 주파하였다. 그리고 한 달

있었다. 하지만 호기심과 매료의 태도를 가진 사람들에 의해서 늘 변화가 있어 왔고 새로운 발견과 창조는 이루어졌으며, 역사는 발전하였다.

또 다른 유용한 개념은 우리에게는 목표 달성을 위해서 필요로 하는 내적 자원이 이미 있거나 아니면 그것을 직접 창조할 수 있다는 사실이다. 그리고 우리가 그렇게 믿고 행동하는 것은 그 반대의 경우보다 성공적인 삶을 살기에 훨씬 유리하다.

## 학습, 탈학습 및 재학습

우리는 의식적으로는 세상에 있는 수많은 정보 중에서 작은 일부만을 받아들일 수 있지만 의식하지 않은 상태에서는 보다 많은 정보에 대해서 반응을 한다. 우리의 의식 범위는 아주 제한적이어서 한순간에 7개 정도의 정보나 변인(變因) 정도만을 처리할 수 있다.

이는 1956년 미국의 심리학자이자 스탠퍼드대학교 교수였던 조지 밀러가 그의 고전적 논문인 「마법의 수 7, 플러스 또는 마이너스 2」[18]에서 소개한 논리다. 이러한 정보의 양은 늘 고정된 크기로만 존재하지 않는다. 그리고 그 정보는 어떠한 것도 가능하며, 자동차의 후시경을 통해서 보이는 내용까지도 포함할 수 있다. 우리가 학습할 때 사용하는 방법 중 한 가지는 작은 단위의 행동을 의식적으로 마스터하고, 그것을 더

---

후부터 시작하여 1년 뒤에는 37명이, 2년 뒤에는 300여 명이 4분의 기록을 깨어 버렸을 뿐만 아니라 지금은 육상선수가 4분 이내로 달리는 것이 그냥 예사로운 일로 인식될 정도가 되었다. 하지만 첫 기록이 세워질 때까지는 생리학적으로 심장 파열의 위험 때문에 4분 벽을 깨는 것이 불가능하다고 여겼다.

18) George Miller, *The Magic Number Seven, Plus or Minus Two*. 여기서 7±2라는 개념이 나왔다고 할 수 있다.

큰 단위로 연합해 나감으로써 조금씩 그 행동들이 습관화되고 무의식화되도록 하는 것이다. 어떤 행동이 습관이 되면 무의식적으로 그것을 하게 되기에 그 행동을 하면서 자유롭게 다른 행동도 할 수 있게 된다.

이처럼 인간의 의식은 내면의 생각에서부터든 외부 세상으로부터든 7±2만큼의 정보만을 받아들이고 취급할 수 있다. 이에 비해 무의식[19]은 평생에 걸쳐서 우리의 생존을 가능하게 하는 신체 과정을 지배하고 우리가 학습한 것, 과거 경험, 그리고 현재 인식하지는 못하지만 언젠가 오감적 차원에서 경험했을 수 있는 것을 모두 포함한다. 그러므로 무의식은 의식에 비해서 훨씬 지혜롭다고 할 수 있다. 또한 한순간에 7±2 정도의 정보밖에 취급하지 못하는 의식의 마음으로 무한히 복잡한 세상을 제대로 이해할 수 있다는 것은 말이 되지 않는다.

의식과 무의식의 개념은 우리가 어떻게 학습하는가를 설명하는 학습 모형(learning model)을 이해함에 있어서 빼놓을 수 없는 중심 개념이다. NLP적 관점에서는 현재 순간에 인식되고 각성되고 있는 것이 바로 의식이다. 마치 당신이 지금 이 문장을 읽고 단어와 문장의 뜻을 인식하고 이해하는 것처럼 말이다. 그러나 현재 각성되고 있지 않은 것은 무의식적이라 할 수 있다. 지금 주변에 소리가 있지만 당신이 각성하지 못하다가 소리를 언급한 이 문장을 읽는 바로 이 순간에 소리를 각성할 수 있게 되었다면 그 소리 또한 무의식에 있었다고 할 수 있다.

겨울에 오는 눈을 처음으로 보았을 때의 인상이나 기억은 거의 틀림

---

19) unconsciousness: 잠재의식(subconsciousness)이라고도 한다. 흔히 무의식이라고 하면 프로이트의 정신분석학 이론에서 설명하는 개념을 떠올리기 쉽다. 그러나 NLP에서의 무의식 개념은 프로이트의 그것보다 훨씬 폭넓고 긍정적이면서 적극적인 의미를 담고 있다. 프로이트의 무의식 개념이 부정적이며 퇴행적인 느낌을 준다고 한다면, NLP의 무의식 개념은 생산적이며 미래 지향적이고 치유적일 뿐만 아니라 자아실현적인 특성을 담고 있다고 할 수 있다.

없이 의식적 각성의 범위 너머에 있을 것이다. 자전거 타는 법을 제대로 배우려면 자전거 타는 기술이 의식적 차원이 아닌 무의식적 차원에서 자신에게 흡수됨으로써 자기의 것이 되어야 함을 잘 이해할 것이다. 평소에 식사를 할 때 음식물이 어떻게 영양가로 전환되어 피가 되고 살이 되는지를 인식하거나 각성할 필요는 없다. 왜냐하면 그 모든 과정은 무의식적으로 이루어지기 때문이다. 그런데 우리는 대부분의 행동이 의식적인 차원에서 이루어진다고 믿는 문화 속에서 살고 있다. 하지만 대부분의 행동, 특히 우리가 가장 잘해 내는 행동들은 무의식적으로 이루어진다는 점을 알아야 한다.

전통적으로 학습이 이루어지는 단계는 모두 네 단계로 구분되어 설명된다. 첫 번째 단계는 바로 인식하지 못하는 무능력(uncon-scious incompetence) 단계다. 이것은 자신이 무능력하다는 사실 자체를 인식하지 못하는 단계로서, 어떤 것을 하는 방법을 모를 뿐만 아니라 그렇게 모른다는 사실 자체도 모르는 것이다. 예를 들면, 어떤 사람이 자동차를 전혀 운전하지 못할 뿐만 아니라 운전이 어떤 것인지도 모르는 경우가 이 단계에 해당한다. 그래서 그 사람은 학습, 즉 운전연수를 시작하게 된다. 하지만 그 과정에서 자신의 한계나 부족함을 곧 발견하게 된다. 비록 운전에 대해서 약간 배우긴 하지만 각종 운전장치를 하나하나 신경 써서 만져 보면서 방향을 잡고 클러치를 조정하면서 도로를 살피게 된다. 이렇게 하는 동안에 온 신경을 집중하게 되는데, 여전히 운전이 능숙하지 않은 상태이기 때문에 큰 길로 나가지는 못한다. 이 단계가 바로 인식하는 무능력(conscious incompetence) 단계로서 이제서야 자신이 무능하다는 사실을 인식하게 되는 것이라고 할 수 있다. 이때 그는 기어 변속을 매끄럽게 하지 못하고 핸들 조작이 미숙하며 급정거, 급출발과 같이 위험한 운전 실력을 보이게 된다. 그런데 이 단계는 아직 불편함은 있어도 가장 많은 학습이 이루어진다.

이 단계로부터 곧 이어지는 단계는 인식하는 능력(conscious competence) 단계다. 즉, 당신은 이제 무엇인가를 할 수 있으며, 자신이 능력이 있다는 사실을 의식적으로 인식하게 된다. 이 경우에 의식적으로 능력 있다는 점을 인식한다는 것은 자신의 능력이 아직은 숙성되지 못한 상태에 있음을 보여 준다. 그래서 이제는 자동차를 운전할 줄 알지만 운전을 하려면 온 신경을 집중해야 한다. 비록 운전 기술을 익혔지만 아직은 숙달되지 못하고 있는 것이다.

마지막으로 도달해야 할 목표는 인식하지 않는 능력(unconscious competence) 단계다. 이 단계에서는 완전한 학습이 이루어지고 능력이 성숙하였기 때문에 스스로 능력이 있다는 사실 자체를 의식하지 않는 상태가 된다. 즉, 의식하지 않아도 능력이 발휘된다고 할 수 있다. 그래서 지금까지 힘들게 익혔던 모든 기술이 부드럽게 하나의 행동으로 통합된다. 이제야 운전을 하는 동안에 라디오를 듣고 주변 경치를 구경하며 옆 사람과 대화를 할 수도 있게 된다.

일반적으로 우리가 원하는 어떤 목표를 설정하는 것은 의식이다. 그런데 의식은 목표 성취를 위한 실천의 일을 무의식에게 맡김으로써 의식적인 관심이나 노력이 없어도 무의식적으로 목표 성취를 위한 실천이 이루어질 수 있도록 하고, 의식 스스로는 자유롭게 다른 것에 신경을 쓰거나 집중할 수 있어야 할 것이다.

만약 당신이 어떤 것을 오랫동안 연습하면 마지막 네 번째 단계에 도달하고, 습관이란 것이 형성되게 된다. 바로 이 시점에서 기술은 무의식화된다. 그러나 어떤 과제를 수행함에 있어서 반드시 습관이 가장 효과적이지는 않다. 왜냐하면 인식하지 않는 능력 단계, 즉 습관 단계에서는 별생각 없이 습관적으로 행동하게 되는데, 이 경우에 필터의 작용 때문에 반드시 챙겨야 할 중요한 정보의 일부를 놓쳐 버릴 수도 있기 때문이다.

이제 당신이 테니스 경기를 함에 있어서 코치를 통해 경기 기술 향상을 원한다고 가정해 보자. 이때 코치는 당신이 게임하는 모습을 유심히 관찰할 것이다. 그러고는 자신의 관찰을 근거로 당신의 경기 중 행동 하나하나를 고쳐 주기 시작할 것이다. 예를 들어, 라켓 잡는 법, 발을 내딛는 법, 서브를 넣는 법, 볼을 치는 법 등과 같은 구체적인 행동 하나하나를 고쳐 줄 것이다. 결국 이것은 테니스 경기의 동작을 구체적으로 세분하여 한 동작씩 교정한다는 말이다. 그러한 교정을 통하여 당신의 테니스 기술이 새롭게 발전하게 될 것이다. 또한 이미 학습되어 있는 기존에 사용하던 테니스 기술에서 벗어나 새로운 기술을 하나씩 배우게 된다. 이 과정에서 인식하지 않는 능력 단계인 4단계에서 사용하던 기존의 기술 수준에서 조금씩 벗어나서 3단계, 2단계로 역행하여 기존 학습이 소멸되는 과정을 겪게 된다.

이처럼 기존의 학습, 즉 잘못 학습했던 과거의 기술에서 벗어나는 것이 탈학습(unlearning)이며, 새로운 기술을 배우고 익히는 것은 재학습(relearning)이라고 할 수 있다. 그러니까 재학습이 되기 위해서는 먼저 탈학습이 이루어져야 한다. 그 이유는 보다 효율적인 행동을 하고 더 나은 기술을 익히기 위해서라고 할 수 있다.

이상과 동일한 원리가 NLP의 학습에서도 적용된다. 우리에게는 이미 커뮤니케이션 기술과 학습 기술이 있다. 그것은 태어나서 성장하는 동안에 나름대로 학습한 결과다. 하지만 우리는 그러한 기술을 보다 세련되게 하고 발전시킬 필요가 있다. 이 과정에서 NLP는 우리에게 큰 도움이 되어 보다 많은 선택의 여지와 유연성(flexibility)을 허락함으로써 예전보다 더 나은 커뮤니케이션 기술과 학습 기술을 사용할 수 있게 한다.

## 학습의 4단계

① 인식하지 못하는 무능력 단계

② 인식하는 무능력 단계

③ 인식하는 능력 단계

④ 인식하지 않는 능력 단계

여기서 탈학습이 이루어지는 과정은 4단계에서 2단계로 가는 것이며, 재학습은 2단계에서 보다 많은 선택의 여지를 가지는 4단계로 가는 것이다.


# 3분 세미나

만약 NLP를 3분 세미나에서 소개해야 한다면 다음과 같은 식으로 소개할 수 있을 것이다.

발표자는 앞으로 걸어 나가서 다음과 같이 말한다.

"여러분, 인생에서 성공하기 위해서는 다음과 같은 세 가지를 기억하면 됩니다.

첫째, 당신이 원하는 것이 무엇인지를 아십시오. 어떤 상황에서 당신이 얻기를 원하는 성과가 무엇인지를 분명하게 인식하십시오.

둘째, 모든 감각을 일깨워서 당신이 얻고 있는 것이 무엇인지에 대해서 민감하게 주목하십시오.

셋째, 당신이 원하는 것을 얻을 때까지 당신이 행하고 있는 바를 꾸준히 변화시킬 수 있는 융통성, 신축성 또는 유연성을 가지십시오."

그리고 그는 칠판에 다음의 세 가지를 쓴다.

　　성과
　　민감성
　　유연성

그리고 자리를 떠난다.
세미나가 끝이 난다.

　첫 번째는 자신의 성과를 아는 기술이다. 만약 당신이 어디로 가고 있는지를 모른다면 그곳에 도착하기 어려울 것이다.

　NLP의 중요한 부분 중 하나는 감각적 민감성을 훈련하는 것이다. 그것은 당신의 관심의 초점을 어디에 두어야 할지를 알며 당신의 필터를 어떻게 변화시키고 또 확대할 수 있는지를 앎으로써 예전에는 주목하지 못했던 것을 이제는 주목할 수 있게 되는 것이다. 그것은 곧 현재 순간의 감각적 각성이다. 그것은 또한 다른 사람들과 커뮤니케이션을 할 때 상대방이 어떻게 반응하는지를 보여 주는 작지만 중요한 단서를 민감하게 알아차리고 놓치지 않는 것을 말한다. 생각을 한다는 것도 일종의 자신과의 커뮤니케이션을 하는 것이라고 할 수 있다. 그리고 그것은 자신의 내적 이미지, 소리, 느낌에 대해서 고도로 민감하게 알아차리고 각성하는 것을 의미한다.

　당신이 진정으로 자신이 원하는 성과를 얻으려면 민감성이 필요하다. 만약 당신이 행동하는 바가 별 효과가 없다면 다르게 행동을 해 봐야 할 것이다. 당신은 현재 주변에서 어떤 일이 일어나고 있는지를 정확하게 보고 듣고 느낄 필요가 있으며, 그에 따라 필요한 반응을 할 수 있어야 한다.

우리는 NLP를 통하여 도움이 되는 보다 다양한 행동을 할 수 있는 능력을 키울 수 있다. 만약 어떤 상황에서 우리가 할 수 있는 행동이 단한 가지뿐이라면 그것은 전혀 선택이 아니다. 그런 상황은 어떤 때는 도움이 되지만 어떤 때는 도움이 되지 않을 수도 있다. 그러므로 어떤 어려움을 효과적으로 헤쳐 나가지 못하기가 쉽다. 그렇다고 두 가지 선택권이 주어진다면 오히려 갈등이 생길 수 있다. 그래서 선택을 한다고 할수 있으려면 적어도 세 가지 이상의 선택권이 주어져야 한다. 어떤 경우에도 행동의 선택 폭이 넓은 사람이 행동의 융통성을 보다 크게 보일수 있고, 또 어떤 상황을 자기 쪽으로 보다 유리하게 이끌어 갈 수 있을 것이다. 그것은 곧 그가 상황을 통제하고 있음을 의미한다.

만약 당신이 늘 해 오던 바를 한다면 당신은 늘 얻어 오던 결과를 얻게 될것이다. 만약 당신이 하는 일이 효과적이지 않다면 다르게 행동해 보라.

당신에게 선택할 것이 많을수록 성공의 확률은 더 클 것이다.

이상의 세 가지를 보다 잘 이해하기 위해서는 다음과 같은 예가 도움이 될 것이다. 어떤 강의 길이를 알아보기 위하여 최종 목적지를 정하고노로 젓는 배를 탄다고 가정해 보자. 이 경우에 당신은 먼저 1차 목적지(성과)를 결정할 것이다. 당신은 그곳에 가기 위해 배를 타고 노를 저어갈 것이다. 하지만 배는 물결의 흐름 때문에 가고자 하는 방향에서 벗어날 수 있다. 그렇지만 당신은 그때마다 다시 방향을 잡아서 목표 방향으로 노 젓기를 계속할 것이고, 그렇게 함으로써 결국은 성공적으로 목표지점에 도착하게 될 것이다.

그다음에는 다시 2차 목적지를 정할 것이다. 그리고 마찬가지로 배가 방향을 놓치면 다시 방향을 잡아서 노를 저어 갈 것이다. 그러나 당신이 원한다면 언제라도 목적지를 바꾸고 배의 행로도 바꿀 수 있을 것이다.


## 성 과

"여기서 어디로 가야 할지 가르쳐 줄 수 있겠어?"

"그거야 네가 어디로 가고 싶은지에 달렸지."라고 고양이가 말했다.

"난 어디로 가든 상관이 없는데……." 앨리스가 말했다.

"그렇다면 어디로 가든지 상관없어." 고양이가 말했다.

— 루이스 캐럴의 『이상한 나라의 앨리스』[20]에서


먼저 성과 또는 목표에 대해서 이야기를 시작해 보자. 당신이 원하는 바를 구체적이고도 긍정적으로 규정할수록 당신은 뇌가 더 많은 가능성을 찾고 또 그 가능성에 주목할 수 있도록 프로그램화할 수 있다. 그리고 그 결과로 당신은 실제로 목표를 달성할 가능성을 더 많이 갖게된다. 우리가 어떤 기회를 만났을 때 그것을 기회로 인정한다면 진정한 기회가 될 수 있다.

당신은 원하는 삶을 살기 위하여 자신이 무엇을 원하는지를 알 필요가 있다. 이 세상에서 제대로 산다는 것은 자신이 선택하는 결과를 만들어 낼 수 있다는 것을 의미한다. 그렇게 하기 위한 첫 단계는 당신이 원

---

20) Alice's Adventures in Wonderland. 영국의 찰스 루트위지 도지슨이라는 수학자이자 작가가 루이스 캐럴이라는 필명으로 1865년에 발표한 소설이다. 이 소설은 앨리스라는 소녀가 토끼굴에 빠져 기묘하고 의인화된 생명체들이 사는 환상 속 세계에서 모험을 겪는 이야기를 담고 있다. 후에 영화와 텔레비전 프로그램으로도 크게 인기를 끌었다.

하는 바를 선택하는 것이다. 만약 당신이 선택하지 않는다면 다른 많은 사람들이 당신 대신에 선택을 하고자 할 것이다.

당신은 자신이 무엇을 원하는지를 어떻게 알 수 있을 것인가? 그것을 당신이 직접 알 수 있는 방법이 있다. 그렇게 하는 데는 규칙이 있으며 그 규칙을 잘 따른다면 성공할 수 있는 최고의 기회를 가질 수 있다. NLP 용어로 설명하자면 그 규칙이란 다음과 같은 준거에 따라 자신이 원하는 성과[21]를 잘 규정하는 것이다.

첫째, 성과는 긍적적인 문장으로 진술되어야 한다. 당신이 원하지 않는 것에서 벗어나는 것보다는 원하는 것을 향하여 가는 것이 더 쉽다. 그러나 당신이 원하는 것이 무엇인지를 잘 모른다면 그것을 향하여 움직일 수 없을 것이다.

한 예로 캥거루에 대해서 잠시 생각해 보라.

지금 생각하고 있는가? 좋다.

이제 이 글을 읽는 동안 캥거루에 대해서 생각하는 것을 멈추라. 캥거루에 대한 생각이 다음 몇 분 동안 마음속으로 파고들어 오지 못하도록 하라. 당신은 지금 캥거루에 대한 생각을 하지 않고 있는가?

이제 내일 무엇을 할 것인지에 대해서 생각해 보라. 이때 당신은 더 이상 캥거루에 대해서 생각하지 않거나 못할 것이다.

이처럼 캥거루에 대한 생각에서 벗어나기 위해서는 긍정적인 다른 것에 대해서 생각해야 한다.

이와 같은 방식을 통해서 우리는 뇌가 부정문을 해독하지 못한다는 사실을 알 수 있다. 그러므로 부정문보다는 긍정문으로 바꾸는 것이 좋

---

21) NLP에서의 성과는 목표의 개념과 비슷하지만 좀 더 구체적이고 실제적인 것을 의미한다. 즉, '부자가 되고 싶다.' '공부를 잘하고 싶다.' 는 것을 목표라고 한다면, '10억 대 이상의 돈을 벌고 싶다.' '평균 10점 이상의 성적을 올리고 싶다.' 는 것은 성과라고 할 수 있다.

다. 당신이 어떤 것을 피하기 위해서는 일차적으로 당신이 피하고자 하는 것이 무엇인지를 알고 그것에 집중해야 한다. 그리고 당신이 생각하지 말아야 할 것이 무엇인지를 알기 위해서는 일단 그것에 대해서 생각해야 한다. 그것은 마치 어떤 사물에 부딪히지 않기 위해서는 우선 그 사물에 집중해야 하는 것과 같은 이치다. 당신이 물리치고자 하는 것이 있다면 어쩔 수 없이 그것에 신경을 써야 할 수밖에 없다. 바로 이러한 이유로 담배를 끊기가 어렵다. 담배를 끊기 위해서는 흡연에 대해서 생각해야 하기 때문이다.

둘째, 당신은 적극적인 역할을 맡아야 하며 바라는 성과가 당신의 통제권 내에 있어서 당신이 주도적인 입장에서 그 성과를 얻을 수 있어야 한다. 다른 사람에게 의존하거나 다른 사람들에 의해서 결정되는 성과는 바람직하지 못하다. 만약 다른 사람이 당신의 바람대로 움직여 주지 않거나 반응하지 않는다면 바라는 성과를 얻기 어려울 것이기 때문이다. 그러므로 다른 사람에게서 당신이 바라는 반응을 이끌어 내기 위해서 당신이 무엇을 할 필요가 있을지 생각해 보라. 예를 들어, 다른 사람이 당신의 친구가 되어 주기를 기다리지 말고 당신 스스로 그 사람과 친해질 수 있으려면 어떻게 해야 할지를 생각해 보라.

당신이 달성하고 싶은 성과를 가능하면 구체적으로 생각하라. 성과를 달성하는 순간에 당신은 무엇 또는 어떤 것을 보며, 어떤 또는 무슨 소리를 듣고, 어떤 것 또는 무엇을 느낄까? 성과를 달성하는 순간의 상황에 대해 구체적인 시각, 청각, 신체감각적 차원에서 그려지는 이미지를 떠올리고, 그 상황에서 누가, 언제, 무엇을, 어떻게 할 것인지에 대해서 구체적으로 공책에 써 보라. 당신이 원하는 것과 관련하여 세밀하게 생각하고 그릴 수 있을수록 당신의 뇌는 그것을 보다 선명하게 떠올리고 되살리며 성과를 달성할 수 있는 기회를 보다 분명하게 찾게 될 것이다. 당신은 어떤 맥락에서 그 성과를 달성하고 싶은가? 혹시 당신이 원하지 않는 맥락이 있을 수 있는가?

당신은 성과를 달성했음을 어떻게 알게 될 것인가? 당신이 원하는 바를 성취했음을 알게 할 감각기반 증거[22]는 무엇일까? 즉, 당신은 성과를 달성했을 때 무엇을 보고 어떤 소리를 들으며 어떤 느낌을 가질 것인가? 어떤 성과는 평생에 걸쳐서 추구해야 하는 것일 수도 있다. 그렇기 때문에 경우에 따라서는 원하는 성과 성취의 시한을 설정할 필요도 있을 것이다.

당신에게는 성과 달성을 위한 자원이 있는가? 성과 달성을 위하여 필요한 것이 있다면 무엇인가? 만약 당신에게 그러한 자원이 없다면 어떻게 그것을 확보할 수 있을 것인가? 이것은 철저하게 검토되어야 할 과제다. 자원 중에는 내적인 것(특정한 기술, 긍정적인 마음의 자세나 태도와 같은 것)도 있을 수 있고 외적인 것도 있을 수 있다. 만약 외적인 자원이 필요하다면 그 자원을 확보하기 위한 부수적인 성과도 설정할 필요가 있다.

성과는 적절한 크기로 설정될 필요가 있다. 성과의 규모가 너무 크거나 작아도 좋지 않다. 만약 성과가 너무 큰 것이라면 더 작고 달성하기 쉬운 몇 개의 것으로 세분할 필요가 있다. 예를 들어, 당신이 최고의 테니스 선수가 되고자 하는 성과를 설정했다고 하자. 이러한 성과는 단기간에 달성될 수 있는 간단한 것이 아니며, 너무 포괄적이고 장기적인 것이다. 그래서 몇 가지 단기간에 달성될 수 있는 소규모의 성과로 세분해야 한다. 이에 다음과 같은 질문을 스스로 해 볼 수 있다.

'이 성과를 달성하고자 하는 데 방해되는 것은 무엇인가?'

----

22) sensory-based evidence: 오감적 차원에서 묘사될 수 있는 증거를 말한다. 예를 들어, '시험 합격'이라는 성과를 달성한다면 그 상황은 당신이 시각적으로 합격증을 보고, 청각적으로는 합격을 축하하는 사람들의 목소리를 들으며, 신체감각적으로는 벅찬 감격과 기쁨을 느낀다는 식으로 묘사될 수 있을 것이다.

이와 같은 질문을 통해서 성과 달성을 위한 몇 가지 한계점을 발견할 수 있다. 예를 들면, 당신에게는 좋은 테니스 라켓이 없으며 전문가로부터 최상의 코치를 받아야 하는 문제가 있을 수도 있다. 이러한 문제를 성과로 전환하기 위해서는 다음과 같은 질문을 스스로에게 던져 보라.

'그렇다면 무엇을 해야 할까?'

당연히 당신은 좋은 라켓을 구입해야 하고 훌륭한 코치를 만나야 할 것이다. 이렇게 볼 때 결국 문제란 성과의 다른 모습이라고도 할 수 있다.

당신이 만약 큰 규모의 성과를 설정한 상태라면 이와 같은 과정을 여러 번 되풀이하는 가운데 그 성과를 보다 달성하기 쉬운 작은 규모의 성과들로 다듬는 작업을 하는 것이 좋다. "천 리 길도 한 걸음부터"라고 하지 않던가?

반면에 성과가 너무 작거나 사소한 것이라면 스스로에게 동기 부여를 하지 못한다. 예를 들어, 서재를 청소하겠다는 성과를 설정할 수도 있지만 그것은 너무 작을 뿐만 아니라 별로 자극을 주지 못하는 과제다. 이런 경우에 좀 더 에너지를 불어넣기 위해서는 보다 중요하며 동기 부여가 될 수 있는 큰 규모의 다른 성과와 연결될 수 있도록 해야 한다. 그래서 다음과 같은 질문을 해 볼 수 있다.

'만약 이 성과가 달성되면 무엇에 도움이 될까?'

앞의 '서재를 청소하겠다.'는 예를 근거로 생각해 본다면, 서재를 청소하게 되면 분위기가 더 밝아지거나 깨끗해져서 기분이 훨씬 좋아질 것이다. 그렇게 되면 지금 쓰고 있는 원고를 좀 더 빨리 잘 쓸 수 있게 되어서 내가 바라는 책이 좀 더 빠른 시간 내에 출판될 수 있을 것이다. 이런 식으로 연결을 해 보면 더 큰 성과를 생각함으로써 얻을 수 있는 흥미와 에너지를 통해서 비록 작은 성과라도 잘 달성할 수 있는 동기 부여를 받게 될 것이다.

성과를 결정하는 마지막 단계는 생태 점검[23]이다. 어느 누구도 혼자 서는 살 수 없다. 우리는 모두 더 큰 조직, 가족, 직장, 친구관계, 사회의 일부다. 그러므로 우리는 성과 달성의 결과를 이러한 더 큰 관계의 맥락에서 생각해야 할 필요가 있다. 혹시 성과를 달성함으로써 바람직하지 못한 부산물이 생기지는 않을까? 성과를 달성하기 위해서 포기해야 할 것이 있다면 무엇일까?

일례로 당신은 돈을 좀 더 많이 벌고 싶어 할 수 있다. 하지만 그렇게 하기 위해서는 더 많은 시간 동안 일을 해야 하기에 결과적으로 가족과 함께할 수 있는 시간은 줄어들게 될 것이다. 더 많은 일을 하다 보면 일의 부하량이 늘어나기 때문에 작은 일에 소홀하거나 제대로 최선을 다하지 못하여 문제가 생기게 될 수도 있을 것이다. 뿐만 아니라 건강을 돌보는 일에도 충분히 신경을 쓰지 못하는 경우가 생길 수 있다. 그러므로 성과를 설정할 때는 전체적인 맥락에서 생각해야 할 필요가 있다. 성과를 얻기 위해서 다른 사람을 희생시켜서는 안 된다. 그러므로 가장 가치 있고 만족스러운 성과를 얻기 위해서는 관련 있는 다른 사람과 타협할 것은 타협하고 상호 협조관계를 형성함으로써 그 목표가 모두에게 도움이 되고 만족을 줄 수 있는 것이 되도록 해야 한다. 이렇게 되면 생태 문제는 저절로 해결된다.

생태 점검의 과정에서 필요하다면 성과를 재설정할 수도 있고, 바람직하지 않은 부산물이 생기지 않도록 하는 가운데 원하는 의도를 살리는 새로운 성과로 대체할 수도 있다. 반생태적 성과의 고전적인 예는 미다

---

23) ecology check: 생태란 자연계 내에서의 상호 관련성을 의미한다. 먹이사슬의 경우처럼 특정한 동물이 멸종되면 그 동물과 생태적으로 관련되는 다른 동식물이 직·간접적으로 영향을 받게 되고, 결국은 생태계의 혼란이나 파괴 현상이 일어나게 된다. 목표나 성과 설정에 있어서도 이런 상호 관련성을 생각해야 한다는 점에서 NLP에서는 생태 점검을 중요하게 여기고 있다.

스(Midas) 왕의 경우다. 그는 자신이 만지는 것은 무엇이든 황금으로 변하기를 원했다. 그래서 엄청난 황금을 얻게 되었지만 바로 그것 때문에 결국 비극의 종말을 맞게 되었다.

### 성과 요약

성과 설정의 원리에 대해 각 단계를 말하는 영어 단어의 첫 글자를 조합하여 POSERS[24]라고 간단히 개념화할 수 있는데, 그 구체적인 내용은 다음과 같다.

[긍정성]

당신이 원하지 않는 것을 생각하기보다는 원하는 것이 무엇인지를 생각하라. 그리고 다음과 같이 자문해 보라.

'나는 무엇을 갖고 싶은가?'

'나는 진정으로 무엇을 원하는가?'

[자기주도성]

당신의 통제권 내에 있는 것 중에서 스스로의 책임하에 적극적으로 할 수 있는 것에 대해서 생각하라. 그리고 다음과 같이 자문해 보라.

'나의 성과를 달성하기 위하여 나는 무엇을 할 것인가?'

'나는 그 일을 어떻게 시작하고 진행해 나갈까?'

[구체성]

성과를 가능한 한 구체적으로 규정하여 구체적인 이미지를 마음속으

---

24) POSERS는 Positive(긍정성), Own Part(자기주도성), Specific(구체성), Evidence(증거), Resources(자원), Size(크기)의 첫 글자를 조합한 것이다.

로 떠올릴 수 있도록 하라. 그리고 다음과 같이 자문해 보라.

'구체적으로 누가, 언제, 어디서, 무엇을, 어떻게?'

## [증 거]

당신이 원하는 것을 달성했음을 알게 할 감각기반 증거에 대해서 생각하라. 그리고 다음과 같이 자문해 보라.

'성과를 달성할 때 나는 무엇을 보며, 무슨 소리를 듣고, 무엇을 느낄 것인가?'

'내가 성과를 달성했다는 것을 어떻게 알게 될 것인가?'

## [자 원]

당신에게는 성과 달성을 위한 적절한 자원과 선택의 여지가 있는가? 다음과 같이 자문해 보라.

'성과 달성을 위해서 나에게 필요한 자원은 무엇인가?'

## [크 기]

성과는 적절한 크기인가? 만약 성과가 너무 크다면 다음과 같이 자문해 보라.

'이 성과를 달성하는 데 방해가 되는 것은 무엇인가?'

그리고 그것을 더 작은 성과로 바꿔라. 이 과정에서 작은 성과가 좀 더 명료하고 성취 가능한 것으로 규정될 수 있게 하라. 만약 성과가 너무 작다면 성과 달성을 위한 동기가 생기기 어려울 것이다. 이 경우 다음과 같이 자문해 보라.

'만약 이 성과를 달성한다면 무엇에 도움이 될까?'

그리고 그 작은 성과를 더 크고 동기 부여가 잘 될 수 있는 성과로 연

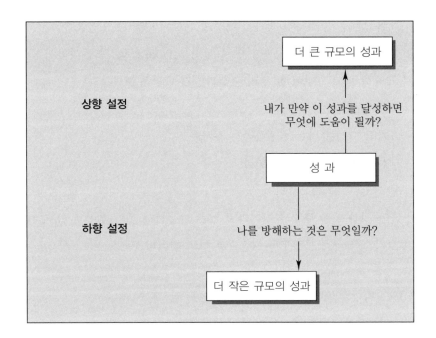

상향 설정

더 큰 규모의 성과

내가 만약 이 성과를 달성하면 무엇에 도움이 될까?

성 과

하향 설정

나를 방해하는 것은 무엇일까?

더 작은 규모의 성과

결시켜라.

## 생태 관점

당신이 성과를 달성할 경우에 당신의 인생과 인간관계에서 어떤 결과가 생길지에 대해서 생각해 보라. 그리고 다음과 같이 자문해 보라.

'이 성과로 인해서 다른 누가 영향을 받을 수 있을까?'

'내가 만약 성과를 달성한다면 어떤 일이 생길까?'

'내가 만약 성과를 즉시 달성한다면 바로 그 성과를 나의 것으로 삼을까?'

이와 같은 질문에 대해서 스스로 '그렇다, 하지만……'이라는 의심이 조금이라도 들지는 않는지 주목해 보라.

이러한 의심이 든다면 그것은 무슨 의미가 될까?

그런 의미를 고려하여 성과를 어떻게 다르게 바꿀 수 있을까?

이제 새롭게 수정된 성과를 앞서 살펴본 POSERS 절차에 따라서 다시 체크해 보고 그것이 잘 정리된 성과인지 확인해 보라.

마지막 단계는 바로 실행하라는 것이다.

당신은 첫걸음을 옮겨야 한다.

천 리 길도 한 걸음부터.

만약 성과가 잘 규정된 것이라면 성취 가능하며 동기 부여를 할 것이고 보다 실감나게 그럴듯한 모습으로 보일 것이다.

## 현재 상태와 바람직한 상태

비즈니스, 자기계발, 교육 등의 분야에서 추구하는 변화에 대해서 생각할 때, 그것은 '현재 상태에서 원하는 상태'로의 여정으로 비유할 수 있다. 사람들이 경험하는 문제는 두 가지 상태 간의 차이다. 미래에 달성할 어떤 성과를 설정한다는 것은 곧 현재 어떤 문제가 있다는 것을 의미한다. 그리고 반대로 현재의 모든 문제는 곧 미래의 성과로 바뀔 수 있다는 것을 의미한다.

현재 상태에서의 당신의 행동, 사고, 느낌은 바람직한 상태에서의 그것들과는 다를 것이다. 한쪽 상태에서 다른 쪽 상태로 옮기기 위해서는 자원이 필요하다.

여행을 위한 에너지는 동기에서 나온다. 원하는 상태는 우리가 진정으로 바라는 것이 되어야 한다. 그것이 아니라면 최소한 우리가 진정으로 바라는 것과 분명히 연결된 것이어야 한다. 우리는 또한 성과 달성을

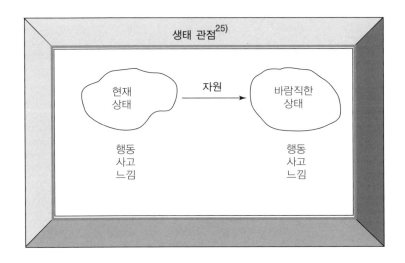

위하여 투신해야 한다. 하지만 생태 문제를 충분히 고려하지 않으면 제대로 투신할 수가 없다. 요컨대, 우리는 여행하기를 원해야 하며, 목표는 성취될 수 있고 가치 있는 것이라는 점을 믿어야 한다.

기술, 기법, 마음의 자원 상태는 목표를 성취하는 데 필요한 수단이다. 그 수단에는 생리, 영양, 신체의 힘, 스태미나 등이 포함된다. 여러 가지 NLP 기술은 목표 성취 과정에서 만나게 되는 각종의 장애, 저항, 간섭을 극복하게 하는 강력한 자원이 될 수 있다.

## 커뮤니케이션

커뮤니케이션은 타인과의 상호작용에 관련된 복합적인 의미를 지닌

---

25) 원래 생태 관점은 영어의 ecology frame을 번역한 말인데, 여기서 frame은 틀이나 관점을 의미한다. 그래서 ecology frame을 문자 그대로 번역한다면 '생태 틀'이라고 해야 옳기에 그림에서 틀 또는 액자 모양으로 그렸다. 그러나 여기서는 생태 관점이라고 하였다.

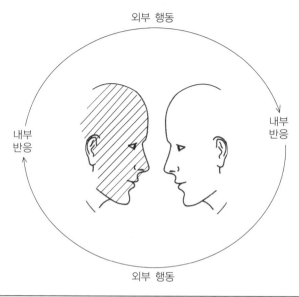

외부 행동

내부
반응

내부
반응

외부 행동

마법의 반지

단어로서 일상의 대화, 설득, 강의, 협상과 같은 것을 포함한다.

그렇다면 구체적으로 커뮤니케이션은 무엇을 의미할까? 이 단어는 정적(靜的)인 특성을 가진 명사이지만 사실상 최소한 두 사람을 포함하는 순환관계다. 우리는 상점에 진열된 마네킹과 커뮤니케이션을 할 수는 없다. 그런 커뮤니케이션은 무의미하며 그로부터 아무런 반응을 얻을 수도 없다. 타인과 커뮤니케이션을 할 때 우리는 상대방의 반응을 지각하며 우리 자신의 사고(생각)와 느낌을 가지면서 그에게 반응한다. 우리가 행하는 행동들은 외부 세계에서 눈으로 보고 귀로 듣는 것에 대한 우리의 내적 반응에 의해서 촉발된다. 이러한 과정은 우리가 타인에게 집중하고, 그가 보이는 반응에 대해 무엇이라고 말하고, 그다음에는 어떻게 반응할 것인지를 생각함으로써 이루어진다. 이렇게 되면 상대방은 같은 방식으로 우리의 행동에 반응하게 된다.

우리는 말, 목소리, 신체(자세, 제스처, 얼굴 표정 등)를 수단으로 하여 커뮤니케이션한다. 우리는 커뮤니케이션을 하지 않을 수 없다. 비록 아무 말도 하지 않고 침묵을 지키고 있더라도 어떤 메시지는 전달된다. 그러므로 커뮤니케이션은 한 사람에게서 다른 사람에게 전달되는 메시지를 포함한다. 내가 타인에게 전달하고자 하는 메시지의 내용이 나의 의도대로 그에게 제대로 전달되었을지를 우리는 어떻게 알 수 있을까? 때때로 타인에게 별 뜻 없이 농담으로 말한 것을 타인이 잘못 알아듣고 오해함으로써 낭패를 당했던 경험은 누구에게나 있을 것이다. 내가 전달하고자 하는 메시지의 의미 그대로를 타인이 제대로 받아들였을지 어떻게 확인할 수 있을까?

NLP 교육에서 사용되는 흥미로운 실습이 있는데, 그 내용은 다음과 같다. 먼저 '오늘은 좋은 날씨입니다.'와 같은 간단한 문장을 하나 선정해 보라. 그리고 이 문장을 옆의 파트너에게 세 가지 다른 감정을 가진 음성으로 말해 보라. 즉, 첫 번째는 기분 좋은 음성으로, 두 번째는 위협적인 음성으로, 그리고 마지막 세 번째는 빈정대는 음성으로 각각 서로 다르게 말해 보라. 그러나 이때 각 음성의 의도나 감정 상태는 말하지 마라. 마지막으로 파트너가 당신의 음성을 듣고 그 음성에 깔린 감정 상태를 짐작하고 당신의 의도대로 정확하게 알아맞히는지를 확인해 보라.

이 실습을 하다 보면 때로는 상대방이 당신의 의도대로 정확하게 지각하지만 그렇지 않을 때도 있음을 알게 된다. 만약에 상대방이 제대로 알아맞히지 못한다면 목소리와 함께 신체언어를 사용함으로써 당신이 전달하고자 하는 감정 상태의 메시지를 정확하게 이해하고 받아들일 수 있도록 해 보라.

커뮤니케이션은 우리가 입으로 표현하는 말 자체가 아니라 그 이상을 의미한다. 말은 전체 커뮤니케이션 중에서 일부밖에 차지하지 않는다. 어떤 연구[26]에 의하면 우리가 사람 앞에서 프레젠테이션을 하는 경

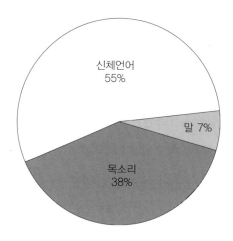

우에 다음 그림과 같이 신체언어—자세, 제스처, 시선 접촉 등—가 전체 커뮤니케이션에서 55% 정도를 차지하며, 38%는 목소리, 나머지 7%만이 프레젠테이션의 내용, 즉 말이 차지한다고 한다.

물론 서로 다른 상황에서는 정확한 수치가 달라질 수 있겠지만 커뮤니케이션에서 신체언어와 목소리가 큰 영향을 미치며 중요한 역할을 하는 것은 확실하다. 중요한 것은 어떤 내용을 말하는가가 아니라 그것을 어떻게 말하는 것이다.

영국 수상인 마가렛 대처는 자신의 목소리를 바꾸는 일에 많은 시간과 노력을 투자하였다. '그래요?'라는 말도 어떤 목소리와 신체언어를 사용하여 말하느냐에 따라서 전혀 다른 의미를 전달하게 된다. 경우에 따라서는 상대방을 인정하는 말이 되기도 하지만 빈정대거나 상대방의 말을 부정하고 상대를 위협하는 수단으로 사용되기도 한다.

배우들은 단지 대본의 내용에만 관심을 갖는 것이 아니라 그 내용을 어떤 목소리와 신체언어로 표현할 것인지와 관련하여 훈련을 받고 연습

---

26) Mehrabian and Ferris, 'Inference of Attitudes from Nonverbal Communication in Two Channels' in *The Journal of Counseling Psychology* Vol. 31, 1967, pp. 248–252.

을 한다. 어떤 배우도 '아니요' 라는 말 한마디를 적어도 열 가지 이상의 다른 의미로 전달할 수 있어야 한다. 사실상 우리도 일상생활 속에서 그와 비슷한 경험을 하며, 별로 의식하지 않는 가운데 같은 말이라도 다른 목소리와 신체언어를 통해 다른 의미를 전달하게 되는 경우가 많다.

만약 말이라는 것이 메시지의 내용이라면 몸의 자세, 제스처, 얼굴 표정, 목소리와 같은 것은 메시지가 구현되는 맥락이라고 할 수 있다. 그리고 내용과 맥락의 두 가지가 함께 커뮤니케이션의 의미를 만들고 전달한다.

그러므로 내가 커뮤니케이션하고자 하는 의미를 상대방도 동일하게 이해한다는 보장이 없다. 상대방의 반응이나 대답은 곧 성과, 민감성, 유연성이라는 앞에서 살펴본 세 가지 주제를 되새기게 한다. 먼저 상대방의 대답을 통해 내가 커뮤니케이션하고자 하는 성과가 달성되었는지가 확인된다(성과). 그리고 내가 상대방으로부터 어떤 반응을 얻었는지 확인할 수 있다(민감성). 마지막으로 내가 얻고자 하는 반응을 상대방으로부터 얻을 때까지 계속해서 말하는 방식이나 표현 방식을 바꾸게 된다(유연성).

효율적인 커뮤니케이션을 하기 위해서는 다음과 같은 원칙을 따르는 것이 좋다.

커뮤니케이션의 의미는 당신이 얻는 반응에 의해 결정된다.

우리는 사람들에게 영향을 미치기 위하여 끊임없이 자신의 커뮤니케이션 기술을 사용한다. 모든 치료, 경영, 교육은 어떤 형태로든 영향 미치기와 커뮤니케이션 기술을 포함한다. 사람들은 누구라도 효과적이지 않은 기술을 배우려 하지는 않을 것이다. 그런데도 정작 효과적인 기술이라고 하면 마치 그것이 조작하는 것인 양 오해하고 평가절하하게 되는 모순이 있다. 조작이란 말은 상대방의 뜻과는 상관없이 강제적으로 어떤 무엇을 하지 않을 수 없게 할 때 사용되는 개념이기 때문에 부정적인 뉘앙스를 풍긴다.

이러한 논리는 NLP 차원에서는 적절하지 않다. NLP는 오히려 삶의 지혜이자 효과적인 선택을 위한 것이며 마음속 깊은 수준에서의 생태성을 추구한다. 이러한 NLP는 다른 사람들에게 효과적으로 반응하는 기술이면서 그들의 세상모형을 올바로 이해하고 존중하는 기술이기도 하다.

커뮤니케이션은 당신의 반응이 다른 사람들에게 영향을 미치며, 또 그들의 반응이 당신에게 영향을 미치는 순환관계로 설명될 수 있다. 이 경우에 당신은 그 순환관계에 있어서 당신 자신의 책임을 감당해야 한다. 당신은 이미 다른 사람들에게 영향을 미치고 있다. 이때 당신은 자신에 의해서 초래되는 결과를 의식할 수도 있고 의식하지 못할 수도 있다. 여기서 제기될 수 있는 질문은 당신 자신이 원하는 방향으로 영향을 미칠 수 있느냐의 문제다. 당신의 영향력은 당신 자신의 가치와 얼마나 합치하는가?

NLP 기법은 중립적이다. 자동차의 경우와 마찬가지로 자동차가 어떻게 사용되며 얼마나 유용할 수 있느냐의 문제는 오로지 운전자의 마음에 달려 있다고 하겠다.

## 라 포[27]

당신은 어떻게 커뮤니케이션 순환관계로 들어갈 수 있을까? 당신은 자신의 정체성을 유지하면서 어떻게 타인의 세상모형을 존중하고 인정할 수 있을까? 라포나 공감은 특히 교육, 치료, 상담, 비즈니스, 영업, 트레이닝의 분야에서 신뢰, 믿음, 참여의 분위기를 만들어 가는 데 필수적인 것이다. 바로 이런 분위기 속에서 사람들은 자유롭게 커뮤니케이션을 할 수 있게 된다. 우리는 무엇을 함으로써 사람들과의 라포를 형성할 수 있을 것이며, 상호 신뢰와 상호작용의 관계를 어떤 식으로 만들어 갈 수 있을까? 또한 그러한 자연적인 기술을 어떻게 발전시키고 확장시킬 수 있을까?

이론적이기보다 실제적인 답을 얻기 위해서 앞의 질문을 뒤바꿔 제기해 보자. 두 사람이 서로 라포를 형성하고 있다는 것을 어떻게 알 수 있을까? 식당이나 사무실과 같은 장소에서 사람들이 서로 만나 대화를 나누는 것을 볼 때 누가 라포 상태에 있으며, 또 누가 그렇지 않은지를 어떻게 알아낼 수 있을까?

두 사람이 라포 관계에 있을 때 커뮤니케이션의 흐름은 자유롭고 그들이 나누는 말뿐만 아니라 신체적 반응 또한 서로 어울리거나 조화롭다. 우리가 어떤 말을 하느냐에 따라서 라포에 도움도 되지만 방해도 된다. 하지만 그 말이 커뮤니케이션에서 차지하는 비율은 7%에 불과하다. 그보다는 신체언어와 목소리가 더 중요하다. 이미 잘 알듯이 라포 관계에 있는 사람들은 자세, 제스처, 시선 접촉의 측면에서 서로 간에 보다 자연스럽게 조화를 이루고 맞추어 간다. 여기서 일치시키기와 거울반응하기[28]라는 개념이 등장할 수 있는데, 이러한 반응은 마치 댄스와 같아

---

27) rapport: 라포는 불어로 원래 최면에서 사용되던 용어로 알려져 있다. 최면에서는 최면사와 피최면자 간에 신뢰관계가 형성되지 않으면 바람직한 최면의 효과를 거두기 어렵기 때문에 라포라는 신뢰관계를 중시했다는 차원에서 라포의 개념이 유래했다고 할 수 있다. 이러한 라포의 개념은 후에 상담과 심리치료 분야 및 기타 여러 가지 형태의 관계 분야에서 적용되게 되었다.

서 파트너가 상대방의 움직임에 따라서 반응하는 것과 같다. 그러니까 그들은 상호 반응이라는 댄스에 함께 참여하고 있는 것이다. 그들의 신체언어는 상보적[29]이라고 할 수 있다.

사람들은 다른 사람과 특히 즐겁게 대화를 나누는 상황에서 흔히 서로 자세가 비슷한 상태에 있는 것을 발견하게 된다. 라포 수준이 깊을수록 서로가 따라 하거나 일치시키는 반응의 정도 또한 깊어진다. 이러한 기술은 어쩌면 선천적인 것일지도 모른다. 왜냐하면 갓난아기들의 경우 주변 사람들의 목소리에 맞추어 반응하거나 몸의 움직임을 보이는 것을 알 수 있기 때문이다. 사람들이 라포 관계를 형성하지 않을 때는 그들의 신체가 그것을 반영한다. 즉, 말과 행동 반응이 서로 일치하지 않거나 조화를 이루지 못하게 된다. 그들은 댄스에 참여하지 않는 것이다. 사람들의 반응을 보면 그런 것을 쉽게 눈치 챌 수 있다.

성공하는 사람들은 쉽게 라포를 형성한다. 그리고 라포는 상호 신뢰의 분위기를 만들어 간다. 우리는 일상에서 사용하는 자연적 라포 기술을 의식적으로 개발시킴으로써 원하는 누구와도 라포를 형성할 수 있다. 특히 신체언어와 목소리에 대한 일치시키기와 거울반응하기 기술을 활용함으로써 어느 누구와도 비교적 쉽게 라포를 형성할 수 있게 된다. 시선 접촉을 함께 일치시키고 맞추어 가는 것은 좋은 라포 기술의

---

28) 일치시키기(matching)와 거울반응하기(mirroring)는 인간관계에서 서로에게 일치시키고 맞추어 감(pacing)으로써 조화를 이루고 라포를 형성하는 NLP의 기본적인 기법들이다. 이것은 만약 상대방이 손으로 머리를 만진다면 함께 머리를 만지고, 손장난을 한다면 손장난을 하는 것이다. 하지만 여기에도 적절한 요령이 있다. 즉, 무조건적인 반응은 바람직하지 않다. 여기서 상대방이 왼손으로 만질 때 함께 왼손으로 만지는 것을 일치시키기라 하고 오른손으로 만지는 것을 거울반응하기라고 한다. 왜냐하면 거울에서 왼쪽으로 비치는 손은 실제로는 오른손이기 때문이다.

29) 여기서 상보적(相補的)이란 상호 보완적이란 뜻으로 결국 조화를 이루면서 서로 간에 맞추어 가는 것을 의미한다.

하나다. 그런데 영어 문화권에서는 이를 의식적으로 가르쳐 왔다. 일반적인 신체언어에 대해서 의식적으로 주목하고 반응하는 것에 대한 거부반응은 어느 정도 있어 왔지만 말이다.

다른 사람들과 라포를 형성하려거든 그들의 신체언어에 민감하고 존중하는 자세로 일치시킴으로써 그들의 댄스에 참여하라. 그렇게 하면 그들의 세상모형과의 다리가 놓이게 된다. 일치시키기는 단순히 흉내를 내는 것만은 아니다. 만약 그런 경우에는 상대방이 쉽게 눈치를 채게 된다. 또한 일치시키기는 상대방의 움직임을 과장하여 따라 하거나 똑같이 모방하는 것도 아니다. 그렇게 하는 것은 오히려 상대방을 모욕하는 것이 될 수도 있다. 우리가 자연스럽게 상대방을 따라 하려면, 그가 머리를 움직인다고 해서 반드시 머리를 함께 움직일 것이 아니라 오히려 손을 움직이고 그가 팔을 만지고 있다면 손을 쓰다듬는 형식으로 그와 맞추기를 할 수 있다. 사실 NLP에서는 이와 같이 하는 것을 '교차거울 반응하기'[30]라고 부른다. 그러니까 상대방의 모든 것을 꼭 같은 신체 부위를 통하여 그대로 따라 하는 대신에 신체의 다른 부위를 활용하고 분산하여 따라 하는 것이다.

사람들은 서로 비슷할 때 서로를 좋아하게 된다.[31] 호흡을 일치시키는 것도 라포 형성을 위해서 크게 도움이 된다. 두 사람이 깊은 라포 관

---

30) cross-mirroring: 동일한 신체 부위를 만지거나 동일한 방식으로 거울반응을 하게 되면 상대방이 눈치를 채기 쉬울 수 있으므로 오히려 전혀 다르게 보이는 서로 다른 부위를 사용하는 것이 도움이 될 수 있다. 이때 교차거울반응하기의 가치를 확인할 수 있다.

31) 이 말의 영어 표현은 'When people are like each other, they like each other.'이다. 여기서 like란 동일한 단어가 두 개의 절에서 서로 다른 의미로 사용되었다. 앞의 절에서 사용된 like는 형용사로서 '비슷하다'는 의미요, 뒤의 절에서 사용된 like는 동사로서 '좋아하다'라는 의미다. 이와 같은 영어 표현에서는 모양은 같지만 의미가 서로 다른 단어, 즉 like를 주절과 종속절에 각각 배치하는 대구(對句)법을 사용함으로써 표현의 묘미를 더욱 살렸다.

계에 있을 때는 호흡 패턴도 일치하거나 조화를 이룬다는 것을 알 수 있다.

이것이 바로 라포의 기본 요소다. 하지만 이것이 전부는 아니다. 중요한 것은 이러한 원리를 어떻게 잘 사용하는가 하는 문제다. 그러므로 다른 사람들에게 맞추고 일치시킬 때 어떤 일이 생기는지를 잘 관찰하고 주목해 보라. 특히 라포를 형성하고 있을 때와 라포 관계가 깨졌을 때 각각 어떤 일이 발생하며 두 사람의 반응이 어떤 식으로 달라지는지를 잘 관찰할 필요가 있다. 그리고 일상에서 자연스럽게 사용하는 라포 기술을 의식하고 인식하며 보다 발전시켜서 필요할 때 적절하게 사용할 수 있어야 한다.

특별히 '일치시키지 않기'[32]를 할 때 어떤 일이 일어나는지에 대해서도 주목해 보라. 어떤 사람들은 강박적으로 거울반응하거나 일치시키기 반응을 하는 경우가 있다. 이에 비해 일치시키지 않기는 아주 유용한 기술이다. 대화를 중단하기 위한 가장 좋은 방법은 댄스를 멈추는 것이다. 만약 댄스를 더 이상 하지 않는다면 댄스를 중단할 일은 없을 것이다. 일치시키지 않기의 극단은 상대방에게서 등을 돌리는 것이다.

목소리 일치시키기는 라포 형성을 위한 또 다른 방법이다. 목소리는 음질, 속도, 음량 그리고 리듬의 차원에서 일치시키기를 할 수 있다. 이것은 다른 사람의 노래에 동참하여 함께 노래를 부르거나 화음을 맞추는 것과 같다. 전화 통화를 할 때 라포를 형성하기 위하여 목소리 일치시키기를 할 수 있다. 그리고 통화를 끝내기 위해서 목소리의 속도나 음

---

32) mismatch: 앞서 살펴본 일치시키기와는 반대되는 반응을 말한다. 즉, 상대방과 일치시키거나 조화시키지 않고 라포 관계를 형성하지 않는 반응을 말한다. 이것은 신뢰관계에서는 해로운 것이지만 다른 상황에서는 가끔 필요할 때도 있다. 예를 들어, 관계 없는 일에 다른 사람이 참견하거나 필요하지 않은 상품 구매를 권하는 사람에게는 맞추지 않기 반응을 통해서 더 이상의 대화나 관계를 차단할 수도 있다.

질을 바꿈으로써 일치시키지 않기를 할 수도 있다. 이 또한 대단히 유용한 기술이다. 때로는 다른 사람과 전화 통화를 하는 도중에 자연스럽게 전화를 끊기가 참 어렵기 때문이다.

라포 형성 기술에 있어서 핵심은 두 가지로 요약될 수 있다. 하나는 상대방의 자세, 제스처, 말하는 패턴을 어느 정도로 정확하게 인식하느냐 하는 것이며, 다른 하나는 라포의 댄스에서 상대방과 잘 일치시킬 수 있는 기술이 얼마나 있느냐 하는 것이다. 인간관계라는 것은 조화로운 댄스와 같은 것이다. 이 과정에서 상대방을 전적으로 믿고 무엇이든 할 수 있게 되며, 그의 세상모형과 연결되어 그와 하나가 되고자 하게 된다.

다른 사람과 맞추고 일치시킬 수 있을 때 기분이 어떨지 주목해 보라. 어떤 사람과 일치시키기를 하는 것이 때로는 불편하게 느껴질 수도 있다. 경우에 따라서는 직접적으로 일치시키기를 하고 싶지 않은 상대방의 행동도 있을 수 있다. 예를 들어, 자신의 호흡 패턴보다 더 빠른 사람의 호흡이나 천식을 앓는 사람의 호흡은 따라 하고 싶지 않을 수 있다. 이럴 때는 상대방과 똑같이 따라하기보다는 적당하게 손을 조금씩 움직임으로써 거울반응하기를 할 수도 있다. 그리고 상대방이 조바심 내는 행동을 보이고 있다면 약간의 움직임을 통해서 그에게 거울반응을 해 볼 수도 있다.

어떤 경우든 이렇게 하는 것을 교차일치시키기[33]라고 부르는데, 그 핵심은 상대방을 똑같이 따라하는 것이 아니라 의식적으로 다른 아날로그 행동[34]을 취하는 것이다. 만약 당신이 이러한 기술을 의식적으로

--------------------------------------------------------------

33) cross-matching: 앞서 설명한 교차거울반응하기와 비슷한 개념으로 이해해도 좋다.

34) analogous behavior: NLP에서 디지털 행동(digital behavior)의 상대 개념으로 사용되는 행동을 설명하는 개념이다. 아날로그 행동은 아무런 의미도 없고 이름 붙일 수도

사용하고자 하는 마음을 갖고 있다면 의지에 따라서 어떤 사람과도 라포를 형성할 수 있게 될 것이다.

라포를 형성한다고 해서 반드시 상대방을 좋아할 필요는 없다. 그냥 그를 보다 잘 이해하기 위하여 그와의 다리를 놓을 수만 있으면 된다. 라포를 형성하는 것은 하나의 선택이다. 하지만 시도해 보지 않는다면 그것이 얼마나 효과적일지, 또는 그 결과가 어떠할지에 대해서 알지 못하게 될 것이다. 그러므로 라포는 다음의 그림에서 볼 수 있듯이 언어적 메시지를 둘러싸고 있는 총체적인 맥락이다. 만약 앞에서 설명한 바와 같이 '의사소통의 의미가 그것이 만들어 내는 반응'이라고 한다면 라포를 형성하는 것은 곧 원하는 반응을 이끌어 내는 능력이라고 할 수 있다.

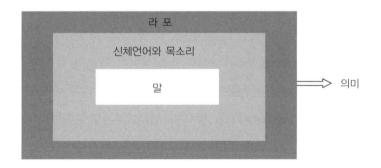

---

없는 행동을 말하며, 디지털 행동은 특정한 의미가 있으면서 이름을 붙일 수도 있는 행동을 말한다. 예를 들어, 대화 중에 얼굴을 찡그리거나 눈을 찡긋하는 행동, 웃는 행동, 고개를 끄덕이거나 가로젓는 행동을 하면 상대방의 말이나 뜻에 동의하거나 동의하지 않는다는 의미를 전달하는 행동반응이 된다는 것을 안다. 그리고 손이나 손가락을 어떻게 하느냐에 따라서 상대방에게 욕을 하거나 적대감을 표시하는 행동으로 인식될 수도 있다. 이러한 것이 디지털 행동이라고 할 수 있다. 반면에 아날로그 행동은 그러한 의미를 붙일 수 없는 사소한 행동반응을 말한다.

# 맞추기와 이끌기

라포는 다른 사람과의 다리를 놓게 하는 기술이다. 이 경우에 그 사람을 이해하고 그와 보다 깊이 접촉할 수 있는 계기를 갖게 된다. 라포가 제대로 형성될 때 당신이 만약 자신의 행동을 바꾸게 되면 상대방은 오히려 당신을 따라하는 일이 생기게 된다. 그때 당신은 그를 다른 방향으로 이끌어 갈 수가 있게 된다.

가장 훌륭한 선생은 학생과 라포를 형성하고 학생의 세상 속으로 들어가서 그 학생이 과목이나 기술을 보다 잘 이해하고 공부할 수 있는 상태로 쉽게 들어갈 수 있도록 하는 사람이다. 그러한 선생은 학생들과 좋은 관계를 유지하는데, 이는 공부와 학습이 더 쉽게 이루어질 수 있도록 한다.

NLP에서는 이러한 모든 과정을 맞추기와 이끌기[35]라고 한다. 맞추기는 라포와 존중적 태도를 통하여 두 사람 간에 다리를 놓는 것을 말한다. 이끌기는 당신의 행동을 바꿈으로써 상대방이 당신을 따라오도록 만드는 것을 말한다. 여기서 이끌기는 라포가 없이는 불가능하다. 다시 말해서, 당신은 라포를 형성하지 않고는 다리를 통하여 상대방을 이끌어 갈 수가 없다.

독자들은 언젠가 내가 친구에게 신경 – 언어 프로그래밍에 대한 책을 쓰고 있다고 말했던 일이 있다고 한 이야기를 기억하는가? 그때 나는

---

35) pacing and leading: 이인(二人)관계에서 한 사람(A)이 상대방(B)의 말을 들으면서 그에게 맞추기를 하게 되면 두 사람 간에는 쉽게 라포가 형성되고 효과적인 관계가 구축된다. 이때 B가 A로부터 영향을 받게 될 정도로 신뢰감과 친밀감이 증진되어 있어, 어떤 의도를 갖고 B를 이끌어 갈 수 있게 된다. 그리하여 A는 B를 변화로 이끌거나 상담 또는 치료를 하게 된다.

친구에게 제대로 맞추기를 하지 못했다. 그래서 나는 친구로 하여금 내가 정말로 하고 있는 일에 대해서 이해하도록 그를 이끌지 못했다고 할 수 있다.

당신이 다른 사람의 행동과 동일하게 행동한다고 해서 반드시 그도 당신과 같이 행동하게 될 것이라고 믿을 필요는 없다. 어떤 경우에는 그가 당신을 따라할 때도 있겠지만 어떤 경우에는 그렇게 되지 않는다. 심지어 당신이 상대방의 행동을 따라하고 맞추기를 하더라도 그로부터 호의적인 반응이 나오지 않거나 당신이 원하는 결과를 얻지 못할 때도 있다. 그런 경우에 당신은 원하는 결과를 얻을 수 있는 방향으로 자신의 행동이나 반응을 조금씩 바꾸고 조정함으로써 성공의 확률을 더 높일 수 있다.

우리는 여러 형태의 사회관계에서 늘 다른 사람들에게 맞추기를 함으로써 그들과의 조화와 편한 관계를 만들며, 동시에 우리 스스로도 편안함을 느낄 수 있다. 우리는 외국의 문화를 존중함으로써 우리와 다른 그들의 문화에 맞추기를 하기도 한다. 고급 호텔을 이용한다면 정장을 하고, 결혼식에서는 결혼식에 맞는 의상을 입으며, 장례식에서는 또 그에 맞는 복장을 하기 마련이다. 그리고 절에서 찬송가를 부르지 않을 것이며, 교회에서 염불을 하지 않을 것이다.

맞추기는 공동의 화제나 취미에 대해서 이야기할 때 흔히 사용하는 일반적인 라포 기술이다. 우리는 감정도 맞추기를 한다. 만약 사랑하는 사람이 슬픔에 빠져 있다면 동정적인 목소리와 태도로 그를 대하며 큰 소리로 떠들썩하게 외치지는 않을 것이다. 설사 좋은 의도를 갖고 그에게 힘을 주기 위해서라 하더라도 큰 소리로 떠든다면 그에게 도움이 되지 않을 것이다. 오히려 차분하고 부드러운 목소리로 그의 자세와 태도에 거울반응하기를 하면서 그가 말하는 목소리에 맞추어 말을 하고 그가 느끼는 기분과 동일한 기분을 느끼면서 대화를 할 것이다. 그렇게 하는 가운데 차츰 보다 긍정적인 자세를 취하면서 그쪽으로 대화의 방향을 돌릴 수 있을 것이다.

만약 두 사람 간의 다리가 제대로 놓이게 된다면 상대방은 자연스럽게 당신의 이끌기에 응할 것이다. 그는 무의식적 차원에서 부지불식간에 당신이 그의 마음 상태를 존중했음을 인식하면서 당신이 이끄는 대로 따라가게 될 것이다. 그것이 그가 원하는 방향이라면 말이다. 이러한 정서적 맞추기와 이끌기는 상담과 치료에 있어서 강력한 도구가 된다.

화내는 사람에게 맞추기를 할 때는 그가 표현하는 화의 수준보다 약간 낮은 수준에서 맞추기를 하는 것이 좋다. 너무 과하게 맞추기를 하게 되면 오히려 화를 돋우게 될 수도 있다. 일단 그가 화를 내는 수준에 맞게 맞추기가 이루어진다면 조금씩 목소리와 행동을 차분하게 함으로써 그를 차분한 마음 상태로 이끌 수 있을 것이다. 다급한 상황에서도 마찬가지다. 다급한 마음 상태에 맞추기를 하기 위하여 다소 크고 빠른 목소리로 말을 할 수도 있다. 그리고 차츰 목소리를 줄이고 느리게 말함으로써 상대방을 이끌어 갈 수가 있을 것이다.

당신은 다른 사람의 말을 인정함으로써 그와의 라포를 형성할 수 있다. 여기서 인정한다는 것이 반드시 그의 말에 동의하라는 뜻은 아니다. 다른 사람의 말을 인정하는 한 가지 방법은 '그러나' 라는 말을 하지 않는 것이다. 그보다 '그리고' 라는 단어를 사용하는 것이 더 낫다. '그러나' 는 부정적인 단어다. 그것은 타인의 말에 대해서 이의를 제기하고 그 말을 평가절하하는 것이다. 이에 비해서 '그리고' 는 가치 중립적이다. 그것은 이미 말한 내용에 추가하는 것이며, 말 내용을 확장하는 것이기도 하다.

말에는 힘이 있고 영향력이 있어서 말이 바뀌면 힘도 달라진다. 그래

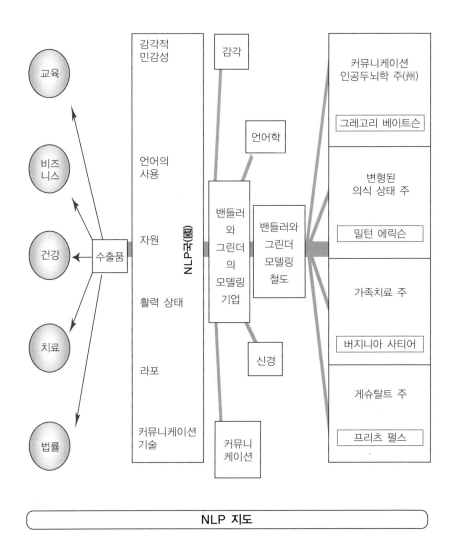

교육

비즈
니스

건강

치료

법률

수출품

감각적
민감성

언어의
사용

자원

활력 상태

라포

커뮤니케이션
기술

NLP주(國)

감각

언어학

신경

커뮤니
케이션

밴들러
와
그린더
의
모델링
기업

밴들러와
그린더
모델링
철도

커뮤니케이션
인공두뇌학 주(州)

그레고리 베이트슨

변형된
의식 상태 주

밀턴 에릭슨

가족치료 주

버지니아 사티어

게슈탈트 주

프리츠 펄스

NLP 지도

서 우리는 말을 잘하려고 애쓰지만 쉽지가 않다. 하지만 말의 중요성은 크기 때문에 노력이 필요하다. 따라서 라포에도 노력이 필요하다.

같은 문화를 공유하는 사람들은 같은 가치관과 세계관을 공유하게 마련이다. 그러므로 같은 관심사, 직업, 친구, 취미, 적성, 전공을 가진 사람들은 쉽게 라포를 형성할 수 있다. 우리는 같은 정치적 신념, 종교적 관점을 가진 사람들과도 쉽게 친해질 수 있다.

맞추기와 이끌기는 NLP의 기본적인 원리다. 그것은 라포 상태에 있을 때와 타인의 세계관을 존중하는 태도를 가질 때 가능하다. 그것은 또한 긍정적인 의도를 전제로 한다. 그래서 타인을 동의의 상태로 이끌고 공동의 이익을 얻을 수 있게 할 수 있는 강력한 방법이 된다. 맞추기와 이끌기를 성공적으로 잘하기 위해서 당신은 타인에게 관심을 기울이고 그에게 맞추어 반응할 수 있는 유연성을 가질 필요가 있다. NLP는 아주 유용하고 효과적인 커뮤니케이션 기술이다.

02

# 인식과 표상체계

# 지각의 문

만약에 커뮤니케이션의 순환과정에 어떤 시작이 있다면 그것은 우리의 감각에서 시작될 것이다. 올더스 헉슬리[1]가 지적했듯이 지각(知覺)의 문이란 우리의 감각기관인 눈, 코, 귀, 입 그리고 피부를 말하는데, 우리는 유일하게 이들을 통해서 세상과 접촉할 수 있다.

그런데 이들 감각기관이 세상과 접촉하는 것은 액면 그대로가 아니다. 예를 들어, 흔히 눈을 '세상에 대한 창문'이라고 하는데, 과연 그럴까? 눈은 정말로 세상을 있는 그대로 볼 수 있게 하는 창문일까? 그렇지 않다. 마찬가지로 카메라도 창문이 아니다. 카메라는 어째서 우리가 볼 수 있는 영상의 본질을 제대로 포착할 수 없을까? 사실 눈은 카메라보다 훨씬 더 지능적이다. 개인적인 수용기관에 해당하는 망막의 간상체와 추상체[2]는 빛 자체가 아니라 빛의 변화나 차이에 반응을 한다.

---

1) Aldous Leonard Huxley(1894~1963): 영국의 소설가이자 비평가, 수필가. 미래소설인 『멋진 신세계(Brave New World)로』 유명하다.

2) 신경망에서 가장 앞쪽에 정렬된 수용기 세포가 간상체(rods)와 추상체(cons)다. 이들은 빛에 대한 반응으로 전기적 신호를 만들어 낸다. 추상체는 원추 모양으로 특정 파장의 색에 가장 민감하게 반응하는 세 가지 종류가 있다. 추상체는 밝은 곳에서 물체를 보고 색을 식별하는 데에 관여한다. 이에 비해 간상체는 어두운 장소에서 물체를 보게 해 준다. 막대 모양의 간상체는 망막의 주변에 주로 분포하고 있는데, 색을 처리하지 못하지만 추상체보다 더 민감해서 적은 양의 빛에도 잘 반응한다. 우리는 어두운 곳에서 물체의 색을 잘 보지 못하는데, 밤에 별을 볼 때 바로 응시하면 잘 보이지 않던 별이 약간 옆으로 보면 나타나는 것도 이러한 특징 때문이다. 또한 추상체는 간상체보다 더 세밀한 형태 분석이 가능하다. 어두운 곳에서는 간상체가 주로 활동하므로 작은 글자를 읽을 수 없다.

이제 이 책의 글자들 중의 하나를 단순하게 바라보는 것에 대해서 생각해 보자. 만약 그 글자를 바라보는 눈과 글자가 인쇄된 종이가 완벽하게 정지된 상태로 있다면 어떻게 될까? 이런 경우에 망막에 있는 각 간상체가 최초의 (글자의) 검정색이나 (종이의) 흰색이 보내는 자극에 반응하여 화학적 신호를 뇌를 향하여 발사하자마자 그 단어나 글자는 사라져 버릴 것이다. 이때 눈이 글자의 모양에 대한 정보를 계속해서 간상체로 보내기 위해서는 즉각적으로 스스로 깜박거림으로써 흑백의 가장자리에 있는 간상체들이 계속적으로 자극을 받아야 한다. 이런 식의 과정이 이루어짐으로써 우리는 계속해서 글자를 보게 된다. 그런데 글자의 이미지는 망막에서 뒤집힌 상태로 투사되어 간상체와 추상체에 의해서 전기적 자극으로 부호화되며 뇌의 시각피질에 의해서 그것들이 재조립된다. 그래서 결과적인 영상이 '바깥의 그곳'에 있는 것으로 투사되어 보이지만 실제로 그러한 영상은 두뇌 속 깊은 곳에서 만들어진다.

그리하여 우리는 복잡한 일련의 지각적 필터, 즉 여과기의 활동을 통해서 세상을 보게 되는 것이다. 우리의 다른 감각에 대해서도 마찬가지다. 우리가 인식하는 세상은 실제 세상이 아닌 지도다. 그것은 우리의 신경이 만들어 낸 지도다. 우리가 지도에서 관심을 갖는 것들은 우리의 신념, 관심사 그리고 선입견에 의해 더 많이 여과된다. 우리는 우리에게 도움이 되는 방향으로 자신의 감각을 충분히 활용하는 법을 배울 수도 있다. 모든 감각을 충분히 활용하여 더 많은 것을 인식하고 보다 미묘한 차이를 인식할 수 있는 능력은 분명 우리의 삶의 질을 풍요롭게 할 뿐만 아니라 많은 전문 분야에 있어서 필수적이라고 할 수 있는 기술이라고 생각한다. 와인의 맛을 음미하는 사람은 작은 차이라도 예리하게 식별할 수 있는 미각을 필요로 한다. 음악가는 섬세한 소리의 차이를 인식할 수 있는 능력을 필요로 한다. 조각가는 돌이나 나무로 조각상을 새기기 위해서 그 재료를 민감하게 느낄 수 있어야 한다. 미술가는 색깔이나 모양의 미묘한 차이에 민감해야 한다.

이러한 기질을 훈련함으로써 우리가 얻을 수 있는 것은 다른 사람들보다 더 많은 것을 볼 수 있는 능력을 얻는 것이라기보다 정말로 보고자 하는 것이 무엇인지를 알고 차이를 만드는 차이를 인식하는 법을 배우는 것이다. 우리 몸에 있는 개별 감각을 예민하게 개발하는 것은 감각적 민감성(sensory acuity)이라고 할 수 있는데, 그것은 NLP 훈련의 명백한 목표이기도 하다.

## 내부표상체계

커뮤니케이션은 우리의 생각과 더불어 시작된다. 그리고 우리는 단어, 음조, 신체언어를 사용하여 그 생각을 다른 사람들에게 전달한다. 그런데 생각이란 무엇일까? 이 물음에 대해서 다양한 과학적인 해답이 제시될 수 있겠지만 우리는 모두 생각이 무엇인지 스스로 잘 알 것이다. 생각에 대해 생각해 볼 수 있는 한 가지 유용한 방식으로는 우리가 내적으로 자신의 감각을 이용할 수 있다는 것을 꼽을 수 있다.

우리가 보고 듣고 느끼는 것에 대해 생각한다는 것은 곧 그러한 장면, 소리 그리고 감정이나 느낌을 내적으로 재창조하는 것이라고 볼 수 있다. 이 경우에 우리는 처음 그것을 인식할 때 사용하던 감각의 형태로 정보를 재경험하게 된다. 우리는 그렇게 하고 있다는 사실을 의식하기도 하지만 의식하지 못하기도 한다.

당신은 작년에 휴가를 보냈던 장소를 기억하는가? 지금 당신은 그것을 어떻게 기억하는가? 아마도 그 장소에 대한 영상이나 장면이 머리에 떠오를 것이다. 아마도 당신은 그 장소의 이름을 말할 수도 있고 관련된 소리를 들을 수도 있다. 어쩌면 당신이 그때 느끼거나 경험했던 것을 회상할 수도 있을 것이다. 생각을 한다는 것은 그렇게 분명하고도 평범한 활동이지만 우리는 그것에 대해서 결코 두 번 생각해 보지는 않는다. 우리는 생각을 할 때 어떤 식으로 생각을 하는지(즉, 생각하는 방식)에 대해서가 아니라 무엇을 생각하는지(즉, 생각의 내용)에 대해서 생각하는 경향이 있다. 그리고 사람들은 다른 사람들도 그런 식으로 생각한다고 추측한다.

그러므로 우리가 생각하는 한 가지 방식은 의식적이건 무의식적이건 우리가 과거에 경험했던 시각적인 이미지, 소리, 느낌, 맛 그리고 냄새를 기억하는 것이다. 우리는 언어라는 매개체를 통해서 실제의 경험을 하지 않더라도 다양한 감각의 경험을 만들어 낼 수 있다. 다음을 편안한 마음으로 천천히 읽어 보라.

당신은 지금 소나무 숲 속을 걷고 있다고 생각해 보십시오. 나무는 당신 머리 위로 높이, 사방으로 솟아 있습니다. 당신은 오색의 숲을 바라보고 있으며, 이때 햇빛이 나뭇잎의 그늘을 만들며 숲 속을 잠식하고 있습니다. 당신은 우거진 시원한 나뭇잎의 천장을 뚫고 들어오는 햇살이 비치는 오솔길을 걷고 있습니다. 당신은 걸어가는 동안에 바닥에 떨어진 나무 잎사귀를 밟는 발자국 소리와 새의 울음소리만이 정적을 깨트리는, 그러한 고요함을 인식하게 됩니다. 발 밑의 마른 가지들을 밟을 때 갈라지는 소리가 가끔 들려옵니다. 당신은 손을 내밀어 나무둥치를 만지면서 껍질의 딱딱함을 느껴 봅니다. 점차 당신은 얼굴을 어루만지는 부드러운 산들바람을 의식하면서 숲 속의 흙냄새와 섞여 날아 오는 소나무의 향기로운 냄새를 맡게 됩니다. 주위를 둘러보면서 곧 저녁이 될 테니 당신이 가장 좋아하는 음식 한 가지를 머리에 떠올려 봅니다. 당신은 기대감 속에서 입 속에 음식을 맛보는 듯한 느낌을 가질 수도 있습니다.

당신은 이것을 읽는 동안에 마음속에서 그 내용이 설명하는 대로 경험을 해 보았을 것이다. 이때 당신은 각 단어와 관련된 감각을 내적으로 사용함으로써 그 감각이 만들어 낸, 즉 구성한 경험을 내적으로 표상[3] 하였다. 당신은 아마도 이미 상상의 상황에서 음식의 맛을 음미하기 위해서 충분히 생생하게 음식의 장면을 시각화했을 것이다. 만약 당신이 소나무 숲을 거닐었던 경험이 있었다면 앞의 글을 읽는 동안에 과거의 경험을 구체적으로 기억했을 것이다. 만약 그러한 과거의 경험이 없다면 다른 비슷한 경험을 통해 그런 경험을 만들어 내고 구성하거나 텔레비전, 영화, 책, 기타 비슷한 다른 자료를 통해 그러한 경험을 구성했을 것이다. 이렇게 볼 때 당신이 조금 전에 했던 경험은 실제적인 기억과 상상력이 어우러져서 이루어졌던 것이라고 할 수 있다. 우리가 생각하는 것들 중의 많은 부분은 감각적으로 강하게 인상을 받아서 구체적으로 이렇게 기억되고 만들어진 것들의 조합이라고 할 수 있다.

우리는 어떤 경험을 내적으로 표상할 때 현실에서 직접 경험하는 것과 동일한 신경회로를 사용한다. 다시 말해서, 우리가 비록 상상 속에서 어떤 이미지를 떠올리고 상상의 경험을 하더라도 실제적인 경험을 했을 때의 경우와 동일하게 신경세포가 움직여서 전기화학적 작용을 한다는 것이다. 이러한 세포의 작용은 근전도검사로 측정할 수 있다.

생각은 직접적으로 신체에 영향을 준다. 그리고 몸과 마음은 하나의 시스템이다. 지금 당신이 제일 좋아하는 과일을 먹고 있다고 잠시 상상해 보라. 입 안에서는 침이 돌 것이다. 물론 과일은 상상의 것일지라도 타액의 분비는 실제다.

---

3) representation: 어떤 사물이나 개념을 마음속에서 특정한 이미지로 표현하거나 그리고 떠올리는 것을 말한다.

우리는 세상을 지각하기 위해서 외부로 감각을 사용한다. 그리고 경험을 '표상' 하기 위해서 내부로 그 감각을 사용한다. NLP에서는 우리가 시각, 청각, 신체감각,[4] 미각, 후각을 통해 정보를 받아들이고 저장하고 부호화하는 방식을 표상체계[5]라고 한다.

종종 약자로 'V'라고 하는 시각은 우리가 외부적으로(e) 바깥세상을 바라보고 있을 때($V^e$), 혹은 내부적으로(i) 마음속에 이미지를 그리고 있을 때($V^i$) 이용될 수 있다.[6] 마찬가지로 청각(A)은 외부의 소리($A^e$)를 듣거나 내부, 즉 마음의 소리($A^i$)를 듣는 것으로 구분될 수 있다.[7] 느낌의 감각은 신체감각(K)이라고 불린다. 외부 신체감각($K^e$)은 접촉, 온도, 습도와 같은 촉각을 포함한다. 그리고 내부 신체감각($K^i$)은 기억된 감각, 정서뿐만 아니라 우리의 움직임에 대해 피드백을 주는 고유 수용감각

---

4) kinesthetic: 일반적으로는 오감 중에서 촉감이나 촉각에 해당하는 것으로 생각할 수 있다. 하지만 NLP에서 사용되는 이 개념은 단순한 촉감(촉각) 이상의 의미를 담고 있다. 즉, 접촉감뿐만 아니라 신체적 움직임을 포함하는 신체적 경험과 정서 및 감정적 경험을 포함하는 넓은 개념이기도 하다. 그래서 신체감각이라고 번역하였다.

5) representational system: 한마디로 어떤 개념이 마음속에서 특정한 형태의 이미지로 표현되고 그려지는, 즉 표상되는 다섯 가지의 감각체계, 즉 시각(visual), 청각(auditory), 신체감각(kinesthetic), 후각(olfactory), 미각(gustatory)을 말한다.

6) e는 외부 또는 바깥쪽을 의미하는 external의 첫 자, i는 내부 또는 안쪽을 의미하는 internal의 첫 자를 나타낸다. 그래서 $V^e$는 외부 시각(Visual external)을 뜻하고 $V^i$는 내부 시각(Visual internal)을 뜻한다. 여기서 외부 시각이란 외부의 사물이나 물체를 바라볼 때 해당하는 개념이고, 내부 시각이란 마음속으로 어떤 장면을 떠올리거나 상상할 때, 또는 어떤 것에 대하여 시각적으로 떠올리고 상상할 때 해당하는 개념이다. 그래서 과일가게에서 그 과일을 바라보고 높은 산에서 산 아래의 경치를 구경하고 있다면 $V^e$에 해당하지만, 지난 여름의 휴가지 풍경을 생각하거나 사랑하는 사람의 얼굴을 떠올리고 생각한다면 $V^i$에 해당할 것이다.

7) 외부 청각(Auditory external: $A^e$)은 외부에서 발생되는 각종 소리를 듣는 것을 말하고, 내부 청각(Auditory internal: $A^i$)은 마음속에서 상상의 소리를 듣는 것을 말한다. 예를 들어, 실제로 음악을 듣고 있거나 교수의 강의를 듣고 있다면 $A^e$에 해당하며, 좋아하는 음악을 생각하면서 기분이 좋아지거나 사랑하는 사람이 자기에게 했던 말을 생각하며 행복함을 느낀다면, $A^i$에 해당한다.

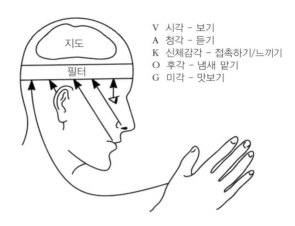

V  시각 - 보기
A  청각 - 듣기
K  신체감각 - 접촉하기/느끼기
O  후각 - 냄새 맡기
G  미각 - 맛보기

**내부표상체계**

으로 알려져 있는 내적인 균형감각과 신체에 대한 의식을 포함한다. 그것들이 없다면 우리는 눈을 감은 상태로 걷거나 움직이는 것이 불편하고 몸을 제대로 조절할 수 없을 것이다. 이와 같은 전정체계[8]는 신체감각의 중요한 부분이다. 그것은 공간에서 전체 신체의 평형을 유지시키는 균형감각을 다룬다. 그것은 귀의 내부에 있는 복잡한 일련의 도관 속에 위치해 있다. 이러한 전정체계와 관련해서 '균형을 잃어버린다' '어떤 사람에게 빠지다' 혹은 '현기증이 난다'와 같은 많은 메타포, 즉 은유적인 표현들이 있다. 이러한 전정체계는 매우 강력하다. 그리고 가끔은 별개의 표상체계로 취급되기도 한다.

시각, 청각 그리고 신체감각은 서양 문화에서 이용되는 주요한 표상체계다. 냄새와 관련된 후각과 맛과 관련된 미각은 그다지 중요하지 않기에 신체감각에 포함될 수 있다. 그러나 이러한 후각과 미각 같은 감각은 특정한 장면이나 소리, 이미지 같은 것과 연결되어 함께 표상되면서

--------------------------------------------------------------------------

8) vestibular system: 전정기관(前庭器官, vestibular organ)을 포함하는, 인체의 평형감각을 맡고 있는 감각체계를 말한다.

때때로 강력하고 즉각적인 작용을 하기도 한다.

비록 똑같이 인식하는 것은 아니지만, 우리는 항상 세 가지 주요 감각을 모두 사용하면서 다른 것들보다 선호함으로써 특정의 감각을 더 좋아하거나 자주 사용하는 경향이 있다. 예를 들어, 많은 사람은 청각에 있어서 내적 대화를 유발시키는 내부 목소리를 가질 수 있다. 그런 사람들은 마음속으로 토론을 연습해 보고, 지난번에 들었던 다른 사람이 했던 이야기를 다시 떠올리며 생각해 보고 어떤 대답을 할지를 만들기도 한다. 이러한 과정에서 자신과 마음의 대화를 나누기도 한다. 어쨌든 이것은 생각하는 방법의 하나일 뿐이다.

표상체계는 상호 배타적인 것이 아니다. 비록 동시에 세 가지 모든 감각에 주의를 집중하는 것이 어려울 수도 있지만, 우리는 어떤 장면을 시각화하고 그와 관련된 감정을 느끼며 동시에 소리를 듣는 것도 가능하다. 생각의 처리과정 중 몇 가지 부분은 무의식중에 진행되곤 한다.

우리가 시각, 청각 그리고 신체감각의 내부 세계에 더 많이 몰두할수록 외부 세계에는 더 적게 주의를 집중하게 될 것이다. 체스 국제경기에서 어떤 한 유명한 체스 선수가 그의 내부 세계에 너무 몰두한 나머지 하루 저녁에 저녁식사를 두 번이나 했다는 이야기가 있다. 그는 두 번째 저녁식사를 할 때 이미 저녁을 한 번 먹었다는 사실을 완전히 잊어버렸던 것이다. 이 경우 '생각에 몰두한다'는 것이 매우 적절한 표현이다. 내적 정서를 강하게 경험하고 있는 사람은 외적 고통을 덜 느끼는 경향이 있다.

우리의 내적 감각 경험과 외적 감각 경험이 혼합되면서 행동이 유발된다. 우리는 언제라도 서로 다른 경험의 부분에 대해 관심을 기울이게 될 수 있다. 예를 들어, 당신은 이 책을 읽고 있는 동안에 글자들에 집중하게 될 것이다. 그리고 그동안에 아마도 왼쪽 발에 대한 느낌은 인식하지 못할 것이다. 적어도 왼쪽 발에 대한 글을 읽기 전까지는 말이다.

나는 이 글을 타이핑하면서 (매우 천천히) 문장을 타이핑하는 속도에 보조를 맞추며 나의 내부적인 대화를 대부분 인식하고 있다. 그런데 내가 외부의 소음에 집중한다면 타이핑하는 데 필요한 주의가 분산될 것이다. 타이핑에 그다지 능숙하지 못한 탓에, 나는 키보드의 글자판을 쳐다보고 글자를 치면서 그렇게 손가락으로 두드리는 키보드의 감각을 느낀다. 그래서 나의 시각과 신체감각이 외부적으로 이용되고 있다. 그러나 내가 설명하고자 하는 장면을 마음속으로 그려 보고 내부적으로 시각화하기 위해서 잠시 멈춘다면 상황은 바뀔 것이다. 마찬가지로 갑작스러운 통증이 생기거나 누군가가 나의 이름을 부를 때, 연기 냄새를 맡거나 배고픔을 크게 느낄 때, 또는 맛있는 음식 냄새가 날 때와 같은 특별한(긴급한) 상황이 생기게 된다면 나의 관심은 즉각적으로 다른 데로 돌려지게 된다.

## 선호표상체계

우리는 자신이 하는 일에 따라서 다른 감각보다 한 가지 감각에 더 많은 주의를 기울이겠지만, 항상 외부적으로 우리의 모든 감각을 사용한다. 미술관에서는 대부분 시각을 이용하게 될 것이고, 음악 연주회에서는 청각을 많이 이용하게 될 것이다. 놀라운 사실은 우리가 무언가를 생각할 때면 무엇에 대해 생각하고 있느냐에 관계없이 한두 가지 표상체계를 선호하는 경향이 있다는 것이다. 우리는 다섯 감각을 모두 사용할 수도 있지만 11~12세가 되면 이미 분명한 선호표상체계(preferred representational system)를 가지게 된다.

많은 사람은 분명한 마음의 이미지를 만들 수 있고, 주로 시각적 그림 또는 영상으로 생각할 수 있다. 다른 사람들은 이런 식의 관점을 어렵다고 여긴다. 그들은 내부적으로 자기 자신과 많은 대화를 나눌 수 있다. 반면 또 다른 사람들은 상황에 대한 느낌을 토대로 해서 주로 행동을 결정한다. 우리는 습관적으로 한 가지 내부 감각을 사용하는 경향이 있는데, 이것을 NLP에서는 선호표상체계라고 부른다. 우리는 이러한 선호표상체계를 통하여 다른 감각보다 특정 감각에 있어서 객체를 더 정확하고 섬세하게 인식할 줄 알게 된다.

이것이 의미하는 바는 어떤 사람들은 천성적으로 특별한 일이나 기술에서 뛰어나거나 '재능이 있고', 한두 가지 내적인 감각을 이용하는 데 보다 숙달되어 있으며, 노력이나 의식적인 자각이 없어도 이러한 감각을 자연스럽게 실행할 수 있다는 것이다. 때로는 어떤 표상체계가 그다지 잘 발달되지 못해서 특정 기술을 배우는 것이 어려울 수도 있다. 예를 들면, 음악은 내적으로 소리를 들을 수 있는 능력이 없다면 배우기 어려운 기술이다. 어떤 표상체계도 절대적인 의미에 있어서 다른 것보다 더 낫다고 할 수는 없다. 당신이 무엇을 하고자 하느냐에 따라 특정 표상체계의 중요성은 달라질 수 있다. 즉, 운동선수는 잘 발달된 신체감각을 필요로 한다. 분명하게 구성되는 마음의 이미지를 그릴 수 있는 능력이 없다면 훌륭한 건축가가 되는 것은 어려울 수 있다. 어떤 분야에서 뛰어난 능력을 발휘하는 사람은 여러 가지 표상체계 중에서 자기가 하고자 하는 일에서 가장 필요로 하는 표상체계를 적절하게 사용할 줄 아는 사람이다.

서로 다른 많은 심리치료법은 표상체계의 편향성을 보여 준다. 즉, 각각의 심리치료법마다 선호하는 표상체계가 다르다는 뜻이다. 예를 들어, 신체작업[9] 치료법은 주로 신체감각을 우선시한다. 또한 정신분석학에서

는 압도적으로 언어와 청각이 자주 사용되며, 미술치료와 융의 상징주의
는 시각에 기반을 둔 치료법의 전형이라고 할 수 있다.


## 언어와 표상체계


우리는 자신의 생각을 표현하기 위해서 언어를 이용한다. 그래서 우
리가 사용하는 단어가 자신의 생각하는 방식을 반영한다는 것은 놀라
운 일이 아니다. NLP의 공동창시자인 존 그린더는 리처드 밴들러와 함
께 게슈탈트 심리치료 그룹을 이끌기 위해 집을 떠났던, 그 시절의 경
험에 대해 이야기한 적이 있다. 밴들러는 어떤 사람이 "나는 당신이 하
는 말을 이해합니다."[10]라고 하는 말을 듣고 웃음을 터트리면서 다음과
같이 말했다.

"지금 그 말을 문자 그대로 생각해 봐요. 그게 무슨 말입니까?"

이에 그린더가 말했다.

"그러니까 그 말을 문자 그대로 받아들인다면 사람들은 다른 사람이
사용하는 단어의 뜻에 대한 이미지를 만들고 있다는 사실을 의미한다

------------------------------------------------------------

9) bodywork therapies: 신체적 감각이나 움직임을 주로 활용하는 기법으로써 요가, 펠
덴크라이스법, 마사지, 호흡법, 알렉산더 기법, 기공 등이 해당된다.

10) 이 말의 영어 원문은 'I see what you are saying.'이다. 이 말은 "나는 당신이 무슨
말을 하는지 알겠습니다."라고도 번역될 수 있다. 왜냐하면 의미상 'I see'란 말은
'알겠다' '이해한다'는 뜻으로 번역될 수 있기 때문이다. 하지만 앞의 문장을 문자
그대로 직역하면 "나는 당신이 말하고 있는 것을 봅니다."라고 해야 할 것이다. 그런
데 저자의 의도는 아마도 이 문장에서 사용된 그러한 뜻보다는 한 문장 속에서 두 가
지 서로 다른 표상체계가 적용되고 있다는 점에 주목하라는 뜻일 것이다. 즉, 'I see'
는 시각적 표상체계로 표현된 것이며, 'say'는 청각적 표상체계에 해당한다는 것이
다. 바로 이런 점에서 밴들러는 웃었다고 할 수 있다.

고 가정해 볼 수 있지 않을까요?"

이것은 재미있는 논리다. 그들은 게슈탈트 심리치료 그룹을 만나 그들을 이끌기 시작했을 때 갑자기 지금까지와는 다른 완전히 새로운 방식을 시도해 보기로 하였다. 그들은 녹색, 노란색, 빨간색의 카드를 준비하였다. 그리고 집단원들에게 돌아가면서 각자 이 그룹에 참석하게 된 목적에 대해서 발표하도록 시켰다. 두 사람은 집단원들의 발표를 듣고 느낌이나 감정과 관련된 단어와 어휘를 많이 사용한 사람에게는 노란색 카드를 주었다. 그리고 청각이나 소리와 관련된 단어와 어휘를 많이 사용한 사람에게는 녹색 카드를 주었다. 마지막으로 보는 것이나 장면과 관련된 단어와 어휘를 많이 사용한 사람에게는 빨간 카드를 주었다.

그리고 나서 매우 간단한 실습을 시켰다. 즉, 똑같은 색깔의 카드를 가진 사람들끼리 함께 모여서 5분 동안 대화를 나누게 한 후 다른 색깔의 카드를 가진 사람들과 대화를 나누게 하였다. 그렇게 하는 가운데 사람들 사이에 형성되는 라포 수준을 관찰했을 때 그 차이는 아주 달랐다. 똑같은 카드를 가진 사람들이 훨씬 더 잘 어울리고 있었다. 그린더와 밴들러는 이러한 차이가 놀랍고도 암시하는 바가 크다고 생각했다.

## 술 어

우리는 자신의 생각을 표현하기 위해 단어를 사용한다. 그래서 어떤 종류의 단어를 선택하느냐 하는 것은 곧 어떤 종류의 표상체계를 사용하느냐 하는 것을 보여 주게 된다. 이제 똑같은 책을 읽은 서로 다른 세 사람의 경우를 생각해 보자.

첫 번째 사람은 책에서 많은 것을 보았고, 많은 예가 제시되어 있어서 책의 내용을 잘 묘사하고 있었으며, 반짝이는 스타일로 책이 잘 디자인되어 있었다는 점을 지적할지도 모른다.

두 번째 사람은 그 책이 말하는 어조가 마음에 들지 않았다거나 책 내용이 날카로운 산문 스타일이었다는 점에 대해서 언급할지도 모른다. 사실 그는 작가의 생각에 전혀 동조할 수가 없기에 작가에게 꼭 그렇게 말하고 싶었을 것이다.

세 번째 사람은 그 책이 균형 잡힌 방식으로 무게 있는 주제를 잘 다루었다고 느꼈다. 그는 작가가 모든 핵심 주제를 잘 터치했다고 생각하면서 새로운 아이디어를 쉽게 파악할 수 있었다. 결국 그는 작가와 충분히 공감할 수 있었다.

세 사람은 모두 똑같은 책을 읽었다. 당신은 이것을 읽으면서 똑같은 책에 대해서 각자가 다른 방식으로 표현한다는 사실을 알아챘을 것이다. 그들은 각자가 읽었던 책에 대해 생각한 내용과는 관계없이 그것에 대해 생각하는 방식이 달랐다. 첫 번째 사람은 이미지나 영상 차원에서 생각하고 있었고, 두 번째 사람은 소리 차원에서 생각하고 있었으며, 세 번째 사람은 느낌이나 정서 차원에서 생각하고 있었다. 이와 같이 감각에 기반을 둔 단어에 해당하는 형용사, 부사 그리고 동사를 NLP 문헌에서는 술어(predicate)라고 부른다. 사람들은 한 가지 종류의 술어를 습관적으로 사용하는 경향이 있는데, 그것이 선호표상체계를 보여 주는 것이다.

우리는 어떤 책에서 저자가 사용하는 언어를 분석해 봄으로써 그가 어떤 선호표상체계를 가지고 있는지 알아낼 수도 있을 것이다. (물론 사용하는 단어에 대해서 보다 계산된 접근을 하고 있을지도 모르는 NLP 관련 책의 경우는 예외에 해당할 것이다.) 유명한 문학작품들은 항상 풍부하고 다양한 술어를 복합적으로 사용하여 모든 표상체계를 동등하게 사용하고 있어서 대중적으로 인기가 높다.

'깨닫는다' '이해한다' '생각한다' '처리한다'와 같은 단어들은 감각에 기반을 둔 단어가 아니다. 따라서 표상체계의 견지에서 보면 중립적인 단어들이다. 그래서 학술 논문에서는 감각에 기반을 둔 단어보다 이런 단어를 더 많이 사용하는 경향이 있다. 아마도 무의식적으로 감각에 기반을 둔 단어는 작가와 독자에게 보다 개인적인 느낌을 주면서 덜 '객관적'으로 보이는 것으로 인식하기 때문인 것 같다. 그렇지만 중립적인 단어도 신체감각, 청각 혹은 시각적 차원의 독자들에게 다르게 해석되는 경향이 있다. 그리고 때때로 단어의 의미도 서로 다르게 인식되기에 학술적 논쟁이 제기될 수도 있을 것이다. 누구나 자기 것이 옳다고 생각할 것이니까 말이다.

당신이 앞으로 몇 주 동안 일상 대화 속에서 어떤 종류의 단어를 선호하는지 알아보라. 그리고 다른 사람들의 말에 귀를 기울이고 그들이 어떤 종류의 감각에 기반을 둔 언어를 선호하는지 알아보라. 이 모든 일은 아주 재미있을 것이다.

시각 중심으로 생각하는 사람들은 주변 사람들이 얼마나 다채로운 (colorful) 언어 패턴을 사용하는지 알아보고 싶어 할 것이다. 만약 당신이 신체감각 중심이라면 사람들의 행동 방식을 파악하여 그에 맞게 그들과 접촉할 것이다. 만약에 당신이 청각 중심이라면 다른 사람들의 말을 주의 깊게 듣고 그들의 말에 어조를 맞추라고 권하고 싶다.

이상의 내용은 라포 형성과 관련해서도 중요하게 시사하는 바가 있다. 훌륭한 커뮤니케이션의 비밀은 우리가 말하는 내용 자체라기보다 오히려 그 말을 하는 방식에 있다고 할 수 있다. 라포를 형성하기 위해서는 다른 사람과 술어를 일치시켜야 한다. 그러면 당신은 그들의 언어로 말하고, 그들이 생각하는 방식에 맞추어서 말하게 될 것이다. 그렇게 할 수 있는 당신의 능력은 다음과 같은 두 가지에 달려 있다. 첫 번째로는 다른 사람의 언어 패턴을 알아차리고 듣고 감지하는 감각적 민감성이 있어야 한다. 두 번째로는 그러한 표상체계에 대응할 수 있는 적절한 어휘력을 갖춰야 한다. 물론 대화가 모두 한 가지 표상체계로 이루어질 수는 없지만, 언어를 일치[11]시킴으로써 라포 형성의 기적을 낳을 수 있다.

당신은 당신과 같은 방식으로 생각하는 사람과 라포를 형성하기 쉽다. 당신이 상대방의 생각에 동의를 하건 안 하건 관계없이 그와의 대화에서 그러한 라포의 원리를 발견할 수 있을 것이다. 라포를 형성할 때는 서로의 파장이 같거나 눈높이가 같을 수 있다. 이때 서로는 보다 확실한 이해의 기반을 구축하게 된다.

많은 청중을 대상으로 연설이나 강연을 할 때에는 여러 가지 술어를 혼합하여 사용하는 것이 좋다. 시각 중심의 청중에게는 당신이 말하고 있는 내용을 보거나 상상하도록 만들어라. 청각 중심의 청중에게는 크고 분명하게 듣도록 하라. 그리고 신체감각 중심의 청중에게는 당신이 하고자 하는 말의 의미를 제대로 파악할 수 있도록 하라. 그렇게 하지 않는다면 그들이 당신의 말에 귀를 기울이기가 쉽지 않을 것이다. 그렇기 때문에 한 가지 표상체계로만 제한해서 설명을 한다면 청중들의 2/3가 당신의 이야기를 제대로 이해하지 못하거나 제대로 따라오지 못하도록 모험을 하는 꼴이 될 수도 있다.

---

11) match: 이 단어는 여러 가지 의미로 사용되지만 이 경우에는 상대방과 같은 표상체계를 사용함으로써 대화하는 것을 말한다. 그러나 다른 상황에서는 다른 사람의 표정, 제스처, 목소리 등에 맞추어서 일치시키는 것일 수도 있다.

# 유도체계

우리는 의식적인 사고에 있어서 선호표상체계를 사용하듯이 어떤 정보를 의식적인 생각으로 끌어올리기 위한 선호 수단도 사용한다. 완벽한 기억 속에는 원래의 과거 경험에 대한 시각, 청각, 신체감각, 미각 그리고 후각적 정보가 모두 포함되어 있다. 그리고 우리는 이들 표상체계 중에서 선호하는 한 가지 표상체계를 통하여 과거의 기억을 회상하게 된다. 그렇다면 이제 지난 주말에 있었던 일에 대해서 생각해 보라.

무엇이 먼저 떠오르는가?

그것은 그림인가, 소리인가, 아니면 느낌이나 정서인가?

이것은 유도체계(lead system)라고 하는 것으로서 과거의 기억으로 되돌아가기 위한 핸들로 사용하는 내적인 감각이다. 이 유도체계는 정보가 어떤 표상체계를 통하여 의식적인 마음으로 올라오는지를 결정짓는 방식이기도 하다. 예를 들어, 지난 주말에 대해 생각해 보면 일단은 그때 편안한 기분으로 하루를 지냈다는 느낌을 의식할 수 있겠지만, 어쩌면 '지난 주말'이라고 했을 때 가장 먼저 마음속에 떠오르는 것은 어떤 장면이나 영상 또는 그림일지도 모른다. 여기서 유도체계는 시각이고 선호표상체계는 신체감각이라고 할 수 있다.

유도체계는 컴퓨터의 시작 프로그램과 다소 비슷하다. 그것은 사소해 보일지도 모르겠지만 적어도 컴퓨터가 작동하는 데 꼭 필요한 것이다. 때때로 유도체계는 의식적으로 생각할 만한 자료를 제공해 주기 때문에 입력시스템이라고도 부른다.

대부분의 사람은 선호입력체계를 가지고 있다. 그렇다고 해서 그것이 주된 표상체계(primary representational system), 즉 선호표상체계와 똑같을 필요는 없다. 한 사람이 다양한 유형의 경험에 대해서 서로 다른 유도체계를 가지고 있을 수도 있다. 예를 들어, 고통스러운 경험을 떠올리는 과정에서는 시각적 이미지를 사용할 수도 있고, 즐거웠던 기억을 회상하는 과정에서는 소리를 사용할 수도 있다.

어떤 사람은 때때로 어떠한 표상체계도 의식적으로 떠올리지 못하겠다고 할 수도 있다. 예를 들어, 어떠한 시각적 이미지도 떠오르지 않는다고 하는 사람도 있다. 어쩌면 그가 정말로 이미지를 떠올리지 못하는 것으로 생각될 수 있을지 모르겠으나 그것은 사실이 아니다. 다시 말해서, 이미지를 떠올리지 않는 것은 불가능한 일이다. 만약 정말로 이미지를 떠올리지 못한다면 다른 사람을 인식하지 못하거나 사물을 묘사하지도 못할 것이다. 이 경우에 단지 그 이미지가 무의식적 차원에서 작용하기 때문에 그가 마음속에서 내적으로 떠오르는 이미지를 제대로 의식하지 못할 뿐이다. 만약 그러한 무의식적 체계가 고통스러운 이미지를 만들어 내고 있다면 그는 이유도 모른 채 기분이 나빠질 수 있다. 흔히 이와 같은 방식으로 질투심과 같은 정서가 생겨나기도 한다.

## 공감각, 중첩 및 번역

새하얀 백합이 만개한 것을 본 적이 있나요?
무례한 손이 닿기 전에
눈송이에 자욱 내 본 적이 있나요?
흙에 때 묻기 전에
비버의 털,
아니면 백조의 솜털을 느껴 본 적이 있나요?

찔레꽃 봉오리,

아니면 숯불 속의 나르드[12] 향 냄새를 맡아 본 적이 있나요?

아니면 꿀벌집을 맛본 적이 있나요?


오, 그렇게도 희고,

오, 그렇게도 부드럽고,

오, 그렇게도 달콤해요, 그녀는.

– 벤 존슨[13]


우리가 가진 생각의 풍요로움이나 넓이는 한 표상체계에서 다른 표상체계로 옮겨 가거나 연결시킬 수 있는 능력에 달려 있다. 그래서 자신의 유도체계가 청각이고 선호표상체계가 시각이라면, 청각에 해당하는 목소리를 통해 어떤 사람을 기억해 낸 후에 시각 차원의 이미지로 그의 얼굴을 떠올리며 그에 대해서 생각할 수 있을 것이다. 그리고 이 과정에서 그 사람에 대한 느낌을 얻을 수 있다.

그래서 우리는 하나의 감각을 통해서 정보를 받아들이지만 내적으로는 다른 감각을 통해서 그 정보를 표상하여 떠올릴 수 있게 된다. 소리도 시각적인 기억이나 추상적인 시각 이미지를 유도해 낼 수 있다. 음악에 있어서도 음조의 색깔에 대해서, 따뜻한 소리에 대해서, 그리고 요란한 색깔에 대해서도 이야기할 수 있다. 이 경우에 여러 가지 감각이 동시에, 그리고 무의식적으로 서로 연결되어 경험되는데, 이를 공감각

---

12) nard: 진통제로 사용되는 나르드 향을 말한다.

13) Ben Jonson(1572~1617): 영국 런던 출신으로 극작가, 시인, 평론가로서 최초의 계관시인이 되었다. 고전에 대한 깊은 학식과 매력 있는 인격으로 문단의 중심적인 존재로 각광받은 것으로 평가된다. 본문의 시는 다양한 표상체계를 활용하여 쓰였음을 보여 주는 좋은 예다.

(synesthesia)이라고 부른다. 그래서 어떤 사람의 유도체계는 강력하고 전형적인 공감각 패턴이 될 수도 있다.

공감각은 우리가 생각하는 방식에 있어서 중요한 역할을 담당한다. 그리고 몇 가지 공감각은 너무나 충만하게 퍼져 있어서 우리가 태어날 때부터 우리의 두뇌에 입력되어 있었던 것처럼 보인다. 예를 들어, 색깔은 대개 기분과 관련이 있는데, 빨간색은 화를 나타내고 푸른색은 고요함을 나타낸다. 실제로 혈압이나 심장박동은 전적으로 적색 환경에서 증가되고, 주위가 푸른색이면 대개 감소된다. 연구 조사에 따르면 사람들은 푸른색 방이 실제로 약간 더 따뜻함에도 불구하고 노란색 방보다 더 춥다는 것을 경험한다고 한다. 음악도 광범위하게 공감각을 활용한다. 악보에서 음표가 시각적으로 얼마나 높게 자리 잡고 있느냐[14]는 소리의 고저와 관련이 있다. 그리고 많은 작곡가는 어떤 음정을 일정한 색깔과 연결시킨다.

공감각은 자동적으로 발생한다. 때때로 우리는 마음속, 즉 내부의 감각을 의도적으로 연결시킴으로써 자신이 의식하지 못하는 전체적인 표상체계에 접근할 수 있게 된다.

어떤 사람이 시각화에 어려움을 크게 느끼고 있다고 가정해 보자. 이때 당신은 먼저 그에게 행복하고 편안한 기억, 어쩌면 바닷가에 있었던 경험을 떠올려 보라고 할 수 있다. 그리고 그에게 마음속으로 바다 소리를 듣도록 하고, 그때 다른 일행과 함께 나누었던 대화도 들어 보도록 할 수 있다. 그러면 그는 이러한 내적 이미지를 견지하면서 동시에 얼굴에 스쳐가는 바람을 느끼고 피부에 와 닿는 햇살의 따뜻함을 느끼며 발

---

14) 예를 들어, '도레미파솔라시도'라는 계음은 아래쪽에서 위쪽 방향으로 그려지는 음표로 표현될 수 있다. 따라서 위쪽의 음표일수록 높은 소리가 나며 아래쪽의 음표일수록 낮은 소리가 난다는 것을 의미한다.

가락 사이로 스며드는 모래에 대한 느낌을 중복해서 느낄 수도 있을 것이다. 이 정도가 되면 발 아래에 있는 모래나 하늘의 태양을 마음으로 그려 보고 시각화하는 것은 쉬운 일이다. 이러한 중첩(overlapping)의 기법으로 이미지, 소리 그리고 느낌을 포함하는 완전한 기억을 되살릴 수 있다.

한 언어를 다른 언어로 번역할 때 언어의 형태는 바뀌더라도 그 의미는 보존되듯이 내적인 감각 사이에서도 의미는 보존된 채로 그 형태는 바뀔 수 있다. 예를 들어, 당신은 매우 지저분한 방을 보고 불편한 느낌을 가지면서 그에 대한 어떤 조치를 취하고 싶어 할 수 있다. 하지만 똑같은 방을 본 당신의 친구는 아무런 느낌도 없이 왜 당신이 그렇게 기분 나빠하는지 이해하지 못하겠다고 할 수도 있다. 그는 당신의 경험 세계에 들어갈 수 없기 때문에 당신에게 과민한 사람이라는 딱지를 붙일 수도 있다. 그러나 당신이 그의 침대에 가려움증을 유발시키는 가루가 있다고 말해 준다면 그는 어떤 기분을 느끼게 될까? 어쩌면 그제야 그는 당신의 기분을 제대로 이해할지도 모른다. 이러한 상황을 소리로 변형하여 묘사한다면 장단이 서로 맞지 않는 악기들이 만들어 내는 불협화음과 그에 따른 불편함으로 비유할 수도 있다. 음과 관련된 이러한 비유는 음악가들이 이해하기에 좋다. 그것이 곧 그들의 심금을 울리기[15] 때문이다. 그러므로 우리는 상대의 언어로 말할 수 있어야 한다.

---

15) "심금을 울린다"라고 할 때 심금(心琴)은 '마음의 거문고'를 뜻한다. 결국 이 말은 '마음이 통한다' '이해를 한다'는 뜻을 음악이라는 청각적 차원에서 표현한 말이라고 할 수 있다. 흔히 '코드가 맞다'는 것 또한 음악에서 화음을 의미하는 코드(chord)가 맞다는 것인데, 이는 화음이 서로 맞다는 뜻으로 해석할 수 있기에 청각적 차원의 표현이라고 할 수 있다.

# 눈동자 접근단서

어떤 사람이 시각, 청각 혹은 느낌으로 생각을 하고 있는지 알아보는 것은 쉬운 일이다. 우리가 특정한 방식으로 생각을 할 때 그러한 방식은 자신의 신체에서도 눈에 보이는 변화로 나타난다. 우리가 생각하는 방식은 신체에 영향을 미치고, 우리가 신체를 활용하는 방식은 생각하는 방식에도 영향을 미친다.

집의 출입문이나 현관문을 통과해서 집 안으로 들어갈 때 당신이 보는 첫 번째 것은 무엇인가? 이 질문에 대답하기 위해 당신은 아마도 왼쪽 위를 쳐다보았을 것이다. 왼쪽 위를 쳐다보는 것은 대부분의 오른손잡이 사람들이 이미지를 기억하는 방식이다. 이번에는 피부에 털옷이 닿는 촉감이 어떤지 느껴 보라. 아마도 당신은 오른쪽 아래를 내려다보았을 것이다. 이는 대부분의 사람이 자신의 느낌과 접촉하는 방식이다.

우리는 어떻게 생각하느냐에 따라 체계적으로 서로 다른 방향을 향하여 눈동자를 움직인다. 신경학 연구에 따르면 우리가 가로나 세로로 눈동자를 움직이는 것은 두뇌의 다른 부분을 활성화시키는 것과 관련되어 있는 것 같다. 신경학 문헌에서는 이러한 움직임을 측면안구운동(lateral eye movement)이라고 부른다. 그러나 NLP에서는 그것이 우리가 내적 정보에 어떻게 접근하는지를 알려 주는 시각적인 단서이기 때문에 눈동자 접근단서(eye accessing cues)라고 부른다. 눈동자의 움직임과 표상체계는 태어날 때부터 신경적으로 서로 연결되어 있다. 왜냐하면 이러한 현상이 전 세계적으로 동일하게 발견되기 때문이다(단, 스페인의 바스크 지방을 제외하고).

우리가 자신의 과거 경험으로부터 어떤 것을 시각화할 때 눈동자는 왼쪽 위로 움직이는 경향이 있다. 단어에서 이미지를 만들거나 결코 본 적이 없는 어떤 것을 상상하고자 할 때는 눈동자가 오른쪽 위로 움직인다. 우리의 눈동자는 기억된 소리를 위해서 왼쪽 옆으로, 실제로는 없는데 새로이 만들어지거나 구성[16]된 소리를 위해서 오른쪽 옆으로 움직인다. 느낌이나 정서에 접근하고 있을 때는 눈동자가 전형적으로 오른쪽 아래로 움직인다. 한편 우리가 내면적으로 자신과 대화를 할 때는 눈동자가 대개 왼쪽 아래로 움직인다. 눈에 초점이 없이 '먼 곳을 바라보면서' 앞을 응시하는 것은 시각을 보여 주는 신호이기도 하다.

　대부분의 오른손잡이 사람들은 다음의 그림에서 보여 주는 것과 같은 눈동자 움직임 패턴을 가지고 있다. 왼손잡이 사람들의 경우는 반대가 된다. 즉, 기억된 이미지와 소리를 위해서 오른쪽으로, 그리고 구성된 이미지와 소리를 위해서 왼쪽으로 움직이는 것을 볼 수 있다. 비록 사람들이 모두 이 모형과 일치되지 않는 경우도 있겠지만 눈동자 접근단서는 나름대로 일관성을 보이고 있다. 예를 들어, 왼손잡이는 느낌을 위해 왼쪽 아래를 내려다보고, 내부 대화를 위해 오른쪽 아래를 내려다볼 수 있다. 그렇지만 그는 눈동자 접근단서를 임의로 혼합하는 것이 아니라 일관성 있게 패턴을 따라가는 경향이 있다. 그러나 항상 예외가 있기 때문에 이러한 일반적인 규칙을 누군가에게 무조건적으로 적용하기 전에 그를 주의 깊게 관찰해야 한다. 일반화된 패턴이 중요한 것이 아니라 당신 앞에 있는 사람이 해답인 것이다.

　생각을 하면서 의식적으로 어떤 방향으로 눈동자를 움직이는 것도 가능하겠지만, 만약에 당신이 적절하면서도 자연스럽게 눈동자를 움직이고 있다면 특정한 표상체계에 접근하는 편이 일반적으로 훨씬 더 쉬

---

16) construction: 현실적으로는 없거나 존재하지 않는 것을 새롭게 창조하거나 만들어 내는 것을 의미한다.

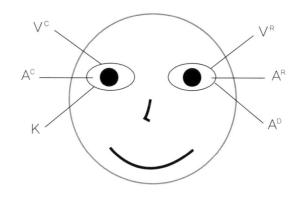

눈동자 접근단서[17]

### 나에게 보이는 상대방의 눈의 모습을 중심으로

| C<br>구성 | | R<br>회상 | |
|---|---|---|---|
| V^C | 구성시각 | V^R | 회상시각 |
| A^C | 구성청각 | A^R | 회상청각 |
| K | 신체감각 | A^D | 내부 대화 |

---

17) V^C: Visual Constructed, A^C: Auditoy Constructed, K: Kinesthetic(feelings),

V^R: Visual Remembered, A^R: Auditoy Remembered, A^D: Auditoy Digital.

운 일이다. 이런 것은 특정한 방식으로 생각하기 위해 뇌를 정교하게 조율하는 방식이다. 만약에 당신이 어제 보았던 어떤 것을 기억하고 싶다면 왼쪽 위를 쳐다보거나 앞으로 똑바로 응시하는 것이 가장 쉬운 일이다. 반면 아래를 내려다보면서 이미지를 기억하는 것은 어려운 일이다.

우리는 보통 측면 눈동자 움직임을 의식하지 않는다. 그리고 꼭 의식을 해야 할 이유도 없다. 그러나 정보를 찾을 때 눈동자를 옳은 방향으로 움직이는 것은 아주 유용한 기술이다.

눈동자 접근단서를 통해 다른 사람이 어떻게 생각하는지 알 수 있다. 그리고 NLP 훈련의 중요한 부분이 바로 다른 사람의 눈동자 접근단서를 인식하는 것과 관련이 된다. 이렇게 할 수 있는 한 가지 방법은 상대방에게 다양한 종류의 질문을 하고 그 대답을 말로써 듣는 것이 아니라 눈동자 움직임을 관찰함으로써 아는 것이다. 예를 들어, 상대방에게 "당신 집 안방의 벽지 색깔이 무엇이죠?"라고 묻는다면 그는 대답을 하기 위해서 그 색이 무엇이든지 안방 벽지에 대한 이미지를 떠올려야 할 것이다.

다음 실습을 친구와 함께해 볼 수 있을 것이다. 조용한 장소에 앉아서 다음의 질문을 해서 눈동자 접근단서를 관찰하라. 만약 원한다면 움직임을 메모하라. 대답할 때에는 짧게 대답하거나 단지 고개만 끄덕이라고 말하라. 한 사람이 끝마치면 역할을 서로 바꿔서 해 보라. 이렇게 해 보는 것은 어떤 사실을 꼭 증명하고자 하는 것이라기보다는 단지 우리가 어떻게 생각하는가에 대한 호기심에 대한 것이다.

[시각적 기억과 관련해서 해답을 얻어 내는 데 필요한 질문]
- 당신 집의 출입문은 무슨 색깔인가요?
- 집에서 가장 가까운 가게로 가는 길에 볼 수 있는 것은 무엇인가요?

- 줄무늬가 호랑이의 몸을 어떻게 두르고 있나요?
- 당신이 살고 있는 집이나 건물은 얼마나 높은가요?
- 당신의 친구 중에 어떤 친구가 가장 머리가 긴가요?

[시각적 구성과 관련해서 해답을 얻어 내는 데 필요한 질문]
- 당신 방의 벽을 핑크색 점이 찍힌 벽지로 바른다면 그것은 어떻게 보일까요?
- 지도가 거꾸로 되었다면 동남쪽이 어느 방향이죠?
- 빨간 네모 속에 보라색 삼각형이 들어 있다고 생각해 보세요.
- 당신이 이름을 거꾸로 쓰면 어떻게 쓰죠?

[청각적 기억에 접근하기 위한 질문]
- 마음속으로 당신이 좋아하는 음악을 들을 수 있나요?
- 당신의 집에서 어떤 문이 가장 크게 소리가 납니까?
- 당신 휴대전화의 착신음은 어떤 소리인가요?
- 애국가의 첫 음은 어떻게 시작되나요?
- 새들의 지저귐을 마음속으로 들을 수 있나요?

[청각적 구성에 접근하기 위한 질문]
- 열 명이 한꺼번에 소리를 치면 얼마나 시끄러울까요?
- 물속에서는 당신의 목소리가 어떻게 들릴까요?
- 당신이 가장 좋아하는 음악이 두 배의 속도로 연주된다고 생각해 보세요.
- 피아노가 10층에서 아래로 떨어진다면 어떤 소리가 날까요?
- 마취된 사람의 비명소리는 어떻게 들릴까요?

[내부 대화와 관련된 질문]

- 자신과 대화할 때 어떤 톤을 사용합니까?
- 좋아하거나 잘 아는 동요의 가사를 암송해 보세요.
- 자신과 대화를 한다면 그 소리가 어디서 오나요?
- 일이 제대로 되지 않을 때 스스로에게 무엇이라고 말하나요?

[신체감각(후각, 미각 포함)과 관련된 질문]

- 젖은 양말을 신으면 어떤 느낌일까요?
- 발을 차가운 수영장에 넣으면 어떤 느낌일까요?
- 고양이 털이 피부에 닿으면 어떤 느낌일까요?
- 지금 왼손과 오른손 중에 어떤 손이 더 따뜻한가요?
- 따뜻한 목욕탕 속에 들어가면 어떤 기분일까요?
- 맛있는 식사를 하고 난 이후의 기분이 어떻죠?
- 아주 짠 국을 한 숟가락 맛본다면 어떤 맛일까요?

이와 같은 질문에 대답할 때는 실제의 대답이 아닌 사고과정이 중요하다. 언어상의 대답을 듣는 것이 꼭 필요한 것도 아니다. 어떤 질문은 반드시 한 방식으로가 아니라 다른 방식으로도 생각될 수 있다. 예를 들어, 50개의 동전을 수직으로 쌓은 상태에서 그 개수를 알아맞히기 위해서는 직접 동전의 옆면을 보면서 셀 수도 있고, 마음으로 동전을 상상하면서 옆면을 손으로 직접 만지며 셀 수도 있다. 그렇기에 어떤 질문이 시각적 차원의 질문이라고 하더라도 눈동자 접근단서가 시각이 아닌 다른 감각 차원에서 보일 수도 있다. 이 경우는 그 사람에게 오히려 유연성과 창의성이 있다고 해야 할 것이다. 그렇다고 해서 질문이 잘못되었다거나 그 사람이 잘못했다고 생각할 필요는 없는 것이다. 만약 의심스럽다면 "그때 당신은 무엇을 생각하고(또는 무슨 생각을 하고) 있었느냐?"고 물어볼 수 있을 것이다.

눈동자 접근단서는 순간적으로 일어난다. 따라서 그 단서를 모두 잘 관찰해야 한다. 그 단서들은 질문에 답변하기 위해서 사용되는 일련의 표상체계를 보여 주게 될 것이다. 예를 들어, 당신이 어떤 건물에 있는 여러 개의 출입문 중에서 가장 큰 소리가 나는 문에 대한 청각적인 질문을 받게 되면, 당신은 각 문을 시각화하고 마음속으로 문을 닫는 것에 대한 느낌을 가진 후에 문소리를 듣게 될지도 모른다. 어쩌면 당신은 이러한 과정을 여러 번 반복해야만 제대로 대답을 할 수 있을지도 모른다. 사람들은 보통 질문에 대한 대답을 하기 위해서 자신의 유도체계에 먼저 접근하게 될 것이다. 유도체계가 시각형인 사람은 청각과 촉각형의 질문을 받을 때 그 대답 과정에서 소리를 듣고 느낌을 가지기 전에 먼저 여러 상황에 대한 영상을 떠올리거나 그림을 그리게 된다.


## 기타 접근단서

눈동자의 움직임을 관찰하는 것이 가장 쉬운 일이겠지만 그것만이 유일한 접근단서는 아니다. 몸과 마음은 분리될 수 없기 때문에 마음의 작용은 몸으로 나타난다. 그래서 우리가 내적으로 어떻게 생각하는지는 반드시 몸의 어디선가 또는 어떤 방식으로든 겉으로 드러나게 마련이다. 그런데 그 생각하는 방식은 특히 호흡 패턴, 피부 색깔, 그리고 몸의 자세와 같은 것을 통해서 나타난다.

시각적인 이미지로 생각하는 사람은 일반적으로 그렇지 않은 사람보다 더 빠르게 말하고 더 높은 톤으로 말하는 경향이 있다. 이미지는 두

뇌에서 빠르게 나타나고 그것을 따라잡기 위해서는 빠르게 말해야 한다. 그리고 그는 가슴보다 높은 위치에서 얕은 호흡을 하는 경향이 있다. 때로는 근육의 긴장이 어깨 위에서 일어난다. 머리는 위를 향하고 얼굴은 정상보다 더 창백해지는 경향이 있다.

소리로 생각하는 사람은 가슴 전체로 고르게 호흡한다. 종종 작은 몸의 율동이 있고 음조는 분명하고 표현력이 풍부하며 목소리는 공명한다. 머리는 어깨와 잘 균형을 이루고 있거나 마치 어떤 소리를 듣고 있는 것처럼 약간 기울어져 있다.

자기 자신과 대화를 하고 있는 사람은 가끔 고개를 손이나 주먹 위 한쪽으로 기대어 휴식을 취하는 경향이 있다. 이것을 '전화 자세'라고 하는데, 마치 그가 누군가와 눈에 보이지 않는 전화 통화를 하고 있는 것처럼 보이기 때문이다. 어떤 사람들은 지금 막 들었던 다른 사람의 이야기 내용을 소근소근 반복한다. 이때 그들의 입이 움직이는 것을 볼 수 있을 것이다.

신체감각적인 접근단서는 하복부 깊숙이 호흡을 하는 것이 특징인데, 때때로 근육의 이완을 동반한다. 전형적으로 머리는 아래로 하고 목소리는 보다 깊은 음조로 이루어지되 길게 침묵을 하면서 천천히 이야기하곤 한다. 로댕의 유명한 조각상인 '생각하는 사람'은 의심할 여지없이 신체감각적으로 생각하고 있다.

몸동작과 제스처 또한 그 사람이 생각하는 방식을 말해 준다. 사람들은 자신이 내적으로 사용하고 있는 감각기관을 지적하는 경향이 있다. 그들은 마음속으로 청각적인 소리를 들으면서 자신의 귀를 가리키거나 표현할 것이며, 마음속으로 이미지를 시각화하고 있다면 자신의 눈을 가리킬 것이고, 내적으로 강하게 어떤 느낌을 느끼고 있다면 자신의 복부를 가리킬 것이다. 이러한 신호들은 그들이 '무엇에 대해 생각하느냐'는 내용이 아니라 '어떻게 생각하느냐'는 방식에 대해서 말해 주는 것이다. 이러한 것은 일반적으로 해석되는 수준보다 훨씬 더 세련되고 미묘한 수준에서 이루어지는 신체언어다.

표상체계에 대한 개념은 여러 다른 사람이 어떻게 서로 다르게 생각하는지를 이해할 수 있게 하는 아주 유용한 방법이며, 접근단서를 잘 포착하는 것은 다른 사람들과 커뮤니케이션을 잘하기를 원하는 사람 누구에게나 매우 귀중한 기술이다. 그러므로 심리치료사와 교육자들에게는 매우 필수적인 것이다. 심리치료사들은 그것들을 통하여 내담자가 어떻게 생각하는지를 쉽게 알 수 있게 되고, 그들의 생각을 바꿀 수 있는 방법을 찾게 될 것이다. 교육자들은 특정 과목에는 어떤 방식으로 생각하는 것이 가장 적절할지를 알아내어 그 기술을 정확하게 가르칠 수 있을 것이다.

생리적 현상과 생각의 방식에 따라 구분되는 심리 유형에 관한 이론들이 지금까지 많이 있었다. NLP도 또 다른 이론의 가능성을 제시한다. 습관적인 생각의 방식은 몸에 어떤 흔적을 남긴다. 이와 같은 특징 있는 몸의 자세, 제스처 그리고 호흡의 패턴은 주로 한 가지 방식으로만 생각하는 사람들에게 습관화되는 경향이 있다. 다시 말하면, 높은 톤으로 빠르게 말하고 가슴 위에서 상당히 빠르게 호흡을 하며, 어깨 부위가 긴장되어 있는 사람은 대개 그림으로 생각하는 경향이 있다. 깊게 호흡을 하면서 깊은 목소리로 천천히 말하는 사람은 아마도 많은 부분을 자신의 느낌에 의존할 것이다.

시각적으로 생각하는 사람과 신체감각적으로 생각하는 사람 사이의 대화는 양쪽 모두에게 대단히 좌절감을 주는 경험일 수 있다. 시각적으로 생각하는 사람은 조바심으로 발을 동동 구르겠지만, 신체감각적으로 생각하는 사람은 문자 그대로 상대방이 왜 그렇게 빨리 움직여야 하는지 '볼 수가 없다.'[18] 상대방의 생각하는 방식에 순응하는 능력을 가진 사람은 누구든지 더 좋은 결과를 얻게 될 것이다.

그렇지만 이러한 일반화도 관찰과 경험을 통해 모두 검토되어야 한다는 것을 명심하라. NLP는 사람들을 단호하게 어떤 유형으로 분류하는 또 다른 방식이 아니다. 누군가가 시각형이라고 말하는 것은 그의 머리카락이 빨간색이라고 말하는 것만큼이나 무용한 일이다. 만약 그런 맹목적인 유형화로 인해서 어떤 사람이 지금-여기에서 보여 주고 있는 실제적인 모습을 제대로 보지 못한다면 그 유형화는 쓸 데 없는 것이 아니라 그보다 더 나쁜 것이다. 그것은 단지 또 하나의 편견을 만들어 내는 것에 지나지 않는다.

선호표상체계라는 견지에서 당신 자신과 다른 사람들을 기계적으로 한 유형으로 분류하고 싶은 유혹을 받을 수도 있다. 이러한 오류를 범하게 되면 심리학을 괴롭혔던 함정에 빠지는 결과가 생기게 된다. 즉, 일련의 유형을 만들어 사람들을 실제 그 유형에 맞는지 안 맞는지에 상관없이 그것에 끼워 맞추게 된다. 사람들은 생각보다 훨씬 다양하다. NLP는 사람들을 있는 그대로 편견 없이 이해하고자 하지 억지로 어떤 틀에 끼워 맞추고자 하지 않는다.

## 하위양식

지금까지 우리는 세 가지 주요한 생각 방식, 즉 소리, 그림, 느낌으로 생각하는 방식에 대해서 이야기했다. 그러나 이것은 단지 첫 단계일 뿐

---

18) 이 말은 '이해하지 못한다' 는 의미를 나타내는데, 신체감각적인 사람이 시각적인 사람의 특징인 '보는 것' 에 익숙하지 못함을 빗대어서 표현한 것이다.

이다. 만약 당신이 과거에 보았던 이미지를 묘사하기 원한다면 첨가할 수 있는 많은 것이 있다. 그것은 컬러인가, 흑백인가? 움직이는 동영상인가, 정지 화면인가? 멀리 떨어져 있었는가, 가까이 있었는가? 그림 안에 무엇이 있느냐, 즉 그림의 내용과 관계없이 이러한 종류의 차이를 만들 수 있다. 비슷한 방식으로 소리가 높은 톤인지 낮은 톤인지, 가까이에 있는지 멀리 있는지, 큰 소리인지 부드러운 소리인지 설명할 수 있을 것이다. 느낌에 대해서도 무거운지 가벼운지, 날카로운지 무딘지, 밋밋한지 강렬한지 설명할 수 있을 것이다. 그래서 생각하는 일반적인 방식을 확인한 다음에는 그 방식 내에서 좀 더 정확성을 가지는 것이다.

이제 편안한 마음으로 즐거웠던 추억을 떠올려 보라. 그리고 당신이 떠올린 이미지를 검토해 보라. 당신은 마치 당신 자신의 눈으로 (연합[19] 하여) 보는 듯 그 이미지를 보고 있는가, 아니면 마치 다른 어딘가에서 (분리[20]되어) 보는 듯 보고 있는가? 예를 들어, 당신이 어떤 그림 속에 있는 모습으로 자신의 모습을 본다면 당신은 틀림없이 분리되어 있는 것이다. 그것이 컬러인가? 동영상인가, 정지 화면인가? 3차원의 입체인가, 사진과 같이 평면인가? 당신은 그 이미지나 그림을 계속해서 바라보는 동안 그것에 대해 또 다른 묘사를 추가적으로 할 수도 있을 것이다.

다음으로 그 기억과 관련된 어떤 소리에 주의를 기울여 보라. 그것은 큰 소리인가, 부드러운 소리인가? 가까이에서 들리는가, 멀리서 들리는가? 그 소리는 어디에서 들리는가?

마지막으로 그 기억의 일부인 어떤 느낌이나 감각에 주의를 기울여 보라. 그것을 몸의 어디 또는 어느 부위에서 어떤 식으로 느끼는가? 그 느

---

19) association: 주관적으로 몰입, 집중, 관여하여 느끼거나 경험하는 것을 말한다.

20) dissociation: 객관적으로 바라보거나 관조하고 남의 일이나 멀리 있는 것처럼 바라보는 것을 말한다.

낌은 딱딱한가, 부드러운가? 가벼운가, 무거운가? 뜨거운가, 차가운가?

NLP 문헌에서는 이러한 차이를 하위양식(submodality)이라고 한다. 표상체계가 오감을 말하는 감각양식으로서 세상을 설명하는 방식이라면, 하위양식은 그 양식을 구성하는 하위요소로서 각각의 그림이나 소리 혹은 느낌이 어떻게 구성되어 있는지를 말한다. 동시에 그것은 감각이라는 벽돌을 쌓는 것과 같으며 세부 감각양식이라고도 할 수 있다.

사람들은 수세기에 걸쳐서 NLP에 대한 개념을 사용해 왔다고 할 수 있다. 즉, NLP는 그 이름이 만들어지는 순간 막 생겨난 것이 아니라고 해야 할 것이다. 고대 그리스인들도 감각경험에 대해 이야기를 했고, 아리스토텔레스도 감각의 질에 대해 언급할 때 사실상 하위양식에 대해 이야기한 바 있다.

다음은 가장 일반적인 하위양식의 특징이다.


[시각]

• 연합 혹은 분리

• 컬러 혹은 흑백

• 틀이 있는가 없는가

• 깊이(2차원인가, 3차원인가)

• 위치(왼쪽, 오른쪽, 위, 아래)

• 거리

• 밝기

• 대조

• 명확성(흐릿한가, 초점이 있는가)

• 동작(동영상인가, 정지 화면인가)

• 속도(빠른가, 느린가)

- 숫자(단일 장면인가, 여러 영상인가)
- 크기

[청각]
- 스트레오인가, 모노인가
- 낱말인가, 소리인가
- 볼륨(큰 소리인가, 작은 소리인가)
- 음조(부드러운가, 거친 소리인가)
- 음색(소리의 굵기)
- 소리의 위치
- 소리가 나는 곳으로부터의 거리
- 소리의 지속 기간
- 연속적인가, 비연속적인가
- 속도(빠른가, 느린가)
- 명확성(소리가 분명한가, 흐릿한가)

[신체감각]
- 위치
- 강도
- 압력(딱딱한가, 부드러운가)
- 정도(얼마나 큰가)
- 질감(거친가, 부드러운가)
- 무게(가벼운가, 무거운가)
- 온도
- 지속 기간(얼마나 오래 지속되는가)
- 모양

이상의 것들은 완벽한 목록이 아니라 사람들이 만들어 내는 가장 일반적인 하위양식 중의 몇 가지다. 어떤 하위양식들은 디지털적, 즉 비연속적이다. 다시 말해, 전기의 on/off와 마찬가지로 전기가 켜지거나 꺼지는 식, 이런 경험을 하거나 저런 경험을 하는 식으로 나타난다. 그래서 어떤 이미지는 연합이나 분리 둘 중의 어느 한 형태가 되면서 동시에 둘이 될 수는 없다. 그렇지만 대부분의 하위양식은 마치 조광(調光)스위치[21]에 의해 통제되는 것처럼 연속적이며 지속적으로 변화한다. 그것은 명확성, 밝기 혹은 음량과 같은 연속성을 측정하는 척도 역할을 한다. 디지털은 1 아니면 2와 같이 비연속적이지만, 아날로그는 범위 내에서 지속적으로 바뀔 수 있는 이러한 속성을 설명하기 위해 사용되는 말이다.

이러한 하위양식 중의 많은 것은 우리가 사용하는 어휘에 포함되어 있다. 그리고 이 장의 마지막에 제시된 목록표를 살펴본다면 새로운 견지에서 그것을 볼 수 있거나 다르게 마음에 자극을 줄 수도 있을 것이다. 왜냐하면 그것은 우리의 마음이 작동하는 방식에 대해 많은 것을 말해 주기 때문이다. 하위양식은 가장 근본적인 인간 두뇌의 작동 방식이라고 생각될 수 있다. 하위양식이 관여되지 않는 상태에서 어떤 생각을 하거나 어떤 경험을 회상하는 것은 불가능하다. 그러나 우리가 경험을 할 때 그것의 하위양식에 대해서 의식적으로 관심을 가질 때까지는 그러한 하위양식 구조를 인식하기란 쉽지 않다.

하위양식의 재미있는 양상은 그것을 다른 형태로 바꿀 때 나타난다. 어떤 하위양식은 무난하게 변화되어 별다른 차이를 만들지 못할지도 모른다. 또 어떤 하위양식은 특정 기억에 있어서 매우 중요하게 작용할 수도 있기에 그것을 바꾸는 것이 과거의 경험 전체에 대한 느낌 자체를 바

---
21) dimmer switch: 빛의 양을 조절하는 조명등의 스위치

꾸어 버리기도 한다. 일반적으로 특정한 기억이나 생각이 가지는 영향력이나 의미는 대부분 그 기억이나 생각의 내용 자체 때문이 아니라 그것을 구성하는 몇 가지 중요한 하위양식에 의해 좌우된다고 할 수 있다.

어떤 사건이 발생하다면 그 사건은 이미 끝난 것이기에 과거로 되돌아가서 그 사건을 결코 변화시킬 수 없다. 그 이후에 우리는 더 이상 사건에 반응하는 것이 아니라 그 사건에 대한 우리의 기억에 반응하게 되는데, 그러한 기억은 변화될 수 있는 것이다.

다음과 같은 실험을 해 보라. 즐거웠던 과거 경험으로 되돌아가라. 당신 자신의 눈으로 그 상황을 바라보고 느끼면서 확실하게 그 영상 속에 연합되도록 하라. 어떤 느낌이 드는지 경험하라.

이번에는 분리를 하라. 영상 밖으로 걸어 나오라. 그리고 외부 관찰자가 되어 당신과 똑같이 생기고 똑같이 말하는 사람(즉, 과거의 당신)을 지켜보라.

이렇게 두 가지 서로 다른 방식으로 과거 경험에 대해서 대처해 보면 거의 확실하게 느낌이 달라질 것이다. 만약 우리가 기억으로부터 분리를 하면 그 기억과 관련된 감정이 없어지게 될 것이다. 즐거운 기억에서는 즐거움이 없어질 것이고 불쾌한 기억에서는 고통이 없어질 것이다. 트라우마를 다룰 때에는 먼저 정서적인 고통에서 분리하는 것이 중요하다. 그럴 경우에 비록 생각하는 것이 불가능하지는 않지만 과거 경험의 전체 이야기가 의식으로부터 완전히 지워져서 그것 자체를 생각하는 것이 어렵게 될 것이다. 분리를 하게 되면 어떤 감정을 안전한 거리에 두는 양상이 되기 때문에 그 감정을 다루기가 좋아진다. 이것은 제8장에서 다루게 될 공포증 치료의 기초가 된다.

다음에 당신의 두뇌가 고통스러운 장면을 떠올릴 때는 그것에서 분리를 하라. 반면에 즐거운 기억을 완전히 즐기기 위해서는 확실하게 연합을 하라. 당신은 자신이 생각하는 방식을 바꿀 수 있다. 이것은 어쩌면 아직 쓰이지 않은 상태로 출시된 '두뇌 사용자 매뉴얼'을 위한 한 가지 필수적인 정보가 될 것이다.

당신이 생각하는 방식을 바꾸기 위해 이러한 실험을 해 보라. 그리고 어떤 하위양식이 당신에게 가장 중요한지 발견하라.

이제 당신이 잘 기억할 수 있는, 정서적으로 의미 있는 구체적인 상황을 떠올려 보라. 먼저 그 기억의 시각적인 면을 인식하라. 마치 TV의 화면을 조절하는 것과 같이 밝기를 위아래로 조절한다고 상상하라. 이렇게 하는 가운데 당신의 경험에 있어서 어떤 차이가 느껴지는지 주목하라. 당신은 어떤 밝기를 선호하는가? 마지막으로 그 화면을 최초의 방식대로 또는 원래대로 되돌려 놓아라.

다음으로 이미지를 더 가깝게 가져오라. 그리고 이번에는 그것을 멀리 내보내라. 이것은 어떤 차이가 있는가? 당신은 이미지가 가까운 것과 먼 것 중에 어느 쪽을 더 선호하는가? 그것을 다시 원래대로 되돌려 놓아라.

다음으로 그 이미지는 움직임이 있거나 움직이는 것인가? 그렇다면 정지할 때까지 그 움직임을 천천히 늦추어라. 그런 후에 다시 속도를 높여라. 이렇게 하는 동안에 어떤 것 또는 어떻게 하는 것이 더 마음에 드는지 주목하라. 그리고 그것을 원래대로 되돌려 놓아라.

마지막으로 연합에서 분리로 바꾸어라. 그리고 다시 되돌려 놓아라.

이상과 같이 하는 가운데 많은 변화가 이루어졌을 것인데, 이 상황에서 중요한 것은 당신이 기존의 기억에 대해서 느끼는 방식에 있어서 큰 영향을 받게 되었다는 점이다. 아마도 이제 당신은 원래의 기억대로가 아니라 자신이 가장 좋아하는 방식으로 조절한 하위양식 상태로 기억을 간직하고 싶을 수도 있다. 다시 말해서, 당신은 뇌가 처음에 저장했던 하위양식 상태의 기억을 그대로 갖고 싶지 않을 것이다. 당신이 원하는 방식의 하위양식을 스스로 선택했다는 사실을 기억하는가?

자, 이번에는 다른 시각적인 하위양식으로 실험을 해 보라. 그리고 무슨 일이 일어나는지 관찰해 보라. 그 기억을 가지고 청각적인 하위양식과 신체적인 하위양식에 대해서도 똑같이 해 보라. 대부분의 사람에게 특정 경험의 하위양식이 크고 밝고 다채롭고 가까우면서 연합되어 있다면 그 경험은 대단히 강렬하고 주목할 만한 것이다. 만약 당신의 경우도 그러하다면 확실하게 당신의 좋은 기억을 그와 같이 저장하라.

대조적으로 당신의 불쾌한 기억을 작고 어둡고 흑백으로, 멀리서 보듯이 하고 그 기억들로부터 분리를 하라. 원래의 기억이나 분리하여 바라보는 기억이나 모두 그 내용은 똑같다. 바뀐 것은 그것을 기억하는 방식이다. 우리가 나쁜 일을 경험할 때 그 결과를 안고 살아가게는 되지만 그렇다고 해서 그 일로 인해 반드시 괴롭힘을 당할 필요는 없다. 우리가 지금 이 순간에 어떤 일에 대해서 생각할 때 기분이 나쁘다면 그것은 그 일 자체 때문이 아니다. 그보다 그 일을 어떻게 기억하는지, 즉 구체적으로 어떤 하위양식으로 기억하는지와 관련된, 그 일에 대해 생각하는 방식 때문이라고 할 수 있다. 실제적인 사건과 우리가 그것을 기억하는 방식에 의해 부여되는 의미와 기억의 강도(强度)에는 중요한 차이가 있다. 따라서 실제로 일어난 사건이라 하더라도 우리가 그 일에 대해서 어떤 의미를 부여하며, 또 어떤 하위양식에 바탕하여 기억하느냐에 따라 그 경험이 우리에게 주는 강도는 얼마든지 달라질 수 있다고 하겠다.

이제 하나 더 실험을 해 보자. 아마도 당신에게는 기분을 상하게 하는 내면의 목소리가 있을 수 있다. 이제 그 목소리를 한 가지 생각해 보라. 그 목소리는 부모님의 야단치는 목소리일 수도 있고, 직장 상사가 나무라는 목소리일 수도 있으며, 어젯밤에 부부싸움을 했을 때 질러 대던 배우자의 소리일 수도 있다. 혹은 당신 스스로가 마음에 들지 않아 자신을 비난하는 목소리일 수도 있을 것이다.

이제 그 소리의 속도를 늦추어라.

다음은 속도를 가속화시켜라.

톤을 바꾸어 보라.

그 소리는 어느 쪽에서 나는가?

그 소리를 다른 쪽으로 옮긴다면 어떨까?

소리를 더 크게 한다면 어떨까?

소리를 더 부드럽게 한다면?

당신은 자신에게 말하는 목소리를 실제적으로 기분 좋은 것으로 만들 수 있다.

비록 그 목소리가 당신 자신의 목소리가 아닐지라도 그렇게 할 수 있다. 당신의 목소리가 아닌 것을 기분 좋게 느껴지는 목소리로 바꾸려면 마음속에서 어떻게 하면 좋을까? 다시 말해, 내면의 목소리를 어떤 식으로 바꾸면 좋을까?

하위양식을 변화시킨다는 것은 개인의 경험적인 문제이기 때문에 말로 표현하기 어려운 일이다. 이론은 논쟁을 일으키지만, 경험은 확신을 심어 준다. 당신은 마음이라는 영화를 제작하는 영화감독이 될 수 있다. 따라서 저절로 또는 자동적으로 일어나는 마음을 구성하는 내부 표상에 끌려 다니기보다는 차라리 어떻게 하면 당신이 원하는 쪽으로 바꾸는 것이 좋을지, 또는 어떤 방식으로 생각하면 좋을지를 스스로 결정할 수 있다. 많은 유선방송에서 재방송을 반복하여 하듯이 우리의 두뇌도 많은 재방송을 하기 마련이다. 그런데 그중에는 오래되고 낡은 것도 많고 별로 좋은 영화가 아닌 것도 있다. 당신은 그런 영화를 굳이 볼 필요가 없는 것이다.

감정은 그 원인을 의식적으로 자각할 수는 없지만 어디선가로부터 오게 된다. 또한 감정은 그 자체로 신체감각적인 표상체계를 가지게 된다. 즉, 무게, 위치, 강도를 가지게 된다. 그것들은 변화될 수 있는 하위양식들이다. 그렇기 때문에 감정이란 것이 완전히 저절로 생겨나는 것이라고 속단할 필요가 없다. 오히려 당신은 적절한 노력을 통해서 자신이 원하는 감정을 선택할 수도 있다. 당신이 하기에 따라서 감정은 훌륭한 하인이 되기도 하지만 포악한 주인이 되기도 한다.

표상체계, 접근단서, 하위양식은 우리의 주관적인 경험의 필수적인 요소에 해당한다. 사람들이 세상에 대한 다양한 지도를 갖고 있다는 것은 전혀 놀라운 일이 아니다. 왜냐하면 사람들은 서로 다른 유도체계, 선호표상체계뿐만 아니라 서로 다른 공감각을 가지고 있으며, 자신의 기억을 서로 다른 하위양식으로 부호화하기 때문이다. 마지막으로 우리가 커뮤니케이션을 위한 언어를 사용할 때 실제로 커뮤니케이션을 할 뿐만 아니라 서로를 잘 이해할 수도 있다는 점은 놀라운 사실이다.

## 감각에 기반을 둔 단어와 문구의 예

[시 각]

보다, 그림, 초점, 상상, 직관, 풍경, 백지상태, 시각화하다, 전망, 빛나다, 반영하다, 분명히 하다, 검열하다, 눈, 초점을 맞추다, 예견하다, 환상, 묘사하다, 주목하다, 경치, 나타내다, 예견하다, 보여 주다, 살펴보다, 시각, 지켜보다, 드러내다, 희미한, 어두운

[청 각]

말하다, 억양, 리듬, 큰 소리, 톤, 화음, 소리, 단조로운, 귀먹은, 울리

다, 묻다, 들을 수 있는, 명확한, 토론하다, 선언하다, 언급하다, 듣다, 울리다, 소리치다, 말이 없는, 음성의, 말하다, 침묵, 울리는, 조화로운, 날카로운, 조용한, 말문이 막힌

[신체감각]

만지다, 조종하다, 접촉하다, 밀다, 문지르다, 고체의, 따뜻한, 차가운, 거친, 달라붙다, 압력, 민감한, 스트레스, 만질 수 있는, 긴장, 굳어진, 부드러운, 꽉 잡다, 붙잡다, 고통받다, 무거운, 평탄한

[중 립]

결정하다, 생각하다, 기억하다, 알다, 중재하다, 인식하다, 주의를 기울이다, 이해하다, 평가하다, 진행시키다, 배우다, 동기를 부여하다, 변화하다, 의식적인, 고려하다

[후 각]

냄새가 좋은, 고기 냄새가 나는, 매스꺼운, 향기로운, 연기가 나는, 신선한

[미 각]

신맛의, 맛을 내다, 쓴맛의, 맛을 보다, 맛이 짠, 수분이 많은, 달콤한

[시각적 문구]

무엇을 의미하는지 이제 그림이 보여.

그의 생각이 얼마나 먹힐지 면밀하게 보고 있다.

우리는 서로 견해가 완전히 일치되어 있다.

나는 분명한 생각을 갖고 있다.

그에게는 맹점이 있다.

네가 의미하는 바를 내게 보여 줘.

너는 이것을 회상하고 웃게 될 것이다.

이것은 그 문제를 명백히 할 것이다.

그것은 그의 인생관을 채색한다.

나에게는 ~인 것처럼 보인다.

의심의 그늘을 넘어서

희미한 견해를 갖고

미래가 밝아 보인다.

그의 눈앞에 해결책이 번쩍 떠올랐다.

마음의 눈

아픈 눈의 시야


[청각적 문구]

목소리가 일치하다.

화음을 이루듯이

나에게는 모두 그리스 어 같아.

수많은 알아들을 수 없는 말

귀머거리가 된다.

종이 울린다.

노래를 부르고 있는

내 귀의 음악

한 마디 한 마디

들어주지 않는

분명히 표현된

청취하다

말조심하다

말하는 매너에 있어서

크고 분명한 소리


[신체감각적 문구]

너와 접촉하겠다.

그 생각을 붙잡을 수 있어.

잠깐만 참아.

뼛속 깊이 느껴진다.

마음이 따뜻한 사람

시원하게 느껴지는 고객

두꺼운 가죽의

바가지를 긁다.

나는 그것에 손댈 수 없어.

산산조각이 나는

참아라

단단한 기초

열띤 토론

결정을 따르지 않는

부드러운 행정가


[후각·미각적 문구]

쥐 냄새가 난다.

비린내가 나는 곳

쓴 알약

장미꽃 향기같이 싱그러운

행복한 삶의 맛

달콤한 사람

신랄한 논평

03

# 마음의 상태와 앵커링

# 생리적 상태와 정서적 자유

우리는 사람들이 정서적 · 신체적으로 쇠퇴기에 있으면 힘든 상태에 있다고 말한다. 마찬가지로 우리가 최선의 도전을 하기 위해서는 '적절한 마음 상태에' 있어야 한다. 마음 상태란 무엇인가? 아주 단순하게 그것은 그 당시에 표현되는 모든 생각, 감정 그리고 생리 상태다. 그것은 마음의 그림, 소리, 느낌 그리고 신체 자세와 호흡의 모든 패턴이다. 몸과 마음은 완벽하게 서로 연결되어 있다. 따라서 우리의 생각은 즉각적으로 우리의 생리적 상태에 영향을 미치게 된다. 물론 그 반대의 경우도 가능하다.

우리의 마음 상태는 지속적으로 변화한다. 그리고 이는 우리가 그것에 대해 의존할 수 있는 불과 몇 가지 중의 하나다. 당신이 상태를 변화시킬 때 전체의 바깥세상 또한 변화한다(또한 그런 것처럼 보인다). 우리는 대부분 우리의 생리 상태, 자세, 제스처 그리고 호흡 패턴보다 정서적 상태를 더 많이 의식한다. 사실상 감정은 흔히 의식적으로 통제되지 않는 것으로 여긴다. 그런데 그것은 눈에 보이는 빙산의 일각에 지나지 않는 것이다. 우리는 감정의 하부에서 감정을 지탱하는 전체적인 생리적 상태와 사고처리 과정을 이해하지 못한다. 이것들이 잠재되어 있는 빙산의 90%에 해당하는 것이다.

상태를 변화시키지 않고 감정을 변화시키려고 노력하는 것은 눈에 보이는 빙산의 일각을 톱으로 잘라 냄으로써 전체의 빙산이 사라지게 하려고 노력하는 것만큼 무익한 일이다. 수면 아래서 빙산을 붙잡고 있기 위해 어마어마한 에너지를 쓰지 않는다면 더 많은 빙산이 표면화될 뿐이다. 그리고 흔히 우리는 약물이나 의지력으로 빙산을 붙잡고자 하지만 그것은 어려운 일이다. 일반적으로 마음이 가는 대로 신체적 반응이 따라가게 마련이다. 그러므로 특정한 감정을 습관적으로 경험하게 되면 그 감정은 자신도 모르게 얼굴과 자세에 각인된다. 그럼에도 불구하고 일반적으로 우리는 어떻게 정서가 생리적 반응을 만들어 내는지 인식하지 못한다.

이제 다음과 같은 실험을 해 보라. 잠깐 동안 정말 기분이 좋았던 몇 가지 즐거운 경험에 대해 생각해 보라. 당신이 그 경험을 생각하게 될 때 그 경험 속으로 되돌아간다고 생각하라. 1분에서 2분 동안 가능하면 완벽하게 그것을 재경험하라. 당신이 이러한 즐거운 경험을 회상하면서 그 경험을 할 때 당시의 당신 주위를 둘러보라. 그리고 그 기억을 되살아나게 하면서 당신이 무엇 또는 어떤 것을 보고 무슨 소리를 듣고 있는지에 주목해 보라.

이제는 어떤 기분을 느끼는지에도 주목해 보라. 그리고 그렇게 한 후에 현재로 되돌아오라. 그렇게 하는 동안에 당신의 현재 상태, 특히 당신의 자세와 호흡이 어떤 영향을 받았을지 주목해 보라. 과거의 경험은 영원히 사라지는 것이 아니라 현재에도 당신에게 좋은 기분을 느끼도록 도움을 줄 수 있다. 비록 과거의 장면과 소리는 경험과 함께 사라져 없어져 버릴지 모르지만, 그 후에라도 그것을 마음속으로 상상할 때 실질적으로 경험되는 느낌은 과거의 그때처럼 여전히 실질적이고 명백한 것으로 남게 된다. 따라서 당신은 이 문단의 내용을 읽기 전에 어떤 기분 상태에 있었든 상관없이, 지금 조금 전에 기분 좋았던 과거의 일을 생각하는 것만으로도 벌써 더욱 자원충만 상태[1]로 빠져들거나 기분 좋은 상태로 들어갈 수 있었을 것이다.

자, 이제는 앞의 경우와 대조적으로 다소 불편했거나 기분 나빴던 과거의 경험에 대해서 생각해 보라. 만약 그 경험에 대한 기억이 마음에 떠오르면 그 경험으로 되돌아간다고 상상하라. 그 상황으로 되돌아갈 때 무엇이 보이는가? 무엇을 듣고 있는가? 어떤 기분이 느껴지는지 주목해 보라. 이 경험에 너무 오랫동안 머물지는 말고 다시 현재 상황으로 되돌아오라. 그리고 그것이 당신에게 미친 영향에 대해 주목해 보라. 이전의 좋았던 경험을 상상한 이후에 느꼈던 방식과 비교할 때 이번의 좋지 않았던 경험을 상상한 이후에 느끼는 방식에서의 차이를 의식해 보라. 또한 두 가지 다른 경험 간에 있었던 서로 다른 자세와 호흡 패턴에도 주목하라.

지금 당신의 정서적인 상태를 변화시켜라. 어떤 종류의 신체적인 활동을 하라. 몸을 움직이고, 기억에서 완전히 다른 것으로 관심을 전환시켜라. 창문 밖을 내다보라. 위아래로 뛰어 보라. 방의 다른 쪽으로 달려가서 벽을 만져 보라. 혹은 몸을 구부리고 발가락을 만져 보라. 움직이는 신체의 감각과 지금-여기에서 당신이 느끼는 것에 주의를 집중하라.

이렇게 하는 것은 NLP 용어로 상태 바꾸기(changing state) 혹은 상태 파괴(breaking state)라고 알려져 있다. 당신이 부정적인 기분이나 자원이 없는 상태에 있을 때는 언제든지 그렇게 하면 도움이 된다. 불쾌한 기억을 기억할 때와 자원이 없는 상태에 접근할 때는 언제든지 몸 전체가 이러한 부정적인 상태를 차지하고 근육의 톤, 자세 그리고 호흡의 패턴이 부정적인 상태를 이룬다. 이렇게 신체에 저장된 기억은 몇 분이나 몇 시간 동안 당신의 미래 경험을 오염시킬 수 있다. 일어나기 싫은 기

---

1) 자원(resourse)이란 자신에게 힘을 주고 기분 좋게 만들며, 긍정적인 정서를 느끼게 하는 심리나 행동적 특성을 말한다. 따라서 자원충만 상태(resourceful state)란 기분 좋고 행복하며 유능감을 느끼는 심신의 상태라고 할 수 있다.

분으로 침대에서 일어나는 것이 어떤 것인지 우리 모두는 잘 알고 있다. 우울증을 앓는 사람들은 너무나 오랜 기간 동안 자원이 없는 상태를 유지하는 능력을 무의식적으로 정복해 왔던 것이다. 또 다른 사람들은 비록 어렵긴 하지만 자신의 정서 상태를 의지력으로 변화시키는 능력을 정복해서 삶의 질을 변화시킬 수 있는 정서적인 자유를 스스로의 힘으로 창조할 수 있다. 그들은 삶의 감정적인 기복을 완전히 경험하지만 배우고 발전시켜 불필요하게 정서적인 고통에 집착하지 않는다.

우리는 삶을 살아가면서 때로는 빠르게, 때로는 천천히 지속적으로 서로 다른 감정 상태를 경험한다. 일례로 기분이 아주 침체되어 있는 상황에서 친구가 전화를 하여 좋은 소식을 전한다고 하자. 이 경우에 당신의 기분은 밝아질 것이다. 그러나 기분이 아주 좋은 화창한 날에 우편함에서 뜻밖에 큰 돈을 지불해야 할 세금고지서를 발견하게 된다면 마음의 구름은 밝은 태양을 덮어 버릴 수 있다.

우리는 외부에서 발생하는 일에 단순히 반응하고 그것에 따라가기보다는 오히려 자신이 원하는 상태를 만들기 위하여 스스로에게 영향을 미칠 수 있다. 지금의 기분이 어떠하든지 당신은 앞의 글을 읽고 있었던 지난 몇 분 동안에 그 내용에 따라서 기분이 좋았다가 불편했을 수가 있다. 좋은 내용의 글을 읽을 때는 기분이 좋아질 수 있고 반대의 경우는 불편해질 수가 있기 때문이다. 그러나 그동안에 실제로는 어떤 일도 발생하지 않았다는 점에 주목하라. 그 모든 기분 상태를 당신 자신이, 더 구체적으로는 당신의 마음이 만들었다고 할 수 있다.

# 이끌어내기

이끌어내기(elicitation)는 어떤 사람을 특별한 상태로 이끌어 내는 과정을 설명하기 위해 NLP에서 사용하는 단어. 이것은 다양한 이름으로 사용되는 일상적인 기술이다. 왜냐하면 우리는 사람들을 다른 분위기로 이끌거나 그 분위기에서 벗어나도록 하는 데 아주 잘 훈련되어 있기 때문이다. 우리는 단어나 목소리, 제스처를 통해서 항상 그렇게 한다. 하지만 때때로 우리가 원하는 것을 반드시 이끌어 내는 것은 아니다.

감정 상태를 이끌어 낼 수 있는 가장 간단한 방법은 그러한 감정을 경험하고 있었던 과거의 순간을 기억하도록 질문하는 것이다. 더 풍부한 표현을 할수록 상대방으로부터 더 풍부한 표현을 이끌어 낼 수 있게 될 것이다. 만약에 당신의 목소리 톤이나, 단어, 얼굴 표정과 몸의 자세가 당신이 요구하고 있는 반응과 일치한다면 상대방으로부터 원하는 반응을 보다 잘 이끌어 낼 수 있을 것이다.

누구나 노력을 하는 만큼 그 결과를 얻게 되어 있다. 그러므로 만약 당신이 누군가를 편안하면서도 자원충만 상태로 이끌어 가기를 원한다면 그에게 빠른 톤의 큰 소리로 말하고 빠르고 얕게 호흡을 하라. 이 경우에 안절부절못하여 몸을 움직이는 것은 전혀 도움이 되지 않는다. 이때 당신이 '편안하다'는 단어를 사용할지라도 목소리나 표정이 그렇지 못하다면 상대방은 당신이 사용하는 '편안하다'는 단어에 상관없이 불안해질 수도 있다.

결국 당신은 스스로 말한 내용대로, 그 내용에 일치되는 방식으로 표현할 필요가 있다. 그래서 만약에 누군가를 자신감 있는 상태로 이끌어 내고 싶다면 그에게 자신감 있었던 과거의 특정한 시기를 기억하도록 요구해야 한다. 이때 당신은 당연히 스스로가 분명하고 자신감 있는 목소리 톤으로 고르게 호흡을 하면서 머리는 위를 향하게 하되 자세를 똑바로 하면서(자신감 있는 모습으로) 말해야 한다. 만약에 당신의 말이 자신의 신체언어, 목소리 톤과 일치하지 않는다면 상대방에게 진정한 자신감을 이끌어 내기 어려울 것이다. 왜냐하면 상대는 자신감과 관련된 말보다는 말 이외의 목소리와 몸짓을 포함하는 비언어적인 메시지를 따르는 경향이 있기 때문이다.

이 경우에 외부에서 분리된 상태로 자신감 있는 사람을 관찰하는 식으로 표현할 것이 아니라 마치 당신 자신이 그 자신감 상태에 충만해 있는 것처럼 느끼며, 그 경험에 연합하는 것도 중요하다. 그 상태에 연합하면 보다 완전하게 그 느낌으로 되돌아갈 것이다.

이제 두 가지 서로 다른 경험을 실험해 보자. 첫 번째로 다른 어떤 사람이 당신이 좋아하는 과일을 먹고 있는 것을 지켜본다고 상상해 보라. 그 느낌은 어떠한가? 두 번째로 지금 당장 당신 스스로가 직접 그 과일을 먹고 있다고 상상해 보라. 어느 쪽이 더 강렬한 맛을 느낄 수 있는 경험인가? 당신 자신에게서 원하는 특정한 상태를 이끌어 내기 위해서는 가능하면 완전하고 생생하게 과거의 그 상태를 경험했던 상황으로 되돌아가라.


## 계측

계측 또는 관측(calibration)이라고도 할 수 있는 이 용어는 사람들이 어떤 상태에 있는지, 또는 특정 상태가 다른 상태와 어떻게 차이가 나는지를 인식하고 구별하며 알아내는 것을 의미하는 NLP의 개념이다.

이것은 우리 모두가 일상생활에서 활용하는 기술이고 개발하고 개량할 만한 충분한 가치가 있는 기술이다.

당신은 다른 사람들이 다른 기억과 상태를 경험할 때 미묘한 다양한 표현들을 구별한다. 예를 들면, 어떤 사람은 공포스러운 경험을 기억할 때 입술이 더욱 엷어지고 피부는 창백해지며, 호흡은 보다 얕아진다. 반면에 그가 즐거운 경험을 할 때는 얼굴 근육이 부드러워지면서 그의 입술이 더 두툼해지고 피부 색깔은 붉어지며 호흡은 더 깊어진다.

때때로 우리의 계측 능력은 너무 빈약해서 어떤 사람이 울어야만 그의 기분이 상했다는 점을 알아챌 때가 있다. 우리는 다른 사람들의 기분이 어떠한지 알기 위해서 그들이 하는 말에만 의존하는 나머지 눈과 귀를 사용하여 표정이나 목소리에 초점을 두면서 그 말을 듣는 능력은 부족한 것 같다. 그러니까 우리는 어떤 사람이 직접 '화가 났다'는 말을 하지 않더라도 그의 목소리를 듣거나 표정을 보면서 그가 화났음을 알아차릴 수 있다. 그렇다고 해서 어떤 사람이 눈살을 찌푸렸다고 해서 그가 지금 굉장히 불행한 상황에 빠져 있다고 생각하는 것도 문제가 될 것이다.

NLP 트레이닝에 있어서 친구와 함께해 보면 좋을 한 가지 실습이 있다. 당신의 친구에게 그가 무척 좋아하는 한 사람을 생각하도록 해 보라. 그러는 동안 그의 눈의 위치와 머리의 각도가 어떤지 주의 깊게 살펴보라. 또한 그의 호흡도 눈여겨보라. 호흡은 깊은가, 얕은가? 빠른가, 느린가? 높은가, 낮은가? 그리고 얼굴 근육의 긴장도, 피부의 빛깔, 입술의 크기, 목소리의 크기와 같은 차이에 주목해 보라. 평소에는 별생각 없이 지나쳤을 법한 이러한 특징이나 미묘한 차이들에 주의를 기울여라. 이 모든 것은 내부적인 생각 또는 내적 상태의 외부적인 표현이라고 할 수 있다. 그것들은 신체적인 차원으로 드러나는 내부적 생각이라고도 할 수 있다.

이번에는 당신의 친구에게 반대로 그가 싫어하는 사람을 한 명 생각하라고 해 보라. 그리고 앞에서와 같은 여러 가지 단서의 차이에 주목하라. 당신이 생리 상태의 차이점을 확인할 수 있을 때까지 그에게 싫어하는 몇 명의 다른 사람들을 한 사람씩 생각하라고 해 보라. 이 경우를 NLP의 용어로 표현한다면 당신은 좋아하는 사람과 싫어하는 사람을 생각할 때 마음의 상태 차이를 계측한 것이다. 당신은 이제 친구의 마음 상태가 어떤 신체적인 단서로 나타나는지 잘 알게 되었다. 이는 좋아하는 사람을 생각할 때의 마음 상태와 그 반대의 상태에서 나타나는 신체적·생리적 특징이 다르게 표현되었기 때문이다.

그러므로 이제 마지막으로 당신은 친구에게 어느 누구인지는 말하지 말고 앞서 생각한 사람들 중에 특정한 한 사람을 생각하도록 해 보라. 당신은 앞에서 이미 확인한 신체적인 단서를 읽어서 이해할 수 있기 때문에 그러한 지식을 바탕으로 지금 그가 어떤 사람, 즉 좋아하는 사람을 생각하는지 혹은 싫어하는 사람을 생각하는지를 알아맞힐 수 있게 될 것이다.

물론 그것은 마치 마음읽기[2]를 하는 것처럼 보인다.

그리하여 우리는 우리의 기술을 좀 더 정교하게 할 수 있다. 대개 우리는 무의식적으로 계측한다. 예를 들어, 당신이 애인에게 외식하러 나가겠느냐고 묻는다면 당신은 그(그녀)가 뭐라고 입을 열어 대답하기 전에 눈빛, 얼굴 표정, 제스처 등을 통해서 어떤 대답을 할지 직관적으로 알아차릴 수 있을 것이다. 이렇게 볼 때 그(그녀)가 '예'나 '아니요'로

--------------------------------------------------------------------------------

2) mind reading: 다른 사람의 마음이 어떨 것이라고 짐작하고 판단하여 말하는 것을 의미하는 NLP의 메타모형이나 밀턴모형에 속하는 화법이다. 중요한 것은 객관적인 증거가 없이 주관적으로 판단하여 말한다는 것이다. 따라서 오류 가능성을 갖는 왜곡의 화법이라고 할 수 있다. 보다 상세한 내용은 p. 230을 참고하라.

대답하는 것은 말하지 않은 비언어적 차원에서 대답을 보여 준 후에 그것을 확인하는 말이 될 것이므로 사고처리 과정이라는 맥락에서 가장 마지막 단계에 해당한다고 할 수 있다. 결국 우리는 말로 표현하는 어떤 대답을 하기 전에 내면의 생각과 마음 상태를 몸으로 표현하거나 나타내게 마련이다. 이렇게 볼 때 우리는 몸으로 반응하지 않을 수 없다. 그래서 몸, 마음, 언어의 세 가지는 밀접하게 관련되어 있다고 하겠다.

당신은 다른 사람과 이야기를 하는 동안에 그의 말이나 표정, 눈빛과 같은 것을 보면서 직감적으로 그가 거짓말을 하고 있다고 느끼게 되는 경우가 있을 것이다. 당신은 아마도 그러한 사실을 무의식적으로 계측했을 것이다. 어쩌면 이유를 정확하게 알지 못하면서도 그런 느낌을 가졌을 것이다. 당신은 계측 연습을 많이 하면 할수록 더 능숙해질 것이다. 어떤 마음의 상태는 차이가 미비하고, 또 어떤 것은 그 차이가 명백하다. 연습을 많이 할수록 미묘한 차이를 탐지하기가 더 쉬워질 것이다. 아무리 작더라도 변화는 항상 있는 법이다. 당신의 감각이 더 예리해질수록 그러한 변화는 쉽게 탐지될 것이다.

## 앵 커

정서 상태는 생각과 행동에 강력하면서도 광범위한 영향을 미친다. 다른 사람에게서 특정한 상태를 이끌어 내고 계측을 한 이후에 그것을 더욱 자원이 넘치는 상태로 변화하기 위해서 어떻게 그것을 잘 활용할 것인가? 긍정적 자원 상태를 지속적으로 이용하고, 그것을 지금-여기에 고정시킬 수 있는 방법이 필요하다.

만약 당신이 스스로 최고로 성취했던 순간의 마음 상태로 전환할 수 있다면 그러한 결과가 당신의 삶에 어떤 영향을 미칠지 상상해 보라. 정치, 스포츠, 예술, 비즈니스에서 최고의 성취가들은 그 순간 자원이 넘치는 상태에 있어야 한다. 배우는 한 시간 이전이나 두 번째 연극이 반쯤 지난 이후가 아니라 막이 오르면 곧바로 그 역할에 온몸을 맡길 수 있어야 한다. 이것이 프로의 핵심이다.

마찬가지로 그 역할에서 벗어나는 것도 중요하다. 배우는 막이 내리면 그 역할에서 벗어날 수 있어야 한다. 사업 상황에서 많은 사람은 크게 동기 부여를 받고 위대한 성취를 하기도 하지만 때때로 과로로 인하여 탈진되어 불행해지는 경우도 경험한다. 또 가족을 잃거나 극단적인 경우에는 심장병과 같은 병으로 고통을 받게 되는 일도 있다. 따라서 자신의 상태를 관리하는 것은 균형과 지혜를 필요로 한다.

우리는 각각 서로 다른 정서 상태를 다양하게 경험하면서 인생을 살아간다. 특히 과거에 어떤 일에서 성공했거나 성취했던 당시에 느꼈던 긍정적 정서를 지금 재경험하기 위해서는 이 자리에서 그 최초의 경험에 대한 기억을 이끌어 낼 수 있는 어떤 자극 신호가 필요하다. 그로 인해서 우리의 마음은 자연스럽게 과거의 그 경험과 연결되어 기분이 좋아지게 된다. 우리는 바로 그런 방식으로 자신이 하는 현재의 일이 어렵고 힘들더라도 그 일에 좋은 의미를 부여하고 즐거운 마음으로 할 수 있게 된다. 사실 그렇게 연합된 경험들은 매우 즐거운 것이다. 그 예로, 우울할 때는 즐거운 기분을 끌어올리는 좋아하는 특정 음악을 듣는다면 기분의 회복에 도움이 될 수 있을 것이다. 그리고 당신은 그 특정한 음악을 들을 때마다 즐거운 기분이 떠오를 수 있다. 또한 그렇게 할 때마다 연합은 강화된다.

특정한 생리적인 상태와 연결되어 있으며, 그러한 상태를 촉발시키는 신호를 NLP에서는 앵커[3]라고 부른다. 자연스럽게 일어나는 긍정적인 앵커의 예로는 좋아하는 사진, 기분을 자극하는 냄새, 사랑하는 사람의 특정한 얼굴 표정이나 목소리 톤 등이 있다.

앵커는 대개 외부적인 신호일 수 있다. 알람 소리가 울리면 일어날 시간이다. 수업 종소리는 쉬는 시간이 끝났다는 신호를 보낸다. 이런 것들은 청각적인 앵커다. 도로에서 빨간불은 멈추라는 신호다. 고개를 끄덕이는 것은 동의를 의미한다. 이런 것들은 시각적인 앵커다. 그리고 새로 바른 타일의 냄새는 마치 마법처럼 처음 그 냄새를 맡았던 어린 시절의 장면을 떠올리게 할 것이다. 광고주는 자사의 상품을 위해 특정한 상표를 앵커로 만들려고 노력한다.

앵커는 특정한 정서 상태에 접근할 수 있게 하는 어떤 것인데, 사실 그것이 우리 일상생활에서 너무나 명백하고 광범위한 것으로 작용을 하는데도 사람들은 거의 알아채지 못한다. 앵커는 어떻게 만들어질까? 그것은 대개 두 가지 가운데 한 가지 방법으로 만들어진다. 첫 번째는 반복에 의해서다. 만약 빨간색이 위험과 연결되는 예를 반복해서 보게 된다면 그 빨간색은 앵커가 될 것이다. 이것은 단순한 학습으로서 빨간색은 위험을 의미하게 된다. 두 번째는 훨씬 더 중요한 것으로, 만약 정서가 강렬하고 타이밍이 적절하다면 앵커는 단 한 번의 사건으로도 설정될 수 있다. 정서가 수반되지 않는 경험 또는 정서적 개입이 뚜렷하지 않은 일의 경우에서는 반복이 필요할 수밖에 없다.

과거 학창시절에 재미있고 흥미를 느끼는 과목을 공부하기는 쉽고

--------------------------------------------------------

3) anchor: 원래 행동주의 심리학의 주요 이론인 조건형성이론과 관련 있는 개념이다. 즉, 종소리만 듣고도 침을 흘리는 파블로프의 개 실험을 바탕으로 하여 만들어진 조건형성이론에서는 자극-반응이라는 두 가지의 개념을 전제로 한다. 여기서 종소리는 자극에 해당하며 침 분비와 같은 특정 반응을 일으키는 촉발인자라고 할 수 있다. 그런데 그것을 NLP에서는 앵커라고 한다. 앵커는 또한 바다에 배를 정박시키는 데 필요한 닻에 해당하는 것이기도 하다. 또한 앵커를 통해서 자극-반응 관계가 성립되고 조건형성이 이루어지는 경우를 NLP에서는 앵커링이라고 한다.

즐거웠을 것이다. 그때를 생각하고 회상해 보라. 그때는 그 과목이 재미있기에 책을 한 번만 보거나 설명을 한 번만 들어도 잘 기억이 되고 공부가 잘 되었을 것이다. 그만큼 정서가 크게 개입되었기 때문이다. 하지만 재미없고 흥미를 느끼지 못하는 것, 즉 정서적 개입이 없는 것을 공부하기 위해서는 많은 힘이 들었고, 또 많은 반복을 필요로 했을 것이다. 결과적으로 정서적으로 더 적게 개입될수록 연합을 하기 위해서 더 많은 반복이 필요하다.

대부분의 연합은 매우 유용하다. 그것은 습관화된다. 만약 습관화되지 않는다면 제대로 기능을 못할 수도 있다. 만약 당신이 운전자라면 신호등이 파란불에서 빨간불로 바뀌는 것과 발을 어떤 페달 위로 움직이는 것 사이에는 이미 연합이 되어 있을 것이다. 이것은 신호등을 만날 때마다 매번 의식적으로 생각해야 될 행동이 아니라 전혀 생각할 여지가 없이 즉각적으로 이루어져야 할 것이다. 만약 그런 식으로 연합이 되어 있지 않다면 당신은 도로 위에서 그다지 오랫동안 살아남지 못할 것이다.

또 대중연설이나 발표와 같은 일을 생각하면 쉽게 연합이 되는데, 이러한 연합은 비록 학교생활이나 직장 또는 사회생활에서 피할 수 없는 것이긴 하겠지만 즐거운 경험은 아닌 경우가 많다. 다시 말해서, 많은 사람은 대중 앞에서 말하는 것을 두려워함으로써 그런 것을 생각할 때 걱정과 공포감을 느끼는 식으로 연합한다. 많은 사람은 시험을 쳐야 한다는 생각을 하면 긴장하고 불안감을 느낀다. 심지어는 '시험'이라는 말을 듣는 순간 불안해하는데, 이 경우에 그 단어가 앵커로서 작동할 수 있다. '시험'이라는 단어는 대부분의 학생이 불안해지고 최선을 다할 수 없게 하는 앵커다.

극단적인 경우에는 외부적인 자극이 매우 강력한 부정적인 상태를 자극할 수도 있다. 이것은 공포증의 영역이다. 예를 들어, 폐쇄공포증으로 고생하는 사람들은 과거 언젠가 감금되어 있는 것과 공포증을 느끼는 것의 두 가지를 아주 강력하게 연결된 것으로 경험하였기 때문에 항상 그렇게 연합을 하게 된다.

많은 사람의 삶은 아직 재평가되지도 못한 과거의 사건들로 인한 두려움으로 불필요하게 제한된다. 우리의 마음은 연합을 하지 않을 수 없다. 당신이 이미 연합을 했거나 지금 연합하고 있는 것들이 즐겁고 유익하며 힘을 주는 것인가? 그렇다면 다행스러운 일이다.

우리는 연합하고 싶은 것들을 스스로 선택할 수 있다. 당신은 인생에서 가장 힘들거나 어렵게 생각되는 경험을 해야 할 상황에 처해 있더라도 어떤 생리적 상태에서 그것을 경험하고 싶은지를 미리 결정할 수 있다. 당신은 자신이 원하지 않는 일을 해야 하는 어떤 상황에서라도 원하는 방향으로의 새로운 연합을 할 수 있으며, 긍정적 앵커를 사용함으로써 원하는 새로운 반응을 자신에게서 만들어 낼 수도 있다.

이것은 두 가지 단계에 따라 이루어진다. 첫째, 당신이 원하는 정서 상태를 선택해야 한다. 그리고 나서 당신이 원할 때는 언제든지 그 정서를 불러낼 수 있는 자극이나 앵커와 연결시켜야 한다. 스포츠맨은 자신의 기술과 활력을 강화시키기 위해 행운의 마스코트를 사용한다. 때때로 그들은 같은 목적을 위해 경기 이전에 간단한, 의례적이면서 습관적인 행동과 같은 것을 하기도 한다.[4]

---

4) 이와 관련된 사례는 다음과 같이 많다. 2004년 아테네 올림픽 양궁 개인 및 단체전에서 2관왕을 차지했고, 2008년 베이징 올림픽에서 단체전 금메달, 개인전 은메달을 땄던 박성현 선수는 집중력을 요구하는 양궁 경기에 임하기 전에 하는 독특한 버릇이 있다. 그녀는 경기에서 먼저 활에 화살을 꽂은 후에, 상의 양쪽 끝자락을 한 번씩 살짝 당긴다. 그러고는 상의 칼라를 매만진 후에 손가락으로 선글라스를 치켜 올린다. 마지막으로 심호흡을 한 후에 시위를 당긴다. 이 같은 동작은 한 치의 오차도 없이 이루어지

앵커를 통해 자원충만 상태를 활용하는 것은 당신 자신뿐만 아니라 다른 사람들의 행동을 변화시킬 수 있는 가장 효과적인 방법 중 한 가지다. 만약 당신이 과거보다 더 자원이 넘치는 상태에 들어간다면 당신의 행동은 반드시 더 나은 쪽으로 변화할 것이다. 자원충만 상태는 최고의 성취를 위한 핵심이라고 할 수 있다. 당신이 하는 일을 변화시킬 때 다른 사람들의 행동 또한 변화될 것이며, 상황에 대한 전체적인 경험은 달라질 것이다.

[주의사항]

주의할 점이 있다. 이 장과 이 책 전반을 통하여 다루어지는 변화 기술들은 매우 강력한데, 이러한 강력한 힘은 그것을 사용하는 사람의 기술에서 주로 오는 것이다. 목수는 정밀한 도구를 가지고 놀라운 가구를 만들어 낼 수 있다. 같은 도구를 가진 견습생은 똑같은 결과를 얻지 못할 것이다.

---

는데, 그녀는 그렇게 함으로써 마음의 평정심과 집중력을 높이고 경기에 대한 자신감을 갖게 된다고 하였다. 이를 스포츠심리학에서는 루틴(routine)이라고 한다. 루틴의 또 다른 예들은 다음과 같다.

2008년 베이징 올림픽에서 아시아 신기록을 수립하면서 금메달과 은메달을 각각 수상했던 수영 선수 박태환은 물에 뛰어들기 직전까지 음악을 듣는다고 한다. 물론 그렇게 하는 것이 그가 음악을 좋아하기 때문이기도 하겠지만, 그렇게 함으로써 마음의 평정을 유지하기 때문이다.

미국에서 골프로 유명한 타이거 우즈는 '경기 시작 75분 전에 경기장에 도착하고, 시계 반대 방향으로 8자를 그리며 그린을 돌아 퍼팅을 하며, 마지막에는 첫 번째 홀에서 샷을 하는' 식의 행동 패턴을 지니고 있다. 그렇게 함으로써 경기에 임하는 각오를 다지고 평정심을 찾는다고 한다.

2006년 미식축구 슈퍼볼 결승전에서 MVP로 선정되었고 2009년에 또다시 우승을 함으로써 두 번째로 우승컵을 차지했던 한국계 혼혈인 하인스 워드는 자신의 오른팔에 '하인스 워드' 라는 한글 문신과 함께 바로 그 아래쪽에 미키마우스가 풋볼을 들고 달리는 캐릭터를 선명한 문신으로 새겼다. 그는 한국인 혈통을 갖고 있음에 대해 자랑스러워했으며, "미키마우스는 즐거움을 상징한다. 슬퍼하지 않는다. 그게 바로 내가 인생을 살아가는 방식이다."라고 밝힌 바 있다. 그는 미키마우스를 통해서 자신의 감정을 다스리고 웃음으로 상대를 편안하게 해 주는 태도를 익힐 수 있었다.

마찬가지로 좋은 악기에서 최선의 음악을 들려주기 위해서는 연습과 노력이 필요하다.

나는 많은 사람에게 이러한 기술을 훈련시키는 과정에서 비록 그것들이 탁월한 것이라 하더라도 초보자들은 흔히 실수와 실패의 경험들을 하게 마련이라는 점을 지적하고 싶다. 그래서 당신이 이 기술에 대해서 충분히 자신감이 생길 때까지, 그리고 당신의 기술이 충분히 단련될 때까지는 NLP 트레이닝이나 세미나와 같은 안전한 환경에서 그것들을 연습하기를 당부하는 바다.

## 자원 앵커링

과거에 경험했던 긍정적인 정서적 자원들을 현재 상황에서 다시 이끌어 내기 위하여 이루어지는 앵커링을 자원 앵커링(resource anchoring)이라고 한다. 자원 앵커링의 설정은 다음과 같은 몇 가지 단계를 통해서 가능할 수 있을 것이다. 친구와 함께 실습을 하면서 다음에 제시된 몇 가지 단계를 적용해 보기를 바란다.

먼저 의자에서 편안한 자세를 취하라. 혹은 객관적 관조의 입장에서 전체 과정을 생각할 수 있는 분리된 입장에 서 보라. 평소에 경험하는 상황 중에서 이제는 달라졌으면 좋겠다거나 다른 느낌으로 임하고 싶은, 그리고 과거와는 다르게 반응하고 싶은 어떤 구체적인 상황을 회상해 보라. 그리고 나서 과거에 당신이 가졌던 다양한 경험 중에서 특히 긍정적 정서를 느꼈던 일을 생각해 보아라. 그때 가졌던 긍정적 정서는 무엇이었는가? 예를 들면, 자신감, 유머, 용기, 끈기, 창의성과 같은 것일 수 있다.

이러한 자원충만 정서 상태 중에서 앞에서 이제는 달라졌으면 좋겠다고 생각한 상황에 적용시킬 만한 것이 있다면 무엇인가? 직관적으로 가장 적절하다고 머리에 떠오르는 것이라면 무엇이든지 좋다. 당신이 어떤 자원을 선택하겠다는 생각이 분명해지면 그런 자원을 느꼈던 한 가지 구체적인 경험을 회상해 보라. 어떤 경험이 머리에 떠오르는지 주의를 기울이면서 시간을 가져라. 그리고 가장 분명하고 강력한 경험이라면 무엇이든지 선택하라.

만약 당신이 자원을 선택했지만 그런 자원 상태를 경험했던 구체적인 기억이 떠오르지 않는다면 주변에서 그 자원을 가진 누군가를 생각해 보라. 아니면 영화나 책 속의 가공인물이어도 괜찮다. 당신이 그들의 입장이 되어서 그 자원 상태를 경험하는 것은 어떨까? 비록 가공의 인물일지라도 당신의 느낌은 실제적인 것이 되도록 해야 한다는 사실을 기억하라. 이것은 중요하다.

실제건 가공이건 관계없이 구체적인 상황을 마음속에 떠올릴 때 당신은 다음 단계로 이동할 준비가 된다. 그리고 그것은 당신이 원할 때 이러한 자원을 마음속에 떠오르게 할 앵커를 선택하는 것이다.

우선 신체감각적인 앵커를 들 수 있다. 느낌이나 기분 차원의 앵커가 해당된다. 예를 들어, 엄지손가락과 다른 손가락을 접촉하는 것이나 특별한 방식으로 주먹을 불끈 쥐는 것은 신체감각적인 앵커로서 아주 효과적이다. 운동선수들이 경기가 잘 진행되지 않을 경우 자신감을 되찾기 위해서 스스로 주먹을 불끈 쥐고 파이팅을 외치는 경우에서 이러한 보편적인 앵커를 확인할 수 있다.

그러나 여기서 중요한 것은 그 앵커가 독특해야 하고 일상적인 것이 되지 않도록 해야 한다는 점이다. 항상 일어나지 않으면서 다른 상태나 행동에 연관되지 않는 독특한 앵커를 선택해야 한다. 또한 남의 눈에 이상하게 보이거나 너무 거북하게 느껴지지 않는 앵커여야 한다. 물구나무를 서는 것은 자신감의 앵커로서 효과가 있을 수도 있지만, 저녁식사 후 강연을 하는 데 도움을 얻기 위해 사용한다면 괴짜라는 명성을 얻게 될 것이다.

두 번째는 청각적인 앵커다. 이것은 내부적으로 당신 자신에게 말하는 어떤 단어나 구절일 수 있다. 그것이 느낌을 유발시킨다면 당신이 어떤 단어나 구절을 사용하느냐는 중요하지 않다. 당신이 그것을 사용하는 방식, 당신이 사용하는 특별한 목소리 톤은 단어나 구절 그 자체만큼이나 중요하다. 독특하면서도 기억할 만한 것으로 선택하라. 예를 들어, '자신감'이 당신이 앵커를 하고 싶은 자원 상태라면, '나는 더욱더 자신감을 느끼고 있어.' 혹은 단지 '자신감!'이라고 마음속으로 말할 수 있을 것이다. 자신감 있는 목소리 톤을 이용하라. 정말로 자원이 문제 상황에 적절한 것이어야 한다는 사실을 명심하라.

마지막은 시각적 앵커다. 당신은 어떤 상징적 이미지를 선택할 수도 있다. 또는 정말로 자신감을 느꼈던 순간에 봤던 장면이나 모습을 기억할 수도 있다. 당신이 선택한 이미지가 독특하고 그러한 감정을 유발시키는 데 도움을 준다면 그때는 효과가 있는 것이다.


각각의 표상체계에 따라 앵커를 선택했다면, 그다음 단계는 그 자원 상황을 생생하게 재창조함으로써 자신감이라는 정서를 되살려 내는 것이다. 완전히 그 경험에 연합하면서 앞으로 한 걸음 나아가거나 의자를 바꾸어 앉도록 하라. 서로 다른 정서의 상태를 서로 다른 신체 부위에 심어 놓는 것은 그러한 상태를 깔끔하게 구별 짓는 데 도움이 된다.

상상 속에서 당신이 선택했던 특정 자원 상태로 지금 되돌아가라.

그때 당신이 어디에 있었으며, 무엇을 하고 있었는지 기억해 보라.

그것이 보다 분명해지면 곧바로 그 상황 속으로 들어가서 연합을 하고, 당신이 그때 보고 있었던 것을 지금 보고 있다고 상상하라.

그때 듣고 있었던 소리는 어떤 것이며, 무엇이었는지 들어 보라. 그리고 너무나도 강렬했던 그러한 정서를 경험의 일부로서 재경험해도 좋다.

약간 시간을 갖고 가능하면 완전히 그 경험을 되살려 내는 것을 즐겨 보라.

당신이 완전한 신체감각을 통해서 과거의 자원 상태와 정말로 다시 접촉하기를 원한다면 그 당시에 취했던 신체 동작들을 다시 해 보는 것도 때로 도움이 된다. 당시에 했던 것과 똑같은 행동을 하거나 자세를 취하고 몸을 똑같은 위치에 두는 것도 좋을 것이다(적절한 경우에만).

그러한 정서가 절정에 도달했다가 다시 쇠퇴하기 시작하면 신체적으로 당신의 분리된 위치로 되돌아가라. 당신은 지금 자원충만 상태를 어떻게 해서 최상으로 재창조할 수 있는지, 그리고 그렇게 하는 데 얼마나 시간이 걸리는지도 알게 되었다.

지금 당신은 자원 상태를 앵커할 준비가 되었다. 자원 상태를 위한 당신의 위치로 걸어 들어가서 그것을 재경험하라. 자원 상태가 정점, 즉 최고 수준에 도달했을 때 마음의 눈으로 당신의 모습을 보고 당신이 취했던 제스처를 취해 보며 당신이 사용했던 단어를 말해 보라. 당신은 상태가 최고조에 이르렀을 때 자신의 앵커를 자원 상태와 연결시켜야 한다. 이 경우에 타이밍이 중요하다. 만약 당신이 정점이 지난 이후에 그것들을 연결시킨다면 그 상태에서 벗어난 것을 앵커하게 될 것이다. 그것은 당연히 바람직하지 않은 것이라고 하겠다.

앵커의 순서는 중요하지 않다. 당신에게 가장 효과가 있는 순서대로 하라. 아니면 동시에 앵커를 발사하라. 자원이 넘치는 상태가 절정에 도달한 이후에 앵커를 해제해야 한다. 그리고 상태 파괴를 하고 앵커를 테스트해야 한다.

모든 세 가지 앵커를 같은 방법과 같은 순서로 활용하라. 그리고 앵커링을 하고 앵커를 적용하는 가운데 정말로 당신이 원하는 만큼의 자원 상태에 도달할 수 있었는지 주목하라. 만약 그 결과가 만족스럽지 않다면 처음으로 되돌아가서 당신의 앵커와 자원충만 상태 사이에 연합을 강화하기 위한 앵커링 과정을 반복하라. 당신은 이것을 몇 번씩 반복할 필요가 있을 수도 있다. 그리고 필요할 때 그런 상태로 되돌아가는 것은 충분히 그럴 만한 가치가 있는 일이다.

마지막으로 그런 자원충만 상태를 원할 것 같은 미래의 상황에 대해 생각해 보라. 당신은 그런 자원이 필요하다는 것을 알려 주는 신호로서 무엇을 이용하고 싶은가? 당신이 그런 상황에 있다는 것을 알려 줄 수 있게 할 첫 번째의 시각적 · 청각적 · 신체감각적 신호가 될 만한 것을 찾아보라. 그 신호는 외적이거나 내적일 수 있다.

예를 들면, 어떤 사람의 특정한 얼굴 표정, 특별한 목소리 톤과 같은 것이 외적인 신호가 될 수 있다. 내부 대화를 시작하는 것이 내적인 신호가 될 수도 있다. 당신이 느끼는 방식에 대한 스스로의 선택권이 자신에게 있다는 것을 인식하는 것 자체만으로도 자원 상태에 이를 수 있다. 그것은 또한 습관화된 앵커 반응을 유도하게 될 것이다. 이러한 인식을 신호에 앵커하는 것도 가치 있는 일이다. 앵커의 신호는 당신이 정서를 선택할 수 있다는 사실을 상기시켜 주는 좋은 수단으로도 작용하게 된다.

그 앵커를 계속해서 사용하게 된다면 얼마 후에는 신호 자체가 자원 상태를 느끼게 해 줄 앵커가 될 것이다. 당신을 기분 상하게 만들었던 자극 신호는 이제 강하고 자원이 넘치는 기분을 느끼게 해 주는 자극 신호인 앵커가 된다.

다음은 기본적인 앵커 단계를 요약한 것이다.

[앵커링의 필수 조건]

• 상태가 절정에 도달하고 있는 바로 그때 타이밍이 맞아야 함
• 신호가 독특하고 변별력이 있어야 함
• 정확하게 반복하는 것이 쉬워야 함
• 분명하고 완전하게 재경험하는 상태와 연결되어야 함

[자원 상태 앵커링 과정 요약]

① 보다 많은 자원 상태가 되어야 할 필요가 있는 상황을 확인하라.

② 자신감과 같은 당신이 원하는 특정한 자원을 확인하라.

③ 정말로 자원이 적절한지 점검하기 위하여 "여기에 이러한 자원을 가질 수 있다면 그것을 택할 것인가?"라고 질문해 보고, 만약 '예'라면 진행하고 '아니요'라면 앞의 2단계로 되돌아가라.

④ 당신의 삶에서 그러한 자원을 가졌던 상황을 찾아보라.

⑤ 보고 듣고 느끼게 할 어떤 것에 해당되는, 세 가지 각각의 주요 표상체계 차원에서 사용하게 될 앵커를 선택하라.

⑥ 다른 위치로 걸어 들어가면서 상상으로 그러한 긍정적인 자원 상태의 경험에 완전히 몰입하라. 그것을 재경험하라. 그것이 절정에 도달했을 때 상태를 변화시키면서 그 위치에서 벗어나라.

⑦ 당신의 자원 상태를 재경험하라. 그리고 절정에 도달할 때 세 가지 앵커와 연결시켜라. 당신이 원하는 만큼 그 상태를 유지하라. 그러고 나서 상태를 변화시켜라.

⑧ 앵커를 발사하고 당신이 정말로 그 상태로 들어간다는 것을 확인함으로써 연결을 테스트하라. 만약 만족스럽지 않다면 앞의 단계를 반복하라.

⑨ 당신의 자원을 활용하기 위하여 자신이 원하는 문제 상황에 있다는 것을 알려 주는 신호를 확인하라. 이 신호는 당신에게 앵커를 사용하도록 상기시켜 줄 것이다.

당신이 원할 때는 언제든지 자신의 자원 상태를 불러내기 위하여 지금 이러한 앵커들을 사용해도 좋다. 당신에게 가장 효과가 좋은 방법을 찾아내기 위하여 이것이나 또 다른 NLP 기술을 실습해야 한다는 것을 기억하라. (더 크게 자원 충만한 기분을 느끼면서) 목표를 기억하고 당신이 성공할 때까지 이 기술을 연습하라. 어떤 사람들은 단지 특정한 제스처를 만드는 것(그들의 신체감각적인 앵커를 '발사하는 것')만으로도 충분히 자원 상태를 만들어 낼 수 있다. 또 어떤 사람들은 모든 세 가지 앵커를 계속해서 사용하기를 원한다.

당신은 다른 자원으로 앵커하기 위해 이런 과정을 활용할 수도 있다. 어떤 사람들은 각각의 손가락에 다른 자원을 앵커링한다. 또 어떤 사람들은 매우 강력한 자원 앵커를 만들어 내기 위하여 많은 다른 자원 상태를 똑같은 앵커로 연결시킨다. 이와 같이 다른 자원들이 똑같은 앵커로 첨가될 때 그러한 것을 누적 자원(stacking resources)이라고 한다.

앵커링과 당신의 자원 상태를 활용하는 것은 기술이다. 그리고 다른 기술처럼 그것은 더 많이 사용할수록 더욱 쉬워지고 효과를 거두게 된다. 어떤 사람들은 바로 처음부터 극적으로 효과를 보기도 한다. 반면 다른 사람들은 정말로 차별화된 자신감과 그것을 제대로 활용하는 유능함을 갖추기 위해 연습이 필요하다. 제1장에서 살펴보았던 학습모형을 기억하라. 만약 지금까지 공부한 앵커링이란 것이 당신으로서는 처음 접하는 것이라면 당신은 오늘 학습모형의 첫 번째 단계인 '인식하지 못하는 무능력' 상태에서 두 번째 단계인 '인식하는 무능력' 상태로 이동한 셈이다. 그러므로 그것은 당신의 학습 단계가 높아졌다는 것을 의미하기에 스스로를 축하할 만하다. 그리고 당신은 서서히 세 번째 단계인 '인식하는 능력' 상태로 진전될 것이므로 이와 같은 학습과정을 즐겨라.

자원 앵커링을 통해서 우리는 자신이 원하는 정서 상태를 선택하여 만들어 갈 수 있다. 따라서 그 자원 앵커링은 정서적 선택의 폭을 넓힐 수 있게 해 주는 기술이다. 사람들은 흔히 정서적 상태는 자기도 모르는 상태에서 만들어지며 자기의 의지와 상관없이 외부 환경이나 다른 사람들에 의해 만들어지는 것이라고 믿고 있다. 세상은 우리에게 잘 섞인 카드를 쥐어 주었을지 모르지만 그 카드를 갖고 언제, 어떻게 게임을 할 것인지를 선택하는 사람은 우리 자신이다. 올더스 헉슬리가 말한 것처럼 "경험이란 당신에게 어떤 일이 일어났느냐가 아니라 당신에게 일어난 일을 갖고 무엇을 하느냐."이다.

## 연쇄 앵커링

하나가 그다음 것을 일으키기 위해서 앵커가 연쇄적으로 작용할 수 있다. 각 앵커는 연쇄로 고리를 제공한다. 그리고 그다음 앵커의 자극 신호가 된다. 마치 전기충격이 우리의 몸 안에서 신경을 타고 흐르는 것과 같은 원리다. 이와 같이 이루어지는 앵커링을 연쇄 앵커링[5]이라고 한다. 어떤 의미에서는 우리의 신경체계에서 최초의 자극 신호와 새로운 반응 사이에 어떻게 새로운 중립적인 통로를 만들어 내는지를 외부로 반영해 보여 주는 것이 바로 앵커라고 할 수 있다. 연쇄 앵커링은 여러 가지 일련의 서로 다른 상태를 쉽게 자동적으로 통과할 수 있게 된다. 만약 문제 상태는 강한 반면에 자원 상태는 한 걸음으로 도달하기에

---

5) chain anchoring: 마치 도미노처럼 여러 가지의 서로 다른 앵커가 연쇄적으로 옆의 앵커 쪽으로 전달되면서 연결되어 총체적으로 하나의 연결관계를 이룩하는 앵커링을 말한다.

너무 멀리 떨어져 있다면 연쇄 앵커링의 유용성은 크다고 할 수 있다.

일례로 좌절감을 느끼는 상황을 생각해 보라. 이러한 느낌을 자극하는 일관된 신호를 확인할 수 있는가?

그때 당신의 내부 대화에 있어서 목소리 톤은 어떠한가? 특별한 감각이 있는가? 눈에 보이는 어떤 것이 있는가?

때때로 세상이 당신에게 나쁜 음모를 꾸미고 있는 것처럼 보일 수도 있으나 당신은 그러한 음모에 대해서 어떻게 반응할지와 관련하여 스스로 선택을 할 수 있다.

당신이 만약 좌절감을 느낀다고 하더라도 그것이 외부 세계를 바꾸지는 못할 것이다. 만약 당신이 그러한 좌절감과 관련된 내부 신호를 감지한다면 어떤 더 나은 상태로 이동하고 싶은지 결정하라. 아마도 좌절감 대신에 호기심 상태로 가고 싶을 수도 있다. 그다음에는 어쩌면 창의성 상태로 이동하고 싶을 수도 있을 것이다.

이제 좌절감에서 호기심 상태로, 그리고 호기심에서 다시 창의성 상태로 이동하기 위해서는 연쇄 앵커링을 설정할 필요가 있다. 연쇄 앵커링을 설정하기 위해서는 먼저 강렬하게 호기심을 느꼈던 과거의 어느 시기를 회상하라. 그때가 생각나거든 그 호기심 상태를 느껴 보라. 이때 당신은 신체감각적으로, 한 손으로 다른 손의 특정한 지점을 접촉하거나 가볍게 누름으로써 그 호기심 상태를 앵커링하라. 그리고 상태 파괴를 하라.

그다음으로는 창의성을 발휘했던 때를 회상하라. 그때가 생각나면 그 창의성 상태를 느껴 보라. 이번에는 당신 손 위의 다른 지점을 접촉하거나 누름으로써 새로이 그 창의적 상태를 앵커링하라.

이제 처음의 좌절감을 느꼈던 경험으로 되돌아가라. 그리고 좌절감의 신호가 느껴지는 순간, 호기심 상태의 앵커를 발사하라. 그리고 호기심이 절정에 달할 때 창의성의 앵커를 발사하라.

이렇게 함으로써 좌절감에서 호기심을 통하여 창의성으로 쉽게 이동하는 중립적인 연결망이 형성될 수 있다. 그 연결이 자동화되도록 당신이 원하는 만큼 여러 번 연습하라.

일단 서로 다른 정서들을 하나씩 불러일으킬 수 있을 뿐만 아니라 그 정서들 간의 차이를 계측할 수 있으며, 그 상태들을 각각 앵커링하게 될 수 있게 되었으므로 당신은 이제 상담과 치료를 위한 엄청나게 강력한 도구를 갖게 되었다. 이러한 과정을 통하여 당신과 내담자는 어떠한 정서 상태든지 원하는 정서 상태로 빠르면서도 쉽게 접근할 수 있게 된다. 앵커링은 내담자가 대단히 빠르게 변화할 수 있게 도움을 주는 데 이용될 수 있다. 그리고 시각, 청각, 신체감각을 포함하는 어떤 표상체계를 통해서도 가능하다.

## 붕괴 앵커링

만약 더우면서도 추운 느낌을 동시에 가지고자 한다면 어떤 일이 일어날까? 노란색과 푸른색을 혼합한다면 어떤 일이 일어날까? 이처럼 두 가지 정반대되는 앵커를 동시에 발사한다면 어떤 일이 일어날까? 두 가지를 동시에 혼합한다면 더위와 추위는 따뜻함으로 바뀔 것이고 노란색과 푸른색은 초록색으로 바뀔 것이다. 그래서 당신은 따뜻함과 초록색의 기분을 느끼게 될 것이다. 우리는 부정적 앵커에 대해서 부정적 정서를 느끼게 된다. 그러한 부정적 정서에서 벗어나고 싶을 때 부정적 앵커를 붕괴시킬 붕괴 앵커링(collapse anchoring)을 적용할 필요성이 생기게 된다.

기존의 부정적 앵커를 붕괴시키기 위해서는 원치 않는 부정적인 상태(차갑거나 푸른색과 같은)와 원하는 긍정적인 상태(덥거나 노란색과 같은)를 각각 앵커링한 다음, 동시에 두 가지 앵커를 함께 발사할 필요가 있다. 그렇게 하면 잠깐 동안 혼란의 시기가 지난 이후에 부정적인 상태가 저절로 변화하게 된다. 그리고 새로우면서도 다른 상태가 생겨난다.

당신은 이러한 붕괴 앵커링의 기술을 친구나 내담자에게 활용할 수 있다. 다음에 그 단계를 요약해서 보여 준다. 전체 과정 동안에 라포를 형성하고 그 상태를 유지하는 것이 중요함을 명심하라.

[붕괴 앵커링 요약]
① 문제 상태와 그 사람이 활용하면 좋을 강력한 긍정적인 상태를 확인하라.
② 긍정적인 상태를 불러일으키고 원하는 대로 긍정적 상태가 올라왔는지를 계측하라. 그리고 잠시 후에 상태를 파괴하라. 상태 파괴를 하기 위해, 예를 들어 관심을 다른 곳으로 돌리거나 현재의 자세 또는 위치에서 벗어나 다른 자세 또는 위치로 움직이거나 옮겨 가도록 함으로써 내담자의 상태가 처음의 상태에서 다른 상태로 바뀌도록 하라.
③ 원하는 상태를 다시 불러일으켜라. 그리고 특별한 형식의 신체적 접촉과 특정한 단어나 구절을 활용하여 그 상태를 앵커링하라. 그리고 나서 또다시 상태 파괴를 하라.
④ 긍정적 앵커가 잘 설정되었는지 테스트하라. 같은 신체 부위에 같은 방식의 접촉을 하고 앞에서와 같은 특정한 말을 적절히 함으로써 앵커를 발사하라. 당신이 정말로 원하는 상태의 생리적 반응을 보게 되는지 확인하라. 만약 그렇지 않다면 연합을 더 강화시키기 위해 1단계에서 3단계까지 반복하라. 당신이 원하는 상태를 위한 긍정적 앵

커를 설정했다면 잠시 후에 상태 파괴를 하라.

⑤ 부정적 정서 상태나 경험을 확인하라. 그리고 그 부정적 상태를 이용해서 2단계에서 4단계까지 반복하고 긍정적 상태의 앵커링과는 다른 신체 부위에 특정한 신체 접촉을 통하여 부정적 상태를 앵커링하라. 그리고 잠시 후에 상태 파괴를 하라. 이렇게 함으로써 문제 상황의 앵커링이 설정된다.

⑥ "누구나 (부정적인 앵커를 발사하면서) '파란색'의 기분을 느끼는 시기가 있습니다. 그리고 이러한 상황에서는 (긍정적인 앵커를 발사하면서) 정말로 '노란색'의 기분을 느끼고 싶어 할 것입니다."라는 말을 하면서 내담자에게 교대로 해당하는 앵커링을 하도록 하라. 그렇게 함으로써 그에게 번갈아 가면서 각각의 상태를 불러일으키도록 하라. 중간에 상태 파괴를 하지 말고 여러 번 이 과정을 반복하라.

⑦ 이제 최종적으로 변화를 위한 준비가 되면, "이제 당신에게 일어날 변화에 주목하세요."라고 말해 주면서 두 가지(긍정적 앵커와 부정적 앵커)를 동시에 발사하라. 이때 그에게서 일어나는 생리적 반응을 주의 깊게 지켜보라. 당신은 아마도 그를 통하여 변화와 혼란의 징조를 보게 될 것이다. 이는 긍정적 앵커와 부정적 앵커가 동시에 발사되었기 때문이다. 몇 초간의 시간이 경과한 후에 긍정적 앵커보다 부정적 앵커를 먼저 해제하라. 그리고 잠시 후에 긍정적 앵커를 해제하라.

⑧ 그에게 문제 상태에 접근하도록 유도하거나 부정적인 앵커를 발사함으로써 붕괴 앵커링 작업을 테스트하라. 만약 작업이 제대로 잘 되었다면 당신은 그가 두 가지 사이의 중간 상태(예를 들어, 다른 색깔인 녹색), 새롭고 다른 상태, 혹은 긍정적인 상태로 들어가는 것을 보게 될 것이다. 만약 그가 여전히 부정적인 상태에 들어가고 있다면 그에게 필요한 다른 자원이 무엇인지 찾아보라. 그리고 그 자원 상태를 처음 긍정적 자원을 앵커링한 같은 신체 부위나 지점에 추가적으로 앵커링하고 위의 6단계부터 다시 계속하라.

⑨ 마지막으로 부정적 정서를 느낄 것으로 예상되는 가까운 미래의 상황을 생각하도록 유도하라. 그의 상태를 지켜보면서 상상 속에서 붕괴 앵커링을 진행하도록 유도하라. 그가 설명하는 동안에 그에게 귀를 기울여라. 만약 그의 상태가 여전히 만족스럽지 않다거나 그가 여전히 미래에 대한 부정적 전망을 하고 있다면 그에게서 추가적으로 필요한 자원이 무엇인지 찾아보도록 하라. 그리고 첫 번째 긍정적 자원 상태를 앵커링한 곳과 같은 지점에 추가적인 자원 상태를 앵커링하라. 그리고 나서 다시 앞의 6단계부터 계속하라. 만약 긍정적 자원이 부정적 자원보다 강하지 않다면 붕괴 앵커링은 효과가 없을 것이다. 따라서 붕괴 앵커링이 제대로 이루어지기 위해서는 한 신체 부위 또는 지점에 여러 가지 서로 다른 긍정적 앵커를 누적해야 할지도 모른다.

이미 발생했거나 일어난 일에 대해 생각하는 한 가지 방법은 신경체계가 동시에 두 가지 서로 양립할 수 없는 상태에 빠지도록 하는 것이다. 이런 경우에 신경체계는 두 가지 상태에 동시에 빠질 수 없다. 그것은 불가능한 일이다. 그래서 신경체계는 기존의 상태와는 다른 제3의 상태로 들어가게 된다. 그 결과 오래된 부정적 상태 패턴은 무너지고 새로운 패턴이 창조된다.

이러한 논리는 두 가지 성격이 다른 앵커가 충돌할 때 종종 발생하는 혼란에 대해 설명해 준다. 앵커는 평소에 무의식적으로 활용하는 자연스러운 과정을 (어떤 목적을 위하여) 의식적이고 의도적으로 활용함으로써 원하는 긍정적 경험을 하거나 긍정적 상태를 만들 수 있도록 하는 것이다.

대개의 경우 우리는 자기도 모르는 사이에 스스로에게 앵커링을 하면서 살아간다. 그러한 앵커링 가운데는 긍정적인 것도 있지만 부정적인 것도 많기에 그 부정적인 것 때문에, 또는 그것에 구속되어 자기의 의지와 상관없이 스스로 고통을 받거나 어려움에 처할 수 있다. 그러나 우리는 NLP 훈련을 통하여 원치 않는 부정적 앵커에 끌려가는 것이 아니라 스스로 원하는 앵커를 창조할 수 있는 더 많은 선택권을 가질 수 있게 된다.

## 개인사 변화

인간의 경험은 오직 현재라는 순간에만 존재한다. 과거는 기억으로 존재하고, 지금 순간에 그것을 기억해 내기 위해서는 어떤 방식으로든 그것을 재경험해야 한다. 미래는 기대나 환상으로 또다시 현재에 창조되어 존재한다. 앵커링을 통해 우리는 우리의 정서적 자유를 증가시킬 수 있다. 그것은 앵커링을 통해서 과거의 부정적인 경험의 폭군에게서 벗어나 보다 긍정적인 미래를 창조함으로써 가능한 일이다.

개인사 변화(Change Personal History) 기법은 현재 지식의 견지에서 성가신 과거의 기억을 재평가하는 기술이다. 우리 모두는 현재에 기억으로 존재하는 과거의 경험이라는 풍부한 개인사를 가지고 있다. (그것이 무엇이든 간에) 실제로 발생한 일을 바꿀 수는 없지만 현재 그 일에 대한 의미를 바꿀 수는 있다. 그러므로 우리의 행동에 대한 그 일의 영향을 바꿀 수도 있는 것이다. 예를 들면, 질투심이라는 감정도 실제 발생한 일이 아니라 발생했다고 믿는 것에 대해 구성된, 즉 창조된 이미지로부터 거의 항상 유발되는 것이다. 그때 우리는 그러한 이미지에 반응하여 기분 나쁜 감정을 느낀다. 비록 발생한 일이 아니라 할지라도, 그 이미지는 어떤 극단적인 반응을 일으키는 데 충분히 실제적인 것이다.

만약 과거의 경험이 대단히 외상적이거나 아주 강렬했다면, 그래서 심지어 그것에 대해 생각하는 것조차 고통을 유발한다면 제8장의 공포증 치료법을 활용하는 것이 더 나을 것이다. 그것은 매우 강렬한 부정적 정서 경험을 다루도록 설계되어 있다.

개인사 변화는 문제가 되는 감정이나 행동이 계속해서 재발할 때 유용하다. '왜 내가 자꾸 이렇게 하지?' 와 같은 유형의 감정이다. 이 기술을 내담자나 친구에게 사용할 때의 첫 단계는 물론 라포를 형성하고 유지하는 것이다.

[개인사 변화 기법의 절차 요약]
① 부정적인 상태를 이끌어 내고 계측하며 앵커링하라. 그러고 나서 상태 파괴를 하라.
② 부정적 앵커를 유지하면서 비슷한 감정을 느꼈던 시기로 되돌아가서 생각해 보라고 유도하라. 그 사람이 기억할 수 있는 최초의 사건에 도달할 때까지 계속하라. 앵커를 해제하고 상태 파괴를 하라. 그리고 내담자를 완전히 현재 상태로 돌아오게 하라.
③ 그가 지금 알고 있는 것의 견지에서, 과거의 경험이 문제의 경험이 되기보다는 만족스러운 경험이 되기 위해서 과거의 상황에서 어떤 자원이 필요했을지에 대해 생각하도록 유도하라. 그는 아마도 '안정성' '사랑받는 것' 혹은 '이해'와 같은 단어나 문구로써 필요한 자원을 확인하게 될 것이다. 자원은 그 사람 내부에서 나와야 하고 그의 통제하에 있어야 한다. 그 상황에서 주변의 다른 사람들이 달라지는 것은 의미가 없다. 오직 그 자신이 달라질 경우에만 관련된 다른 사람들로부터 다른 반응을 이끌어 낼 수 있는 것이다.
④ 필요한 자원 상태를 구체적으로 완전하게 경험하도록 이끌어 내어

앵커링하라. 그리고 이 긍정적 앵커링을 테스트하라.

⑤ 긍정적 앵커를 발사한 상태로 그 사람을 다시 최초의 경험으로 되돌아가게 하라. 이 새로운 자원을 가진 상태로 (분리하여) 외부에서 그 자신을 지켜보게 하라. 그리고 그의 경험을 어떻게 변화시키는지 주목하라. 그리고 나서 자원을 가진 상태로 (연합하여) 그 상황으로 들어가도록 하라. (당신은 여전히 앵커를 발사하고 있다.) 그리고 마치 다시 그 일이 일어나는 것처럼 경험하게 하라. 이제 이 새로운 자원을 가진 상태로, 그 상황에서 다른 사람들의 반응을 주목하도록 하라. 그들이 이 새로운 행동에 대해 어떻게 인식하는지, 그가 감지할 수 있도록 하기 위해 그들의 관점이라면 그가 어떻게 생각되는지 상상하게 하라. 만약 어떤 단계에서 불만족스럽다면 4단계로 되돌아가서 초기의 상황에 필요한 다른 긍정적인 자원을 확인하고 누적 앵커링을 하라. 그 사람이 만족하고 그 상황을 다른 상황으로 경험하며 그 경험에서 뭔가를 배울 수 있다면 앵커링을 해제하고 상태 파괴를 하라.

⑥ 어떤 앵커도 사용하지 않고 과거의 경험을 기억하도록 함으로써 변화를 테스트하라. 그리고 기억이 어떻게 달라졌는지 주목하라. 그의 생리적 반응에 주의를 기울여라. 만약 부정적 상태의 징후가 있다면 4단계로 되돌아가서 더 많은 자원을 누적하도록 하라.

## 미래 가보기

어떤 상황을 미리 앞서 경험하는 것을 NLP에서는 미래 가보기(future pacing)라고 부르는데, 이것은 많은 NLP 기술의 마지막 단계라고 할 수 있다. 당신은 새로운 자원을 갖고서 상상 속에서 미래로 들어가서 당신이 어떻게 변화하고 싶은지 그 변화된 상태를 미리 경험할 수 있다. 예를 들어, 개인사 변화에서 미래 가보기를 한다는 것은 그 문제 상황이 재발하게 될 미래의 시기를 상상하게 하는 것이다. 그가 이렇게 하는 동안 부정적인 상황으로 다시 돌아가는 어떤 신호가 있는지 발견하기 위해 계측을 잘해야 한다. 만약 그 신호가 나타나면 추가적인 작업을 더 해야 할 것이다.

미래 가보기는 당신의 변화 작업이 효과가 있었는지의 여부를 테스트하는 목적으로 이루어진다. 하지만 진정한 변화가 이루어졌는지를 알아보는 실제적인 테스트는 다음번에 그 사람이 실제적으로 문제 상황에 노출될 때라야 이루어질 수 있을 것이다. 새로운 통찰과 변화는 심리 상담실에서 쉽게 앵커링될 수 있다. 그리고 학습은 교실에서 쉽게 앵커링될 수 있으며, 비즈니스 계획은 회의실에서 쉽게 앵커링될 수 있다. 그렇지만 실제 세상이 실제적인 테스트 장소가 되는 것이다.

미래 가보기는 또한 일종의 심상예행연습[6) 기법이다. 마음의 준비와 연습은 모든 최고의 성취가들, 즉 배우, 음악가, 세일즈맨, 특히 운동선수들에게서 발견되는 일관된 패턴이다. 전체 훈련 프로그램은 이 한 요소에 연결되어 이루어진다. 심상예행연습은 일종의 상상 연습이다. 그리고 몸과 마음은 하나의 시스템이기 때문에 실제 상황을 위해 신체를 준비시키게 된다.

두뇌에 강력한 긍정적인 성공의 이미지를 심어 줌으로써 두뇌는 그런 식으로 생각하도록 프로그램된다. 그리고 성공을 더욱 가능하게 만든다. 기대는 자성예언[7)의 역할을 한다. 미래 가보기와 심상예행연습과

--------------------------------------------------

6) mental rehearsal: 어떤 기능이나 행동 기법을 상상 속에서 반복 연습함으로써 익히는 심리 기법을 말한다. 흔히 운동선수나 연기자들이 부족한 연습 시간을 보완하기 위하여 이 방법을 통하여 연습함으로써 실제적인 효과를 거두는 것으로 알려져 있다.

같은 기법들은 매일의 배움을 위해, 그리고 새로운 행동을 만들어 내기 위해 효과적으로 활용될 수 있다.

매일 밤 잠자리에 들기 전에 다음 몇 가지를 실천해 보면 좋을 것이다.

하루를 되돌아보면서 아주 잘했던 일과 그다지 만족스럽지 못했던 일을 꼽아 보라. 두 가지 장면을 다시 시각적으로 보고, 소리를 듣고 연합하여(주관적으로 몰입하여) 경험하라. 그러고 나서 그것들로부터 벗어나서(분리하여) "내가 무엇을 다르게 할 수 있었을까?"라고 자신에게 물어보라. 이러한 경험들에 있어서 선택의 핵심은 무엇이었는가? 그 좋은 경험은 어떻게 하면 더 나아질 수 있을까? 그다지 만족스럽지 않은 경험에서 할 수 있었을 몇 가지 다른 선택적인 행동을 확인해 보는 것도 좋은 일이다.

자, 이제 그 경험을 다시 완전히 마음속으로 상상하라. 그러나 당신이 완전히 다르게 행동하고 있는 상상을 하라. 그 장면은 시각적으로 어떻게 보이는가? 소리는 어떻게 들리는가? 당신의 감정을 점검하라. 당신은 스스로 마음속에서 이러한 작은 의식을 행할 수 있을 것이다. 당신은 그다지 만족스럽지 않은 경험 속에서 다음번에 다시 그런 일이 발생한다면 이미 심상예행연습을 했던 다른 선택권을 활용하도록 경고해 줄 신호를 확인할 수도 있다. 당신은 완전히 새로운 행동을 만들어 내기 위해서 혹은 이미 당신이 행한 것을 변화시키고 개선시키기 위해서 이러한 기술을 사용할 수 있다.

---

7) self-fulfilling prophecy: 자성예언(自成豫言)이란 앞으로 어떻게 될 것이라고 믿는 대로 이루어지며, 자신이 이루려는 것을 말로 만들어 마음속에 되새기면 그대로 이루어진다는 말이다. 그리고 이루고자 하는 것을 이룰 수 있다고 생각하면 이루어진다는 말이기도 하다.

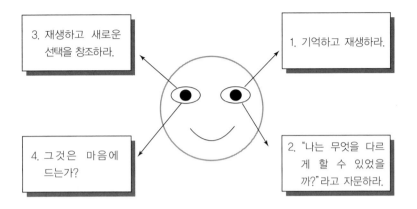

## 새 행동 창조 기법

당신이 원하는 어떤 새로운 행동이나 당신이 변화시키거나 개선시키고 싶은 행동이 있다면 새 행동 창조 기법(new behaviour generator)을 이용하는 것이 좋다. 예를 들어, 당신은 자신이 좋아하는 스포츠 기능을 개선하고 싶을 수 있다. 그렇다면 상상 속에서 당신이 원하는 방식으로 행동하라. 예를 들어, 지금 막 테니스 서브를 하는 당신 자신을 지켜보라. 만약 이것이 어렵다면 역할 모델[8]이 그런 행동을 하고 있는 것을 지켜보라.

당신의 마음이라는 영화를 제작하는 감독의 의자에 앉아라. 상상 속에서 스티븐 스필버그 감독이 되라. 마음의 눈으로 그 영화가 전개되는 것을 지켜보라. 분리 상태로 귀 기울여라. 그리고 사운드트랙을 편집하

---

8) role model: 자신이 닮고 싶은 이상적인 인물을 말한다. 예를 들어, 당신이 테니스를 정말로 잘 치고 싶다면 자기가 좋아하고 꼭 닮고 싶은 최고의 테니스 선수가 역할 모델이 될 수 있다.

라. 당신은 영화감독일 뿐만 아니라 주연배우다. 만약 관련된 다른 사람들이 있다면 당신의 행동에 대한 그들의 반응에 주목하라.

완전히 만족할 때까지 원하는 장면을 만드는 과정을 감독하고 사운드트랙을 편집하라. 그리고 나서 당신 자신의 이미지 속으로 들어가서 연합하라. 마치 당신이 그것을 하고 있는 것처럼 연기하라. 그렇게 하면서 당신의 느낌과 주변 사람들의 반응에 특별한 주의를 기울여라. 이 새로운 행동이 당신의 개인적 가치에 부합하며 자신의 것으로 받아들여지거나 여겨지는 것 같은가?

만약 느낌이 좋지 않다면 감독의 의자로 되돌아가서 영화를 원하는 방향으로 변화시키고 다시 그 영화 장면 안으로 들어가서 연합하라. 당신의 상상 속 연기에 만족한다면 이러한 행동을 자극하기 위해 이용되는 내적 신호나 외적 신호를 확인하라. 그 신호에 주목하면서, 그리고 그 새로운 행동을 연기하면서 심상예행연습을 하라.

새 행동 창조 기법은 자기계발과 전문성 개발을 하는 데 활용하기에 아주 단순하지만 강력한 기술이다. 모든 기술은 배움을 위한 기회가 된다. 그것을 더 많이 연습할수록 당신은 더 빠르게 자신이 원하는 사람으로 변화하게 될 것이다.

04

# 시스템적 사고와 신경적 수준

"누구도 그 자체로 온전한 섬이 아니다. 모든 인간은 대륙의 한 부분이며 전체의 한 부분이다."

– 존 던[1]

## 순환과 체계

커뮤니케이션, 즉 의사소통은 단순한 원인과 결과로 다루어질 수 있다. 하나의 상호작용을 분리하여 그것을 하나의 원인으로 다룬다. 그리고 그 원인으로 인한 추가적인 영향을 고려하지 않고 결과를 분석한다. 때때로 우리는 커뮤니케이션이 마치 이런 식으로 일어난다고 생각하지만 실제로 그렇게 생각하는 것은 분명 커뮤니케이션을 지나치게 단순화시키는 것이다.

인과의 법칙은 무생물에게 작용을 한다. 하나의 당구공이 다른 공과 충돌한다면 각각의 공이 가서 최종적으로 멈출 자리를 정확하게 예언할 수 있을 것이다. 공들은 서로 충돌을 한 후에는 더 이상 서로에게 영향을 주지 않는다.

그런데 살아 있는 생명체와 그것이 작동하는 시스템은 이러한 무생물의 경우와는 다르다. 가령, 내가 개를 발로 찬다면 내 발의 운동력과 힘을 계산할 수 있기 때문에 개의 무게와 크기를 고려하여 개를 특정한

---

1) John Donne(1572~1631): 영국의 시인

방향으로 얼마나 멀리 차 버릴 수 있을지를 계산할 수 있을지 모른다. 그러나 현실은 많이 다르다. 내가 개를 발로 차는 순간, 오히려 그 개는 달려들어 나의 발을 물어 버릴 수도 있기 때문이다. 그렇기에 굳이 가만히 있는 개를 발로 걷어찰 어리석은 사람은 없을 것이다. 어쨌든 이 경우에 개가 최종적으로 멈추게 될 자리는 뉴턴의 운동법칙에 따르기 위한 모든 조건과 매우 다를 수가 있는 것이다.

인간관계는 매우 복잡하다. 많은 것이 동시에 일어난다. 한 사람의 반응은 다른 사람의 의사소통에 영향을 끼치기 때문에 무슨 일이 일어날 것이라고 정확하게 예측할 수 없다. 그 관계가 순환이다. 우리는 계속하여 다음에 무엇을 해야 할지 알기 위하여 피드백에 반응하고 있다.

순환의 한쪽 면에만 집중하는 것은 마치 테니스장 한쪽 코트만 보고 테니스를 이해하려는 것과 같다. 이 경우에 공을 치는 것이 어떻게 해서 그것이 되돌아오게 하는 '원인'으로 작용하는지, 다음에는 공을 어떻게 쳐야 할지를 결정짓는 법칙은 무엇인지와 같은 것을 알기 위해 평생 동안 연구하느라 시간을 보낼 수도 있을 것이다. 하지만 인간 의식의 마음은 제한적이어서 오직 일부분만을 보고 커뮤니케이션의 전체 순환을 보지 못할 때가 많다.

커뮤니케이션의 내용과 맥락은 의미를 나타내기 위해 결합된다. 맥락은 커뮤니케이션이 일어나는 전체 장(場)이며 전 시스템이다. 퍼즐 맞추기 놀이에서 퍼즐 한 조각이 무슨 의미를 가지는가? 그 자체로는 아무것도 아니다. 그것이 전체 그림에서 어디에 맞추어지느냐가 중요하다.

음악의 음표 하나가 무엇을 의미하는가? 그것으로는 아무 의미가 없다. 그 주위에 있는 다른 음과 비교하여 얼마나 높고 낮은지, 얼마나 길고 짧은지…… 와 같은 의미를 준다. 또한 같은 음도 그 주위의 것이 변하면 아주 다르게 들릴 수 있다.

사건과 경험을 이해하는 데 주가 되는 두 가지 방법이 있는데, 그것은 내용과 맥락(context)이다. 먼저 당신은 내용이나 정보에 집중할 수 있다. 이 조각이 무엇이냐? 이름은 무엇이냐? 무엇과 같이 보이는가? 다른 것과 어떻게 다른가? 대부분의 교육은 이와 같은 것이다. 퍼즐의 조각을 분리하여 한 조각을 연구하는 것도 흥미 있고 훌륭하다. 그러나 그렇게 한다면 일부분만 이해하는 것이 된다. 깊은 내면을 이해하는 데 필요한 관점은 두 번째의 관계나 맥락이다. 이 조각이 무슨 의미가 있는가? 다른 것과 어떤 관계인가? 전체 시스템 안에서 어디에 맞는가?

우리의 신념, 사고, 표상체계, 하위양식과 같은 내부 세계도 하나의 시스템을 형성하고 있다. 기억 중의 작은 하나가 변하면 그것이 퍼져 전체 마음의 상태를 변화시킨다. 우리가 시스템을 다룰 때 일어나는 것은 조그만 부분 하나를 밀면 시스템 전체에서 폭넓은 변화를 만들어 낼 수 있다는 것이므로 우리는 정확하게 어디를 밀어야 할지 알아야 한다. 어디를 밀어야 할지도 모르면서 시도하는 것은 무익하다. 우리는 기분을 더 좋게 하고 나쁜 기분을 고치려고 정말 열심히 시도한다. 그런데 많은 경우에 우리가 시도한다고 한 것이 뜻밖에도 밖으로 열게 되어 있는 문을 안으로 밀어 넣은 것과 같은 결과로 나타난다. 실제 밖으로 열게 되어 있다는 것을 알기 전까지는 많은 에너지를 낭비하게 될 뿐이다.

목적을 달성하기 위하여 행동할 때 내적인 주저나 의심이 없는지를 점검하는 것은 중요하다. 또한 외적인 생태[2]에 주의를 기울이고 우리의 목표가 더 넓은 관계라는 시스템에 미칠 영향을 평가할 필요가 있다.

그렇게 함으로써 우리 행동의 결과는 연쇄적으로 우리에게 돌아오는

---

2) ecology: 이 개념은 제1장에서도 한 번 소개한 바와 같이 어떤 존재, 현상이나 사건이 있을 때 그것 자체만이 아니라 그것과 관련된 주변의 다른 존재, 현상, 사건들에 미칠 파장이나 영향을 함께 고려해야 한다는 개념이다. 이것은 시스템이라는 것을 전제할 때 가능한 개념이다.

것이다. 커뮤니케이션은 관계이지 정보의 일방통행이 아니다. 학생들 없이는 선생도 없으며, 수요자가 없으면 공급자나 판매자도 없고, 내담자가 없으면 상담자도 없다. 지혜를 가지고 성심껏 행동하는 것은 자신과 다른 사람 사이의 상호관계와 상호작용을 이해하는 것을 의미한다. 우리 마음의 분아(分我)들 사이의 조화와 상호관계는 우리가 외부 세계와 가지는 조화와 상호관계를 비쳐 주는 거울일 수 있다.

NLP적 사고는 시스템 차원에서 이루어진다. 예를 들면, NLP 발전에 가장 영향력을 크게 끼친 사람 중 하나인 그레고리 베이트슨은 인공두뇌적 사고 또는 시스템적 사고를 생물학, 진화론, 심리학에 적용하였다. 그리고 버지니어 사티어는 가족을 해결해야 할 문제를 가진 개인들의 집합이 아닌 조화로운 관계 시스템으로서 취급하였다. 가족의 일원인 각 식구들은 모두 가치 있는 전체의 한 부분이다. 사티어는 가족이 더 좋고 더 건강한 조화를 이룩할 수 있도록 도움을 주었고, 그녀의 기법은 모든 관계가 개선되기 위해서 변화가 필요한 사람이 정확히 누구이며, 어느 곳에서 치료적 개입을 해야 할 것인지를 정확히 알게 하는 데 초점이 맞추어져 있다. 만화경의 경우와 같이 한 조각을 변화시키는 것만으로도 전체 모양을 변화시킬 수 있다. 그러나 어느 조각을 변화시킴으로써 원하는 전체 모양이 되도록 할 수 있을까? 이것이 바로 효과적인 치료 기술이다.

다른 사람을 변화시키는 가장 좋은 방법은 나 자신을 변화시키는 것이다. 그렇게 되면 관계가 변하게 되고 다른 사람도 변하게 된다. 때때로 우리는 어떤 사람을 변화시키려 일방적으로 노력하면서도 다른 면에서는 자신의 것을 그대로 고집하며 많은 시간을 낭비한다. 밴들러는 이것을 '가 버려…… 더 가까이……(Go away…… closer……)' 문형이라 부르는데, 이는 한편으로는 가라고 하면서 동시에 가까이 오라고도 하

는 것으로 모순적인 화법에 해당한다.

'나비효과'[4]라고 알려진 물리학의 좋은 메타포, 즉 은유가 있다. 이 이론에 따르면 나비 날개의 움직임으로 지구 반대쪽의 기후를 변화시킬 수 있다. 즉, 그 움직임이 특정한 시간이나 장소에서 기압을 변화시

---

3) 그림에서와 같이 2명이 한 조가 되어 하나의 로프로 묶은 상태에서 암벽타기를 하고 있다면, 한 친구의 문제는 2명 모두의 공동 문제가 될 수 있다. 즉, 한 사람이 밑으로 떨어진다면 당연히 나머지 사람도 위험해 두 사람이 함께 떨어질 상황에 처해지기 때문이다. 그러므로 이 그림은 바로 그러한 관계성과 총체성을 이해하지 못하고 친구만의 문제로 생각하는 주인공의 어리석음을 풍자한 것이다.

4) Butterfly Effect: 미국의 기상학자인 에드워드 로렌츠(Edward Lorentz)가 1960년대에 주장한 이론으로 '브라질에 있는 나비가 한 번 날갯짓을 하면 텍사스에 토네이도가 분다.'란 명제로 잘 알려져 있다. 이 원리는 작은 변화가 결과적으로 엄청난 변화를 초래할 수 있다는 의미를 가진, 상대성이론과 양자역학에 필적한다고 평가받는 카오스이론의 장을 연 논문의 제목이기도 하다.

킬 수 있으며, 복잡한 시스템 속에서는 작은 변화가 큰 영향을 미칠 수 있다는 것이다.

그래서 한 시스템 속의 모든 요소가 동등하게 중요한 것은 아니다. 어떤 것은 영향이 거의 없이 변할 수 있으나, 또 어떤 것은 광범위한 영향력을 가지기도 한다. 자신의 맥박, 식욕, 수명, 성장률의 변화를 원한다면 두개골 아래에 있는 뇌하수체라고 불리는 조그만 호르몬 분비샘을 자극해야 할 것이다. 그것은 몸을 통제하는 주요 계기판에 가장 가까운 조절체다. 뇌하수체는 중앙난방장치를 조절하는 자동온도조절장치와 같은 방식으로 작용한다. 각 라디에이터는 개별 조정이 되나 자동온도조절장치는 모든 라디에이터를 조정한다. 자동온도조절장치는 그것이 조정하는 라디에이터보다 더 높은 논리적 수준에 있다.

NLP는 여러 가지 다른 심리학이 공통적으로 가진 성공적인 치료 요소를 찾아내어 사용한다. 비록 인간의 뇌는 누구나 같은 구조를 갖고 있지만 제각기 서로 다른 심리 이론을 만들어 내었다. 이렇게 볼 때, 겉보기에는 서로 다른 심리 이론이라 하더라도 같은 구조의 뇌가 만든 것이기에 내적으로는 동일한 기본 패턴을 공유한다고 할 수 있다. NLP는 여러 분야의 이론이나 기법을 광범위하게 받아들이기 때문에 다른 이론들과는 차원이 다른 수준에 있다고 할 수 있다. 예를 들어, 지도를 만드는 법에 대하여 쓰인 책은 지도책과는 다른 차원에 있다고 할 수 있는 것과 같다. 비록 겉보기에는 같은 책인 것 같지만 말이다.


## 학습의 순환

우리는 성공을 통하여 학습하는 것보다 더 많은 것을 실패를 통해서 학습한다. 실패가 가치 있는 피드백을 주기에, 우리는 실패에 대하여 생각하는 데 더 많은 시간을 보낸다. 처음으로 무슨 일을 할 때는 아주 단순한 일이 아니고서는 잘하는 것이 거의 없다. 잘한다 하더라도 발전시켜야 할 여지는 언제나 있다. 우리는 조금씩 성공에 가까워지는 일련의 과정을 통해서 결국에는 성공적인 학습을 하게 된다. 우리는 자신이 할 수 있는 것(현재 상태)[5]을 하고, 그것을 원하는 상태(바람직한 상태)[6]와 비교한다. 그리고 그 비교 결과를 피드백으로 삼아서 새로이 다르게 행동을 한다. 그 과정에서 결국에는 현재 자신이 할 수 있는 것과 하기를 원하는 것 간의 차이나 격차를 줄이고자 하게 된다. 이렇게 우리는 서서히 자신의 목적에 접근한다. 말하자면 우리는 이러한 비교를 통해서 결국 학습의 수준을 높여 가게 된다. 즉, 처음에는 인식하는 무능력 수준에서 시작하여 인식하지 않는 능력 수준에 이르게 된다.

이것이 우리가 하는 일을 더 효과적으로 만드는 방법의 일반적인 모형이다. 원하는 것, 즉 원하는 상태와 가진 것, 즉 현재 상태를 비교하여 일치가 안 된 것을 줄이기 위해 행동한다. 그리고 또다시 그것을 비교한다. 그 비교는 당신의 가치에 기반을 두고 있다. 여기서 가치란 그 상황에서 당신에게 중요한 것과 관련된다. 예를 들면, 나는 이 책을 저술하면서, 특히 이 페이지를 테스트, 즉 검사하는 중에 이 페이지가 충분히 좋은지 어떤지, 이 페이지를 수정해야 할 필요가 있는지 없는지를 결정해야 한다. 이 경우 내가 무게를 두는 나의 가치는 결국 의미(나의 것이 아닌 독자의 관점에서)의 명확화, 문법의 수정, 단어들의 흐름이라고 할 수 있다.

나는 또한 결정을 내릴 때 나의 증거 절차(evidence procedure)에 근

---
5) present state: 지금 자신이 처해 있는 심신의 상태를 말한다.
6) desired state: 자신의 목표에 해당하는, 그래서 도달하기를 원하는 상태를 말한다.

거할 필요가 있다. 나는 그것이 나의 가치를 만족시킨다는 것을 어떻게 또는 무엇을 근거로 알게 될까? 만약 나에게 증거 절차가 없다면 나는 내가 언제 멈추어야 할지를 모르기 때문에 순환을 계속할 수도 있을 것이다. 이것은 많은 작가가 자신의 원고를 완벽하다고 생각될 때까지 수정하느라 여러 해를 보내고, 결국은 제대로 출간을 할 수 없게 되는 함정이다. 나의 증거 절차의 경우는 글자 검사기를 통해 책의 문장을 검사한 다음 가치 있는 조언을 해 주는 내 친구들에게 그 원고를 보여 주고 그들의 피드백을 얻는 것이다.

그렇게 하는 하나의 틀은 바로 TOTE 모형으로 알려져 있는 것이다. 이것은 테스트(Test)-조작(Operate)-테스트(Test)-나가기(Exit)라는 영어 단어의 첫 자를 합성한 개념인데, 앞에서 비교한다고 하는 것은 여기서의 테스트에 해당한다. 두 번째의 조작은 자신의 자원을 적용하는 것이다. 세 번째의 테스트는 다시 비교하고 테스트하는 것을 말한다. 마지막의 나가기는 증거 절차에 의해서 성과가 달성되었다고 판단될 때 최종적으로 순환에서 빠져나가는 것을 의미한다.

우리가 얼마나 성공을 하느냐의 문제는 두 번째 조작 단계에서 갖게 되는 선택의 수나 범위에 의존하게 되는데 행동의 유연성이나 필수적 다양성(requisite variety)에 달렸다. 특히 마지막 개념은 인공두뇌학(cybernetics)에서 나온 것이라고 할 수 있다. 그래서 현재 상태에서 원하는 상태까지의 여행은 지그재그와 같은 것이 아닌 나선형이 된다.

더 큰 순환 안에서 일어나고 있는 순환처럼 아마도 더 작은 순환들이 있을 수도 있다. 핵심적인 성과(outcome)를 달성하기 위해서는 필요한 더 작은 성과를 먼저 이루어야 한다. 전체 시스템은 중국 상자[7]의 조합

---

7) Chinese box: 작은 상자로부터 차례로 큰 상자에 꼭 끼게 들어갈 수 있게 한 상자 한 벌을 말한다.

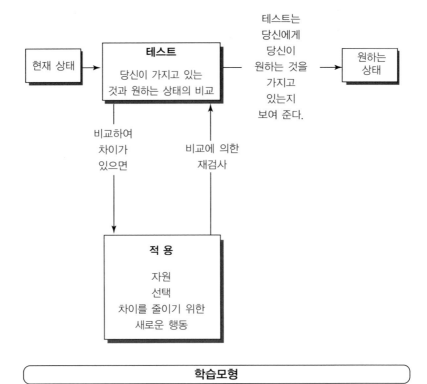

테스트는
당신에게
당신이
원하는 것을
가지고
있는지
보여 준다.

| 현재 상태 | → | **테스트**<br><br>당신이 가지고 있는<br>것과 원하는 상태의 비교 | → | 원하는<br>상태 |

비교하여
차이가
있으면

비교에 의한
재검사

**적 용**

자원
선택
차이를 줄이기 위한
새로운 행동

학습모형

처럼 되어 있다. 이 학습모형에서 실패라는 것은 이 문맥에서는 원치 않은 결과지만 그래도 유용한 것이다. 그것은 목표에 더 가까이 도달하는 데 유용한 피드백이 될 수 있다.

어린아이들은 학교에서 많은 것을 학습하지만 대부분 잊어버린다. 그리고 대개의 경우 학습하는 방법은 학습하지 않는다. 학습하는 방법을 학습하는 것은 특정 과목을 배우는 것보다 고차원의 기술이다. NLP는 어떤 과목과도 관계없이 어떻게 더 잘 학습하는 사람이 되느냐를 다루고 있다. 가장 빠르고 효과적으로 학습하는 방법은 자연스럽고 쉽게 일어나는 것을 사용하는 것이다. 사람들은 흔히 학습과 변화가 느리고 고통스러운 과정이라 생각하고 있다. 이는 사실이 아니다. 느리고 고통스러운 방법으로 배우는 것도 있으나 NLP를 사용하면 느리고 고통스러운 방법을 사용할 필요가 없다.

로버트 딜츠[8]는 실패로 보이나 피드백을 통해서 실패를 오히려 학습하는 것으로 역전시키는 기술을 개발하였다. 다음과 같은 단계대로 다른 사람과 함께 따라 해 보면 가장 쉽게 학습할 수 있다.

## 실패를 피드백으로 바꾸기

① 당신에게 문제성 있는 태도나 신념이 있다면 그것은 무엇인가? 스스로 시행했던 모든 프로젝트가 허무하게 끝이 나고 있는가? 어떤 영역에서 원치 않는 결과가 생기는가? 당신은 어떤 것을 할 수 없거나 잘할 수 없다고 믿는가?

문제를 생각할 때 생리적인 반응과 눈동자 접근단서는 어떻게 나타나는가? 일반적으로 실패를 생각하면 기분이 상하고 그 실패했던 특정한 시기의 영상이 떠오르게 되며 동시에 마음속에서 자신을 질책하는 소리를 듣게 될 것이다. 당신은 내면에서 일어나는 그 모든 것을 동시에 다룰 수 없을 것이다. 그래서 각각의 표상체계 속에서 내적으로 일어나는 것이 무엇인지를 개별적으로 확인할 필

---

8) Robert Dilts(1955~　): NLP의 출발지인 산타크루즈 소재 캘리포니아대학교(UCSC) 출신으로서 NLP 창시자들의 제1대 제자 그룹의 일원이며 NLP의 이론과 기법을 계승하고 개발하는 세계적인 NLP 전문가다. 현재 NLP 대학(University)이란 NLP 교육기관을 통해서 NLP 전문가들을 양성하고 있다. 그는 많은 저서를 남겼는데 대표적인 것으로 *Roots of NLP, Applications of NLP, Changing Belief Systems with NLP, The Emcyclopedia of Systematic NLP and NLP New Coding*(DeLozier와 공저)을 꼽을 수 있다.

요가 있다.

② 오른쪽 밑으로 내려다보면서 감정을 느껴 보라. 당신에게 도움이 되는 감정은 무엇인가? 그것의 긍정적 의도가 무엇인가? 그것은 당신에게 동기를 유발하기 위한 것인가? 또는 당신을 보호하고자 하는 것인가?

이번에는 왼쪽 아래를 내려다보라. 혹시 떠오르는 말들이 있다면 그 말들 속에서 도움될 만한 메시지가 있는가?

왼쪽 위를 보며 기억을 떠올리고 그 속의 영상을 보라. 그것으로부터 배울 수 있는 어떤 새로운 것이 있는가? 당신의 문제에 관해 보다 현실적인 시각을 갖기 시작하라. 당신에게는 현재보다도 훨씬 더 많은 가능성이 있다. 문제의 기억들과 함께 섞여 있는 긍정적 자원이 어떻게 존재하는지를 확인하라. 단어, 영상, 느낌을 원하는 목표와 연관시켜라. 그것들이 당신이 목표를 달성하도록 어떻게 도울 수 있는가?

③ 당신이 장래에 성취할 수 있다고 확신하는 긍정적이고 자원 충만한 경험을 찾아내라. 그것이 당장 이루어져야 할 일일 필요는 없다. 이 경험과 관련하여 당신이 생각하는 시각적 · 청각적 · 신체감각적 하위양식을 찾아내 보라. 신체 접촉의 방법으로 신체감각적 경험을 앵커링하라. 당신의 자원 경험에 접촉할 수 있는 최적의 앵커 발사 시기가 언제일지를 체크하라. 이것은 앞으로 당신이 유사한 경험을 할 때 당신이 성취할 수 있다는 것을 알게 하며 비교의 기준이 되는 참조 경험[9]이다.

---

9) reference experience: 특정한 종류나 성격의 경험들을 비교할 때 그 비교의 기준이 되는 경험을 말한다. 그러니까 다른 경험들은 참조 경험에 기초하거나 그것과 비교함으로써 그 경험들의 적합성이나 타당성이 평가될 수 있다. 만약 어떤 사람이 과거에 어느

④ 오른쪽 위를 보라. 그리고 문제성 있는 신념에 관계된 느낌, 그림, 말에서 학습해 왔던 것을 고려하는 바람직한, 원하는 목표나 태도를 보여 주는 영상을 새로이 만들어 보라. 그 영상이 당신의 성격 및 주변인들과의 관계와 조화를 이루는지 점검하라. 문제성 있는 신념과 관련된 옛 기억들과 긍정적인 목표 혹은 태도 사이에 확실한 연결관계가 이루어졌는지 확인하라. 옛 기억들을 통해서 학습한 것을 참고하여 목표를 수정해도 좋다.

⑤ 원하는 목표의 하위양식을 긍정적 참조 경험의 하위양식과 같이 되도록 만들고, 참조 경험을 위한 앵커링 상태를 유지하라. 이 전체 과정에 의해서 당신은 과거로부터 어떤 것이든 학습할 수 있게 되고 과거의 실패 경험에 더 이상 구속받지 않는 상태에서 자유롭게 미래에 대해 기대할 수 있게 될 것이다. 그리고 이 긍정적 기대감의 하위양식으로 이루어지는 당신의 목표에 대하여 생각하게 될 것이다.

## 학습의 수준

학습을 가장 단순한 수준에서 이해한다면 가이드가 있건 없건 하나의 시행착오 과정이라고 할 수 있다. 우리는 가능한 최선의 선택이나 '옳은' 답을 찾기 위하여 학습한다. 그런 학습은 한 번의 시도로 가능할 수도 있고 여러 번의 시도를 거쳐야 할 경우도 있다. 우리는 빨간 신호

---

시험에 합격하여 행복한 경험을 한 적이 있고 그 경험을 참조 경험으로 삼는다고 한다면, 그때의 감정이나 기분과 유사한 감정이나 기분을 갖게 하는 어떤 경험도 행복한 경험이라고 할 수 있게 된다.

등이 의미하는 '정지'라는 단어와 철자를 쓰는 법을 배운다. 그런 가운데 학습의 발전 단계에 있어서 '인식하지 못하는 무능력 단계'에서 시작하여 '인식하는 능력 단계'로 발전하게 된다.

일단 특정 반응이 습관화되면 학습의 과정은 끝난다. 다시 말해서, 특정 반응을 익히고자 하는 학습 목표가 달성되었기 때문에 더 이상 학습 활동이 필요 없다는 뜻이다. 어떤 반응이 습관화되었다고 할 때, 이론적으로는 다른 반응이 생길 수 있고 달리 행동할 수도 있을 것 같으나 실제로는 동일한 반응이나 행동만 유발되기 때문에 다른 반응이 생기지 못한다. 습관은 지극히 유용한 것이어서 우리가 생각하고 싶지 않은 삶의 부분들은 생각하지 않아도 되게 한다.

한 예로 매일 아침 구두를 신을 때마다 구두끈을 어떻게 매야 할 것인지를 생각해야 한다면 얼마나 귀찮은 일이 될까? 그런 일은 창조적인 마음이 개입할 일이 아니다. 그러나 어떤 일을 하는 것은 습관에 맡기고, 어떤 일은 계속적인 학습을 해야 할 것으로 판단하는 것은 일종의 기술이 될 수 있다. 그러한 기술은 균형을 맞추는 것과 관련된 문제라고 할 수 있다.

사실상 이러한 문제는 당신을 한 단계 더 고차원으로 오르게 하는 것이다. 당신은 자신이 학습한 여러 가지 기술을 살펴본 후에 그중에서 특정한 의도를 살릴 수 있는 기술을 선택할 수 있다. 또는 동일한 의도를 살릴 수 있는 새로운 기술을 창조할 수도 있다. 그런 가운데 당신은 단순히 어떤 기술을 학습하는 것만이 아니라 학습 자체를 어떻게 하면 더 잘 할 수 있을 것인지와 관련된 적절한 방법을 선택함으로써 더 나은 학습자가 되는 법을 배울 수 있게 된다.

영국의 전래동화에 나오는 세 가지 소원을 이룬 그 가난한 사람[10]은 학습의 수준을 알지 못했음이 분명하다. 만약 그가 학습의 수준을 알았다면 마지막 세 번째 소원을 헌 집 대신에 새집을 가짐으로써 가난한 신분에서 벗어나는 것으로 사용하지 않고 추가적인 소원 세 가지를 더 갖는 것으로 사용했을 수도 있었을 것이다.

어린이들은 학교에서 4+4=8이라는 것을 배운다. 한 가지 수준에서 보면 이것은 단순한 학습에 해당한다. 이것은 이해할 필요가 없고 그냥 기억만 하면 되는 것이다. 한 번 기억으로 자동적 연상이 되며 앵커링이 된다. 그런데 이 수준에 머물러 있는 한 3+5는 8이 된다는 점을 이해할 수 없다. 왜냐하면 이미 마음속에서는 4+4가 8이 된다는 것이 앵커링 되어 있어서 오직 4+4만 8이 되며 그 외의 어떤 것도 8이 될 수 없다는 생각이 자리 잡고 있기 때문이다. 만약 이런 식으로 수학을 배운다면 별로 가치가 없다. 그다음 수준으로 생각이나 이해를 연결시키지 않고서는 특정한 맥락에만 머물게 되어 더 이상의 진전이 없게 된다. 그렇지만 진정한 학습에서는 이미 할 수 있는 것을 다른 방식으로도 할 수 있는 법을 안다. 그래서 8이 될 수 있는 것으로 4+4=8만 성립되는 것이 아니라 1+7=8, 2+6=8도 가능하다는 것을 알게 된다.

이러한 경우에 우리는 한 차원 위로 올라갈 수 있고, 겉으로는 다르게 보이는 여러 가지 문제 뒤에 숨어 있는 일정한 규칙을 이해한다고 할 수 있다. 진정한 학습에서는 자기가 원하는 것을 알면 그것을 충족시키는 여러 가지 다른 창조적 방법을 찾을 수 있다. 그러나 학습이 제대로 되어 있지 않는 상태의 사람들은 자신이 원하는 목표를 제대로 달성하지 못할 때 그 이유를 생각해 본 후 목표에 이르는 방법이나 수단을 바꿀

---

10) 영국의 전래동화에 등장하는 부자에 비교되는 가난한 사람을 말한다. '금도끼와 은 도끼'처럼 이 동화는 권선징악적인 내용이 핵심이라고 할 수 있다. 착한 심성을 가진 가난한 사람의 선행에 감동한 신이 그에게 세 가지 소원을 말하면 이루어 주겠다고 하여 그 약속을 지켰다는 것이다. 이때 가난한 사람은 착한 심성 때문에 부자가 되었지만 욕심 많은 부자는 오히려 자신의 욕심 때문에 망했다는 이야기다.

생각을 하지 않고 목표 자체를 바꾸고자 하는 경향이 있다. 4+4=8이 되듯이, 그 원리를 안다면 3+4=7이 된다는 점도 알아야 한다.

그러나 사람들은 4+4의 원리나 과정보다는 답에 해당하는 8에만 초점을 두고 답은 8이라는 것만 생각한다. 그래서 4+4는 8이 되지만 3+4는 8이 되지 않으므로 원리에 따라 8이 아닌 7이라는 다른 답도 가능하다는 점을 고려하는 대신에, 8이라는 답을 얻지 못했으므로 8이라는 답 자체를 포기하는 입장을 취하게 된다. 이러한 일은 8이라는 답은 4+4를 통해서만 가능하다고 알면서 +의 원리에 따른 다른 방식은 전혀 사용하지 않았거나 그렇게 하는 원리 자체를 모르기 때문에 생긴다고 할 수 있다. 결론적으로 답을 아는 것도 중요하지만 그 답을 얻을 수 있는 다양한 방법이나 수단을 아는 것도 중요한 것이다.

학교에서의 소위 '잠재적 교육과정'[11]이란 것은 보다 높은 수준의 학습 예다. 학습 내용과 관계없이 학습의 방법이 중요하다. 교사는 잠재적 교육과정이 가르치고자 하는 숨어 있는 가치를 의도적으로나 표면적으로 가르치지는 않는다. 대신 잠재적 교육과정은 학교라는 맥락에서 무형식적으로 적용되는데, 그것은 정규 수업과 같은 표면적 교육과정보다 학생들의 행동에 더 큰 영향을 준다.

학생들은 정규 수업을 통해서 수동적으로 학습하거나 반복 암기식 학습을 하는 동안에 4+4와 관련하여 다른 방법을 학습한 일이 없다고 하더라도 또래 집단이나 다른 어른들과의 관계 속에서 그 이상의 것을 학습할 수 있다. 그래서 단지 교실에서 4+4=8이라는 것만을 배운 다른 학생들에 비해서 상위 수준에 위치하게 되어 있다.

--------------------------------------------------------------------------

11) hidden curriculum: 공식적으로나 표면적으로 의도한 바는 없으나 실제로는 발생하며 또 쉽게 관찰되지도 않는 무형식의 학습 결과나 경험이라고 할 수 있다. 표면적 교육과정과는 반대되는 교육학적 개념이다.

더욱 고차원의 학습은 자신이나 세계에 대해서 사고하는 방법에 심오한 변화를 가져온다. 왜냐하면 그것은 학습하는 법을 학습하는 서로 다른 방법의 관계성과 패러독스를 이해하는 것을 내포하기 때문이다.

그레고리 베이트슨은 그의 저서 『마음의 생태학』[12]에서 하와이의 해양연구소에 있던 돌고래의 의사소통 패턴 연구에 대한 이야기를 흥미 있게 다루고 있다. 그는 소리에 주의를 기울이도록 하기 위해 속임수를 사용하여 돌고래를 가르치고 있는 조련사를 관찰하곤 했다. 첫날 돌고래가 물 밖으로 뛰어오르는 것과 같은 비정상적인 행동을 했을 때 조련사는 휘슬을 불고 보상으로써 물고기를 던져 주었다. 이에 돌고래는 매번 그렇게 행동했고, 조련사는 휘슬을 불고 물고기를 던져 주었다. 이윽고 돌고래는 이 행동을 통해서 물고기를 보상받는다는 것을 배우고는 더욱더 반복하여 보상을 기대하곤 했다.

다음 날 돌고래는 나와서 보상을 기대하면서 그 점프를 했으나 아무도 다가오지 않았다. 돌고래는 한동안 보상 없이 점프를 반복하곤 했고, 그러고 나서 불쾌해하면서 뒤집는 것 같은 다른 행동을 했다. 그때 조련사는 휘슬을 불고 돌고래에게 물고기를 던져 주었다. 그리하여 돌고래는 이 새로운 기술을 반복해서 물고기 보상을 받았다.

다음 날에는 이 기술에 대한 보상이 없고 새로운 어떤 것에 대한 보상만이 있었다. 이런 패턴이 14일 동안 반복되었다. 돌고래는 나와서 한동안 보람 없이 전날 배웠던 기술을 반복하다가 새로운 것을 했을 때

---

12) *Steps to the Ecology of Mind.* 20세기의 가장 영향력 있는 사상가 가운데 한 사람인 베이트슨 사상의 정수라고 할 수 있는 이 책은 현대 문명의 위기를 극복하기 위한 새로운 모색을 담은 것으로 생태학적 인식론에 대한 내용을 담고 있다. 베이트슨은 이 책에서 마음은 거대한 생태계이며 그 본성도 결국 생태계의 먹이사슬처럼 얽힌 복잡성에 있다고 주장했다. 베이트슨의 논문을 모아 1972년에 출간된 이 책은 인간과 인간, 인간과 자연의 관계에 대한 새로운 인식의 토대를 마련하였다고 평가된다.

보상이 주어졌다. 이러한 방식은 아마도 돌고래에게는 매우 좌절하게 한 방법이었을지도 모른다. 어쨌든 15일째 날에는 돌고래가 갑자기 게임의 법칙을 습득한 것 같았다. 돌고래는 미친 듯이 이전에 동료 돌고래들이 보여 준 적이 없는 네 가지 행동과 새로운 비정상적인 여덟 가지 행동을 포함하여 놀라운 쇼를 보였다. 돌고래는 학습하는 수준으로 올라섰다. 돌고래는 새로운 행동을 만드는 방법뿐만 아니라 새로운 행동을 만드는 법과 시기에 대한 법칙을 이해한 듯하였다.

한 가지 더 중요한 점이 있다. 14일 동안 베이트슨은 조련사가 훈련 상황이 아님에도 맥락 이외에 돌고래에게 보상과는 무관하게 물고기를 던져 주는 것을 보았다. 그가 그 이유에 대해서 물어보자, 조련사는 다음과 같이 대답했다. "그것은 돌고래와 나의 관계를 유지시키는 것입니다. 내가 만약 좋은 관계를 유지하지 못한다면 돌고래는 어떤 것을 학습하는 것에 대해 마음을 쓰지 않을 것입니다."

## 실재의 묘사

어떤 상황이나 경험으로부터 가장 많이 학습하기 위해서는 가능한 한 많은 관점을 가지고 정보를 수집할 필요가 있다. 각각의 표상체계는 서로 다른 방법으로 실재를 묘사한다. 이렇게 서로 다른 묘사로부터 새로운 아이디어가 생겨 나오는데, 그것은 마치 무지개의 일곱 색상을 종합할 때 흰빛이 되는 것과 같다. 우리는 한 가지 표상체계만으로는 제대로 기능을 할 수가 없다. 최소한 두 가지 표상체계가 필요하다. 그래서 하나로는 정보를 받아들이는 데 사용하고 다른 하나로는 그 정보를 다른 방법으로 해석하는 데 사용하게 된다.

마찬가지로 오직 한 사람의 견해에만 의존하게 되면 반드시 그의 습관적인 인식이나 세계관으로 인해서 맹점이 생기게 마련이다. 그러므로 우리는 다른 사람들의 입장에서도 세상을 볼 줄 아는 기술을 개발함으로써 자신에게 맹점이 있다 해도 제대로 세상을 볼 줄 알게 된다. 그것은 마치 우리가 어려움에 빠졌을 때라 하더라도 나와 다른 친구의 견해나 충고를 들음으로써 그 어려움을 극복할 수 있는 것과 같다. 우리는 어떻게 제한된 자신의 세계관에서 벗어남으로써 자신의 지각을 바꿀 수 있을까?

## 삼중 묘사

우리가 경험을 관찰하는 방법에는 적어도 세 가지가 있다. 존 그린더와 주디스 델로지어[13]의 최근 발표에 의하면 이 세 가지 방법은 일차적, 이차적, 삼차적 지각적 입장(perceptual position)으로 불린다. 첫 번째는 완전히 자신의 관점과 입장에서, 그리고 완전히 연합된 방법으로 세상을 바라보고 자기 외의 어떤 다른 사람의 견해도 받아들이지 않는 입장이다. 과거로 돌아가서 그때 자신이 경험했던 상황을 떠올리며 다른 어떤 사람들의 입장과 상관없이 자기의 생각과 경험에 몰입하는 것이기도 하다. 이를 '일차적 입장(first position)' 이라고 한다.

두 번째는 다른 사람의 관점에서 보고 느끼고 듣는 것을 생각할 수

---

13) Judith DeLozier: NLP의 공동창시자인 밴들러와 그린더의 초기 제자 중 한 사람으로 1975년부터 NLP 기법의 개발과 발전에 기여하였다. 그녀는 로버트 딜츠와 함께 NLP 백과사전, 즉 *The Encyclopedia of Systematic NLP and NLP New Coding*을 공저하였다. 지금은 그와 함께 NLP 전문교육기관인 NLP 대학에서 NLP를 가르치고 있으며, 국제적인 여성 NLP 트레이너로 활동하고 있다.

있다. 같은 상황이나 행동이라도 사람에 따라 다른 뜻으로 생각할 수 있으므로 다른 사람의 견해를 평가하고 "다른 사람들에게 어떻게 비칠 것인가?"라고 질문해 볼 필요가 있다. 이것이 공감이라고 알려진 '이차적 입장'이다. 만약 다른 사람과 갈등관계에 있다면 그는 나에 대해서 어떻게 느끼며 어떻게 볼지에 대해서 생각해 볼 필요가 있다. 다른 사람과의 라포가 강력할수록 그의 실재를 더 잘 이해할 수 있고 더욱 효과적으로 이차적 입장을 달성할 수 있게 될 것이다.

세 번째는 완전히 독립된 관찰자로서 어떤 상황과는 개인적으로 관여되어 있지 않은 관점에 서 있는 타인처럼 세상을 외부 관점을 통해서 바라보는 삼차적 입장에 해당한다. 어떤 상황에서 그 상황과 아무 관련 없는 사람에게 그 일에 대해서 어떻게 생각하는지 물어보라. 그렇게 함으로써 객관적인 정보를 얻거나 객관적 견해를 알 수 있다. 이것은 앞의 두 가지 입장과는 다른 수준의 입장이긴 하지만 그렇다고 반드시 더 뛰어난 것은 아니다. 삼차적 입장은 분리되어 있는 것과 다르다.

이 삼차적 입장이 효과적이기 위해서는 강한 자원충만 상태에 있을 필요가 있다. 자신의 행동에 대해 객관적이고 자원 충만한 관점을 취함으로써 어려운 상황에서도 효과적인 대안을 찾거나 마련할 수 있을 것이다. 문제에 대하여 삼차적 입장을 취할 수 있다는 것은 매우 유용한 기술이며, 경솔한 행동 때문에 생기는 많은 스트레스나 어려움을 감소시킬 수 있다.

이상에서 살펴본 세 가지 입장 모두는 동등하게 중요하나, 중요한 것은 그때그때 필요한 입장을 얼마나 자유로이 자기 것으로 만들 수 있느냐 하는 점이다. 일차적 입장에 고착된 사람은 이기주의적인 괴물에 해당하며, 습관적으로 이차적 입장에 빠지는 사람은 지나치게 타인의 영향을 받게 된다. 그리고 습관적으로 삼차적 입장에 빠지는 사람은 인생의 방관자와 같은 사람이 될 수 있다.

이 삼중 묘사(triple description)의 개념은 존 그린더와 주디스 델로지어가 NLP를 더 쉽게 표현하기 위해서 그들의 한 저서[14]에서 설명한 접근 방법의 한 부분이다. 이 접근 방법은 NLP의 '새로운 코드(new code)'로 알려져 있으며, 의식과 무의식 과정 간의 현명한 조화를 이룩하는 데 초점이 맞추어져 있다.

우리 모두는 이 세 가지 입장 속에서 세월을 보내며 자연스럽게 각 입장을 실천한다. 그리고 이러한 입장을 통하여 어떤 상황을 이해하거나 더 좋은 결과를 얻는 데 도움을 받는다. 이들 세 가지 입장 사이를 의식적·무의식적으로 확실하게 옮겨 다닐 수 있는 능력은 지혜로운 행동을 하며 우리 관계의 놀라운 복잡성을 제대로 이해하는 데 꼭 필요한 것이다. 세상을 다르게 볼 때 발견하게 되는 차이로 인해서 우리는 풍요로움을 경험할 수 있으며, 선택의 폭이 넓어질 수 있다. 이 세 가지 입장은 지도는 영토가 아니라는 사실을 분명히 보여 준다. 세상에는 많은 다양한 지도가 있다.

여기서 중요한 점은 획일성을 강요하기보다는 차이를 인식하게 함이다. 중요한 것은 세상을 바라보는 이 세 가지 방식 간의 차이와 긴장이다. 다른 방식으로 바라봄을 통해서 흥분과 발명이 나올 수 있다. 획일성은 따분함, 평범함, 투쟁을 만든다. 생물학적 진화 과정을 보면 동일

---

14) *Turtles All the Way Down*(1995)이라는 이 책은 저자들이 공동으로 시행한 '개인적 천재성의 필수조건(Prerequisites To Personal Genius)'이라는 제목의 5일간의 실제 세미나 내용을 책으로 옮긴 것이다. 이 책에서 저자들은 사고의 구조에 대하여 설명하고 있으며 어떻게 사고 패턴이 신념과 실재가 되는가에 대해서 보여 주었다. 그리고 자신의 지각적 필터를 확장하고 '천재성'을 모방할 때 그러한 사고 패턴의 한계가 극복될 수 있다는 점을 밝히고 있다. 그러한 예로써 알베르트 아인슈타인, 밀턴 에릭슨, 그레고리 베이트슨과 같은 사람들의 삶을 들었다.

한 종 사이에서 갈등관계를 맺고 생존투쟁을 벌이는 일이 일어난다. 사람들이 동일한 자원을 원하는 상황에서 그것이 부족할 때 전쟁이 발생한다. 그러나 지혜는 균형과 조화에서 생긴다. 그리고 균형 잡을 서로 다른 힘이 존재하지 않는다면 균형을 잡을 일은 없을 것이다.

## 로버트 딜츠의 NLP 통일장

로버트 딜츠는 맥락, 관계, 학습의 수준, 지각적 입장의 수준을 모두 결합시키는 개인적 변화, 학습, 커뮤니케이션에 대하여 생각할 수 있도록 하기 위하여 단순하고 우아한 이론모형을 개발하였다. 그것은 또한 NLP의 기법들에 대하여 생각하기 위한 맥락을 만들어 주고 정보 조직과 수집을 위한 틀을 제공한다. 그래서 바람직한 변화를 이룩하기 위해서 어디서부터 개입하는 것이 가장 좋을지를 결정하는 데 도움을 준다. 변화는 부분적인 조각으로 일어나는 것이 아니라 유기적으로 일어난다. 문제는 '나비는 날개를 정확히 어디서 움직여야 할까?' 이다. 차이를 만들기 위하여 어디로 밀고 나가야 할까?

학습과 변화는 여러 가지 다른 수준들에서 일어날 수 있다.

[영 성]

영성(spirituality)은 우리가 형이상학적인 문제를 생각하고 그런 차원에서 행동하는 가장 심층 수준에 해당한다. 우리는 왜 여기에 있을까? 우리의 목표는 무엇일까? 이 영적 수준은 우리 삶을 이끌고 삶의 모습을 만들어 주며 우리 존재의 근본에 대한 기준을 잡아 준다. 이 수준의 어떤 변화라 하더라도 다른 모든 수준에 심대한 반향을 일으킨다. 성서에서

환경
행동
능력
신념
정체성
영성

신경적 수준

성 바울(바오로)이 다메색(다마스커스)으로 가는 길에서 그랬던 것[15]처럼 말이다. 어떤 의미에서 우리의 존재와 우리가 하는 모든 것을 포함하지만 그렇다고 해서 그런 것들이 곧 영성이라고 말할 수는 없다.

[정체성]

정체성(identity)은 기본적인 자아감이고 핵심적 가치며 인생의 사명이다.

[신 념]

신념(beliefs)은 우리가 가지는 여러 가지 생각이 진실하다는 믿음에

---

15) 성서에 나오는 내용으로 '바울(바오로)의 회심'에 대한 것이다. 예수를 반대하였던 그가 예수를 믿는 사람들을 잡으러 가는 길에 예수의 음성을 듣고 회심했다는 사도행전에 기록된 내용에 따른 것이다.

기초하여 우리의 일상적 행동이 이루어진다는 것을 의미한다. 신념은 우리의 행동을 허용할 수도 있고 제한할 수도 있다. 즉, 우리는 신념에 따라 특정 행동을 하기도 하고 하지 않기도 한다.

[능 력]

능력(capability)은 우리가 자신의 삶에서 사용하는 행동, 일반 기술 및 전략의 집합이라고 할 수 있다.

[행 동]

행동(behavior)은 능력에 관계없이 우리가 행하는 특정한 행위를 말한다.

[환 경]

환경(environment)은 우리가 반응하는 것, 우리의 주변 환경, 우리가 만나는 다른 사람을 포함하는 것이다.

자신이 하는 일을 앞에서 제시한 여러 가지 다른 수준에서 생각하는 어떤 영업사원의 예를 들어 보자.

환경: 이 동네는 내 상품을 파는 데 아주 좋은 장소다.
행동: 나는 오늘 판매고를 제법 올렸어.
능력: 나는 사람들에게 이 상품을 잘 팔 수가 있어.
신념: 영업 실적이 높으면 승진할 수 있을 거야.
정체성: 나는 우수한 영업사원이다.

이러한 예는 성공적인 어떤 일에 해당하는 것이다. 하지만 이 모형은 실패나 문제 상황에서도 동일하게 적용될 수 있다. 어떤 학생이 영어 단어 하나를 잘못 썼다고 가정하자. 이 경우에 그는 자신의 시끄러운 환경 탓을 할 수 있다. 또는 그 문제를 행동 수준에서 생각할 수도 있다. 그래서 스스로 단지 이번에만 틀렸을 뿐이라고 생각할 수 있다. 반면에 이번의 실수를 일반화하여 자신의 능력 전반의 문제로 생각할 수도 있다. 그렇게 되면 단어의 문제는 능력 수준에서 평가되는 것이다. 하지만 이번의 문제를 계기로 스스로 공부를 더 열심히 해야 한다고 믿기 시작할 수도 있다. 이 경우에는 신념 수준이 된다. 마지막으로는 단어 문제를 정체성 수준에서 받아들여서 스스로를 바보라고 생각하면서 정체성 자체를 의심할 수도 있다.

행동은 정체성이나 능력의 한 증거로 여겨진다. 즉, 이 말은 행동을 보고 그의 정체성이나 능력 자체를 판단하거나 평가하게 된다는 뜻이다. 그래서 단어 한 개를 틀리면 스스로 자신감이 떨어지고 유능감이 사라지게 되는 것이다. 수학의 경우를 보자. 한 학생이 덧셈 문제에서 틀렸다. 그렇다고 해서 그가 바보라거나 수학을 못하는 학생이라고 말하기는 어려울 것이다. 만약 그렇다면 그것은 극장에서 관객들에게 경고용으로 붙여 놓은 '금연' 표시를 두고 왜 영화의 주인공은 금연하지 않고 담배를 피우느냐고 항의하는 것과 같다고 할 수 있다. 금연 표시와 영화 내용과는 아무런 관련이 없는데도 말이다.

스스로나 남을 변화시키기를 원할 때는 불편을 느끼는 증상, 특기할 만한 문제 부분들에 대한 정보를 수집할 필요가 있다. 이것은 곧 '현재 상태'다. 문제를 유지시키는 잠재적 원인은 표면적으로 나타나는 증상보다는 분명하게 드러나지 않는다. 사람들은 문제를 유지시키기 위해 어떤 행동을 계속할까?

원하는 상태라는 것도 있다. 그것은 변화의 목표인 결과와 바람직한 상태가 될 수 있다. 그리고 성과를 달성하는 데 도움이 되는 자원이라는 것도 있다. 성과를 달성하는 과정에서 뜻하지 않게 스스로나 타인에게 부작용이 생길 수도 있다.

이 모형에서는 우리가 어떻게 두 가지 종류의 갈등에 휘말릴 수 있는 지를 볼 수 있게 된다. 흔히 사람들은 집에 있으면서 텔레비전을 보는 것과 극장에 가는 것 중에서 어느 것을 택할지와 관련하여 어려움을 겪을 수 있다. 이것이 행동할 때 발생할 수 있는 간단한 충돌의 한 예다.

어떤 수준에서는 좋은 일인데 다른 수준에서는 나쁜 영향을 미칠 때 마찰이 생기게 된다. 예를 들어, 한 학생이 학교에서 연극을 하는 재능은 우수하지만 연극을 하게 되면 친구들과 제대로 어울릴 수 없어 인기를 잃게 된다고 믿는다면 연극을 하지 않게 될 것이다. 만약 연극을 한다면 연극을 하는 행동과 그 능력은 스스로에게 보상이 될지 모르나 그것은 곧 자신의 신념이나 정체성과는 충돌하게 될 수 있다.

우리가 시간을 어떤 식으로 바라보느냐 하는 방법적인 것은 중요하다. 우리가 경험하는 문제는 과거의 외상 경험과 관련 있을 수 있으며, 그 외상 경험은 현재에도 계속해서 영향을 주고 있을 수 있다. 공포증과 같은 심각한 예를 들 수도 있겠지만, 그 정도로 심하지 않은 일도 얼마든지 있을 수 있다. 그래서 과거의 고통이나 불행했던 일이 그렇게 심각하지는 않은 것이었다고 하더라도 현재의 삶에 영향을 미치는 것은 사실이다. 많은 치료 이론에서는 현재의 문제가 과거 경험 때문에 생긴다고 생각한다.

비록 우리는 과거의 일로부터 영향을 받기도 하며 그러한 일을 스스로 창조하기도 하지만, 그 과거는 반드시 우리에게 제약이나 한계로 작용하기보다는 오히려 긍정적인 자원으로 사용될 수도 있다. 앞에서 개인사 변화기법에 대해서 설명한 바 있다. 그것은 과거의 일을 현재적 지식 기반 위에서 재평가한다는 특성을 갖고 있다. 그 기법을 적용하게 되면 우리는 과거의 실수를 계속하여 되풀이하는 것이 아니라 더 이상 과거의 덫에 빠지지 않고 벗어날 수 있게 된다.

반면 미래에 대한 희망 및 두려움과 같은 문제는 현재의 우리를 마비시킬 수 있다. 그러한 문제의 예는 수요일 저녁 만찬이 끝난 후에 많은 사람들 앞에서 해야 할 연설에 대한 두려움에서부터 앞으로 살아갈 일에 대한 걱정, 경제적 안정에 대한 염려 등에 이르기까지 다양할 수 있다. 그리고 자신의 과거와 가능한 미래가 만나는 지점은 바로 현재 순간인 것이다. 우리는 자신의 삶을 시간이라는 연결선상에 있는 것으로 상상할 수 있다.

그렇게 본다면 삶이 이루어지는 시간이라는 선은 멀리 떨어진 과거에서부터 또 멀리 떨어진 미래의 선으로 연결될 수 있다. 그리고 자신이 처해 있는 현재와 미래의 바람직한 상태, 정체감, 신념, 능력, 행동, 환경과 같은 모든 것은 과거의 개인사와 가능한 미래와 관련됨을 알 수 있다.

우리의 전체 성격은 광선 빔으로 만들어진 3차원 영상인 홀로그램과 같다. 홀로그램은 그 필름 중 아주 작은 한 조각만으로도 전체의 영상을 볼 수 있는 입체영상이다. 그런데 홀로그램에서는 내부의 모든 요소나 부분이 하나로 연결되어 있기에 작은 한 부분의 변화는 다른 모든 것에 영향을 미친다. 그래서 하위양식과 같은 작은 요소를 바꾸게 되면 그 영향으로 파문이 하부에서 상부로 올라가는 것을 볼 수 있다.

반면에 신념과 같이 중요한 것을 바꿈으로써 변화가 상부에서 하부로 작용할 수도 있다. 따라서 현재 상태와 원하는 상태에 관한 정보를 수집함으로써 변화를 위해 필요한 최선의 방법을 찾을 수 있을 것이다.

낮은 수준의 변화는 반드시 높은 수준의 변화를 일으키지는 않는다. (낮은 수준에 해당하는) 환경의 변화는 (높은 수준에 해당하는) 나의 신념을 변화시키기 어렵다. (하위 수준의) 행동이 바뀜에 따라 (상위 수준의) 신념이 바뀌는 것이 가능할 수는 있다. 그렇지만 그것이 필연적인 것은 아니다. 그러나 (상위 수준의) 신념의 변화는 반드시 (하위 수준의) 행동의 변화로 이어질 수 있다. 결론적으로 상위 수준의 변화는 언제나 더 포괄적이고 지속적으로 하위 수준에 영향을 미친다.

그래서 행동을 변화시키기를 원하면 (상위 수준의) 능력이나 신념을 다루어야 한다. 만약 능력이 부족하다면 신념을 다뤄라. 신념은 능력을 결정짓고, 능력은 행동을 결정짓는 것이 가능하다. 그리고 그 연장선에서 자연스레 직접적으로 환경이 영향을 받게 된다. 긍정적 환경은 변화를 위해서 중요하다. 그러나 부정적 환경은 변화를 어렵게 만들 수 있다.

정체성 수준이나 그 이상의 수준에서 변화를 일으키기 위해서는 당신을 지지할 신념과 능력이 없이는 어려운 일이다. 영업사원이 톱 매니저가 될 수 있다고 믿는 것만으로는 충분하지 않다. 그는 실질적인 활동, 즉 실천을 통해서 그 신념을 구현할 필요가 있다. 능력과 행동이 뒷받침되지 않는다면 그 신념은 사상누각밖에 되지 않을 것이다.

로버트 딜츠의 통일장[16]은 신경적 수준, 시간, 지각적 입장이라는 개념에 기초하여 만들어진 하나의 틀(framework) 속으로 NLP의 여러 가지 다른 부분을 통합시키는 방법에 해당한다. 우리는 그것을 이용함으로써 자기와 타인 내에 있는 서로 다른 요소 간의 조화와 관계성을 이

---

16) unified field: 원래 통일장이론이란 것은 물리학에서 나온 개념이다. 즉, 자연계의 네 가지 힘인 중력, 전자기력, 약한 상호작용 그리고 강한 상호작용을 통합하려는 시도의 대표적인 접근 방식이다. 그러나 NLP에서의 통일장이란 것은 로버트 딜츠가 신경적 수준, 시간, 지각적 입장이라는 세 가지 차원을 하나로 통합하여 이해하고자 하는 개념 틀이라고 할 수 있다.

해하는 데 도움을 받을 수 있다. 핵심이 되는 키는 바로 조화다. 문제는 조화가 깨진 곳에서 생겨난다. 그리고 통일장을 통해서 우리는 어떤 요소를 너무 중요시하며, 또 어떤 요소는 무시하거나 너무 약하게 취급하는지를 확인할 수 있게 된다.

예를 들면, 어떤 사람은 이미 지나간 과거를 너무 강조하여 과거로 인해 자신의 삶이 영향을 받도록 하면서 현재와 미래에 대해서는 제대로 관심을 두지 않거나 중요시하지 않는다. 또 어떤 사람들은 제1차적 입장만 주로 생각하면서 다른 사람들의 견해에 대해서는 고려하지 않는 경향이 있다. 마찬가지로 또 다른 사람들은 행동과 환경에 대해서는 많은 관심을 쏟지만 정체성과 신념 수준에는 충분한 관심을 보이지 않을 수 있다. 통일장의 틀은 그러한 부조화를 확인할 수 있도록 하는데, 그것이야말로 보다 건강한 균형을 이룩할 수 있는 길을 찾는 필수적인 첫 단계다. 치료자의 입장에서는 많은 테크닉 중에서 어떤 것을 사용해야 할지를 알게 하는 진단도구로써 아주 중요하다. 이것은 유용성이 아

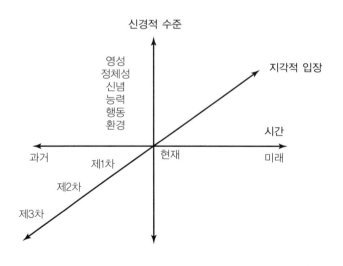

**통일장**

주 풍부한 모형이므로 이를 활용할 수 있는 다양하고 많은 방법에 대해서 생각해 보기 바란다.

# 신 념

"저것을 못 믿겠어요!" 앨리스가 말했다.

"못 믿겠다고?" 여왕이 애석한 목소리로 말했다.

"다시 해 봐. 숨을 길게 마셨다가 눈을 감아."

앨리스는 웃었다.

"그렇게 해도 소용이 없어요."

그녀는 이어서 말했다.

"사람들은 불가능한 것을 믿을 수가 없어요."

"다시 말하노니, 너는 아직 제대로 연습을 하지 않았구나."

여왕이 말했다.

"내가 너의 나이 때는 말이야, 하루에 30분씩 그 연습을 꼭 하곤 했어. 그리고 때때로 아침식사 전에 불가능한 일을 여섯 가지나 믿었단다."

– 루이스 캐럴의 『거울나라의 앨리스』[17]에서

우리의 신념은 행동에 강하게 영향을 미친다. 신념은 우리에게 동기 부여를 해 주며 우리의 행동을 결정해 준다. 우리가 어떤 일을 할 때 그 일은 좋은 것이며, 도움이 될 것이라고 믿지 않는다면 그것을 하기 어려울 것이다. 신념이란 무엇일까? 신념은 어떤 식으로 형성되며, 우리

---

17) Lewis Carroll, *Alice Through the Looking Glass*. 루이스 캐럴의 소설로 거울의 대칭과 역전에 대한 농담으로 가득 차 있는 이야기라 할 수 있다.

는 신념을 어떻게 유지할까?

신념은 우리를 이끌어 가는 원리, 즉 세상을 이해하는 데 사용되는 내적 지도다. 그것이 있음으로 해서 안정과 계속성이 가능하다. 여러 사람이 같은 일을 할 때보다 같은 신념을 공유할 때 더 깊은 라포와 공동체 의식이 생기게 된다.

우리 모두는 물리적 세계에 의해서 확인될 수 있는 다소간의 기본적인 신념을 공유한다. 우리는 자연의 법칙을 믿는다. 그렇기에 건물 꼭대기의 가장자리에서는 걷지 않으며 불에 데면 타는지 알아보기 위하여 매일 새로운 실험을 하지는 않는다. 우리는 또한 우리 자신에 대한 신념과 함께 우리가 사는 세상에 대한 많은 신념도 많이 갖고 있다. 그 세상의 모든 것이 다 분명하게 설명되지는 않을지라도 말이다. 인간이란 중력의 법칙처럼 늘 일관성이 있고 불변하는 존재는 아니다.

신념은 많은 근원으로부터 생긴다. 예를 들면, 개인의 성장 배경, 의미 있는 타인에 대한 모방, 과거의 외상, 반복적 경험 등이 그 근원이 될 수 있다. 우리는 세계에 대한 경험과 타인으로부터 일반화함으로써 신념을 갖게 된다. 우리는 특정의 신념이 어떤 경험으로부터 일반화되었는지를 어떻게 알까? 어떤 신념은 우리가 태어난 문화와 환경으로부터 생기지 않는 경우도 많다. 어린 시절에 의미 있는 주변 사람들의 기대가 신념을 만들기도 한다. (현실성에 바탕을 둔) 높은 기대는 유능감을 갖게 한다. 반면에 낮은 기대는 무능감을 만들기도 한다. 우리는 어릴 때 주변에서 들었던 말을 그대로 믿음으로써 그것을 신념화하는 경향이 있다. 왜냐하면 우리에게는 그 말의 정당성이나 타당성을 검증할 길이 없기 때문이다. 그리고 그 신념은 성인이 되어서도 바뀌지 않은 채 지속되곤 한다.

우리는 어떤 것에 대한 신념을 갖게 되면 그 신념이 사실이라거나 진실이라는 가정하에 행동하게 된다. 그래서 그 신념을 부정하기가 어려워지게 된다. 결국 신념은 강력한 지각적 필터, 즉 여과기로 작용하게 된다. 주변의 일들은 모두 신념에 따라서 해석된다. 그래서 동일한 일이라 하더라도 신념에 따라 좋게 또는 나쁘게 평가될 수 있다. 우리가 행하는 행동은 신념을 유지시키고 강화시킨다. 신념은 일어난 일을 설명하는 지도만이 아니라 앞으로 일어나거나 행할 일에 대한 계획서나 청사진이 되기도 한다.

어떤 연구에서 IQ가 같은 학생들을 2개의 집단으로 나누어 실험을 하였다. 집단을 맡은 교사들에게는 한 집단의 학생들이 다른 한 집단보다 IQ가 높으며 공부도 더 잘한다고 이야기하였다. 실제로 두 집단의 아이들은 같은 IQ였지만 두 집단에 대한 교사의 기대(즉, 신념)는 달랐다. 그런데 결과적으로 '높은 IQ' 집단의 학생들이 이후의 시험에서 다른 집단의 학생들에 비해 성적을 더 잘 받았다. 이러한 종류의 자성예언을 피그말리온 효과[18]라고 부른다.

이와 유사한 자성예언의 종류가 의학에서 잘 알려진 플라시보 효과, 즉 위약(僞藥)효과다. 위약이란 가짜 약을 말하는데, 환자에게 가짜 약을 주고도 진짜 약이라고 하면 그는 진짜로 알고 효과를 본다는 것이다. 물론 이 경우에 그 약은 의학적 효과가 없는 물질이다. 신념이 치료 효

---

18) Pygmalion effect: 자성예언과 같은 의미로 사용되는 개념이지만 원래는 그리스 신화와 관련된다. 피그말리온이란 그리스 신화에 등장하는 조각가로서 자기가 조각한 아름다운 여인상을 너무 사랑하였을 뿐만 아니라 그 조각이 정말로 살아 있는 여인이라면 얼마나 좋을까 하고 열망하였다. 이에 여신 아프로디테는 그의 사랑에 감동하여 여인상에게 생명을 주어 그녀가 정말로 살아 있는 사람이 되게 하였다. 이와 같이 타인의 기대나 관심으로 인하여 능률이 오르거나 결과가 좋아지는 현상을 피그말리온 효과라고 한다. 심리학에서는 사람은 누구나 존중과 함께 스스로 어떻게 될 것이라고 기대를 하거나 받게 되면 그 기대에 부응하는 쪽으로 변하려고 노력하면 실제 그렇게 된다는 것을 의미한다.

과를 발휘한다고 할 수 있다. 병을 치료하기 위해서 반드시 약이 필요한 것은 아니다. 그러나 회복에 대한 신념은 반드시 필요하다. 많은 연구 결과를 종합해 보면 환자의 30% 정도는 가짜 약에 반응을 하여 효과를 본 것으로 입증되고 있다.

한 연구에서 의사는 출혈 소화성 위궤양의 문제를 가진 많은 환자에게 대단한 치료 효과가 있는 약을 보여 주었다. 그리고 이것을 맞으면 모두 치료될 것이라고 하면서 증류수를 주사하였다. 그 결과 70%의 환자들이 1년 이상이나 지속된 치료 효과를 보였다.

긍정적 신념은 우리의 능력을 일깨우는 효과가 있다. 신념은 결과를 창출한다. 즉, 신념에 따라 그 신념에 맞는 결과가 생긴다고 할 수 있다. "당신이 어떤 일을 할 수 있다고 믿든 할 수 없다고 믿든…… 당신은 옳다."라는 격언에서도 우리는 신념의 중요성을 알 수 있다.

제한적 신념(limiting beliefs)이란 것은 보통 '나는 ~을(를) 할 수 없다.'는 신념과 관련된다. 그런데 이 말은 현재 순간에만 해당되는 것으로 사실을 말하는 것이다. 예를 들어, '나는 저글[19]을 할 줄 모른다.'고 말하는 것은 '나는 (저글하지 않는 것을) 할 수 있다.'는 것을 의미한다. 누구나 할 수 있다.

'나는 ~을(를) 할 수 없다.'는 것은 현재와 미래의 능력을 설명하는 것이다. 즉, 이 말은 현재의 행동을 설명하는 것이 아니다. 그리고 이 말은 실패할 것이라는 프로그램을 뇌에 심게 될 것이며, 그리하여 진정한 능력을 찾아내지 못하게 방해하는 결과로 이어지게 된다. 부정적 신념은 경험에 바탕하고 있지 않다.

---

19) juggling: 서커스나 마술쇼와 같은 곳에서 흔히 볼 수 있는 묘기를 말한다. 흔히 공, 공봉, 링과 같은 것을 공중으로 여러 개 던진 후 그것을 순차적으로 받아서 다시 던지고 받으면서 재미있게 묘기를 보여 주는 것을 말한다.

제한적 신념의 효과에 대한 좋은 메타포가 하나 있는데, 바로 개구리 눈과 관련된 것이다. 개구리는 주변에 있는 거의 모든 것을 볼 수 있다. 그러나 움직이고 먹잇감으로 생각될 수 있는 특정한 모양을 가진 것만을 알아차릴 수 있을 뿐이다. 그렇기 때문에 개구리는 날아다니는 파리와 같은 먹잇감을 효율적으로 잡아먹을 수 있다. 그러나 움직이는 검은색 물체만 먹잇감으로 인식할 수 있기 때문에 개구리는 움직이지 못하고 죽어 있는 파리 떼를 보더라도 먹지 못한다. 결국 개구리는 수많은 먹잇감을 눈앞에 두고도 그것이 먹잇감이라는 사실을 모른 채 아무것도 먹지 못해 굶어 죽게 되는 일도 생긴다.

그러므로 우리가 너무 좁은 필터나 너무 효율적인 인식적 필터를 갖게 되면 정말 필요한 좋은 경험을 하는 데 방해가 된다. 설사 주변에 아주 멋진 가능성이 풍부하다 해도 자신의 인식적 필터에서 그것을 채택하지 못한다면 아무 쓸모가 없게 된다. 그래서 결국 우리는 좋은 환경적 조건을 제대로 활용하지 못하거나 그것으로부터 도움을 받지 못하게 된다. 아무리 좋은 것이라 하더라도 그것을 좋은 것으로 인식할 수 있을 때 좋은 것이 될 수 있기 때문이다.

당신이 어떤 것을 잘할 수 있는 능력이 있는지 알아보는 가장 좋은 방법은 마치 당신이 그것을 잘할 수 있는 것처럼 가정하는 것이다. 그래서 당신에게 '마치(as if)' 그것을 할 수 있는 능력이 있는 것처럼 행동하라. 당신은 자신이 할 수 없는 것은 하지 않으려 할 것이다. 만약 그것이 정말로 불가능한 것이라면, 어차피 그것은 불가능할 것이며 또 불가능하다는 것을 알게 될 것이므로 신경 쓸 것이 없을 것이다. 그러나 그일이 불가능하다고 믿는 신념을 갖는 한, 당신은 그 신념 때문에 (사실은 정말로 가능할 수도 있는 일에 대하여) 그 일이 정말로 가능할지 가능하지 않을지를 제대로 알지 못하고 포기해 버릴 수 있다.

사람들마다 특정 색깔의 눈동자를 갖고 태어나듯이 우리가 특정의 신념을 갖고 태어나는 것은 아니다. 신념은 바뀔 수 있고 또 개발될 수 있다. 신념이 바뀜에 따라 우리는 스스로에 대해서 다르게 생각할 수 있고, 결혼했다가도 이혼을 할 수도 있으며, 친한 사람과 헤어질 수도 있고 다르게 행동할 수도 있다.

신념은 선택의 문제다. 우리는 스스로의 선택에 의해서 자신에게 도움이 되지 않는 신념은 폐기처분하고 도움이 되는 신념은 채택할 수 있다. 긍정적 신념을 갖게 되면 자신의 유능감과 자신감을 키울 수 있다. 따라서 긍정적 신념을 통해서 보다 자유롭게 세상을 탐색하고 가능성을 키워 나갈 수 있게 된다.

목표를 추구하고 성취하는 과정에서 도움이 되는 신념, 스스로 유지할 만한 가치가 있는 신념은 어떤 것일까? 당신이 스스로에 대해서 갖고 있는 신념은 어떤 것인지를 생각해 보라. 그것은 당신에게 도움이 되는 것인가? 당신의 삶을 풍요롭게 하는 것인가, 아니면 당신을 제약하는 것인가? 우리는 모두 사랑에 대한, 그리고 인생에 있어서 중요한 것에 대한 나름대로의 핵심적 신념을 갖고 있다. 아울러 우리는 가능성과 행복에 대해서 여러 가지 신념을 갖고 있다. 그리고 신념이 변할 수도 있다.

만약 성공하고 싶다면 성공할 수 있게 하는 신념을 가져야 할 것이다. 활력 신념[20]을 갖고 있다고 해서 반드시 성공하는 것은 아니다. 하지만 결국에는 그것으로 인해서 자신감을 갖게 되어 성공할 수 있는 가능성이 커지는 것이 사실이다.

미국의 스탠퍼드대학교에서 실시된 연구 중에는 '자기효능감 기대[21]'

---

20) empowering beliefs: 스스로에게 활력을 주어 무언가를 잘할 수 있게 하고 성공으로 이끌어 가는 긍정적인 신념을 말한다.

21) Self-Efficacy Expectation: 미국의 심리학자 반두라(Bandura)의 사회인지이론에서 나

에 대한 것이 있다. 그것은 행동의 변화가 어떻게 새로운 신념의 변화로 이어질 수 있는지를 알아보는 연구였다. 이 연구에서 피험자들은 실제로 잘하고 있는 일에 대하여 그들 스스로가 얼마나 잘하고 있다고 생각하는지를 조사하였다. 그러한 예로서 수학 문제를 푸는 일부터 뱀을 다루는 일까지 다양한 과제를 들 수 있다.

처음에 신념과 실제 수행(遂行) 간의 관계를 알아보았다. 피험자들은 스스로 잘할 수 있다고 믿음에 따라 실제의 수행에서도 잘할 수 있었다. 그리고 실험자들은 피험자들에게 목표를 설정하고 시범을 보이도록 하며 코칭을 통해서 지도해 주는 방법으로 그들에게 스스로에 대한 신념을 심어 주었다. 그 결과 피험자들의 기대 수준이 높아졌다. 하지만 아직 새로운 시도에 익숙하지 않았기 때문에 그 수행 정도는 오히려 떨어졌다. 할 수 있다는 신념의 정도와 실제로 이루어 내는 수행 정도 간에 최고의 격차가 벌어지는 때가 있었다. 피험자가 과제를 수행하는 과정에서 어려움에 부딪힐 때, 오히려 그들은 자신이 가진 높은 기대 수준에 맞추기 위하여 더 열심히 함으로써 수행 정도가 올라갔다. 그러나 그들이 좌절하게 될 때는 기대 수준이 낮아졌고, 그래서 수행 수준이 다시 처음의 수준으로 떨어지는 현상을 보였다.

잠시 동안 당신을 제약하는 세 가지 제한적 신념을 생각해 보라. 그것이 생각나거든 백지에 써 보라.

이제 마음속에서 크고 보기 흉한 거울이 앞에 있다고 생각하고 거울

---

오는 개념이다. 이 개념은 학습 동기는 학습 상황에서 개인의 기대와 관련이 있다는 점에 대한 것이다. 사람은 어떤 행동을 할 때 목표를 설정하고 그것을 달성할 수 있을 것이라고 믿는 방향으로 행동한다는 것이 이 이론의 기본 전제다. 따라서 학습 동기는 학습자 자신이 어떤 행동을 함으로써 원하는 성과를 달성할 것이라는 신념(긍정적 성과기대)과 자신이 목적 달성 행동을 할 수 있거나 그러한 행동을 학습할 수 있다는 신념(높은 자기효능감)이 좌우한다는 것이다.

을 보라. 만약 그 제한적 신념이 사실이고 그 신념에 따라 행동하고 살아간다면 앞으로 5년 후 당신의 삶이 어떨지에 대해서 상상해 보라. 그리고 10년 후는 어떨까? 20년 후는?

이제 상상을 그만두고 마음을 비워라. 자리에서 일어서라. 그리고 잠시 주변을 걸어 보거나 심호흡을 몇 번 하라. 당신에게 힘을 줄, 정말로 삶의 질을 높여 줄 새로운 활력 신념 세 가지를 생각하라. 그리고 생각을 잠시 멈추고 그 생각의 내용을 백지 위에 써 보라.

이번에는 마음속으로 크고 정겨운 거울을 생각해 보라. 이제는 그 새로운 신념이 사실인 것처럼 행동하는 모습을 상상해 보라. 앞으로 5년 후 당신의 삶은 어떨까? 그리고 10년 후는 어떨까? 20년 후는?

신념을 바꾸면 행동도 바뀌게 된다. 그리고 능력이 있거나 과제를 수행할 수 있는 전략이 마련되어 있을 때 변화는 최고로 빨리 일어난다. 우리는 다른 사람의 행동을 바꾸어 줌으로써 그의 신념을 바꾸어 줄 수도 있다. 그러나 이런 경우는 그렇게 신뢰받지 못한다. 어떤 사람은 행동을 반복한다고 해서 그 행동을 꼭 신뢰하지는 않는다.

신념은 성격의 중요한 부분이다. 그러나 신념은 다음과 같이 아주 단순한 말로 표현된다. '내가 만약 이것을 하면…… 그 일이 생길 것이다. 나는 ～을(를) 할 수 있다. 나는 ～을(를) 못한다.' 그리고 이런 말들은 결국 다음과 같은 뜻으로 해석될 수 있다. '나는 ～을(를) 해야 한다. 나는 ～을(를) 해서는 안 된다.' 이러한 말들은 통제적인 속성이 있어서 우리로 하여금 그 말에 지배받게 만드는 힘이 있다. 어째서 이런 말들이 우리에게 힘을 행사할 수 있게 될까? 언어는 우리가 세상을 이해하기 위하여 사용하는 과정의 본질적 부분이며 우리의 신념을 표현하기 때문일 것이다. 다음 장에서는 NLP의 언어적 부분에 대해 보다 깊이 있게 살펴볼 것이다.

05

# 언어의 한계와 메타모형

# 말과 의미

"하지만 '영광'이란 말은 '납작하게 깨진 말싸움'이라는 뜻이 아니잖아요." 앨리스는 반박했다.

"내가 어떤 단어를 쓰면 그것은 바로 내가 선택한 의미만 가지는 거야. 그 이상도 그 이하도 아냐." 험프티 덤프티는 조금 깔보는 투로 말했다.

앨리스가 말했다.

"문제는 당신이 과연 단어들을 그처럼 여러 가지 뜻으로 사용할 수 있느냐 하는 거겠죠, 뭐."

험프티 덤프티가 말했다.

"문제는 대가라면 그게 얼마든지 가능하다는 거야. 그게 다야."

– 루이스 캐럴의 『거울나라의 앨리스』[1] 에서

이 장에서는 언어의 힘에 대한 내용을 다루고자 한다. 그 내용은 당신이 의미하는 바를 분명하게 말할 수 있게 하며 다른 사람들이 뜻하는 것을 가능한 한 명확하게 이해하여 사람들이 그 내용을 이해할 수 있게 하는 것에 대한 것이다. 이 장은 경험과 언어를 재연결시켜 주는 것에

---

1) 여기서 작가는 험프티 덤프티(Humpty Dumpty)의 기발한 의미론적 논변의 심오함에 대해 이미 꿰뚫고 있었다. 험프티는 중세에 유명론이라고 알려진 생각-즉, 모든 보편 명칭은 객관적인 실재와는 관계가 없으며 그저 입에서 나오는 소리에 불과하다는 생각-을 채용하고 있다. 험프티 덤프티는 루이스 캐럴의 소설 『거울 나라의 앨리스』에 등장하는 달걀이다. 원래 영국 자장가에 나오는 고집불통에 유식한 체를 잘하는 캐릭터다. 소설에 등장하는 험프티 덤프티는 높은 담장 위에 위태로운 자세로 앉아 있다가 떨어져 깨져 버리는 인물이다. 동시에 말의 뜻을 제멋대로 바꾸는 사람이란 뜻을 가진 말이기도 하면서 뻔뻔스러움을 나타낸다.

대한 것이다.

사람들은 "말이야 쉽지. 말하는 데는 돈 한 푼 안 들지."라고들 말한다. 그러나 모든 시인이나 광고 카피라이터들이 아는 것처럼 말은 청취자나 독자들에게 이미지, 소리 그리고 느낌을 불러일으키는 힘을 가지고 있다. 말은 관계를 시작하거나 끝낼 수도 있고, 외교관계를 단절시킬 수 있으며, 싸움이나 전쟁을 일으킬 수도 있다.

말은 우리를 좋거나 나쁜 상태로 몰아넣을 수도 있어서 얽히고설킨 일련의 경험을 불러일으키는 앵커로 작용하게 된다. 그래서 '어떤 말이 진짜로 의미하는 것은 무엇인가?' 라는 질문에 대한 유일한 해답은 '누구에게 하는 말이냐?' 라는 것이 된다. 언어는 커뮤니케이션의 도구다. 그리고 그러한 도구로써 말은 사람들이 그것이 의미하는 바에 대하여 동의하는 것을 뜻한다. 언어는 감각 경험에 대한 커뮤니케이션을 위하여 서로 공유하는 수단이다. 만일 언어가 없다면 우리가 알고 있는 사회적 기반은 존재하지 않을 것이다.

우리는 같은 언어를 모국어로 사용하는 사람들의 직관을 신뢰한다. 그리고 우리의 감각 경험은 많은 공통적 특징을 갖고 있는 우리의 지도와 유사하다는 사실을 신뢰한다. 이 같은 믿음이 없다면 모든 대화는 쓸데없는 것이 될 것이며, 우리는 모두 『거울나라의 앨리스』에 나오는 험프티 덤프티처럼 말의 뜻을 제멋대로 바꾸는 사람들이 될 것이다.

그러나 …… 우리가 가진 지도가 정확하게 똑같은 것은 아니다. 우리는 서로 각각 독특한 방식으로 세상을 경험한다. 이해하지 못하는 외국어를 들을 때 분명히 드러나듯이 말이란 본래부터 의미가 있는 것은 아니다. 우리는 특정 대상 및 인생에서의 특정 경험과 앵커링된 연합을 통해 특정한 말에 의미를 부여하게 된다. 어떤 상황에서 모두가 똑같은 대상을 보지도 않거니와 같은 상황에서 모두가 동일한 경험을 하는 것도 아니다. 사람마다 각자 다른 지도와 의미를 갖고 있다는 사실은 우리의 삶에 풍요로움과 다양성을 더해 준다.

사람들은 '애플파이'라는 단어를 접할 때 그것이 무엇을 뜻하는지 같은 의미로 이해할 것이다. 왜냐하면 그것이 어떤 것인지, 즉 그 모양, 냄새, 맛이 어떠한지를 알고 있기 때문이다. 그러나 '정치' '사랑' '존경'과 같은 추상적인 말의 의미에 대해서는 많은 논쟁을 해 봐도 쉽게 합의되기 어려울 뿐더러 경우에 따라서 혼란이 조성될 수도 있다. 이러한 단어들은 특히 사람에 따라 의미가 다르게 보이거나 다른 식으로 이해되는 로르샤하 잉크반점검사[2]의 그림과도 같다.

이러한 일들은 집중의 결여, 라포의 부족, 불분명한 표현, 특정 생각에 대한 이해력 부족과 같은 점들을 고려하지 않더라도 충분히 일어날 수 있는 일이기에 사람마다 받아들이는 의미가 달라질 수 있다. 우리가 누군가를 이해한다고 할 때 과연 그를 제대로 이해하고 있다는 사실을 어떻게 알까? 그것은 그 사람의 말에 의미를 부여함으로써 가능해진다. 그런데 중요한 것은 그 사람의 의미가 아니라 우리의 의미다. 그렇다고 해서 두 사람이 각각 의미하는 바가 같다는 보장은 없다.

우리는 다른 사람의 말을 어떻게 제대로 이해하는가? 우리는 자신의 생각을 표현하기 위해서 어떻게 단어를 선택하는가? 그리고 그 단어들은 어떻게 우리의 경험을 구조화하는가? 이러한 내용이 곧 NLP에서 언어에 해당하는 부분의 핵심이 된다고 할 수 있다.

---

2) Rorschach ink blots test: 스위스의 정신과 의사 로르샤하가 1921년에 개발한 성격검사로, 좌우 대칭의 잉크 얼룩이 있는 열 장의 카드로 이루어져 있다. 검사자는 형태가 뚜렷하지 않은 카드의 그림을 피험자에게 보여 주면서 그 그림들이 각각 무엇처럼 보이는지, 그림을 봤을 때 무슨 생각이 나는지 등을 자유롭게 말하게 함으로써 성격을 테스트한다. 이때 각 그림에 대한 개인의 생각이나 느낌은 모두 다르기 때문에 정답이 있을 수 없다.

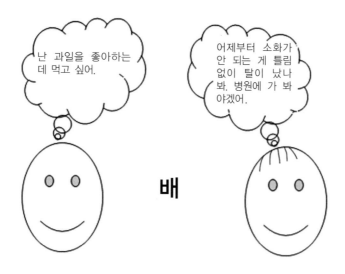

난 과일을 좋아하는
데 먹고 싶어.

어제부터 소화가
안 되는 게 틀림
없이 탈이 났나
봐. 병원에 가 봐
야겠어.

배

말이란 당신의 관점에 따라 다른 것을 의미하게 된다

두 사람이 서로 음악을 좋아한다고 한다면 그들은 같은 마음일까? 어쩌면 한 사람은 바그너의 오페라를 좋아하고 다른 한 사람은 하드록을 즐길 수도 있다. 그렇다면 이 두 사람 간에 과연 공통점이 있다고 말할 수 있을까? 아마도 그렇게 말하기가 어려울 것이다.

만일 내가 친구에게 주말에 휴식을 취하면서 보냈다고 말한다면 그는 내가 하루 종일 안락의자에 앉아서 텔레비전을 보고 있는 이미지를 떠올릴지도 모른다. 만일 내가 실제로는 스쿼시 게임을 했고 공원에서 산책하면서 휴일을 보냈다는 것을 안다면 그는 나를 미쳤다고 생각할 수도 있다. 그는 또한 '휴식'이란 단어가 그렇게 다른 의미로 사용될 수도 있다는 사실에 놀랄지도 모른다.

이 예에서 볼 때 크게 문제될 것은 없다. 대부분의 경우 우리는 대화할 때 서로 비슷한 차원에서 상대방의 말뜻을 이해하고 받아들이기 때문이다. 하지만 경우에 따라서 아주 분명한 의사소통이 이루어져야 할 아주 중요할 때가 있기 마련이다. 그러한 예는 은밀한 대화가 오가는 관계에서나 사업상 계약을 맺을 때다. 이런 경우에 당신은 다른 사람이 당신의 뜻을 분명하게 이해해 주기를 바랄 것이다. 뿐만 아니라 당신은 그가 자신의 지도에 있어서, 즉 주관적 해석 차원에서 의미하는 바를 정확하게 알기를 원하며 그가 분명하게 자신의 생각을 표현해 주기를 바랄 것이다.

## 생각하는 것 말하기

언어란 우리의 개인 경험에서 작용하는 강력한 필터 또는 여과장치다. 언어는 우리가 태어나서 생활을 영위하는 문화의 일부분이며 바뀌지 않는다. 언어는 어떤 면에서는 생각하는 것을 쉽게 해 주고 어떤 면에서는 어렵게 하기도 하며, 우리의 생각을 특별한 방향으로 전달해 준다. 우리의 언어는 어떤 지역에서는 상당히 차이가 있고 또 어떤 지역에서는 차이가 없는데, 그것은 그 문화에서 무엇이 중요한가에 의해 좌우된다. 예를 들어, 햄버거에 대한 것만 해도 수십 개의 단어가 있으며, 자동차에도 무려 50개 이상의 다른 이름이 있다고 한다. 세계는 우리가 만들고 싶어 하는 만큼 풍요롭고 다양하다. 그리고 우리가 물려받은 언어는 세상의 어떤 쪽으로는 관심을 돌리게 하고 어떤 쪽으로는 관심이 안 가도록 방향을 잡아 주는 데 중대한 몫을 담당하고 있다.

우리의 생각은 언어에 의해서 결정되는 것은 아니다. 우리는 말을 통해서 생각할 수 있고 또 생각을 하지만 우리의 생각은 마음이 만들어 내는 심상, 소리, 느낌 들의 혼합물이기도 하다. 언어를 안다는 것은 이런 것들을 말로 옮기는 방법을 아는 것이다. 여기서 탐색해 보고자 하는 것은 우리가 생각을 언어라는 옷으로 치장하여 표현할 때 우리의 생각이 어떻게 달라질 수 있는가의 문제와 청자(聽者)가 그 말을 들을 때 우리의 생각이 얼마나 정확하게 전달되는가의 문제다.

물론 언어에는 그 자체의 모호성이 있다. 예를 들어, 다음과 같은 신문의 머리기사를 보면 그 모호성을 충분히 짐작할 수 있다. '성인의 연령, 성, 직업별 인구조사 결과 발표'라는 이 기사에서 몇 가지로 분류한 사항 중 구체적인 내용을 짐작할 만한 것은 거의 없다. 그만큼 모호성이 크다는 것이다. 그런데 사람들은 누구도 똑같은 경험을 하지 않기 때문에 동일한 기사를 보거나 같은 말을 듣더라도 제각기 서로 다른 의미로 받아들일 수밖에 없다.

말은 감각 경험에 대한 앵커 구실을 한다.[3] 그러나 경험 자체는 실재가 아니며 말 또한 경험이 아니다. 언어는 실재와는 두 단계의 거리가 있다. 어떤 말에 대한 진정한 의미에 대하여 논쟁을 하는 것은 마치 당신이 특정 음식을 좋아한다는 이유로 그 음식을 표시한 메뉴의 맛이 다른 메뉴의 맛보다 더 좋다고 논쟁하는 것과 같이 어리석다. 사람들은 흔히 외국어를 배워 보면 단순히 새로운 언어를 배우는 것이 아니라 그 나라의 문화나 전통 같은 것을 자연스레 알게 된다고 한다. 그리고 우리와는 다른 그 나라의 세계관도 함께 접하게 되면서 결과적으로 지금까지의 세계관이 크게 바뀌게 되는 경험을 하게 마련이다.

---

3) 특정한 말은 특정한 경험을 상징화하며, 말은 경험을 떠올리게 하거나 경험을 하게 한다. 그리고 특정한 경험은 특정한 말로 표현된다고도 할 수 있다. 예를 들어, 우리는 어릴 때 몸에 통증을 느끼면 '아프다'고 말하는 것을 학습한다. 그렇기 때문에 '아프다'는 말을 하거나 들으면 곧 통증을 연상하게 된다고 할 수 있다. 더 나아가 레몬이라는 말을 하거나 듣게 되면 그 신맛이 연상되어 침이 생기게 되는 것도 앵커로서의 언어의 의미를 설명하는 예가 된다.

# 말의 뜻 이해하기 — 메타모형

커뮤니케이션을 잘하는 사람들은 언어의 강점과 약점을 잘 활용한다. 정확하게 언어를 사용하는 능력은 어떤 직업 분야에서건 필수적이다. 다른 사람이 알아듣거나 이해할 수 있는 말을 정확하게 사용할 수 있는 능력과 상대방이 하는 말을 통하여 그가 전달하고자 하는 말의 의미를 정확하게 알아듣고 이해할 수 있는 능력은 대단히 중요한 커뮤니케이션 기술이다.

NLP에는 말을 제멋대로 바꾸는 험프티 덤프티처럼 되지 않도록 돕는, 언어를 다루는 방법에 대한 아주 유용한 지도가 있다. 이 언어의 지도는 NLP 문헌에서 메타모형[4]이라는 이름으로 알려져 있다. '메타'라는 단어는 그리스어에서 유래된 것으로 '위의' '저 너머', 즉 다른 차원에 대한 것을 의미한다. 메타모형은 언어가 뜻하는 바를 명확하게 해 주기 위해 사용되는 언어 패턴, 즉 문형[5]으로써 말이 의미하는 내용이 잘못 이해되지 않도록 해 준다. 환언하면 말을 경험에 다시 연결시켜 주는 것[6]이다.

---

4) Meta Model: 메타모형(모델)이란 결국은 화법(話法)에 해당하는 개념이기에 메타화법이라고도 할 수 있다. NLP에서는 크게 두 가지의 화법 관련 모형이 있다고 볼 수 있는데, 그중 하나가 바로 메타모형에 해당하는 메타화법이며, 다른 하나는 밀턴모형에 해당하는 밀턴화법이다. 후자와 관련해서는 뒤에서 다시 상세하게 설명될 것이다.

5) language pattern: 한국어에서는 생소한 개념이 되겠지만 단어는 문형(文型)에 해당한다고 생각된다. 그래서 언어 패턴이라는 말로 써도 좋겠지만 보다 정확한 의미를 살려서 문형이라는 번역어도 함께 달았다. NLP에서는 다양한 언어 패턴, 즉 문형이 있다. 그러한 모든 것은 일종의 언어 기술이기도 하며 화법에 해당한다고도 할 수 있을 것이다.

6) 상세하고 구체적인 내용을 담지 않은 말 때문에 제대로 표출되지 않는 경험 내용을 밝힘으로써 다른 사람들이 그 말의 내용을 정확하고 분명하게 이해하도록 하고 정확한 커뮤니케이션이 가능하도록 한다는 의미다.

메타모형은 존 그린더와 리처드 밴들러에 의해 개발된 최초의 언어 모형, 즉 화법 중의 하나였다. 그들은 두 명의 뛰어난 심리치료사인 프리츠 펄스와 버지니아 사티어가 정보를 수집할 때 특정한 유형의 질문을 사용하는 경향이 있다는 것에 주목했다.

두 사람의 창시자는 언어, 변화, 인식에 대한 자신들의 통찰력을 발전시키기 시작했다. 그리고 자신들이 통찰한 것을 설명해 줄 수 있는 적절한 어휘를 개발해야만 한다는 사실도 함께 깨닫게 되었다. 그들은 1970년대 중반 당시에 주류 심리학계의 심리치료 훈련은 실패했다고 생각했다. 즉, 당시까지만 해도 심리학자들이 대학원을 졸업하여 심리치료사로서 개업을 해서는 제대로 심리치료를 하는 대신에 쓸데없는 일을 하느라 시간을 허비하고 있다고 여겨졌기 때문이다. 그 쓸데없는 일이란 자기가 배운 것을 적용할 수 있는 방법을 새롭게 찾는 것이었다. 왜냐하면 그들이 학교에서 배웠던 지난 세대의 지혜를 치료 현장에서 효과적으로 적용할 수 있는 언어나 방법이 당시로서는 없었기 때문이다.

그런데 '과학과 행동도서 출판사'[7]에서 발간한 『마술의 구조 1』[8]의 등장과 함께 이 모든 것이 바뀌게 되었다. 그 책에는 메타모형의 내용이 자세하게 기술되어 있으며, 그린더와 밴들러가 펄스와 사티어를 모방하는 데서 얻은 많은 자료가 포함되어 있다. 이제 사람들은 효과 있는 치료법과 효과 없는 치료법을 밝혀내는 데 수많은 세월을 보냈던 천부적인 심리치료사들의 경험으로부터 많은 도움과 혜택을 얻을 수 있게 되었다. 그 책은 버지니아 사티어에게 헌증되었다.

---

7) Science and Behaviour Books: 1963년에 돈 잭슨(Don Jackson) 박사에 의해서 창설된 상담심리, 심리치료, 가족치료 분야를 망라하는 행동과학 및 심리학 전문 출판사로서 NLP와 관련된 많은 책을 출판하였다. 제9장의 각주 4)를 참조하라.
8) *The Structure of Magic 1*. 1975년에 리처드 밴들러와 존 그린더가 저술한 NLP계의 최초의 저서다.

# 사실을 모두 말하기—심층구조

메타모형은 결국 다른 사람들의 말을 보다 충분히 이해하는 데 도움이 되는 언어적 도구라고 할 수 있다. 메타모형을 제대로 이해하기 위해서는 우리의 생각이 어떻게 말로 전환되는지 살펴볼 필요가 있다. 언어는 절대로 생각의 민감성, 다양성, 속도를 완전히 소화하지 못한다. 다만 비슷한 정도로 소화할 뿐이다.

화자는 자신이 말하고자 하는 것에 대해서 완전하고도 충분한 생각을 가지고 있는 경향이 있는데 NLP에서는 이것을 심층구조(deep structure)라고 부른다. 심층구조는 의식이 아니다. 언어는 우리의 신경학에서는 가장 깊은 층에 존재한다. 우리는 명확하게 말하기 위해 이 심층구조를 축약하는 경향이 있다. 우리가 실제로 말하는 것은 표층구조(surface structure)라고 부른다. 만약에 심층구조를 축약하지 않는다면 대화는 끔찍할 정도로 길어지고 장황해질 것이다. 당신에게 가장 가까운 병원으로 가는 길을 묻는 사람에게 변형문법[9]이 포함된 대답을 해 주었다고 그 사람이 당신에게 감사해하지는 않을 것이다.

심층구조의 생각을 표층구조로 드러내고 표현하기 위해서 우리는 무의식적으로 세 가지 일을 하게 된다. 첫째로는 심층구조에 저장되어 있

---

9) transformational grammar: 미국의 구조주의 언어학이 가지고 있던 난점을 타파하고 언어에 대한 새로운 관점에서 언어구조를 기술해야 한다는 차원에서 제안·발달된 문법을 말한다. 이 이론에 따르면 언어는 무한한 수의 문장을 지배하는 한정된 수의 규칙으로 이루어지는데, 이런 유한한 수의 규칙이 곧 문법이라고 할 수 있다. 1950년대 중반에 미국의 언어학자 촘스키(Noam Chomsky, 1928)가 창시한 이론으로 문장을 심층구조와 표층구조로 구분한다. 심층구조를 만드는 규칙인 구절 구조 규칙과 심층구조를 표층구조로 바꾸어 주는 변형 규칙에 의하여 문장 생성의 구조를 설명하고 있다. 일명 변형생성문법(transformational-generative grammar)이라고도 한다.

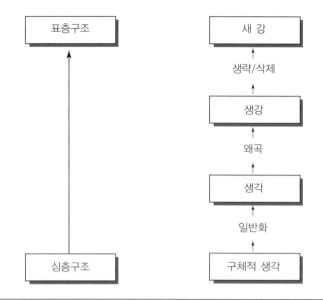

| | | | 새 강 |
|---|---|---|---|
| 표층구조 | | | ↑ 생략/삭제 |
| | | | 생강 |
| | | | ↑ 왜곡 |
| | | | 생각 |
| ↑ | | | ↑ 일반화 |
| 심층구조 | | | 구체적 생각 |

**심층구조에서 표층구조로 가기 위해, 우리는 다른 사람에게 말할 때 우리의 생각 중 일부분을 빠뜨리거나 바꾸고 일반화시킨다.**

는 정보 중에서 단지 몇 가지만 골라낸다. 그때 나머지의 엄청난 양은 제외된다. 둘째로는 단순화된 형식의 말로 표현하게 된다. 이때 불가피하게 의미가 왜곡된다. 셋째로는 일반화된 말을 하게 된다. 모든 가능한 예외적인 상황과 조건을 걸러 내지 않고 모조리 이야기하게 된다면 아주 지루한 대화가 될 것이다.

메타모형은 언어 속에 감추어진 생략/삭제, 왜곡, 일반화를 드러내어 되돌리려는 일련의 질문이다. 이러한 질문은 빠진 정보를 채워 넣고 구조를 다시 만들고 커뮤니케이션을 이해하기 위한 구체적 정보를 이끌어 내는 데 목표를 둔다. 다음에 나오는 언어 패턴 중 어느 것도 그 자체로서 좋거나 나쁜 것은 없다는 점을 명심하기 바란다. 이러한 언어들이 어떤 맥락에서 사용되며 그 결과는 어떠한가에 따라 가치가 결정된다고 할 수 있다.

# 비구체적 명사

다음 문장을 읽고 생각해 보자.

17세 소녀인 라라는 거실에서 미끄러지면서 방석에 넘어졌는데 그 과정에서 오른손으로 나무의자를 짚다가 오른손에 멍이 들었다.

*그 아이는 사고를 당했다.*

이 두 문장은 같은 것을 의미하지만 첫 번째 문장에는 훨씬 더 많은 구체적 정보가 들어 있다. 우리는 구체적인 명사를 일반화하고 생략함으로써 쉽게 첫 번째 문장에서 두 번째 문장이 되게 할 수 있다.

또한 둘 다 완벽하게 훌륭한 문장이다. 그러나 훌륭한 문법이 말의 명료함을 보장해 주는 것은 아니다. 많은 사람은 유창한 말로 장황하게 말은 잘하는데, 듣고 난 후에는 정작 무슨 말을 들었는지 모르는 상태가 되는 경우가 많다.

수동태를 사용함으로써 문장의 능동적 주어는 삭제될 수 있다. 예를 들자면, '누군가(X)가 그 집을 지었다.'고 말하기보다는 '그 집은 지어졌다.'고 말하는 것과 같은 것이다. 문장 속에서 집을 지은 사람을 생략했다는 이유만으로 집이 저절로 솟아났다는 것을 의미하지 않는다. 즉, 문장 속에서 집을 지은 사람에 대한 내용을 삭제하고 그에 대한 언급이 전혀 없다고 하더라도 집을 지은 사람은 여전히 존재한다. 우리의 일상적 언어 속에서 이루어지는 이런 유형의 삭제는 우리로 하여금 무기력한 구경꾼으로밖에 살 수 없게 하는 세계관을 내포할 수 있다. 그리고 어떤 일이나 사건은 어느 누구의 책임도 없는 가운데 그냥 발생한 것이 되는 것이다.

그래서 '그 집은 지어졌다.'는 말을 들을 때, 당신은 누락된 정보를 위해 '누가 그 집을 지었나요?'라는 질문을 할 수 있다.

비구체적 명사(unspecified noun)는 명사 자체가 추상적이어서 구체적인 정보를 담고 있지 않은 경우를 말한다. 비구체적 명사가 들어 있는 문장의 예를 들어 보면 다음과 같다.

"그들이 나를 데려가려고 해요."
*"그들이 누구죠?"*

"그것은 견해상의 문제지요."
*"당신이 말하는 그것은 무엇이죠?"*

"그 동네가 완전히 망가졌어요."
*"누가 그 동네를 망가뜨렸나요?"*

"애완동물은 성가신 존재야."
*"어떤 애완동물을 말하시나요?"*

조금 전까지만 해도 테이블 위에 초콜릿이 한 개 있었는데 보이지 않아 두 살짜리 아이에게 그것이 어떻게 되었는지를 물었다. 이때 아이는 다음과 같이 말했다.

"만일 초콜릿을 이런 곳에 놓아두면 사람들이 다 먹어 버려요."
*"네가 말하는 사람들은 어떤 사람들인데?"*

비구체적 명사는 다음과 같은 질문을 함으로써 명료해진다.

'구체적으로 누가(또는 무엇이) ~하(이)란 말인가?'

## 비구체적 동사

앨리스가 너무 어리둥절해서 아무 말도 못하고 있자 험프티 덤프티가 다시 입을 열었다.

"단어에도 성질이 있는데 그 가운데서 동사가 가장 까다롭단다. 형용사는 어떻게 다루어도 상관없지만 동사는 달라. 하지만 나는 어떤 단어든지 문제없어! 불가해성! 내 말은 그거야!

– 루이스 캐럴의 『거울나라의 앨리스』에서

때때로 앞의 명사처럼 동사도 구체화되지 않는 경향이 있다. 비구체적 동사(unspecified verb)란 어떤 표현에 있어서 구체적인 행동을 묘사하지 않거나 추상적으로 또는 막연하게 표현할 때 사용되는 동사를 말한다. 예를 들면 다음과 같다.

"그는 파리로 여행을 갔다."
"그녀는 다쳤다."
"그녀가 나를 도와주었다."
"나는 그것을 기억하려고 애쓰고 있다."
"가서 다음 주 동안 이것을 배워라."

어떠한 일이 어떻게 또는 어떤 식으로 이루어졌거나 이루어지는지를 아는 것은 중요하다. 이럴 때 필요한 것이 바로 부사다. 그런데 앞의 문장에서는 구체적으로 그러한 일이 어떻게 이루어졌는지에 대한 설명이 생략되고 없다. 그래서 앞과 같은 말에 대해서는 다음과 같이 되물어볼 필요가 있다.

> "그가 어떤 방법으로 여행을 갔지요?"
> "그녀가 어떻게 다쳤는데요?"
> "그녀가 당신을 어떻게 도와주었나요?"
> "당신은 그것을 기억해 내려고 어떻게 애쓰고 계시나요? (그런데 구체적으로 무엇을 기억하려고 애쓰고 계신가요?)"
> "내가 이것을 어떻게 배울 수 있나요?"

> 비구체적 동사는 다음과 같은 질문을 함으로써 명백해진다.
> '구체적으로 어떻게……?'

## 비 교

누락된 정보에 대한 다음의 두 가지 예는 판단과 비교의 경우로 서로 비슷하다. 그리고 이들은 때때로 함께 사용되기도 한다. 판단은 어떤 현상이나 일을 평가하는 것을 말하고, 비교는 상대적인 비교를 말한다. 다음과 같은 광고 카피에서 두 가지의 예를 동시에 볼 수 있다.

*새로운, 더욱 좋은 저희 화이트 세제는 최고를 보장합니다.*

이 문장에서는 비교의 의미가 사용되고 있지만 겉보기에 분명하지 않다. 하지만 어떤 것이 혼자서는 더 좋을 수 없다. '무엇에 비해서' 더 좋다는 말인가? 이전 제품보다 더 좋다는 것인가? 경쟁사의 다른 제품보다 더 좋다는 것인가? 세제 대신에 다른 특효약을 사용하는 것보다 더 좋다는 것인가?

'최고' '더 좋은' '더 나쁜' 또는 '최악'과 같은 단어를 사용하는 문장은 비교를 하고 있는 것이다. 우리는 비교할 대상이 있을 때만 비교할 수 있다. 만약 비교 대상이 빠져 있다면 당신은 그것, 즉 비교 대상이 무엇이냐고 질문을 해야 할 것이다. 또 다른 예를 보자.

*나는 그 모임을 형편없이 이끌었다.*

*그 모임은 무엇과 비교해서* 형편없었나? 어떻게 다르게 이끌 수 있었는가? 만약 평범한 일반인이라면 그 모임을 어떻게 이끌었을까? 만약 슈퍼맨이 했다면 어땠을까?

흔히 비교를 한 경우에 특히 삭제된 절반은 비현실적인 것과 많이 관련된다. 우리가 어떤 비교를 할 때 누구 또는 무엇을 대상으로 비교하느냐에 따라서 비교의 느낌은 달라질 수 있다. 만약 자기 자신을 슈퍼맨과 같은 사람에 빗대어 비교한다면 기분이 어떻게 될까? 그런 경우에 차이가 너무 많이 나기 때문에 스스로 주눅이 들고 형편없는 느낌이 들 뿐만 아니라 스스로 할 수 있는 것이 아무것도 없다는 무력감에 빠지게 될 수 있어서, 대화 상황에서는 아예 비교의 대상이나 기준 자체를 삭제 또는 생략한 상태에서 말할 수도 있다.

비교는 다음과 같은 질문을 함으로써 명백해진다.
'무엇(또는 누구)과(와) 비교해서……?'

# 판단

판단은 비교와 밀접한 관련이 있다. 만일 앞의 예에서 화이트 세제가 '한마디로 말해 돈으로 살 수 있는 최상의 세제'라면 이것이 누구의 의견인지 아는 것은 흥미로운 일이 될 것이다. 아리랑 세제의 영업소장의 의견? 여론조사? 일반인의 생각?

비록 판단에 있어서 때때로 비교가 포함되기는 하지만 반드시 그럴 필요는 없다. 만약 누군가가 "나는 이기적인 사람이야."라고 말한다면, 당신은 "그것은 누구의 말이죠?"라고 물어볼 수 있다. 이에 그 사람이 "그것은 내 말이지요."라고 대답한다면 "당신은 무슨 근거로 스스로를 이기적인 사람이라고 판단하시나요?"라고 질문할 수 있다.

그런 식으로 누가 판단을 하고 있는지를 아는 것은 유용하다. 그런 판단은 어린 시절의 기억에서 나온 것일 수도 있다. 또한 그 판단의 근거는 무엇인가? 그 근거라는 것이 판단의 근거로서 충분한 자격이 있는가? 그 근거는 당신이 부여한 것인가, 아니면 외부로부터 당신에게 부여된 것인가? 당신은 이제 성인이므로 더 이상 과거의 영향을 받지 않을 수도 있지 않을까?

판단은 때때로 부사의 끝자락을 따라서 몰래 숨어든다. 다음 문장을 참고하라.

"분명히 그 사람은 이상적인 후보자라는 것이야."
"누구에게 그 사실이 분명하다는 건가요?"

흔히 '히'나 '~하게'로 끝나는 부사[10]들은 판단의 당사자가 누구인지 알지 못하게 삭제하는 경향이 있다. 앞의 예문에서 '분명히'로 시작되는 문장을 '~은 분명하다.'의 형식으로 바꾸어 쓸 수 있다면 삭제 현상이 생겼다고 볼 수 있다. 그것은 누군가에게 분명해야만 하기 때문이다. (그런데 앞의 표현에서는 누구에게 분명하다는 것인지가 언급되어 있지 않기에 삭제가 이루어졌다고 할 수 있지 않은가?)

판단은 다음과 같이 물어봄으로써 명확해진다.
'누가 이 판단을 하고 있는가? 그리고 어떤 근거로 그런 판단을 하고 있는가?'

## 명사화

그다음의 언어 패턴, 즉 화법은 진행 과정을 묘사하는 동사가 명사로 바뀌었을 때 나타나는 형식이다. 언어학자들은 이것을 명사화 (nominalization)라고 부른다. 다음 문장을 읽고서 그것이 무엇을 의미하는지에 대해 생각해 보라.

*가르침과 훈육, 그것은 존경과 단호함이 어우러져 이루어지는 것으로서 교육의 과정에서 본질적인 것이다.*

이 문장은 문법상 전혀 하자가 없는데, 거의 한 단어씩 건너뛰어 명사화(이탤릭체)된 표현들이 포함되어 있다. 만일 어떤 명사가 오감적 차원에서 표현될 수 없다면 명사화라고 할 수 있다.

---

10) 영어에서 -ly로 끝나는 부사를 말한다.

명사화 자체가 잘못된 것은 아니다. 오히려 명사화는 아주 유용할 수 있다. 그러나 명사화는 사람들이 갖고 있는 세상에 대한 지도 간에 있을 수 있는 가장 큰 차이를 숨기게 된다.

'교육'을 예로 들어 보자. 누가 누구를 교육하고 있으며 그들 사이에 건네고 있는 지식은 무엇인가? 혹은 '존경'을 예로 들어 보면, 누가 누구를 존경하고 있으며 그들은 어떻게 존경하고 있는가?

'기억'에 관한 예를 들어 보면 재미있을 것이다. 만약 당신 스스로 '기억력이 나쁘다'고 말한다면 그것은 무슨 말일까? 그 말의 의미를 제대로 이해하기 위해서는 혹시 기억을 하는 데 있어서 어려움을 느끼는 구체적 정보가 있는지, 만약 있다면 그것은 어떤 것인지에 대해서, 그리고 그 정보를 어떤 식으로 기억하는지에 대해서 물어봐야 할 것이다. 모든 명사화에는 최소한 하나 이상의 명사와 비구체적 동사가 누락되어 있다고 할 수 있다.

동사는 활동, 즉 진행 중인 과정을 의미한다. 그 활동은 만약 동사가 명사화되어 정적인 명사로 바뀌면 사라지게 될 것이다. 자신의 기억력이 나쁘다고 생각하는 사람은 기억력이 나쁜 상태를 염두에 두고 그것을 갖고 있다고 생각한다. 그것은 마치 허리가 아픈 사람이 요통이 있다고 말하는 것과 같은 것이 된다. 만약 그렇다면 이 두 가지 경우는 모두 스스로가 자신에 대해서 어떻게 할 수 없는 무력한 상태가 될 것이다. 나쁜 기억력이나 요통이란 것은 모두 명사화된 것인데, 이러한 명사화는 정지된 상태로서 어떤 움직임도 없는 것이기에 그것에 대해 조치를 취하거나 조작할 수가 없기 때문이다.

조지 오웰[11]이 말한 것처럼, "생각이 언어를 타락시키지만, 언어도

---

11) George Orwell(1903~1950): 인도에서 태어난 영국 작가이자 언론인으로서 본명은 에릭 아서 블레어(Eric Arthur Blair)다. 그는 20세기 영어권의 가장 중요한 소설가, 비

생각을 타락시킨다."[12]라고 할 수 있다. 만약 우리가 어떻게 말하느냐에 따라서 외적 세계가 구성되고 패턴화된다고 믿게 된다면, 그것은 마치 식당에서 음식은 먹지 않고 그 음식을 나타내는 메뉴를 먹는 것보다 훨씬 더 나쁜 것이라고 할 수 있다. 즉, 그것은 메뉴에 인쇄된 잉크를 먹는 셈이 된다. 말이란 감각 경험과 전혀 관계가 없는 방식으로 조합되고 조작될 수 있다. 그래서 "돼지가 날 수 있다."라고 말할 수는 있다. 그렇다고 해서 그 말이 사실이 되는 것은 아니다. 정말로 그렇게 생각한다면 그것은 곧 마술을 믿는 것과 같다.

명사화는 메타모형의 용(龍)과 같은 것이다. 용은 실제로는 존재하지 않는 상상의 동물이다. 그러므로 그것이 실제로 존재한다고 믿지 않는 한 어떤 문제를 일으키지 않는다. 마찬가지로 명사화도 그 자체로는 별다른 문제를 일으키지 않는다고 볼 수 있다. 하지만 그것은 때때로 중요한 상황이나 맥락에서 너무 많은 정보를 삭제해 버리기 때문에 의미 있는 내용이 별로 남아 있지 않게 될 뿐더러, 경우에 따라서 명사화된 개념 자체가 주는 부정적인 상징적 의미 때문에 문제가 되기도 한다.

그런 의미에서 의학적 증상과 질병명은 명사화가 적용되는 재미있는 예가 된다. 특히 병원에서 특정의 병명 ― 예를 들어, 암과 같은 ― 을 들

---

평가, 정치평론가 중 한 명이기도 하다. 그는 만년의 두 소설 『동물 농장』과 『1984년』으로 특히 유명해졌다. 그의 사상의 핵심은 언어가 사고를 통제한다는 것이다.

12) 오웰의 사상과 같이 『도덕경』을 비롯한 동양 사상서에도 언어와 생각의 밀접한 관련성이 잘 예시되어 있다. 그 대표적인 것으로 '유언유류, 유해유실(愈言愈謬, 愈解愈失)'이란 말을 들 수 있다. 이는 '말을 하면 할수록 사실성을 그르치게 되고, 논리적으로 사고를 진행시킬수록 그 실체를 떠나 버리게 된다.'는 뜻으로 풀이될 수 있다. 또한 『도덕경』에서는 "도가도, 비상도(道可道, 非常道)"라고도 했는데, 이는 '도를 도라고 하면 그것은 이미 도가 아니다.'라는 말이다. 이처럼 사실상 언어 속에는 이미 우리의 생각이 존재하고 있으며, 언어는 생각일 뿐만 아니라 생각은 언어의 차원을 넘어서는 것이어서 결코 언어적 표현으로 우리의 생각을 완전하게 드러낼 수 없는 것이다.

었을 때 환자나 보호자들이 곧바로 죽음에 대한 공포나 무력감을 느끼게 되는 상황을 보면 잘 알 수 있다.[13] 명사화는 과정(過程)을 나타내는 개념을 (움직임이 없거나 고정된 상태의) 대상(things)이나 상황을 나타내는 명사적 표현으로 바꾸어 버림으로써, 결과적으로 의미 있는 많은 내용이나 정보가 삭제되게 하는 오류를 범하는 화법[14]에 속한다.

명사화는 일단 동사로 바꾸고 누락된 정보에 대해 다음과 같은 질문을 함으로써 분명해진다. '누가 무엇에 대해 명사화하고 있는가? 그리고 그는 구체적으로 어떻게 행동하고 있는가?'


## 가능성의 서법기능어


'~할 수 없다'거나 '해서는 안 된다'는 식으로 말할 때 적용되는 행동상의 규칙이란 것이 있다. 이러한 표현들을 언어학에서는 서법기능어(modal operator)라고 하는데, 이런 말은 무언중에 행동의 한계를 설정

---

13) 실제로 암과 같은 증상명이나 질병명은 그 이름 자체가 사람들에게 아주 큰 위협감을 준다. 대부분의 사람은 암 진단이라는 것은 곧 '사망선고'와 같은 의미로 받아들이고 있다. 그러나 암이라고 말하는 대신에 "변종세포가 많이 자라고 있다."라고 말한다면 어떤 질병의 진행 과정을 동사로 설명하는 것이 되는데, 이럴 경우에 비록 암을 설명하는 말이라고 하더라도 위협감이나 죽음과 연결되는 두려움을 야기하지는 않을 것이다. 그래서 암과 같은 증상명은 '변종세포가 자라고 있다.'는 과정이나 동사를 명사로 바꾼 명사화에 해당한다고 할 수 있다. 반대로 명사를 동사로 바꾸는 경우를 '탈명사화(denominalization)'라고 한다.

14) 앞에서도 설명했듯이, 명사화는 원래는 구체적인 움직임의 정보를 담은 동사로 표현되어야 할 내용이 추상적이며 움직임이 없고 정지된 상태를 나타내는 간단한 명사로 바꾼 것을 말한다. 그러므로 명사화 자체는 삭제와 생략을 내포하고 있다고 할 수 있다. 따라서 바로 이러한 명사화는 언어상에서 많은 오류를 범하는 꼴이 되고 정확한 커뮤니케이션을 오도할 우려가 큰 화법에 해당한다고 할 수 있다.

한다.

서법기능어에는 두 가지 주요 유형이 있다. 하나는 필수성(necessity) 의 서법기능어이며, 다른 하나는 가능성(possibility)의 서법기능어다.

둘 중에서 가능성의 서법기능어가 더 강력하다. 가능성의 서법기능 어에는 '할 수 있다(can)'와 '할 수 없다(cannot)' 그리고 '가능한 (possible)'과 '불가능한(impossible)'이 있다. 이러한 말들은 (말하는 사 람, 즉 화자의 세상지도 내에서) 가능하다고 여겨지는 것을 한정한다. 분명 히(이 말에는 판단이 들어 있다는 점을 눈치 채기 바란다. 도대체 누구에게 분 명하다는 건가?) 자연에는 규칙이 있다. 돼지는 날 수 없다. 사람은 산소 없이는 살 수 없다. 그러나 어떤 한 사람의 신념에 의해 정해진 한계란 아주 다르다. 그러한 한계의 예로는 '나는 단지 거절할 수 없었어.' '나 는 이런 사람이야. 나는 변할 수 없어.' 또는 '그들에게 진실을 말하는 것은 불가능해.' 따위가 있다.

만일 어떤 사람이 스스로 어느 정도의 능력이 있다고 믿는다면 그에 게 문제가 될 것은 별로 없을 것이다. (그것이 분명히 거짓이 아니거나 자 연의 법칙을 무시하는 것이 아니라면 말이다.) 그러나 스스로 '할 수 없다' 고 생각하는 것은 자신에게 제한과 한계를 지우는 꼴이 된다. "나는 할 수 없어."라는 말은 기꺼이 변화에 따르는 것이 아니라 스스로 무능력한 상태에 있다는 점을 인정하는 것이다.

게슈탈트 치료의 창시자인 펄스는 "난 ~을 할 수 없다."라고 말하는 내담자에게 "할 수 없다고 말하지 말고 "나는 안 할 거예요!"라고 말하 라."라고 하곤 했다. 이러한 다소 대담한 관점 바꾸기는 내담자의 고착 된 상태를 적어도 선택의 가능성을 받아들일 수 있는 상태로 즉시 바꾸 어 준다.

"난 ~을 할 수 없다."라고 하는 사람에게 다음과 같이 질문한다면 보다 명료한 질문(그러면서도 라포는 덜 깨트릴 것 같은 질문)이 될 것이다. *'만일 당신이 한다면 어떻게 될까?'* 또는 *'무엇이 당신을 못하게 하는 가요?'* 만약 어떤 사람이 스스로 어떤 일을 '할 수 없다'고 말한다면 그는 도달할 수 없는 단계에 목표를 설정해 놓은 꼴이 된다. 이 경우에 "무엇이 당신을 방해하는가요?"라고 물음으로써 목표를 다시 한번 강조한 다음 장애물을 지나갈 수 있는 첫 단계로서 그것을 확인하는 작업을 시작하게 된다.

교사와 치료사들은 학생과 내담자가 갖고 있는 이런 종류의 제한성을 바꾸는 작업을 하는데, 그 첫 단계가 서법기능어에 도전[15]하는 질문을 하는 것이다. 교사는 학생들이 "이해할 수 없다."거나 "항상 제대로 되는 일이 없다."라고 말할 때마다 그 말들에 도전을 한다. 치료사들은 내담자가 그들의 제한된 신념을 깰 수 있도록 도와준다.

만일 어떤 사람이 "도대체 쉴 수가 없어."라고 말한다면 그는 쉰다는 것은 '어떠해야 한다'는 고정관념을 갖고 있음에 틀림없다. 그렇지 않다면 자신이 쉬지 않고 있다는 것을 어떻게 알겠는가? 그러므로 일단 긍정적인 목표(당신이 할 수 있는)를 세워라. 그리고 무엇이 목표가 실현되는 것을 가로막고 있는지 찾아라. (무엇이 당신을 방해하는가?) 또는 주의 깊게 긍정적 목표를 달성할 때의 결과를 검토해 보라. (만일 쉰다면

---

15) challenge: 표현된 메타모형의 문형에 대하여 왜곡, 생략/삭제, 일반화된 내용을 찾아서 보다 정확한 커뮤니케이션을 할 수 있도록 하기 위하여 질문하고 반응하는 것을 말한다. 좀 더 포괄적으로 메타모형은 크게 메타모형 위반(violation)과 메타모형 도전이란 두 가지로 이루어진다고 할 수 있다. 메타모형 위반이란 왜곡, 생략/삭제, 일반화로 인하여 부정확한 표층구조가 만들어지고 부정확한 커뮤니케이션이 초래될 수 있게 하는 것을 말한다. 대부분 우리의 커뮤니케이션은 위반에 해당한다고 볼 수 있다. 그리고 그러한 위반을 지적하고 바로잡음으로써 심층구조를 드러내고 정확한 커뮤니케이션을 확보하고자 적절한 질문을 하고 반응을 보이는 것을 메타모형 도전이라고 한다.

무슨 일이 생길까?) 그렇게 하는 가운데 그가 '쉴 수가 없다'고 한 말에서 그 장애물과 결과에 해당하는 것이 생략/삭제되었다는 것을 알게 될 것이다. 이렇게 비판적인 검토를 하게 되면 '못하겠다'고 하는 것들은 생각보다 어려운 일이 아니라는 것을 알게 될 것이다.

'못하겠어'라고 말하는 것과 같은 가능성의 서법기능어는 다음과 같은 질문을 함으로써 명백해진다.
'만일 한다면 어떤 일이 생길까?' 혹은
'무엇이 ~하는 것을 못하게 하는가?'

## 필수성의 서법기능어

필수성의 서법기능어는 요구성을 담고 있는 언어이며 '해야 한다' '해서는 안 된다' '반드시 해야 한다' '절대로 해서는 안 된다'와 같은 말과 형식으로 표현된다. 가능성의 서법기능어가 적용되는 표현에서는 어떤 규범이 있는 것 같으나 그것이 뚜렷하게 드러나 보이지는 않는다. 그런데 실제로든 상상으로든 그 규범을 위반하면 어떻게 될까? 만약 다음과 같은 질문을 해 본다면 그 결과가 드러날 수 있을 것이다. *'만일 그렇게 한다면 무슨 일이 생기거나 어떻게 될까? 만일 하지 않는다면 어떻게 될까?'*

"나로서는 늘 다른 사람을 우선순위에 두어야 해."
*"만일 그렇게 하지 않는다면 어떤 일이 생길까요?"*

"나는 수업 중에 절대로 말해서는 안 돼."
*"만일 말하면 어떻게 되는데?"*

"나는 이 메타모형을 꼭 배워야만 해."
*"만약 배우지 않으면 어떻게 되는데?"*

"그런 사람들에게 말을 건네면 안 돼."
*"만약 그렇게 한다면 무슨 일이 생기는데?"*

"밥 먹기 전에는 손을 꼭 씻어야 해."
*"손을 안 씻으면 어떻게 되는데?"*

일단 이러한 결과와 이유들이 드러나면 그에 대해 다시 생각해 보고 비판적으로 평가할 수 있게 된다. 만일 그렇게 하지 않는다면 사람들은 선택과 행동에 제한을 두게 될 것이다.

삶에 있어서 규범은 분명 중요하다. 그리고 사회는 도덕 규약을 바탕으로 지속된다. 그러나 "사업관계에서는 정직해야 한다."라고 말할 때와 "영화를 좀 더 자주 보러 가야 한다."라고 말할 때, 두 가지 말 속에는 공통적으로 '해야 한다'는 뜻의 표현이 들어 있지만 서로 간에 느낌의 차이가 있음을 알 수 있다. 일반적으로 우리가 무심코 표현하는 '해야 한다'나 '하지 말아야 한다'는 말 속에는 별로 고려할 만한 가치가 없는 도덕적 판단이 내포되어 있음에 주목할 필요가 있다.[16]

과학적 발견들은 다음과 같은 질문에 의해 이루어지게 된다. '만일

---

16) 그럼에도 불구하고 '해야 한다' '하지 않으면 안 된다'는 표현 속에는 '반드시 하지 않으면 안 되고, 또 그렇게 안 되면 큰일 날 것' 같은 뉘앙스를 담는 결과를 낳기 때문에 문제가 될 수 있다.

*～하(이)다면 어떤 일이 생길까?'* 계속 서쪽으로 항해를 한다면? 빛의 속도로 여행을 할 수 있다면? 페니실린이 자라게 할 수 있다면? 지구가 태양 주위를 돈다면? 이러한 질문들이 바로 과학적 방법의 토대가 되는 것이다.

교육은 쉽게 서법기능어, 비교, 판단과 같은 것으로 채워진 무서운 지뢰밭과 같은 것이 될 수 있다. 행동, 시험, 학생들이 해야 할 것과 해서는 안 될 것에 대한 전반적인 규정은 너무 막연해서 쓸모없는 것이 많다. 그리고 더 심하게는 그러한 규정들이 너무 심한 나머지 학생들을 짓누르는 결과를 만들게 된다.

만일 내가 한 아이에게 "너는 이것을 할 수 있어야 해."라고 말한다면 나는 단지 나의 믿음을 말하고 있는 것이다. 이에 그 아이가 "만일 안 한다면 어떤 일이 생기는데요?"라고 합리적인 질문을 하면 나는 현명하게 대답할 수 없을 것이다.

능력에 관한 한 '～할 수 있어야 한다.' '～해서는 안 된다.'라고 말하는 경우보다는 '～할 수 있다.' '～할 수 없다.'는 차원에서 말하는 것이 훨씬 더 심리적으로 부담이 적고 효과적이다.

능력의 차원에서 '～해야 한다.'는 일반적으로 책망으로 들리게 된다. 만약 당신이 무엇인가를 할 수 있어야 하는데 그렇게 할 수 없다면 심각하게 느끼지 않아도 될 실패감을 경험하게 될 수 있다. 당신 자신에게나 다른 사람에게 '～해야 한다.'는 말을 이런 방식으로 사용하는 것은 기대와 실제 사이에 인위적인 간격을 만듦으로써 즉석에서 죄책감을 느끼게 하는 탁월한 방법이다(규칙을 위반한 것이기 때문에).

기대는 현실적인 것인가? 규칙은 유용하거나 적절한 것인가? '～해야 돼.'라는 말은 때때로 자신의 분노나 기대감을 받아들이지 않고 그러한 감정에 대한 책임을 지지 않는 사람이 화가 나서 비난하는 반응에서 종종 나온다.

필수성의 서법기능어인 '나는 ~하면 안 돼./나는 해야 한다.'와 같은
표현은 다음과 같이 물어봄으로써 명백해진다.
'만약 ~한다면 어떤 일이 생길까?/안 한다면……?'

## 포괄적 수량화

일반화라는 것은 한 예를 수많은 다른 가능성의 전형으로 취급할 때
적용되는 개념이다. 만일 우리가 일반화를 하지 않는다면 어떤 일을 계
속해서 반복해야만 할 것이다. 그리고 모든 가능한 예외와 규정에 대해
생각하느라 너무도 많은 시간을 소모해야 할 것이다.

우리는 지식을 일반적인 범주로 분류하여 기억하곤 한다. 그러나 새
로운 지식을 획득할 때는 우선적으로 기존의 지식과의 차이점을 비교
하고 평가하는 과정을 거친다. 그리고 바로 그러한 차이 때문에 분류를
계속하는 일은 중요하다. 그와 같은 과정에서 필요하다면 일반화는 변
화될 수 있는 것이다. 어떤 경우에는 구체적일 필요가 있다. 그리고 일
반화해서 생각하는 것은 희미하며 정확하지도 않다. 구체적이든 일반
적이든 각각의 경우 장점을 취할 필요가 있다. 만약 다양한 경험이 한
항목으로만 분류된다면 숲을 보느라 나무는 보지 못하게 될 위험성이
있다.

예외를 기꺼이 인정함으로써 보다 현실적이 될 수 있다. 어떤 결론이
반드시 흑백론적으로 될 필요는 없다. 자신이 항상 옳다고 생각하는 사
람이 스스로 항상 틀렸다고 생각하는 사람보다 더 문제가 되는 경우가

많다. 그렇게 생각하는 것은 편협한 주관적 편견에 불과할 뿐이다. 일반화는 명료한 커뮤니케이션 작업을 하다 보면 달라붙는 언어적 고물에 해당한다고 할 수 있다.

일반화는 몇 가지 소수의 예를 두고 전체를 대표하는 것처럼 취급할 때 생기게 된다. 그래서 일반화에는 일반화된 명사와 비구체적 동사들이 포함된다. 이러한 메타모형의 범주들은 많은 경우에 중복되어 있다. 진술이 모호할수록 여러 가지 메타모형을 동시에 내포하는 경향이 있다.

일반화는 '전부, 모든, 모두, 항상, 한 번도, 누구도'와 같은 단어들로 주로 표현된다. 이런 말들을 포괄적 수량화(universal quantifier)라고 하는데, 예외를 전혀 인정하지 않는다. 때에 따라서 겉으로는 그런 보편적 수량화가 표시 나지 않지만 내적으로는 그런 의미를 시사하기도 한다. 다음과 같은 표현에서 그러한 예를 볼 수 있다. '나는 컴퓨터 하는 것을 시간 낭비라고 생각한다.' 또는 '대중음악은 쓰레기다.'

또 다른 예들로는 다음과 같은 것을 꼽을 수 있다.

'인도 음식은 맛이 형편없다.'
'모든 일반화는 잘못된 것이다.'
'집들이 너무 비싸다.'
'배우란 재미있는 사람들이다.'

포괄적 수량화는 역설적으로 오히려 제한을 하는 작용을 한다. 다시 말해서, 모든 가능성을 포함하거나 모든 가능성을 부정하는 말을 한다는 것은 예외가 거의 없는 상태로 만드는 것이다. 지각적 필터 작용이 이루어지거나 자성예언을 하는 꼴이 된다. 그래서 우리는 자신이 보고 싶은 것을 보고, 듣고 싶은 것을 듣게 될 것이다.

포괄적 수량화가 언제나 잘못된 것은 아니다. 포괄적 수량화로 표현된 어떤 진술이 사실적인 것일 수도 있다. 예를 들어, '밤이 지나면 항상 아침이 온다.' '사과는 결코 위로 떨어지지 않는다.' 와 같은 표현들과 '나는 일을 한번도 잘해 본 적이 없다.' 와 같은 진술 간에는 큰 차이가 있다. 어떤 사람이 스스로 그렇게 말하고 그 말을 믿으려면 자신이 잘못했을 때만 주목해야 하며, 자신이 옳은 일을 했던 때는 잊어버리거나 도외시해야만 한다. 이는 누구도 모든 일을 계속해서 잘못할 수는 없다. 그 같은 완벽은 이 세상에 없다. 그런 사람은 자신이 말하는 방식으로 인해 자신의 세계를 제한하고 있는 것이다.

성공적이며 자신감이 있는 사람들은 그와는 반대되는 식으로 일반화하는 경향이 있다. 즉, 가끔의 경우를 제외하고는 대체로 스스로 일을 잘한다고 믿는다. 환언하여 그들은 스스로 유능하다고 믿는 것이다. 예를 들어, 앞의 경우에서와 같이 어떤 사람이 *나는 일을 한번도 잘해 본 적이 없다.*고 말하는 상황에서 그가 사용한 포괄적 수량화에 대해 도전하는 질문을 하기 위해서는 그에게서 예외를 찾아보고 다음과 같이 물어보는 것이 좋다. *당신은 정말로 어떤 일을 한번도 잘해 본 적이 없는가?* *당신은 뭔가를 잘했던 때를 전혀 생각할 수 없는가?*

밴들러는 치료를 받기 위해 그를 찾아 온 내담자에게 자신감(명사화)의 결여에 대한 이야기를 한 적이 있다. 그는 그녀에게 "한 번이라도 자신감이 있었던 적이 있었나요?"라고 질문하면서 이야기를 시작했다.

"아니요."

"당신 전 생애에서 자신감이 있었던 적이 한번도 없었다는 말씀이세요?"

"네."

"단 한번도 없었나요?"

"없었습니다."

"확실한가요?"

"네, 확실합니다!"


이런 종류의 일반화에 도전할 수 있는 두 번째 방법은 다음과 같이 일반화에 대해서 적당히 과장된 표현을 함으로써 일반화의 불합리성을 끌어내는 것이다.


"저는 NLP를 절대로 이해할 수 없을 거예요."

"맞아요. 당신이 이해하기에는 NLP가 확실히 너무 어려워요. 지금 그 냥 포기하시지 그래요? 절망적이네요. 당신의 남은 인생은 그 어려운 것 을 마스터할 만큼 길지가 않아요."


이런 식의 대화는 흔히 다음과 같은 식의 반응을 유도하게 된다. "알 았어요. 알았다고요. 저는 그렇게 어리석지는 않아요."

만일 당신이 심하게 과장함으로써 상대방의 일반화에 도전하는 질문 을 한다면 그는 오히려 반대 논리를 펴면서 자신을 방어하는 것으로 끝 을 맺게 된다. 결과적으로 당신은 그의 불합리성을 꼬집는 셈이 된다. 이렇듯 당신이 그가 하는 말보다 더 강력하게 극단적인 말을 해 버리면 그는 오히려 물러서는 모습을 보이게 될 것이다.


포괄적 수량화에 대해서는 다음과 같이 반대 예를 대 보라는 질문을 함으로써 도전할 수 있다.

'당신은 ∼한(인) 적이 한번이라도 없었는가?'

# 복문등식

복문등식(complex equivalence)은 서로 다른 두 진술문이 같은 의미를 나타내는 것으로 받아들이는 방식으로 연결될 때 성립된다. 예를 들어, '당신은 미소를 짓지 않고 있네요. ……당신은 즐겁지 않군요.'라는 말은 복문등식에 해당한다. 여기서 미소를 짓지 않는다는 것과 즐겁지 않다는 것이 반드시 같은 의미로 연결되는 것은 아님에도 불구하고 그렇게 연결하였기 때문에 복문등식이라고 할 수 있다.

또 다른 예로는 '내가 당신에게 말할 때 나를 쳐다보지 않는다는 것은 곧 당신이 다른 생각을 하고 있다는 것입니다.' 라는 말을 들 수 있다. 이러한 비난의 표현은 시각적 사고를 하는 사람들이 때때로 다른 사람들에게 사용하는 것이다. 시각적 사고를 하는 사람들은 상대방이 말하는 것을 제대로 이해하기 위해서는 그 사람을 쳐다볼 필요가 있다고 느낀다.

그러나 신체감각적으로 사고하는 사람은 자신이 듣는 것을 처리하기 위하여 아래로 내려다보는 경향이 있다. 신체감각적인 사람이 이렇게 하는 것이 시각형 사람들에게는 주의를 집중하지 않는 것으로 보이게 된다. 시각형 사람은 아래를 내려다보면 집중을 할 수 없기 때문이다. 그는 다른 모든 사람을 포함시켜 자신의 경험을 일반화해 왔고 다른 사람들은 다른 방식으로 생각할 수도 있다는 사실을 잊어버린 것이다.

복문등식은 다음과 같은 질문으로 도전할 수 있다.
'어떻게 이 말이 그런 의미로 해석될 수 있는가?'

# 기본 가정

우리 모두는 자신의 경험을 통해 신념을 갖고 미래의 일에 대해 기대하기 마련이다. 그러므로 신념과 기대 없이 산다는 것은 거의 불가능할 것이다. 뿐만 아니라 어떤 상황에서 의식하지는 않을지 몰라도 일정한 가정(假定)하에 행동을 하게 된다. 그것을 기본 가정(presupposition)이라고 하는데, 이는 우리를 제한하기보다는 오히려 세상의 즐거움, 선택, 자유를 허용해 주도록 하는 것이 좋을 것이다. 우리는 흔히 어떤 것을 가정하고 기대할 때 정말로 그대로 이루어지는 경험을 하기도 한다.

이제는 우리의 선택을 제한하는 기본적인 가정을 밝혀낼 필요가 있다. 기본 가정은 때때로 '왜'라는 질문의 형태로 위장되어 표현되곤 한다. '왜 나를 제대로 돌봐 줄 수 없나요?'라는 질문은 '당신이 나를 제대로 돌보지 않는다.'는 것을 기본 가정으로 삼는 말이다. 만일 당신이 그 질문에 직접적으로 대답하려고 한다면 시작도 하기 전에 지고 마는 것이다. '당신은 잠자러 갈 때 초록색 파자마를 입을 것입니까, 아니면 빨간색 파자마를 입을 것입니까?' 이 질문은 한 가지 범위 내에서 선택을 하게 하는 질문의 예가 된다. 그러나 이 질문은 오직 '잠자러 간다'는 더 중요한 기본 가정을 받아들일 때 가능하다. 그런 경우 다음과 같은 질문으로 도전을 받을 수 있다. '어째서 내가 잠자러 갈 것이라고 생각하나요?'

'~이므로' '~할 때' '~라면'과 같은 말을 포함하는 문장에는 대체로 기본 가정이 깔려 있다. '깨닫다' '알아차리다' 혹은 '무시하다' 같은 동사 뒤에 오는 문장도 마찬가지다. 예를 들면, '우리가 왜 그렇게 개개인에게 중요성을 두는지 깨달아라.'라는 표현이 있다.

기본 가정에 대한 다른 예들은 다음과 같다.

"네가 머리가 좋다면 이걸 이해할 거야." *(너는 머리가 좋지 않다.)*

"너 나한테 또 거짓말을 하려는 것은 아니겠지?" *(너는 이미 나에게 거짓말을 한 적이 있다.)*

"좀 더 많이 웃지 그래?" *(너는 충분히 웃지 않는다.)*

"너는 마치 네 아버지처럼 어리석구나." *(네 아버지는 어리석다.)*

"이제 일을 시작할게요." *(아직 이 일을 시작하지 않았다.)*

"우리 집 개는 너무 시끄러워." *(우리 집에는 개가 있다.)*

일반적으로 기본 가정은 해결될 필요가 있는 또 다른 메타모형의 문형을 포함하고 있다. (그래서 당신은 내가 충분히 웃지 않는다고 생각하나요? 그렇다면 내가 얼마나 웃어야 충분한 거지요? 어떤 상황에서 당신은 내가 웃기를 바라나요?)

기본 가정의 문형에 대해서는 다음과 같은 질문으로 도전할 수 있다.
'무엇이 당신으로 하여금 ~한 사실을 믿게 하는가?'
(~ 부분을 기본 가정으로 메운다.)


## 인과관계

'네가 나를 기분 나쁘게 했어. 나로서는 어쩔 수가 없군.' 영어에서는 어떤 상황을 인과(因果)의 차원에서 생각하도록 장려하는 면이 있다. 능동적 주어는 전형적으로 수동적 목적에 큰 영향을 미친다. 그러나 이 말은 너무나도 단순화된 표현이다. 이 말에는 사람을 인과의 법칙을 따르는 당구공처럼 생각하는 위험이 내포되어 있다. '햇빛은 꽃을 자라게 한다.'고 할 때, 이 표현은 지극히 복잡한 인과관계(cause and effect)를 짧게 줄여서 표현하는 것이라고 할 수 있다. 만약 원인의 입장에서만 생각한다면 햇빛이란 한 단어는 그 어떤 구체적인 것도 설명해 주지 못한다. 대신에 '어떻게 해서 그런가요?'라는 질문을 제기할 뿐이다.

그런데 다음과 같은 두 가지 표현 간에는 차이가 있다. '바람이 나무를 휘어지게 만들었다.' '당신이 나를 화나게 만들었다.' 누군가가 당신의 정서 상태에 책임이 있다고 믿는 것은 그에게 있지도 않은 당신에 대한 초자연적인 힘을 쥐어 주는 꼴이 된다.

이런 종류의 왜곡의 예를 든다면 다음과 같다.

"당신이 나를 지루하게 하는군요."
(당신이 나를 지루하게 만드는군요.)
"나는 당신이 멀리 가 버려서 기뻐요."
(당신이 멀리 가 버린 것이 나를 기쁘게 만드는군요.)
"날씨가 나를 우울하게 하네요."
(날씨가 나를 우울하게 느끼도록 만드네요.)

어떤 사람도 다른 사람의 정서 상태를 직접 좌지우지할 수는 없다. 당신이 억지로 사람들에게 마음의 다른 상태를 경험하게 할 수 있다는 생각이나 혹은 다른 사람들이 강제로 당신을 다른 기분으로 몰아넣을 수 있다고 생각하는 것은 매우 한계가 있으며, 많은 불편함을 야기하게 된다. 다른 사람의 감정에 책임을 지는 것은 엄청 부담스러운 일이다. 그럴 경우에 당신은 말하고 행동하는 데 지나치게 되며 불필요한 노력을 해야만 할 것이다. 인과관계의 문형을 계속 사용한다면 우리는 다른 사람의 희생자가 되거나 혹은 그를 돌봐야 하는 보모(保姆)가 되는 것이다.

다음의 두 문장에서 보듯이 '그러나' 또는 '하지만' 이라는 단어는 어떤 사람이 특정 일을 하지 않아야 된다고 느끼게 되는 이유를 알려 줌으로써 종종 인과관계를 암시한다.

"나는 너를 도와주고 싶어. 하지만 너무 피곤해."
"나는 휴가를 갖고 싶어. 그러나 내가 없으면 회사가 엉망이 될 거야."

인과관계에 도전하는 것에는 두 가지 수준이 있다. 한 가지 반응은 어떤 하나가 다른 것에 정확하게 어떻게 원인이 되는지를 단순하게 묻는 것이다. 어떤 일이 발생한 경위에 대해서 상세히 설명을 하게 되면 자연스레 그 일에 대해 어떻게 반응할 것인지와 관련하여 새로운 선택의 여지가 생기게 된다. 그럼에도 불구하고 이런 과정에서도 근본적인 인과관계에 대한 믿음은 여전히 남아 있게 된다. 우리 문화에 아주 강력하게 뿌리박혀 있는 그 믿음은 곧 다른 사람들이 우리의 내적 상태에 대한 통제권과 함께 책임도 지고 있다는 것이다.

그러나 스스로의 정서를 창출해 내는 사람은 우리 자신이다. 어느 누구도 우리를 위해서 대신 해 줄 수는 없다. 우리는 스스로에 의해 반응하고 자신에 대해서 책임을 진다. 우리의 정서에 대해서 다른 사람들이 책임을 져야 한다고 생각하는 것은 생명이 없는 물질에 불과한 당구공 속에서 살아가는 것과 같다. 다른 사람들의 행동에 반응하여 우리가 만들어 내는 정서는 때때로 공감각[17]의 결과인 것이다. 우리는 어떤 상황

---

17) synesthesia: 두 가지 이상의 감각을 동시에 느끼거나 경험하는 현상을 말한다. 예를 들어, 다음과 같은 표현에서 그러한 공감각이 적용되는 현상을 볼 수 있다. '멀리 수평선을 바라보면서 맨발로 모래밭의 촉감을 느끼며, 밀려오는 파도가 발을 적시고 지나가는 느낌도 함께 느낄 때 파도 소리를 들으며 짠 내음을 맡는다.'

에서 무엇을 보거나 듣는다. 그리고 그 순간 특정한 느낌을 느끼면서 반응을 한다. 이와 같은 과정은 마치 자동적인 연쇄 작용같이 이루어진다.

'그 사람이 나를 화나게 만들어.' 와 같은 말에 담겨 있는 인과관계적 메타모형 표현에 대해 도전할 수 있는 질문은 다음과 같다. '당신은 그의 어떤 말 때문에 정확하게 어떻게 스스로를 화나게 만드나요?' 이렇게 도전하는 것은 결국 자신의 정서적 반응에 대해 책임질 수 있는 사람은 바로 자신이라는 것을 말해 주는 것이라고 할 수 있다.

자기 자신의 감정에 대한 책임을 떠맡는다는 것은 쉬운 일이 아니다. 그러므로 당신이 충분한 라포가 형성된 경우에만 이와 같은 유형의 질문으로 도전해 보라. 상당히 시도해 볼 만한 것이 될 것이다.

인과관계의 문형에 대해서는 다음과 같은 질문으로 도전하라.

'정확하게 이것이 어떻게 그것의 원인이 될까?' 또는 '이 일이 그 일 때문에 생기지 않으려면 어떤 일이 생겨야 할까?'

인과관계 신념에 도전하기 위해서는 다음과 같이 질문해 보라.

'당신은 자신이 보거나 들은 것에 대해서 정확히 어떻게 함으로써 그런 느낌을 갖게 되거나 그런 반응을 하게 되는가?'

## 마음읽기

직접적인 증거 없이 마치 다른 사람의 생각이나 느낌을 알고 있는 것처럼 추정할 때 마음읽기(mind reading)를 한다고 할 수 있다. 때때로 그것은 우리가 다른 사람의 비언어적 단서들을 무의식적 차원에서 인지하여 직관적 반응을 보이는 것이다. 마음읽기란 때로는 완전히 착각하는 것일 수도 있고 그 상황에서 자신의 느낌이나 생각을 반영하는 것일 수도 있다. 왜냐하면 우리는 때때로 우리 자신의 무의식적 생각과 감정을 다른 사람에게 투사하여 그것이 그에게서 비롯되는 것처럼 여기고 경험하기 때문이다. 그것은 또한 자신이 인색한 줄은 모르고 마치 다른 사람이 인색하다고 느끼는 구두쇠와 같다. 마음읽기를 하는 사람들은 일반적으로 자신이 옳다고 느낀다. 그러나 그러한 사실이 확실한 것은 아니다. 우리는 타인에 대해서 마음읽기를 할 때 그 내용의 사실성 여부를 확인해 볼 수 있는데도 그렇게 하지 않고 추측을 하게 마련이다.

마음읽기에는 두 가지 주요 유형이 있다. 첫 번째 유형은 다른 사람이 생각하고 있는 바를 마치 잘 알고 있는 것처럼 여기는 것이다. 예를 들면 다음과 같다.

"그는 기쁘지 않아."
"그녀는 내가 준 선물을 좋아하지 않아."
"그가 왜 그런 식으로 행동하는지 알아."
"그는 자신이 화를 냈다는 사실을 인정하려 하지 않았어."

생각, 감정, 의견이 다른 사람의 것이라고 여기기 위해서는 감각에 기반을 둔 타당한 증거가 필요하다. "그가 우울해하고 있어."라고 말하기는 쉽다. 하지만 다음과 같이 말하는 것이 더 정확한 표현이 아닐까? "조지는 오른쪽 아래를 보고 있고 그의 안면 근육은 쳐져 있으며 얕은 호흡을 하고 있어. 그의 입꼬리는 내려가 있으며 어깨는 축 쳐져 있어."

마음읽기의 두 번째 유형은 첫 번째 유형의 거울로서 다른 사람들에게 당신의 마음을 읽을 수 있는 힘을 부여한다. 이렇게 함으로써 당신은 상대방이 당연히 당신을 이해해야 한다고 생각하게 되는데, 만약 그가 그렇지 않을 때에는 당신은 그를 비난하게 된다. 예를 들면 다음과 같다.

> "당신이 나를 좋아한다면 내가 무엇을 원하는지를 알 거야."
> "당신은 내 기분을 알 수 없어."
> "당신이 내 감정을 몰라주니 속상해."
> "당신은 내가 그것을 좋아한다는 것을 알아야 해."

이러한 표현을 사용하는 사람은 상대방에게 자신이 원하는 것을 명확하게 전달하지 않는 경향이 있다. 그러면서 다른 사람이 당연히 자신에 대해서 잘 알 것이라고 마음대로 추측을 하게 된다. 이와 같은 태도는 큰 말싸움으로 이어질 수 있다.

마음읽기에 도전하는 방법은 당신이 생각하고 있는 바를 그들이 구체적으로 어떻게 알 수 있는지 물어보는 것이다. 혹은 투사된 마음읽기에 있어서 당신이 구체적으로 어떻게 다른 사람이 느끼는 바를 알고 있다고 생각하는지를 확인해 보는 것이다.

"어떻게 알아요?"라고 질문함으로써 마음읽기를 명료화하고자 할 때 그에 따른 상대방의 대답은 보통 어떤 신념이나 일반화의 형태로 제시된다. 다음의 예를 보자.

> "그 사람은 나에 대해 더 이상 관심이 없어요."
> "그가 당신에 대해 더 이상 관심이 없다는 것을 어떻게 알지요?"
> "그는 내가 말하는 것은 절대로 실행하지 않으니까요."

이와 같이 세상을 보는 화자의 기준에서는 '내가 말하는 것을 실행하는 것' 이 곧 '나에게 관심을 베풀어 주는 것' 과 똑같은 의미가 된다. 이러한 화법은 사실 의문의 여지가 있는 추정에 해당한다. 그것은 복문등식에 해당하는 문형으로 다음과 같은 질문을 하게 만든다.

'누군가에게 관심을 갖는 것이 정확히 어떤 점에서 상대방이 말하는 것을 반드시 실행하는 것이라는 의미가 될 수 있을까? 만일 당신이 누군가에게 관심이 있으면 당신은 항상 그 사람이 말하는 대로 합니까?'

마음읽기의 상황에서는 다음과 같이 묻는 식으로 도전을 할 수 있다.
'당신은 어떻게 정확하게 ~을(를) 아는가?'

**메타모형은 언어를 경험과 재연결하며, 다음의 경우에 활용될 수 있다**

① 정보 수집하기
② 의미 명료화하기
③ 제한 사항 확인하기
④ 선택의 기회 열어 놓기

메타모형은 비즈니스, 치료, 교육에서 엄청나게 강력한 도구로 활용된다. 메타모형의 뒤에 깔린 기본 가정은 사람들은 저마다 다른 세계관을 가지기에 다른 사람들이 하는 말의 의미를 다 이해하는 것으로 생각하면 안 된다는 것이다.

첫째로 메타모형은 사람들이 말하는 것을 정확하게 이해하는 것이 중요할 때 양질의 정보를 수집할 수 있게 해 준다. 만일 어떤 내담자가 치료사에게 와서 우울증에 대해 호소할 때, 치료사는 내담자가 의미하는 바를 정확하게 안다고 (아주 엉뚱하게) 추정하기보다는 그가 하는 말이 어떤 의미를 가지는지를 그의 세계관에서 찾을 필요가 있다.

비즈니스에서 종업원이 관리자의 지시를 오해한다면 경제적 손실이 클 수도 있다. 종업원이 "하지만 저는 부장님의 지시가 ～을(를) 의미한다고 생각했는데……."라고 울먹이면서 말해도 소용이 없지 않겠는가?

어떤 학생이 자신은 항상 기하학 문제를 틀린다고 말할 때, 당신은 과거에 그 학생이 한 문제라도 제대로 풀었거나 맞춘 적이 있었는지를 알아볼 수 있다. 그리고 도대체 어떻게 하면 그렇게 일관되게 기하학 문제를 틀릴 수 있는지를 물어볼 수도 있다.

메타모형에는 '왜?'라는 질문이 없다. '왜'라고 묻는 것은 가치가 거의 없다. 기껏해야 정당화하는 대답이나 상황을 바꾸는 데 소용도 없는 장황한 설명만 듣게 될 것이다.

둘째로 메타모형은 의미를 분명하게 해 주며, 상대방의 말에 대해서 '정확하게 무슨 뜻이죠?'와 같은 물음을 던질 수 있는 체계적 틀을 제시한다.

셋째로 메타모형은 선택의 자유를 부여하고 선택의 폭을 넓혀 준다. 신념, 보편성, 명사화, 규칙들은 생각, 행동, 삶에 있어서 모두 일정한 한계를 설정하는 것이다. 그리고 그 한계는 실제적 세계에서 사실로서가 아니라 말 속에 존재한다. 그러므로 우리는 상대방의 메타모형에 대해서 특정한 질문을 함으로써 처음에 생각했던 바와는 다른 결과나 예외적 상황을 찾아낼 수 있게 된다. 그렇게 함으로써 인생의 넓은 영역을 개방할 수 있게 되며 제한된 신념을 찾아내어 변화할 수 있게 된다.

어느 메타모형으로 도전을 할 것인가는 당신이 기대하는 결과와 커뮤니케이션의 맥락에 따라 좌우될 것이다. 다음을 생각해 보라.

"이 지독한 사람들은 왜 항상 나를 도와주려고 애를 쓰는 거야. 그 점이 나를 훨씬 더 화나게 만들어. 성질을 참아야 한다는 것을 나도 알지만 참

*을 수가 없거든.''*

이 말에는 마음읽기와 기본 가정(그들은 나를 짜증나게 한다), 인과관계(만든다), 포괄적 수량화(항상), 판단(지독한), 비교(더 화나게), 필수성과 가능성의 서법기능어(~ 해야 한다, ~ 수가 없거든), 비구체적 동사(애쓰다, 도와주다), 명사화(성질) 그리고 비구체적 명사(사람들, 그것)가 포함되어 있다.

이러한 종류의 예문에서 마음읽기, 기본 가정, 인과관계는 모든 다른 것들에 활기를 불어넣는다. 이러한 것들을 분류하는 작업은 변화로 나아가는 첫 단계가 될 것이다. 명사화, 비구체적 동사, 비구체적 명사는 가장 덜 중요한 것들이다. 나머지 일반화, 포괄적 수량화, 판단, 비교, 서법기능어 들은 중간 어딘가 정도에 해당된다. 만일 서법기능어가 등장하면 우선적으로 왜곡을 가려내야 하고, 핵심되는 명사와 동사를 상세하게 말할 수 있게 하는 더 많은 일반적인 전략이 필요할 것이다. 결코 삭제된 모든 것을 구체화시킬 수는 없다는 점을 기억하라. 메타모형을 실습하라. 그렇게 하면 도전하기 위해서 무엇이 중요한지에 대한 감을 잡기 시작할 것이다.

메타모형은 어떤 사람의 사고에서 제한적 신념을 확인하며 의미를 명료화하고 정보를 수집하는 강력한 방법이다. 그것은 불만 상태에 있는 사람을 원하는 상태에 이르게 하는 데 특별히 유용하다. 그는 무엇을 가지고 싶어 하는가? 그는 어디에 있고 싶어 하는가? 그는 어떻게 느끼고 싶어 하는가? 질문이나 도전은 개입의 한 방법이 되기도 한다. 좋은 질문은 한 사람의 마음을 완전히 새로운 방향으로 향하게 하고 삶을 바꾸어 놓을 수 있다. 예를 들어, "지금 물어봐야 할 가장 중요한 질문은 무엇인가?"라고 스스로 자주 질문해 보라.

당신이 메타모형을 사용할 때 지나치게 많은 정보를 수집하는 것 역시 아주 실질적인 위험이 될 수 있다. 당신은 자신에게 "내가 정말로 이것을 알 필요가 있는가?" "나의 목표는 무엇인가?"라고 물어볼 필요가 있다. 메타모형에서는 충분한 라포를 형성하고 결과에 대한 상호 합의의 분위기가 조성되는 범위 내에서 도전이 이루어질 수 있다.

반복되는 도전이나 질문은 공격적인 것처럼 느껴질 수 있다. 그래서 도전은 그렇게 직접적일 필요는 없다. "그것을 구체적으로 어떻게 아는가?"라고 묻기보다는 "당신이 그것을 정확하게 어떻게 알게 되었는지 궁금하다."고 말할 수도 있다. 혹은 "당신이 그것을 어떻게 아는지 정확하게 이해가 안 된다."라고 할 수도 있다. 대화가 엄한 추궁이 될 필요는 없다. 당신은 질문을 부드럽게 하기 위하여 정중하고 부드러운 목소리 톤을 사용할 수 있다.

로버트 딜츠는 1970년대 초에 산타크루즈 소재 캘리포니아대학교의 재학생으로서 존 그린더 교수로부터 언어학 강의를 수강하면서 자신이 겪었던 에피소드에 대해 말했다. 담당교수인 그린더는 당시 한 번에 두 시간씩 메타모형을 가르쳤다. 어느 목요일에 그는 학생들에게 메타모형을 실습하는 과제를 제시하였다. 그런데 그 다음 주 화요일 수업에 학생의 반 정도가 아주 실망스러운 표정으로 참석하였다. 그들은 자신의 연인, 아는 선생님, 친구를 대상으로 메타모형을 실습하였다. 그런데 라포 형성은 하지 않은 채 메타모형 자체에만 초점을 두고 대화를 하다 보니 관계가 악화되어 버렸다는 것이다.

어떤 NLP 화법에서도 라포는 첫 번째 단계다. 민감성과 라포가 없는 가운데 메타모형을 사용한다면 그것은 메타질문이나 메타도전이 아닌 '메타비난' '메타혼란' '메타비참'이 될 것이다.

당신은 때때로 우아하고 정확하게 질문을 할 수 있다. 예를 들면, 상

| 메타모형 문형의 종류 | | 도전/질문의 예 |
|---|---|---|
| 생략/<br>삭제 | 비구체적 명사 | '구체적으로 누가 또는 무엇이……?' |
| | 비구체적 동사 | '이 일은 구체적으로 어떻게 발생했나요?' |
| | 비교 | '무엇과 비교해서 그렇단 말입니까?' |
| | 판단 | '누가 그런 말을 했죠?' |
| | 명사화 | '이 일은 어떻게 이루어졌죠?' |
| 일반화 | 가능성의 서법기능어 | '무엇이 당신으로 하여금 ~을(를) 못하게 하죠?' |
| | 필수성의 서법기능어 | '만약 당신이 ~한(하지 않는)다면 어떤 일이 생길까요?' |
| | | '항상? 선혀? 모든 사람이?' |
| | 포괄적 수량화 | |
| 왜곡 | 복문등식 | '이 말이 어떻게 그런 뜻이 될 수 있나요?' |
| | 기본 가정 | '무엇이 당신으로 하여금 ~라고 믿게 하나요?' |
| | 인과관계 | '당신은 어떻게 스스로를 정확하게 이 ~을(를) 하도록 합니까?' |
| | | '당신은 ~을(를) 어떻게 압니까?' |
| | 마음읽기 | |

대방이 (위를 쳐다보며) "일이 제대로 풀리지 않고 있어."라고 말할 수 있는데, 이에 당신은 "만일 일이 잘 풀린다면 당신은 그 일을 어떻게 보게 될지 궁금하군요."라고 응수할 수 있을 것이다.[18]

메타모형을 사용하는 아주 유용한 한 가지 방법은 자신의 내부 대화에서 활용해 보는 것이다. 그렇게 하는 것은 몇 년 동안 '명료하게 사고하는 법'에 대한 세미나에 참가하는 것보다 더 많은 효과를 거둘 수가 있다.

메타모형 사용법을 익힐 수 있는 좋은 전략은 메타모형의 여러 문형 중에서 한두 가지를 골라서 일주일 동안 일상 대화에서 그러한 문형이

---

18) 상대방이 위를 쳐다보면서(즉, 시각적 행동) 말하는 것에 맞추어 '……보게 될지' 라고 하면서 시각적 술어를 사용하여 반응하는 예를 설명하는 것이다. 이것은 곧 민감성과 라포의 중요성을 보여 주는 예라고 할 수 있다.

어떻게 사용되는지를 관찰하고 알아차리는 연습을 하는 것이다. 그리고 그 다음 주에는 또 다른 문형을 정해서 연습해 본다. 당신은 그 문형들에 대해서 점차로 익숙해지고 숙달됨에 따라 마음속으로 그 문형에 대해서 도전이나 질문을 하는 생각을 해 볼 수도 있다. 메타모형 문형과 각 문형에 대해 도전하는 법을 충분히 이해하고 익혔다면, 이제는 적절한 실제의 상황에서 그것을 활용할 수 있을 것이다.

메타모형 역시 논리적 수준과 관련이 있다. 다음의 진술에 대해 생각해 보라.

'*나는 그것을 여기서 실행할 수가 없다.*'

'나' 는 그 사람의 정체성이다.
'할 수가 없다' 는 신념과 관계가 있다.
'실행' 은 능력을 나타낸다.
'그것' 은 행동을 가리킨다.
'여기' 는 환경을 말한다.

당신은 이 진술에 대해 여러 차원에서 도전할 수 있을 것이다. 먼저 생각해야 할 것은 당신이 어느 논리적 수준에서부터 시작하는 것이 좋을지를 결정하는 것이다. 또한 그 사람은 특정한 단어에 강한 악센트를 주고 강조함으로써 자기 말에서 어느 부분을 중요하게 생각하는지에 대한 단서를 줄 수도 있다. 그것을 음조표식(tonal marking)이라고 할 수 있다.

만일 그가 "나는 그것을 여기서 실행할 수 *없어*."라고 말한다면, 당신은 서법기능어에 초점을 두고 "무엇이 당신을 방해하나요?"라고 물어

볼 수 있을 것이다.

만일 그가 "나는 그것을 여기서 실행할 수 없어."라고 말한다면 "구체적으로 무엇을?"이라고 물으며 도전할 수 있을 것이다.

상대방이 자신의 음조나 신체언어를 통해 어떤 말을 강조하고 있는지를 알아차리는 것은 그에게 어떤 메타모형으로 도전할 것인지를 결정할 수 있게 하는 한 가지 방법이 된다. 또는 상대방이 말하는 것을 몇 분 동안 듣고서 그가 가장 많이 사용하는 메타모형 문형이 어떤 것인지를 알아보는 것도 좋은 방법이 된다. 이렇게 함으로써 우리는 그가 어느 부분에서 자신의 생각이 제한받고 있는지를 알게 된다. 그리고 바로 그 부분에 초점을 맞추어 질문을 하는 것이 도전을 시작하는 최선의 방법이 될 것이다.

일상생활 속에서 메타모형은 상대방이 진정으로 의미하는 바를 당신이 정확하게 이해하기 위해서 그에 대한 정보 수집을 체계적으로 할 수 있게 하는 방법을 제시한다. 그러므로 메타모형은 배울 만한 가치가 있는 기술이다.

앨리스가 말했다.

"그게 무슨 뜻인지 가르쳐 주시겠어요?"

험프티 덤프티는 흐뭇한 표정을 지으며 말했다.

"이제야 제대로 된 아이처럼 말을 하는군. '불가해성'이란, 그 얘긴 충분히 했다시피 앞으로 네가 뭘 할 건지 얘기해 달라는 뜻이야. 넌 죽을 때까지 여기에 있지는 않을 테니까."

– 루이스 캐럴의 『거울나라의 앨리스』에서

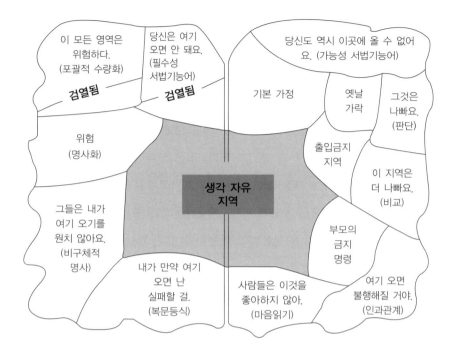

06

# 최면언어로서의 밀턴모형,
# 메타포 및 관점 바꾸기

## 외부집중상태와 내면집중상태

지금까지 우리는 감각을 열어 놓고 주위에 있는 사람들의 반응을 알아차리는 감각적 민감성의 중요함에 대해 집중적으로 다뤄 왔다. 감각을 외부 세계에 맞추는 이러한 상태를 NLP 용어로 외부집중상태(uptime)라고 한다. 그러나 우리 자신의 실재인 마음속으로 우리를 더 깊게 데려가는 상태도 있다.

잠시 동안 이 책 읽는 것을 중단하고 과거에 당신이 어떤 생각에 깊이 빠져 있었던 때를 기억해 보라.

그때 당신은 아마도 기억을 하기 위하여 생각 속으로 깊이 들어가야만 했을 것이다. 당신은 마음속으로 보고 듣고 느끼느라 자신의 내면 속으로 주의를 집중했을 것이다. 당신이 내면으로 더 깊이 들어갈수록 외부에서 오는 자극은 덜 감지된다. 이때 당신은 생각에 깊이 잠기는 상태가 되는데, NLP에서는 이런 상태를 내면집중상태(downtime)라고 한다. 접근단서가 있으면 당신은 내면집중상태 속으로 들어간다. 만약 당신이 다른 사람에게 특정한 느낌을 느끼고 마음에서 소리를 들으며 어떤 것을 시각화하기 위해서 내면으로 들어가 보라고 한다면 그것은 곧 내면집중상태 속으로 들어가라고 하는 것이 된다. 내면집중상태란 백일몽을 꾸고 계획을 하며 공상을 하고 가능성을 만들어 내기 위하여 가는 곳이다.

실생활에서 우리는 완전히 외부집중상태이거나 내면집중상태에 있는 경우는 거의 드물다. 왜냐하면 우리 일상의 의식은 내면에 대한 자각과 외부에 대한 자각이 부분적으로 섞여 있기 때문이다. 우리는 처해 있는 상황에 따라서 감각 기능을 외부로 돌리거나 내부로 돌린다.

여러 가지 일을 하기 위한 도구로써 마음 상태에 대해 생각해 보는 것은 유용하다. 바둑을 두기 위해서는 음식을 먹는 것과는 완전히 다른 마음의 상태가 요구된다. 잘못된 마음의 상태, 즉 마음의 상태가 잘못되었다고 하는 것은 없다. 단지 다른 결과가 있을 뿐이다. 예를 들어, 잠잘 때 갖는 마음 상태로 교통이 혼잡한 길을 건너려고 한다면 그 결과는 사고로 이어질 수 있다. 외부집중상태란 길을 건너는 데 사용할 수 있는 가장 확실한 최상의 상태다. 만일 당신이 과음으로 인해 혼미한 마음 상태에서 발음하기 어려운 말을 하려고 한다면 우스꽝스러워질 수 있다. 당신은 때때로 올바른 상태에 있지 않기 때문에 뭔가를 잘하지 못할 때가 많다. 당신이 만일 바둑을 두는 마음 상태로 테니스를 친다면 잘할 수 없을 것이다.

당신은 트랜스(trance)라는 것으로 알려진 내면집중상태와 같은 형식을 유도하고 사용함으로써 곧바로 무의식적 자원에 접근할 수 있다. 우리는 최면 상태와 유사한 트랜스 상태로 제한적인 범위 내에서 주의를 집중시키고 깊게 몰입하게 된다. 그렇게 됨으로써 평소의 의식 상태에서 변화된 상태[1]로 바뀌게 된다. 사람들의 트랜스 경험은 제각기 다르다. 왜냐하면 각자는 서로 다른 선호표상체계에 지배를 받는 서로 다른 의식 상태에서 각각 시작하기 때문이다.

트랜스 및 변화된 상태와 관련된 대부분의 작업은 심리치료 장면에서 이루어지고 있다. 왜냐하면 모든 치료에서는 어느 정도 트랜스가 활용되기 때문이다. 각 치료에서는 서로 다른 방법으로 무의식적 자원에

--------------------------------------------------------------------

1) altered state: 이것은 변화된 의식 상태(altered state of consciousness)를 줄인 말로서 트랜스와 같은 상태를 의미한다. 즉, 평상시의 의식 상태를 기준으로 볼 때 그로부터 뒤바뀌고 변화된 상태를 말한다. 최면 상태도 이에 속한다.

| 시 · 청 · 촉 · 후 · 미각 | ←————————————→ | 시 · 청 · 촉 · 후 · 미각 |
|---|---|---|
| 내부적 | | 외부적 |
| 내면주목 | | 외부주목 |
| 내면집중 | | 외부집중 |
| 백일몽 | | 운동 |
| 트랜스 | | 자동차 운전하기 |

접근한다고 할 수 있다. 정신분석에서 긴 의자에 누워서 자유연상을 하는 사람은 누구든지 내면집중상태로 들어가며, 게슈탈트 치료에서 역할연기를 하는 사람도 역시 내면집중상태에 들어간다. 그리고 최면치료는 드러내 놓고 트랜스 상태를 이용한다고 할 수 있다.

내담자는 의식의 자원이 고갈된 상태에서 치료를 받고자 한다. 그는 진창에 빠진 상태로 어떻게 하지 못하고 있는 상태에 있다. 그는 자신에게 무엇이 필요한지를 모르거나 설사 그것을 안다고 해도 어디서 찾아야 할지 모른다. 이럴 때 트랜스는 문제를 해결할 수 있는 기회를 제공한다. 왜냐하면 트랜스는 의식을 우회하여 의식의 방해를 받지 않고 무의식적 자원을 사용할 수 있게 하기 때문이다.

대부분의 변화는 무의식적 차원에서 일어나며, 무의식적 차원에서 제대로 문제가 해결된다. 의식의 마음은 변화를 시작하는 데 있어서 별로 필요하지 않으며 때때로 변화를 알아차리지도 못한다. 어떤 치료에서나 궁극적 목표는 내담자가 자신 안에 있는 자원을 되찾아 자원이 풍부한 상태가 되도록 하는 것이다. 모든 사람은 끌어낼 수 있는 자원과 경험으로 가득찬 풍부한 개인사를 가지고 있다. 그것은 변화를 만드는 데 필요로 하는 모든 자료를 담고 있는데, 당신이 그것을 수중에 넣을 수만 있다면 목표를 달성할 수 있을 것이다.

우리가 자신의 활용 가능한 역량 중 아주 작은 부분만을 사용하는 이유 중 하나는 우리의 교육 시스템이 외적인 테스트, 표준화된 성취, 다른 사람들의 목표를 충족시키는 것을 강조하기 때문이라고 할 수 있다. 우리는 자신의 독특한 내적 능력을 활용하는 점에 대해서는 거의 훈련을 받아 보지 못했다. 사실 우리가 갖고 있는 개성의 대부분은 무의식에서 비롯된다. 트랜스는 우리 안에 있는 독특한 내부의 자원을 탐색하여 복구할 수 있게 해 주는 이상적인 마음의 상태라고 할 수 있다.

## 밀턴모형

"한 단어에 그렇게 많은 의미가 담겨 있다니." 앨리스는 생각에 잠겨 말했다.

"한 단어를 그렇게 많은 뜻으로 쓰면 나는 항상 특별 수당을 지불해." 험프티 덤프티가 말했다.

– 루이스 캐럴의 『거울나라의 앨리스』에서

그레고리 베이트슨은 메타모형의 내용을 포함하고 있는 밴들러와 그린더의 『마술의 구조 1(The Structure of Magic 1)』이라는 책을 아주 좋아하였다. 그는 그러한 개념이나 이론에서 대단한 발전 가능성을 보았다. 그는 밴들러와 그린더에게 말했다. "애리조나 주의 피닉스라는 도시에 한 이상한 노인네가 있다네. 그런데 그는 뛰어난 치료사야. 하지만 아무도 그가 무슨 일을 하며, 또 그 일을 어떻게 하는지를 몰라. 그러니 자네들이 그곳으로 가서 그를 한번 찾아보면 어떨까?" 베이트슨은 이 이상한 노인인 밀턴 에릭슨을 15년째 알고 있었다.[2] 그래서 그는 그들에게 에릭슨을 만날 수 있게 약속을 잡아 주었다.

밴들러와 그린더는 에릭슨이 최면치료 분야에서 최고의 전문가로 널리 알려져 있던 1974년에 그와 함께 작업을 하였다. 그는 미국임상최면학회[3]의 초대 회장이었으며, 개업의로 일했을 뿐 아니라 미국 전역을 돌며 세미나를 열고 강의를 했다. 그는 민감하고 성공적인 치료자로서 세계적인 명성을 얻었고, 비언어적 행동에 대한 그의 예리한 관찰로 유명했다. 밴들러와 그린더는 에릭슨을 연구한 끝에 두 권의 책을 출간할 수 있었다. 『밀턴 H. 에릭슨의 최면 테크닉의 화법, 제1권(Patterns of Hypnotic Techniques of Milton H. Erickson Volume 1)』이 메타출판사에 의해 1975년에 출간되었으며, 주디스 델로지어와 공동으로 쓴 제2권은 1977년에 후속 출판되었다.

이들 책은 저자들이 지각한 방식대로 에릭슨의 방법을 소개한 것이었다. 그런데 에릭슨은 그들의 책에서 자기의 최면치료에 대하여 소개한 내용이 그 자신이 설명하는 것보다 훨씬 더 낫다고 말했는데, 그것은 훌륭한 칭찬이었다.

그린더는 지금까지 그가 개발한 그 어떤 이론 모형보다 에릭슨의 모형이 가장 중요한 것으로 생각된다고 하였는데, 그 이유로 에릭슨은 의식과는 다른 세계로 향하는 한 가지 길을 열어 보여 준 것이 아니라 여러 가지 종류의 전혀 다른 세계로 향하는 길을 열어 보여 주었기 때문이다. 최면과 변화된 의식 상태에 대한 그의 작업은 매우 놀라웠다. 따

--------------------------------------------------------------------

2) 베이트슨은 영국 출신으로 세계적인 문화인류학자이자 철학자, 심리학자로서 젊은 그린더 교수와 학생인 밴들러가 있는 산타크루즈 소재 캘리포니아대학교에서 객원교수로 근무하고 있었다. 그는 젊은 두 사람에게 가르침을 줄 수 있는 입장에 있었으며, 에릭슨의 절친한 친구이기도 했기에 그를 두 사람에게 소개시켜 주었다.

3) American Society for Clinical Hypnosis: 1957년에 에릭슨이 창설한 최면학회로서 임상최면을 활용하는 미국의 최대 건강 및 정신보건 전문 단체다. 『미국임상최면저널(American Journal of Clinical Hypnosis)』이라는 학술지를 발간하고 있다.

라서 그러한 에릭슨을 모방한 그린더의 사고체계는 근본적으로 새롭게 자리를 잡게 되었다.

NLP도 역시 새롭게 자리를 잡게 되었다. 메타모형은 정확한 의미에 대한 것이었다. 에릭슨은 내담자가 자신들에게 가장 적절한 의미로 받아들이도록 교묘하고 모호한 방법으로 언어를 사용했다. 그는 트랜스 상태를 유도하고 활용하여 내담자가 문제를 극복하고 자원을 찾을 수 있게 하였다. 언어를 이런 식으로 사용하는 것은 밀턴모형(Milton Model)으로 알려지게 되었는데, 이는 메타모형의 정확성과 대조되며 그것을 보완하는 것이기도 하다.

밀턴모형은 우리 안에 숨어 있는 자원을 찾아내기 위하여 트랜스를 유도하고 그 상태를 유지하기 위한 언어를 사용하는 방법이다.[4] 그것은 마음이 자연적으로 작용하는 길을 따른다. 트랜스란 내면으로 유도된 방법으로 당신의 무의식에서 무엇인가를 알아내고자 고도로 자극을 받은 상태다. 그것은 수동적인 상태가 아닐 뿐만 아니라 다른 사람의 영향 아래 있는 것도 아니다. 트랜스에서는 내담자와 치료자 사이에 협동이 이루어지며, 내담자의 반응은 다음에 치료자가 무엇을 해야 할지를 알려 주게 된다.

에릭슨의 작업은 민감성이 많고 성공적인 치료사들이 공유하는 수많은 개념에 바탕을 두고 있었다. 이러한 것들이 바로 NLP의 전제조건[5]이다. 그는 내담자의 무의식적 마음을 존중했다. 그는 아주 이상해 보이

---

4) 이러한 내용은 에릭슨최면의 기본 원리에 해당하는 것이다. 밀턴모형과 에릭슨최면에 대해서는 설기문(2009)의 『에릭슨최면과 심리치료』(학지사)를 참고하라.
5) presupposition: NLP의 기본적인 개념이자 원리에 해당한다. 즉, 어떤 명제는 그것의 사실성 여부와 상관없이 그 원리대로 살거나 행동할 때 이득이 되고 변화와 치료에 도움이 되기 때문에 받아들일 필요가 있다는 것이다. 이러한 명제를 NLP 전제조건이라고 한다.

는 행동조차도 그 뒤에는 긍정적 의도가 있으며, 사람들은 그 당시에 할 수 있는 최선의 선택을 한다고 생각했다. 그는 사람들에게 더 많은 선택의 기회를 주기 위해 일했으며, 누구나 어떤 수준에서는 각자 변화에 필요한 모든 자원을 이미 갖고 있다고 생각했다.

밀턴모형은 다음과 같은 것을 위하여 언어를 사용하는 방법이다.

① 그 사람의 실재에 따라 맞추고 이끌기
② 의식적 마음을 혼란시키고 활용하기
③ 무의식과 자원에 접근하기

## 맞추기와 이끌기

밀턴 에릭슨은 라포를 형성하는 데 있어서 달인이었다. 그는 내담자의 실재 자체를 수용하고 존중했으며, 내담자의 저항이란 라포가 결여된 데서 오는 것이라고 생각했다. 그에게는 내담자가 보이는 모든 반응이 타당하고 활용될 수 있는 것이었다. 에릭슨에게는 단지 유연성 없는 치료자가 있을 뿐 저항하는 내담자란 없었다.

누군가의 실재에 맞추기 위해서, 그리고 그들의 세계에 주파수를 맞추기 위해서 필요한 것은 그들에게 일어나고 있는 감각적 경험을 있는 그대로 묘사하는 것이다. 다시 말하면, 그들이 느끼고 듣고 보고 있을 것으로 생각되는 바를 서술하는 것이다. 그렇게 하면 당신이 말하는 대로 그들이 따라오도록 하는 것은 쉽고도 자연스럽게 이루어질 것이다. 당신이 어떤 식으로 말하느냐가 중요하다. 상대방의 호흡에 맞추어 부드러운 어조로 천천히 말함으로써 당신은 평화로운 내면의 상태로 가장 잘 유도하게 될 것이다.

그들의 주의를 내면으로 향하게 함으로써 서서히 부여되는 암시에 의해서 그들을 내면집중상태로 적절히 유도할 수 있게 된다. 모든 것을 일반적인 용어로 묘사하는 것이 좋다. 그렇게 하는 것이 상대방의 경험을 정확하게 반영해 주는 것이 되기 때문이다. 그래서 다음에 제시되는 두 문장 중에서 앞의 문장보다는 뒤의 문장과 같이 유도하는 것이 더 바람직하다.[6)]

'이제 당신은 눈을 감게 되고 편안해지며 트랜스로 들어가게 됩니다.'
'당신이 더 편안하게 느끼고 싶을 때는 언제라도 당신의 눈을 감기가 쉽습니다. 많은 사람은 트랜스로 들어가는 것이 쉽고 편안하다는 것을 압니다.'

특히 후자와 같은 종류의 일반적인 암시는 내담자가 보이는 어떤 반응도 포괄할 수 있는 것이 되기에 보다 효과적으로 부드러운 트랜스를 유도할 수 있다.

이처럼 반복되는 일련의 암시가 계속된다. 내담자는 치료자가 제시하는 몇 가지 언어적 자극에 계속 집중함에 따라 더 깊이 내면집중상태로 들어가게 된다. 이때 그의 경험은 더욱더 주관적인 것이 되며, 그러한 경험들은 치료자에 의해 피드백됨으로써 그는 더욱 깊은 트랜스 상태로 들어가게 된다. 당신은 내담자에게 무엇을 하라고 지시하는 것이 아니라 그의 집중력을 유도해 낸다.

당신은 다른 사람이 무엇을 생각하는지 어떻게 알 수 있을까? 당신은 알 수 없다. 치료자는 모호한 방식으로 내담자에게 암시를 주는데,

---

6) 여기서 앞의 문장은 지시적인 느낌이 들지만 뒤의 문장은 좀 더 일반적인 진술같이 보인다. 이것은 곧 에릭슨최면의 비지시성 및 간접성의 원리에 부합하는 것이다.

이때 내담자는 그 암시를 자기중심적이고 주관적으로 받아들이며 그에 상응하는 의미 부여를 하게 된다. 이렇게 치료자가 모호한 방법으로 언어를 사용하는 것은 하나의 기술이다. 그것은 곧 내담자에게 무엇을 생각하라고 말하는 것이라기보다는 오히려 그를 트랜스 상태에서 깨지 않도록 하는 것이다.

이러한 종류의 암시는 문장 사이에 부드러운 전환이 이루어진다면 가장 효과적으로 될 것이다. 예를 들어, 당신은 다음과 같이 말할 수 있다.

당신이 자신의 호흡을…… 가슴이 올라갔다 내려갔다 하는 것을…… 의자의 편안함을…… 바닥에 있는 당신 발의 무게를…… 느끼는 동안에, 당신이 바로 앞에 색깔 있는 벽지를…… 벽에 비치는 불빛의 무늬들을 볼 때…… 그리고 당신은 밖에서 노는 아이들 소리를 들을 수 있습니다. …… 그와 동시에 당신은 나의 목소리를 듣고…… 당신이 어느 정도 트랜스 상태에 들어갔는지…… 이미…… 궁금해지기 시작합니다…….

이 예문에서 '~할 때' '~하는 동안에' '그리고'와 같은 단어들이 암시의 흐름 속에 부드럽게 연결될 때 그 단어들에 주목하라. 그러는 동안에 발생되고 있는 어떤 것(당신 음성의 소리)을 언급하고 그것을 발생하기 바라는 어떤 것(트랜스 상태로 들어가는 것)에 연결시키도록 하라.

앞뒤의 말이나 문장을 연결해 주는 전환어(transition)를 사용하지 않으면 문장이 갑자기 바뀌는 느낌을 주며, 각 문장들이 서로 별개의 것처럼 들리게 된다. 이 경우에 암시는 효과가 줄어들게 된다. 이 점을 분명하게 이해하기 바란다. 그런 점에서 글을 쓰는 것은 말하는 것과 같다고 할 수 있다. 부드럽게 하는 것과 끊어서 하는 것 중 당신은 어느 편을 더 선호하는가?

트랜스 상태에 있는 사람은 대개 눈을 감고 있고 맥박은 더 느리고, 얼굴은 이완된다. 그런 상태에서는 눈을 깜박이거나 침을 삼키는 반사 반응들이 통상적으로 더 느려지거나 사라지게 되고, 심장박동 또한 더 느려지게 된다. 치료사는 내담자를 트랜스에서 깨어 나오게 하기 위하여 미리 정해진 신호를 사용하거나 말로써 유도할 수 있다. 또는 내담자가 스스로 적절하다고 생각할 때 자발적으로 정상적인 의식으로 돌아올 수도 있다.

## 의미 탐색

메타모형은 외부집중상태를 유지시켜 주기 때문에 듣는 내용의 의미를 찾기 위해 마음속으로 들어갈 필요가 없고 단지 화자에게 상세하게 설명해 달라고 요구하면 된다. 메타모형은 삭제, 왜곡, 일반화된 정보를 복구시켜 준다. 밀턴모형은 메타모형과 반대되는 것으로 삭제, 왜곡, 일반화들로 가득 찬 문장을 만드는 방법이다. 청자는 세부적인 것들을 채워 넣어야 하고 자신의 경험을 바탕으로 자기가 듣고 있는 이야기의 의미를 능동적으로 탐색해야만 한다. 환언하자면, 치료자는 내용을 최소화한 상태에서 맥락을 제공하는 것이다. 청자에게는 맥락에 해당하는 틀만 제공해 주고 그 안에 넣을 그림을 그로 하여금 선택하도록 하는 것이다. 청자가 이야기를 들으면서 그 이야기와 관련된 구체적인 내용에 대해서 말을 한다면, 그것은 자신이 듣고 있는 이야기와 가장 직접적으로 관련 있다고 생각하는 내용을 스스로 말하는 것이라고 할 수 있다.

어떤 사람이 당신은 과거에 어떤 중요한 경험을 했다고 말한다고 가정해 보라. 이때 그는 그 경험 내용 자체에 대해서는 어떤 언급도 하지 않고 있다. 하지만 당신이 그 말을 들을 때 과거에 겪었던 자신의 경험 중에서 현재 시점에서 그 이야기와 가장 관련이 큰 것으로 생각되는 것을 고르게 된다. 이러한 일은 무의식적 차원에서 이루어지게 된다. 왜냐하면 우리의 의식적 마음은 그러한 일을 해내는 데 너무 느리기 때문이다.

'사람들은 학습을 할 수 있다.' 와 같은 문장을 접할 때, 우리는 내가 구체적으로 무엇을 학습할 수 있을 것인지에 대한 생각을 하게 된다. 그리고 내가 지금 어떤 문제와 씨름을 하고 있다면 학습이라는 것은 그 문제와 관계가 있는 것임에 틀림없다고 여기게 될 것이다. 우리는 다른 사람들이 우리에게 말하는 것을 이해하기 위하여 항상 이런 종류의 탐색을 하게 되는데, 그것은 충분히 트랜스된 상태에서 이루어진다. 중요한 것은 내담자가 치료자의 말을 어떻게 받아들이고 어떻게 주관적으로 의미화하여 해석하는가의 문제다. 그 내용을 치료자가 꼭 알아야 할 필요는 없다.

내담자가 과거의 많은 경험 중에서 적절한 것을 골라내어 그 경험에서 무엇인가를 학습할 수 있도록 기술적으로 애매한 지시를 하는 것은 쉬운 일이다. 내담자에게 과거에 있었던 어떤 중요한 경험을 골라 내게 하고, 그 경험에서 뭔가 중요한 새로운 사실을 학습할 수 있도록 모든 내부 감각을 동원하여 다시 그 경험을 하게 하라. 그러고는 그의 무의식에게 그 학습이 유용하게 될 미래의 어느 맥락에서 그것을 사용하라고 당부하라.

## 의식적 마음의 혼란과 활용

밀턴모형의 중요한 부분은 정보를 누락시켜서 의식적 마음이 기억의 저장고로부터 누락된 정보를 채워 넣느라 계속 바쁘게 만드는 것이다. 당신은 애매한 질문을 읽고서 그것이 무엇을 의미하는지 알아내려고 애써 본 경험이 있는가?

밀턴모형에서 명사화는 엄청난 양의 정보를 삭제한다. 당신이 *편안함과 안락함의 느낌*으로 앉아 있을 때, 이런 종류의 *언어*의 *잠재성*에 대한 당신의 *이해*는 증가할 것이다. 이 문장에 있는 모든 *명사화*가 이탤릭체로 되어 있기 때문이다. 구체적으로 언급되는 것이 적을수록 다른 사람의 경험과 일치하지 않을 위험은 적어진다.

밀턴모형에서는 또한 비구체적 동사가 사용되는데, 그것은 곧 구체화되지 않은 상태의 동사를 말한다. 지난번 누군가 비구체적 동사를 사용해서 *커뮤니케이션*하는 것을 들었던 것에 대해 *생각할* 때, 당신은 자신이 *경험했던* 혼란스러운 느낌을 *기억할* 수 있을 것이다. 그리고 이 문장을 이해하기 위해 자신만의 의미를 어떻게 *탐색했는지*를 기억할 수도 있을 것이다.

이와 마찬가지 방법으로 명사구가 일반화되거나 완전히 생략될 수도 있다. *사람들*이 *책*을 읽고 *변화할* 수 있다는 것은 잘 알려진 사실이다. (누구에게 잘 알려졌는가? 어떤 사람들, 어떤 책들, 그리고 이러한 변화를 어떻게 만들 것인가? 또 무엇으로부터 변화할 것인가? 무엇으로 변할 것인가?)

또한 판단이 사용될 수도 있다. '당신이 이완을 잘하고 있는 걸 보니 정말로 좋다.'

비교에도 삭제가 들어가 있다. '더 깊은 트랜스 상태로 들어가는 것이 더 좋다.'

비교와 판단 모두 기본 가정을 전달하는 좋은 방법이다. 이들은 트랜스를 유도하고 활용하는 강력한 방법이다. 당신은 기본 가정을 통하여 어떤 부분을 기정사실화하면서 그것에 대해서는 도전받기를 원치 않는다는 가정을 깔아 놓는다. 예를 들어, 다음과 같은 표현을 보자.

"당신은 언제 트랜스 상태로 들어가게 될지 궁금할 수도 있습니다."

"당신은 지금 트랜스 상태로 들어가고 싶습니까, 아니면 나중에 들어가고 싶습니까?"(이 두 가지 표현에서 설정된 기본 가정은 '당신은 트랜스 상태로 들어갈 것'인데 질문의 요지는 그 시기가 '언제냐'는 것이다.)

"저는 당신이 얼마나 이완된 상태에 있는지를 인식하고 있는지 궁금하군요."(당신은 이완되어 있다.)

"당신의 손이 올라갈 때 그것은 당신이 기다리고 있다는 신호가 될 것입니다."(당신의 손은 올라갈 것이고, 당신은 신호를 기다리고 있다.)

"당신의 무의식이 학습하는 동안에 당신은 이완할 수 있습니다."(당신의 무의식은 학습하고 있다.)

"당신은 이완을 하면서 아무것도 기억해 내려고 할 필요가 없음을 즐길 수 있습니까?"(당신은 이완하고 있으며, 아무것도 기억하지 않을 것이다.)

말과 말을 연결해 주는 전환어(그리고, ～할 때, ～하는 동안 등과 같은)는 부드러운 형태의 인과관계를 보여 주는 표현들이다. 그러나 좀 더 강한 형태의 인과관계는 '하게 한(만든)다(make)'를 사용하는 것이다. 예를 들어, "저 그림을 바라보는 것은 당신을 트랜스 상태로 들어가게 할 것입니다."라고 말하는 것이다.

마음읽기가 이러한 밀턴모형 속에서 어떻게 활용될 수 있을지 궁금하지 않은가? 마음읽기는 너무 구체적이어서는 안 된다. 너무 구체적일 경우에는 적합하지 않을 수 있다. 상대방이 생각하고 있음직한 것을 아는 것처럼 알아 주는 마음읽기를 막연하고 일반적인 언어로 하게 되면 결과적으로 그의 경험에 맞추어 주고 그를 이끌어 가는 역할을 하게 된다. 예를 들면, "당신은 트랜스 상태가 어떤 것일지 궁금해할 수도 있습니다." "당신은 내가 하고 있는 말의 내용 중 어떤 것에 대해 궁금해지기 시작할 것입니다." 또한 밀턴모형에서는 포괄적 수량화 역시 사용된다. "당신은 모든 상황에서 학습할 수 있습니다." "당신은 무의식이 항상 목적을 가지고 있다는 것을 실감하지 않습니까?"

밀턴모형에서는 가능성의 서법기능어 역시 유용하게 쓰일 수 있다. "당신은 저 불빛을 어떻게 쳐다보는 것이 더 깊은 트랜스 상태로 들어가게 하는지 이해할 수 없습니다." 이 말 또한 빛을 쳐다보는 것이 트랜스 상태를 더 깊게 해 준다는 기본 가정이 전제되어 있는 것이다.

만약 "당신은 눈을 뜰 수 없다."라고 한다면 너무 직접적인 암시가 되어 상대방으로 하여금 그 말에 반발심을 야기하게 될 것이다. 그래서 앞과 같은 간접적인 암시가 좋다고 할 수 있다. 하지만 "당신은 그 의자에 앉아서 쉽게 이완할 수 있다."라는 말은 다른 예가 된다. "당신은 무언가를 할 수 있다."라고 말하는 것은 어떤 행동도 강요하지 않으면서 허용해 주는 것이다. 전형적으로 사람들은 허용된 행동을 함으로써 암시에 반응을 하게 된다. 적어도 그들은 암시받은 것에 대해 생각해야만 한다.

## 좌뇌와 우뇌

뇌는 언어를 어떻게 처리하며, 또 이 교묘하게 애매한 언어를 어떻게 다루는가? 뇌의 앞부분, 즉 대뇌는 두 개의 반구로 나뉘어 있다. 정보는 좌뇌와 우뇌 반구를 연결하는 조직인 뇌량을 통해서 두 개의 반구 사이를 통과한다. 서로 다른 임무를 위해 양쪽 반구에서 일어나는 활동을 측정하는 실험에서 좌뇌와 우뇌는 다르지만 상보적 기능을 가지고 있다는 것을 보여 주었다. 흔히 좌뇌가 주된 역할을 하며 언어를 관장하는 것으로 알려져 있다. 좌뇌는 분석적이고 합리적인 방법으로 정보를 처리한다. 우세하지 않은 편에 속하는 우뇌는 정보를 보다 전체적이고 직관적인 방법으로 다룬다. 또한 우뇌는 멜로디, 시각화와 더 많은 관계가 있으며, 비교와 점진적인 변화가 필요한 일에 관련되어 있다.

이러한 좌뇌와 우뇌의 전문화는 사람들의 90% 이상에서 사실로 드러난다. 소수의 사람들(대체로 왼손잡이)에게는 그와 반대 현상으로 나타나며 우뇌가 언어를 관장한다. 어떤 사람들은 이러한 기능이 양쪽 뇌에 흩어져 있는 경우도 있다. 우세하지 못한 대뇌반구에도 다소 간단한 의미의 말이나 어린아이들이 쓰는 문법 정도의 언어 능력이 있다는 증거가 있다. 우세한 대뇌반구는 의식과 동일시되어 왔고 열세한 대뇌반구는 무의식과 동일시되어 왔는데, 이는 너무도 단순화시킨 것이다. 좌뇌는 의식적 차원에서 언어를 이해하는 것을 관장하며, 우뇌는 자각되지 않는 수준에서 무심한 방법으로 단순한 의미를 다룬다고 생각하는 것이 편리할 것이다.

밀턴모형의 문형은 우세한 대뇌반구에 계속해서 과중한 부담을 주어서 의식적으로 마음을 혼란시킨다. 밀턴 에릭슨은 복합적이고 다층적인 말을 환자에게 구사하였다. 그렇게 되면 환자는 자신의 모든 $7\pm2$ 청크[7]의 의식 활동을 에릭슨이 던진 말의 의미를 탐색하고 그의 애매한 표현을 이해하고자 하는 일에 집중할 수밖에 없었다. 그 결과 그의 좌뇌는

---

7) chunk란 일종의 유목(類目)을 의미한다. $7\pm2$ 청크란 원래 미국 프린스턴대학교의 심리학자 조지 밀러(George A. Miller) 교수가 1956년 *Psychological Review*란 학술지에서 발표한 유명한 개념이다. 그것은 우리가 정보를 처리할 수 있는 용량을 말하며, 의식의 단기기억 용량을 나타내는 개념으로 마법의 수(magical number)라고도 한다. 즉, 의식은 한순간에 $7\pm2$ 유목 범위 내에서 정보를 처리할 수 있고 기억을 할 수 있다는 것을 나타낸다.

혼란 상태에 빠져서 좌뇌적 분석 기능을 수행하지 못하게 되면서 트랜스에 들어가게 된다. 에릭슨 모형에서는 좌뇌를 혼란시키고 분산시킬 수 있는 언어를 사용하는 방법들이 많다.

그에 속하는 한 방법이 바로 모호성(ambiguity)이다. 당신이 말하는 것은 확실히 모호하게 들릴 수 있다. 예를 들어, '그 배를 보고 싶다.'고 했을 때 그 배란 무엇을 의미할까? 여기서 말하는 그 배란 무엇인가? 먹는 배인가, 아니면 바다에 떠다니는 배인가? 그것도 아니라면 사람의 복부를 말하는가? 그 뜻을 정확하게 이해하려면 앞뒤의 맥락을 알아야 하며, 그 말을 하는 사람의 발음이나 억양을 들어 봐야 할 것이다. 또 다른 예로는 "아버지 가방에 들어가신다."라고 했을 때, 이 말은 듣기에 따라서 "아버지가 방에……"가 될 수도 있고 '아버지(가) 가방에……'가 될 수도 있다.[8]

앞의 '배'와 같은 단어에서 볼 수 있듯이 소리는 같은 데 의미가 다른 단어들이 많이 있다. 영어의 경우에는 there/they're, nose/knows, right/write와 같은 것을 꼽을 수 있다.[9]

또 다른 문장의 형태는 구문론적(syntactic) 모호성이라고 하는 것이다. '저기 공부하는 학생들을 보라.' 이 문장에서 '저기'가 수식하는 것은 '공부하는'이란 말일까, 아니면 '학생'일까? 전자의 개념으로 본다

---

8) 이 예는 원문의 예 대신에 한국식 예로 바꾼 것이다. 영어 원문의 예는 한국어로 번역되기에 문장의 구조나 어휘 자체가 어색할 뿐만 아니라 번역을 해도 이해되지 않기 때문에 여기서는 완전히 한국식 예문으로 바꾸었음을 밝힌다. 원문의 표현은 'What you say can be soundly ambiguous.'이다.

9) 한국어의 경우에도 이와 유사한 예가 많다. 즉, '행복하다'고 한다면 이 말은 '불행하다'는 의미를 가진 것으로 해석된다. 하지만 '행복 하다'라고 '행복'과 '하다'를 띄우면 '행복이라고 말하다'는 의미로 해석될 수 있다. 또한 '역으로'라는 말은 '기차역(驛)으로'란 의미로 해석될 수도 있지만 '역(逆)으로, 즉 '반대로'의 의미로 해석될 수도 있다.

면 '저기서 공부하고 있는' 학생을 의미하고, 후자의 개념으로 본다면 '저기 있는 학생'을 의미한다고 보아야 할 것이다. 특히 후자의 경우에 '공부하는'이란 표현은 학생을 설명하는 말로써 큰 의미 부여를 할 필요가 없는 개념이라고 할 수 있다. 어차피 학생은 공부하는 사람이란 뜻을 가지고 있으니까 말이다.[10)]

세 번째 모호성은 구두점(punctuation) 모호성이다. '다음의 계속하라고 말하면 어떻게 할 것인가?' 이 문장은 두 가지의 의미를 나타내는 것으로 이해할 수 있다. 먼저 다음의 계속(이라고 말)하라고 말하면 어떻게 할 것인가?'를 의미하는 것으로 볼 수 있다. 하지만 '다음의(즉, 다음에 계속하여 나올 또는 제시될 말인) 계속하라(라)고 말하면 어떻게 할 것인가?'를 나타내는 것으로 해석할 수도 있다.

'내가 너에게 꼭 하고 싶은 말은 제발 공부 좀 열심히 해라고 자주 말씀하시던 아버지의 뜻을 잊지 말라는 것이다.'

앞의 문장에서 화자가 '제발 공부 좀 열심히 해라'는 말을 한 것은 겉으로는 마치 아버지의 말씀을 전달하는 것처럼 보이지만 억양이나 발음에 따라서는 자신이 내심으로 정말 하고 싶은 말을 하는 것일 수도 있다. 이처럼 같은 말이라도 구두점을 어디에 찍느냐에 따라서 다르게 해석될 수 있다. 이런 언어 형태들의 문장을 제대로 구분하여 이해하는 데는 어느 정도 시간이 걸리는데, 이런 종류의 언어는 완전히 뇌의 좌반구가 담당하게 된다.[11)]

---

10) 이 문단의 내용도 한국식으로 바꾼 것임을 밝힌다. 영어 원문의 표현은 'Fascinating people can be difficult.' 이다.

11) 그러므로 이러한 모호한 표현이나 문장을 제시하면 좌뇌가 그 의미를 제대로 이해하고자 하는 사이에 혼란에 빠지면서 제 기능을 상실하거나 제대로 발휘할 수 없게 될 수밖에 없다. 그래서 좌뇌의 고유 기능인 분석이나 비판 기능이 마비되면서 곧바로 트랜스가 유도되거나 트랜스 속으로 들어갈 수 있게 된다.

# 무의식과 자원에 접근하기

뇌의 우반구는 서로 다른 실제의 말보다는 목소리의 어조, 음량 그리고 소리의 방향과 같이 점차로 변할 수 있는 모든 면에 민감하다. 즉, 우뇌는 말의 내용보다는 전달하고자 하는 말의 맥락에 민감한 것이다. 우뇌가 간단한 형태의 언어는 이해할 수 있기 때문에 특별히 강조점이 담긴 메시지는 우뇌로 가게 될 것이다. 그런 메시지들은 좌뇌를 우회하여 지나가며 의식적 차원에서 인식되는 일은 거의 없다.

이와 같은 식으로 강조를 하는 데는 많은 방법이 있다. 당신은 어조나 몸짓을 다르게 함으로써 말의 특정 부분을 강조할 수 있다. 이 방법은 무의식의 주목을 끌기 위해 지시나 질문을 강조하는 과정에서 사용될 수 있다. 이 책에서는 *이탤릭체*를 사용하여 강조하고 있다. 저자는 *이 페이지의 어떤 내용*이나 특정한 *문장*을 당신이 아주 *주의 깊게 읽어* 보라고 말하고 싶거나 그렇게 하기를 바랄 때 이탤릭체로 표기할 것이다. 당신은 이 문장을 읽으면서 그 속에 담겨 있는 *메시지를 이해하라는* 의미를 알아차렸는가?[12]

같은 방법으로 말은 그 안에 담겨 있는 명령의 형태를 만들어 내기 위해 특별한 주목을 끌 수 있는 특정한 어조로 강조될 수 있다. 소아마비 장애인으로서 일생의 많은 시간을 휠체어에 의지해야만 했던 에릭슨은 그가 말하는 내용 중의 특정한 부분에서 서로 다른 지시 사항을 나타내도록 하기 위하여 말을 하면서 머리를 끄덕이거나 움직이는 일

---

12) 연속되는 이들 문장 속에서 이탤릭체로 표기된 단어만 별도로 구분하여 연결해서 읽어 본다면 전체 문장의 내용과는 구분되는 별도의 명령문이 포함되어 있음을 알게 될 것이다. 예를 들어, 앞의 문장에는 이 문장을 주의 깊게 읽어 보라는 명령문이, 뒤의 문장에는 앞의 문장을 이해하라는 명령문이 각각 포함된 것을 알 수 있을 것이다.

을 잘하였다. 예를 들면, 그가 즐겨 말한 다음 말 속에서도 그러한 별도
의 지시 사항을 읽을 수 있을 것이다. "트랜스에 들어가기 위해 *눈을 감
으시*오라는 말을 들을 필요는 없다는 것을 기억하세요."[13] 에릭슨은 이
문장에서 이탤릭체로 된 부분을 말할 때에는 그의 머리를 움직여서 잠
입명령을 나타냈다. 에릭슨의 경우와 같이 목소리와 몸짓으로 중요한
말을 강조하는 것은 사람들이 일상적인 대화에서도 자연스럽게 사용하
는 방식이라고 할 수 있다. 따라서 그것은 특별한 화법이라기보다는 우
리가 늘 사용하는 일상적 화법의 연장선에서 이해될 수 있는 것이라고
할 수 있다.

　이러한 화법은 음악과도 상당한 유사성이 있다. 음악가들은 특정한
가락을 만들기 위하여 악보에 중요한 음표를 만들어 넣는다. 그런데 음
표들은 각각 서로 떨어져 있어서 별개로 보이겠지만 하나로 묶이면서
화음을 만들거나 일정한 흐름의 가락을 만든다. 작곡가는 그러한 의도
를 갖고 음표를 표시하는데, 청취자는 그러한 작곡가의 의도를 굳이 알
아야 할 필요가 없다. 다만, 아름다운 음의 선율이나 조화로운 화음의
흐름을 감상하면서 음악의 즐거움을 누리면 되는 것이다.

　이와 같은 방법으로 더 긴 문장에 질문을 잠입시킬 수 있다. "당신은
자신의 *어느 쪽 손이 더 따뜻한지* 알고 있는지 궁금하군요."[14] 이 또한
기본 가정이 포함되어 있는 문장이다. 그것은 직접적인 질문은 아니지
만 누구나 그렇듯 자신의 손이 따뜻한지를 그로 하여금 확인하게 하는

---

13) 이 말의 원문은 다음과 같으며, 원문에서 이탤릭체는 곧 그 자체로서 '눈을 감으라'
　　는 명령어가 되는데, 이를 본문 속에 포함되어 뚜렷이 구별되지 않게 잠입되어 있는
　　명령어란 뜻에서 잠입명령어(embedded commnand)라고 한다. "Remember you
　　don't have to *close your eyes* to go into a trance."
14) 이 문장의 원문은 'I wonder if you know *which of your hands is warmer than the
　　other?*' 이다.

결과를 가져오게 할 것이다. 이 문형이 정보를 수집하기에 얼마나 부드럽고 우아한 방법인가 당신이 충분히 이해하는지 궁금하다.

밀턴모형에는 인용(quote)이라고 알려진 흥미 있는 문형이 있다. 당신은 자신이 실제로 이야기하고 있지는 않은 맥락을 미리 설정한다면 어떤 말도 할 수 있다. 이렇게 할 수 있는 가장 쉬운 방법은 이야기를 통해서다. 당신은 그 이야기 속에서 자신이 전하고 싶은 내용을 누군가가 말하는 형식으로 처리하면서 어떤 방법으로든 그 내용을 드러나게 할 수 있다.

언젠가 이러한 인용 문형에 대한 세미나를 우리가 개최하였던 때가 기억난다. 세미나가 끝난 후 참가자 중 한 사람이 우리에게로 다가왔는데, 우리는 대화를 나누다가 그에게 인용 패턴에 대해 전에 들어본 적이 있는지 물어보았다. 이에 그는 말했다.

"네, 그것을 듣게 된 것이 참 우스웠어요. 2주 전에 제가 길을 가고 있었는데 아주 낯선 사람이 저에게 다가와서 말하더군요. *"이 인용 문형 재미있지 않아요?"*라고 말입니다."[15]

부정문이 이런 문형에 꼭 들어맞는 경우다. 부정문은 경험에는 없고 오직 언어에만 있다. 부정명령어는 긍정명령어와 똑같은 역할을 한다. 우리의 무의식은 부정어는 처리하지 않고 단지 그것을 무시하고 지나간다. 아이에게 무언가를 '하지 말라'고 말하는 부모님이나 선생님은 아이가 그 일을 '할 것'이라는 점을 다시 확인시켜 주는 셈이 되는 것이다. 줄타기를 하고 있는 사람에게는 "미끄러지지 마!"라고 말하지 말고 "조심해."라고 말해야 한다.

---

15) 이 문단의 내용은 일화를 소개하는 형식을 취하면서 실제로는 마지막 문장의 인용 문형을 전달하고자 하는 의도를 보여 주는 것인데, 인용 문형이 활용되는 예문으로 소개되었다.

어떤 일에 저항하는 것이 오히려 그 일을 더 지속시키는 결과를 만들게 되는 것은 그것이 여전히 당신의 관심을 끌기 때문이다. 그러므로 말을 할 때 긍정적으로 진술한다면 보다 효과적이고 더 나은 커뮤니케이션이 될 것이다.

밀턴모형에서 다루게 될 마지막 문형은 대화형 요구(conversational postulates)라는 것이다. 이것은 문자 그대로 단지 '예'나 '아니요'라는 대답을 요구하는 질문과 같은 형식의 문장이지만 실제로는 특정한 반응을 이끌어 내는 요구에 해당한다고 할 수 있다. 예를 들면, '쓰레기를 밖에 내놓으실 수 있나요?'라는 것은 문자 그대로 당신이 그 일을 하는 데 신체적으로 가능한지의 여부를 묻는 것처럼 보이지만 실제로는 그렇게 해 달라는 요청인 것이다. 다른 예를 들어 보면 다음과 같다.

"문이 아직도 열려 있니?" (문을 닫아라.)
"상 차릴 준비가 되었니?" (상 차릴 준비를 해라.)


우리는 이런 문형을 일상적인 대화에서 언제나 사용하며 그에 반응하며 살아간다. 만일 우리가 그런 문형에 대해 알게 되면 어디에서든지 보다 자유롭게 그것을 잘 사용할 수 있게 될 것이며, 그것에 대해 보다 여유롭게 잘 반응할 수 있게 될 것이다. 왜냐하면 그 문형들은 너무나 흔해서 그린더와 밴들러조차도 대중 세미나에서 서로 반대되는 주장을 펼치곤 할 정도이기 때문이다. 그래서 한 사람이 "최면 같은 것은 없어요."라고 말하면 다른 사람은 그 말을 받아 "아니에요! 모든 것이 다 최면이에요."라고 응수하곤 했다. 만일 최면이란 말이 다층적이며 영향력 있는 커뮤니케이션을 지칭하는 또 다른 표현이라면 아마도 우리 모두가 최면가라고 할 수 있을 것이다. 그리고 우리는 끊임없이 트랜스 상태에 들어갔다 나왔다 하고 있다. 지금도 여전히 …….

## 메타포

메타포란 은유라고도 할 수 있는데, 어떤 이야기나 혹은 비유를 내포하고 있는 표현을 다루기 위해 NLP에서 일반적인 방법으로 사용된다. 메타포에는 단순한 비유나 직유, 긴 이야기 그리고 우화가 포함되어 있다. 메타포는 간접적으로 의사를 전달하는데, 단순한 메타포는 다음과 같은 단순한 비유를 만들어 낸다. '백지장처럼 하얀' '그림같이 예쁜' '솜털처럼 가벼운' '하늘같이 높은' 등등. 이러한 말은 상투적인 말이 되지만 단순한 메타포로서 우리가 이미 알고 있는 것에 연결함으로써 알지 못하는 것을 비추어 줄 수 있다.

이에 비해 복잡한 메타포는 여러 가지 수준의 의미를 담고 있는 이야기다. 이야기를 우아하게 하는 것은 의식을 분산시켜서 무의식으로 하여금 의미와 자원을 탐색할 수 있도록 촉진하는 역할을 한다. 그렇게 하는 것은 트랜스 상태에서 누군가와 커뮤니케이션하는 탁월한 방법이다. 에릭슨은 그의 내담자들에게 메타포를 광범위하게 사용했다.

무의식은 관계나 *관련성*을 잘 이해한다. 꿈은 심상과 메타포라는 관련성이 큰 두 가지를 활용한다. 그런데 이 두 가지에는 공통적인 특징이 있기 때문에 어떤 하나가 다른 것을 대변한다고 할 수도 있다. 문제를 해결하는 방향으로 가는 길을 알려 줄 성공적인 메타포를 만들기 위해서는 문제 요소 간의 관계와 이야기 요소 간의 관계가 서로 같을 필요가 있다. 그렇게 되면 메타포는 무의식에서 공명(共鳴)하게 되고 필요한 자원을 동원하게 된다. 그리고 무의식은 진정한 교훈이나 메시지를 파

메타포를 만드는 것은 음악을 작곡하는 것과 같다

악하여 그에 맞는 변화를 시작하게 된다.

메타포를 만들어 내는 일은 음악을 작곡하는 것과 같으며 음악이 우리에게 영향을 미치듯이 메타포도 같은 역할을 한다. 선율은 관계 속에서 음표로 구성되는데 한 옥타브 더 높게 표현되거나 더 낮게 표현될 수도 있다. 음표들은 원래의 선율 속에 있었기 때문에 음표들 사이에 서로 같은 거리와 관계가 계속된다면 옥타브의 높낮이와 상관없이 선율은 여전히 같을 것이다.

더 깊은 수준에서는 이 같은 음표가 서로 연결되어 화음을 이루게 될 것이고, 그 결과로 서로 간에 어떤 관계가 생길 것이다. 음악의 리듬은 서로 다른 음표들이 서로에게 관련된 상태가 얼마나 오래 지속되느냐와 관련된다. 음악은 언어에 비해 다른 방법으로 의미가 있다. 음악은 바로 가서 무의식에 닿게 되어 좌뇌에는 걸리는 것이 아무것도 없게 된다.

좋은 음악처럼 좋은 이야기는 청자에게 기대감을 만들어 내고, 그것을 충족시켜 주어야 한다. 동화는 메타포라고 할 수 있다. '옛날 옛적에'와 같은 말로 시작되는 동화는 독자를 내면의 시간대에 갖다 놓는다. 동화가 갖고 있는 정보는 실제 세계에서는 쓸모가 없지만 내면의 세계에서는 의미 있게 처리된다. 스토리텔링[16]은 오래된 기법이다. 이야기는 사람들을 즐겁게 해 주고 지식을 주며, 진실을 나타내고 평소의 행동 너머에 있는 잠재성과 가능성에 대한 암시를 제시한다.

## 메타포 창작하기

스토리텔링 기법은 밀턴모형의 기술과 그 이상의 것을 필요로 한다. 맞추기와 이끌기, 공감각, 앵커링, 트랜스 그리고 부드러운 전환어와 같은 것은 좋은 이야기를 만들어 내는 데 모두 필요한 것들이다. 줄거리는 심리적이어야 하고 청자의 경험과 엇비슷해야 한다.

도움이 될 수 있는 이야기를 만들기 위해서는 우선 그 사람의 현재 상태와 원하는 상태를 조사해야 한다. 메타포는 현재 상태에서 원하는 상태로 나아가는 여행담이 될 것이다.

양쪽 상태의 요소를 분류하는 데는 사람, 장소, 사물, 활동, 시간이 있으며, 더불어 표상체계와 다양한 요소의 하위양식이 있다는 것을 잊어서는 안 된다.

그다음으로 상대방이 흥미를 가질 만한 이야기를 위한 정황을 선택해서 문제 속에 있는 요소를 겉으로 봐서는 다른 것처럼 보이지만 같은 관계를 갖고 있는 요소로 대치하라. 현재의 상태와 비슷한 형태로서 전

---

16) story-telling: 청자(주로 어린이들)에게 이야기를 들려줌으로써 재미와 함께 교육적인 효과를 얻고자 하는 교육 및 치료의 수단을 말한다.

| 현재 상태 | ➞ | 원하는 상태 |
|---|---|---|
| '옛날 옛적에……' | | '……그리고 후에 그들은 행복하게 살았단다.' |

략을 통해 문제의 해결(원하는 상태)에 이르게 하는 이야기를 만들어라. 그 이야기는 좌뇌를 속이게 되고, 원하는 내용은 무의식에 전달된다.

어쩌면 이 과정을 실제의 예를 들면서 설명할 수 있을 것이다. 그 설명이 활자화된 말이어서 어조, 일치성(말과 표정), 그리고 이야기하는 사람의 밀턴모형이 드러나지 않겠지만 말이다. 물론 나의 메타포가 독자의 현 상황에 꼭 부합하는 것이 아니겠지만, 나는 예를 통해서 메타포 만드는 과정을 보여 주고자 한다.

나는 한때 자신의 삶에서 균형 감각이 부족하다고 걱정하는 사람을 상담한 적 있다. 그는 현재 중요한 문제를 결정하는 데 어려움을 겪고 있으며, 어떤 일에는 엄청난 에너지를 쏟아붓는데, 다른 일에는 거의 신경을 못 쓰는 것에 대해 걱정을 하고 있었다. 그가 하는 일 중 몇 가지는 그에게는 준비가 미흡한 상태로 보였고, 다른 것들은 지나치게 준비된 것으로 보였다.

그로부터 자신의 문제에 대한 이야기를 듣자, 나는 나의 어린 시절이 문득 떠올랐다. 나는 기타를 배우고 있었는데 어떤 때는 저녁식사를 하는 동안에 기타를 쳐서 손님들을 즐겁게 해 주느라 밤늦도록 잠자리에 들지 않아도 되었다. 아버지는 영화배우셨고 온 집에 있는 많은 사람과 함께 파티에서 밤늦도록 음식을 먹으며 온갖 주제에 대해 이야기하곤 하셨다. 나도 이런 시간들을 좋아했고 많은 재미있는 사람들을 만났다.

어느 날 밤에 만난 아버지의 손님 중 한 분은 멋진 배우로 영화와 무대 모두에서 능력이 뛰어나기로 유명한 분이었다. 그분은 내게는 특별한 영웅이었고, 나는 그의 이야기를 듣는 것을 즐겼다.

저녁 늦게 다른 손님이 그가 비범한 능력을 갖게 된 비결에 대해 물었다. "그런데"라고 그는 말했다. "우습게도 나도 어릴 적에 어떤 사람에게 그와 똑같은 질문을 해서 많은 것을 배우게 되었답니다. 어릴 때 나는 서커스를 좋아했어요. 서커스는 색상이 화려하고 떠들썩하며 옷차림이 요란한 게 사람들을 신나게 만들었지요. 나는 관중의 환호소리를 들으며 불빛 아래에 있는 둥근 원 밖에 있다고 상상했어요. 그 느낌은 놀라웠어요. 나의 영웅 중 한 명이 유명한 이동 서커스단에서 줄타기를 하는 사람이었는데, 그는 높은 줄 위에서도 비범한 균형감과 우아함을 가지고 있었어요. 어느 여름에 나는 그와 친구가 되었지요. 나는 그에게서 발산되는 위험을 압도하는 분위기와 그의 기술에 매료되었어요. 그는 안전그물을 거의 사용하지 않았지요. 늦여름 어느 날 오후, 그 서커스단이 다음 날 우리 마을을 떠날 예정이라서 나는 기분이 울적했어요. 나는 친구를 찾아가서 땅거미가 내릴 때까지 이야기를 했어요. 그 당시 내가 바라는 것은 나도 그 친구처럼 되는 것이었어요. 그래서 나는 서커스단에 들어가고 싶었어요. 나는 그에게 기술의 비결이 무엇이냐고 물어보았어요."

"첫째," 그가 말했어요. "나는 내가 내딛는 한 걸음 한 걸음을 내 삶의 가장 중요한 것으로 바라봐. 그리고 내가 마지막 내딛게 될 발걸음이 최고가 되길 바라지. 나는 발걸음마다 아주 세심하게 계획을 해. 우리의 삶에서 많은 것은 습관적으로 하게 되는데, 이것은 습관적으로 하는 것들 중 하나가 아니야. 나는 입는 것, 먹는 것에 조심하고 어떻게 보이는지에도 신경을 써. 나는 직접 걷기 전에 성공한 사람으로서 내가 보게 될 것과 듣게 될 것, 그리고 내가 어떻게 느낄지 한 걸음마다 마음속으로 연습을 해 봐. 이런 방법으로 나는 갑작스럽게 생기게 될 불쾌한 일들을 겪지 않게 되는 거야. 나는 또한 관객의 자리에서 그들이 보고 듣고 느끼게 될 것을 상상해 봐. 나는 내가 생각하는 모든 것을 사전에 미리 해 보고 땅으로 내려가. 내가 줄을 타고 있을 때는 마음을 비우고 온전히 집중할 뿐이야."

"그의 말은 그 당시 내가 듣고 싶어 했던 그대로는 아니었으나 이상하게도 나는 항상 그의 말을 기억하게 되었어요."

"'너는 내가 균형을 잃지 않는다고 생각하니?' 그가 나에게 물었어요."

"'나는 당신이 균형을 잃은 것을 본 적이 없어요.' 내가 대답했지요."

"'틀렸어.' 그가 말했어요."

"'나는 항상 균형을 잃는단다. 나는 단지 내가 정해 놓은 범위 안에서 조절할 뿐이야. 내가 만일 내내 이쪽과 저쪽으로 균형을 잃지 않는다면 나는 줄을 타지 못할 거야. 균형이란 광대가 가짜 코를 갖는 것과 같이 소유하게 되는 어떤 물건이 아니야. 그것은 이쪽과 저쪽을 관리하는 움직임의 상태인 거야. 줄타기를 끝마치게 되면 나는 거기서 내가 배울 수 있는 것이 있나 살펴보기 위해 되짚어 보지. 그다음에는 그것을 완전히 잊어버려.' 나는 똑같은 원리를 내 연기에 적용한답니다."

나의 영웅이 말했다.


마지막으로 나는 당신에게 『마술사』[17]라는 소설에 나오는 '왕자와 마술사' 라는 이야기를 하나 들려주고자 한다. 다음에 소개될 이 사랑스러

--------------------------------------------------

17) 『마술사(The Magus)』는 존 파울스(John Fowles, 1926~2005)의 작품이다. 그는 영국의 소설가이자 수필가이며 독특한 소설 기법 때문에 주목을 받은 작가다. 이 소설은 그리스 섬을 배경으로 한 것으로 1968년에 영화화되기도 하였다. 또한 이것은 픽션과 리얼리티의 유희적 세계를 그린 것으로 유명하며, 실험적 우화소설이기도 하다. 한편 이 소설이 강조하는 것은 세상에 존재하는 그 자체보다는 인간이 세상을 어떻게

운 이야기는 NLP에 대해서 많은 것을 말해 준다. 그러나 그것은 NLP에 대해 말할 수 있는 방식 중에서 오직 한 가지에 불과하다는 점을 기억하라. 우리는 그 이야기가 당신의 무의식에서 메아리치도록 남겨 두고자 한다.

## 왕자와 마술사

옛날 옛적에 세 가지를 빼고는 모든 것을 다 믿는 젊은 왕자가 있었다. 그는 공주가 있다는 사실을 믿지 않았고, 섬이 있다는 것을 믿지 않았으며, 신의 존재를 믿지 않았다. 왕인 그의 아버지는 그에게 그런 것들은 존재하지 않는다고 말했다. 그의 아버지의 영토에는 공주나 섬이 없었고 신이 존재한다는 징조도 없었기 때문에 왕자는 아버지의 말을 믿었다. 그러나 어느 날 왕자는 궁궐에서 빠져나와 이웃 나라로 갔는데 놀랍게도 그곳의 모든 해안에서 섬을 보게 되었다. 그리고 그 섬에서 감히 이름을 붙일 수 없는 이상하고도 성가신 생물들을 보았다. 그가 보트를 찾고 있었을 때 잠옷같이 보이는 긴 옷을 입은 남자가 해변을 따라서 그에게 다가왔다.

"저것들이 실제 섬인가요?" 왕자가 물었다.

---

보느냐가 더 중요하다는 점이다. 그리고 여기서 말하는 마술이란 인간으로 하여금 세상을 그렇게 보도록 만드는 관점과 인지적 틀을 형성시키고 변화시키는 힘을 가리킨다고 할 수 있다. 이 이야기가 주는 메시지의 핵심은 '마술이 아닌 사실'을 추구하는 왕자가 생각을 달리함으로써 좌절과 공포에서 벗어난다는 것이며, 아울러 그렇게 함으로써 그 자신도 자신의 감정과 생각을 스스로 조절할 수 있는 '마술사'가 된다는 것이다. 한편 이 이야기는 탁월한 치료가들의 기법을 분석한 밴들러와 그린더의 저서인 『마술의 구조』 서문에서 인용되기도 하였다.

"물론이지요. 그것들은 모두 섬이랍니다." 긴 옷을 입은 남자가 말했다.

"그러면 저 이상하고 성가신 생물들은 무엇입니까?"

"그들은 모두 진짜 공주들이지요."

"그러면 신도 역시 있겠군요!" 왕자가 소리쳤다.

"내가 신이라오." 긴 옷을 입은 남자가 인사를 하며 대답했다.

그 젊은 왕자는 최대한 빨리 집으로 돌아갔다.

"네가 돌아왔구나." 왕인 그의 아버지가 말했다.

"저는 섬을 보았어요. 그리고 공주들도 보고, 신도 보았어요." 왕자는 책망하듯이 말했다.

왕은 아무런 동요도 없었다.

"진짜 섬이나 진짜 공주들뿐만 아니라 진짜 신은 없단다."

"제가 그들을 보았다니까요!"

"신이 어떤 옷을 입고 있었는지 내게 말해 보렴."

"신은 긴 옷을 입고 있었어요."

"그의 외투의 소매가 걷어져 있더냐?"

왕자는 소매가 그랬던 것이 기억이 났다. 왕은 웃음을 지으며 말했다.

"그것은 마술사가 입는 옷이란다. 네가 속은 거야."

이 말에 왕자는 이웃 나라로 돌아가서 전에 갔던 그 바닷가로 갔다. 그곳에서 그는 다시 한번 긴 옷을 입고 있는 그 사람에게로 다가갔다.

"왕인 나의 아버지께서 당신의 정체를 말해 주셨어요." 왕자가 분개하여 말했다.

"당신이 지난번엔 나를 속였지만 다시는 안 속아요. 이제 나는 저것들이 진짜 섬이 아니고 진짜 공주들이 아니라는 것을 알아요. 왜냐하면 당신은 마술사니까요."

바닷가에 있는 남자가 웃음을 지었다.

"속은 사람은 바로 너란다, 애야. 네 아버지의 왕국에는 많은 섬과 많은 공주가 있단다. 그러나 너는 아버지의 주술에 걸려서 그것들을 보지 못하는 거란다."

왕자는 깊은 생각에 잠겨서 집으로 돌아갔다. 그리고 아버지를 보았을 때 똑바로 쳐다보았다.

"아버지, 당신이 진짜 왕이 아니라 단지 마술사라는 것이 사실인가요?"

왕은 미소를 지며 그의 소맷자락을 걷어 올렸다.

"맞다. 나의 아들아, 나는 단지 마술사에 불과하단다."

"그러면 바닷가에 있던 사람이 신이었군요."

"바닷가에 있던 사람도 역시 마술사란다."

"저는 진짜 진실을 알아야 해요, 마술 너머의 진실을."

"마술 너머의 진실은 없단다." 왕이 말했다.

왕자는 슬픔에 가득 찼다.

"저는 죽어 버릴래요." 그는 말했다.

왕은 마술로 죽음이 나타나도록 했다. 죽음이 문에 서서 왕자에게 오라고 손짓했다. 왕자는 몸서리를 쳤다. 그는 아름답지만 진짜가 아닌 섬들과 진짜가 아니지만 아름다운 공주들이 기억났다.

"좋아요." 그가 말했다.

"저는 그 사실을 감당할 수 있어요."

"자, 아들아." 왕이 말했다.

"너도 이제 마술사가 되기 시작한 거란다."[18]

---

18) From *The Magus* by John Fowles, published by Jonathan Cape, 1977.

# 관점 바꾸기와 의미의 변환

좋거나 나쁜 것은 없다. 단지 우리의 생각이 그렇게 만드는 것이다.

– 윌리엄 셰익스피어

인류는 과거에서부터 현재까지 언제나 의미를 탐색해 왔다. 사건들이 발생하지만, 우리가 그 사건에 의미를 부여하고 우리 삶의 나머지 부분에 사건을 연관시키며 가능성 있는 결과에 대해 평가하고 나서야 그 사건은 중요해진다. 우리는 자라면서 교육받은 것과 우리의 문화를 바탕으로 하여 사건이 의미하는 바가 무엇인지를 학습한다. 옛날 사람들에게는 천문학적인 현상이 엄청난 의미가 있었다. 혜성은 변화의 징조였으며, 별과 행성 간의 관계는 개인의 운명에 영향을 끼쳤다. 그러나 오늘날에 와서 과학자들은 일식과 혜성을 개인의 문제로 받아들이지 않는다. 일식과 혜성은 아름다운 광경을 보여 주고 우주의 법칙은 여전하다는 사실을 확인시켜 준다.

폭풍우가 의미하는 것은 무엇인가? 만일 당신이 비옷도 입지 않은 상태로 밖에 나와 있다면 그것은 나쁜 일이다. 만일 당신이 농부인데 가뭄이 계속되어 왔다면 폭풍우는 좋은 일이다. 만일 당신이 야외 파티를 주최하는 사람이라면 폭풍우는 나쁜 일이다. 만일 당신의 야구팀이 거의 지고 있는 데 폭풍우 때문에 시합이 취소된다면 그것은 좋은 일이다. 어떤 사건의 의미는 당신이 그 일을 어떤 틀[19] 속에 넣느냐에 따라 달

---

19) frame: 틀이란 문자적 의미로도 해석되지만 여기서는 관점이란 뜻으로 이해하는 것이 적절하다. 그래서 '틀을 다시 짠다'는 의미의 reframe이나 reframing은 관점 바꾸기란 뜻으로 번역된다.

라진다. 당신이 틀을 바꾼다면 그 의미 역시 바뀌게 된다. 그리고 의미가 바뀔 때 당신의 반응과 행동도 바뀌게 된다. 사건에 대한 틀을 다시 짜는 능력, 즉 관점 바꾸기를 잘하는 능력을 통해서 우리는 더 큰 자유를 얻고 선택의 폭을 넓힐 수 있다.

우리가 잘 알고 지냈던 어떤 사람이 넘어져서 무릎을 심하게 다쳤다. 이 일은 매우 고통스럽고 그가 매우 좋아하는 스쿼시를 할 수 없다는 것을 의미했다. 그러나 그는 그 사고로 제한을 받게 되었다고 생각하기보다 오히려 기회로 삼아 많은 의사와 물리치료사들에게 상담을 받은 후 무릎의 근육과 인대가 어떤 역할을 하는지에 대해서 잘 알게 되었다. 다행히도 그는 수술을 할 필요는 없었다. 그는 자신을 위한 운동 프로그램을 고안해 내어 6개월 후에는 무릎이 전보다 더 튼튼해졌고 몸도 더 건강해졌다. 그는 우선 자신의 무릎을 약하게 만들었던 습관적 자세를 교정하게 되었다. 결과적으로 그의 스쿼시 실력도 향상되었다. 그에게 무릎을 다치게 된 것은 아주 유용한 기회가 된 셈이었다. 불행이란 것은 결국은 사건을 보는 관점에 달려 있다고 할 수 있다.

메타포는 관점 바꾸기를 할 수 있게 해 주는 도구다. 메타포는 사실상 "그 문제는 ~을 뜻할 수 있다."라고 말하는 것이다. 동화는 관점 바꾸기의 좋은 예가 된다. 그래서 동화에서는 처음에 불운으로 보이던 일이 결국에는 행운으로 바뀌는 쪽으로 결말이 나게 마련이다. 미운 오리 새끼는 사실은 어린 백조이며, 저주란 것도 실제로는 위장된 축복이었다고 할 수 있다. 개구리는 왕자로 바뀔 수 있다. 그런데 만일 그리스 신화처럼 만지는 것마다 금으로 바뀐다면(처음에는 그것이 좋게 보이겠지만) 오히려 큰 문제가 될 것이다.

발명가들은 관점 바꾸기를 잘한다. 관점 바꾸기의 아주 유명한 예가 하나 있다. 어느 날 밤 한 남자가 잠을 자다가 낡은 매트리스 안에 있는 녹슨 스프링의 날카로운 끝부분에 찔려 잠이 깨었다. 오래된 침대 스프링이 무슨 소용이 있을 수 있겠는가? (잠까지 못 자게 하는 데 말이다.) 하지만 그는 그것이 삶은 달걀을 넣는 멋진 컵이 될 수 있을 것이라고 관점 바꾸기를 하였고, 그 아이디어의 힘으로 성공적인 회사를 운영하게 되었다.

농담도 관점 바꾸기에 해당한다. 거의 모든 농담은 특정한 틀에다 사건을 설정하는 것으로 시작해서 갑자기, 그리고 철저하게 틀을 바꾸어 놓는다. 농담은 어떤 대상이나 상황을 갑자기 다른 맥락에다 갖다 붙이거나 혹은 그것에 또 다른 의미를 부여한다. 여기에 농담 하나가 있다. 무정부주의자들은 왜 허브티(약초차)를 마실까? (답은 이 장의 마지막에 제시되어 있다.)

## S.O.M. 문형

같은 말에 대해서 다양한 관점으로 반응하는 S.O.M. 문형[20]이라는 몇 가지 화법의 예를 다음과 같이 살펴보자.

*"일이 잘 안 풀려서 우울해요."*

**일반화:** 아마 통상적으로 기분이 울적해서 그렇지, 당신의 일은 괜찮아요.

**자신에게 적용하기:** 아마도 당신이 그렇게 생각하기 때문에 자신을 우

---

20) Sleight of Mouth pattern: 일종의 관점 바꾸기에 해당하는 것으로서 어떤 일이나 상황을 다른 맥락이나 차원에서 볼 수 있게 함으로써 문제에서 벗어나게 하거나 문제의 해결책을 찾도록 상대방이나 내담자에게 말해 주는 NLP의 고급 화법을 말한다. 원래 S.O.M.의 개념은 '교묘한 말로 다른 사람을 속인다.'는 사전적인 의미를 갖고 있으나 이 의미는 NLP에서 사용되는 개념을 제대로 담고 있지 못하다. 그래서 우리말로 번역하기가 어려운 개념이기에 번역어 없이 S.O.M.이라고 하였다.

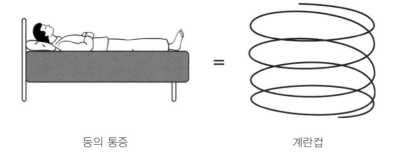

등의 통증                              계란컵

울하게 만들고 있는지도 몰라요.

**가치나 규범 이끌어내기:** 잘못되어 가고 있다고 생각하는 당신의 일에서 중요한 것이 무엇인가요?

**긍정적 성과:** 이 특별한 문제를 극복하기 위한 것이 당신에게는 더 열심히 일할 수 있는 계기가 되겠네요.

**성과 바꾸기:** 어쩌면 당신은 직업을 바꿀 필요가 있을지도 모르겠군요.

**추가적 성과 설정하기:** 지금 일이 진행되는 과정에서 유용한 무엇을 학습할 수 있습니까?

**메타포 말하기:** 걷는 법을 배우는 것과 같군요.

**재정의하기:** 당신이 우울한 것은 그 일이 당신에게 비합리적인 요구를 하고 있기 때문에 당신이 화를 내고 있다는 의미가 될지도 모르겠군요.

**구체화:** 당신 일 중 특히 어느 부분이 잘 안 되고 있죠?

**추상화:** 대체로 일이 어떤가요?

**반대 예:** 일이 잘 안 풀렸는데도 우울하지 않은 적이 있었나요?

**긍정적 의도:** 그것은 당신이 일에 마음을 많이 쓰고 있다는 것을 보여주고 있어요.

**시간의 틀:** 그것은 지나가는 한 단계일 뿐이에요.


관점 바꾸기는 장밋빛 안경을 통해 세상을 봄으로써 모든 것이 '실제로' 좋게 보도록 하는 것은 아니다. 문제는 저절로 사라지지 않는다. 해결해야 할 문제는 여전히 남아 있지만 문제를 바라보는 방법이 많을수록 문제는 더 쉽게 풀리게 된다.

가능성 있는 이익을 볼 수 있도록 관점 바꾸기를 하라. 그리고 자신의 목표뿐만 아니라 다른 사람들과 공유할 수 있는 결과를 뒷받침해 주는 방식으로 경험을 마음속에 떠올려 보라. 자신의 의지가 아니라 강압적으로 어떤 상황에 직면해야 한다면 당신의 자유로운 선택권은 제한을 받게 된다. 따라서 관점 바꾸기를 함으로써 일을 보다 잘 처리할 수 있는 여지가 생기게 된다.

관점 바꾸기에는 맥락 관점 바꾸기와 내용 관점 바꾸기라는 두 가지 유형이 있다.

## 맥락 관점 바꾸기

통상적으로 어떤 행동이라도 어딘가에는 쓸모가 있는 법이다. 어떤 상황에서도 무가치하고 목적이 없는 것은 거의 없다. 사람들이 붐비는 고가도로에서 누군가 발가벗으면 그 사람은 체포될 것이다. 그러나 나체족들이 모이는 캠프에서는 옷을 벗지 않으면 체포될 수도 있다. 청중을 지루하게 하는 것은 권장될 일이 아니지만, 반갑지 않은 손님을 몰아내는 데는 유용한 능력이 될 수 있다.

만일 당신이 이상한 거짓말을 친구에게나 가족에게 한다면 당신은 인기가 없을 것이다. 그러나 당신이 꾸며 낸 이야기로 베스트셀러가 될 만한 책을 쓰기 위해 상상력을 사용한다면 당신은 엄청난 인기를 누리게 될 것이다. 우유부단은 어떤가? 당신이 성질을 부려야 할지 말아야 할지에 대해, 그리고 그것에 대한 모든 것을 잊어버려야 할지에 대해 결단을 내릴 수 없다면 그것은 유익한 일이 될 수도 있다.

맥락 관점 바꾸기는 '나는 너무 ~해.' 또는 '나는 ~하는 것을 그만 두고 싶어.' 와 같은 말을 할 때 가장 좋은 효과가 있다.

자신에게 다음과 같이 자문해 보라.

"어떤 때에 이런 행동이 쓸모가 있을까?"
"어디에서 이런 행동이 자원[21]이 될 수 있을까?"

그 행동에 알맞은 맥락을 찾으면 당신은 바로 그 상황에서 그 행동을 마음속으로 연습해 볼 수 있을 것이다. 그리고는 원래 상황에서 그 행동을 맞추어 볼 수 있을 것이다. 제3장(pp. 154-155)에서 살펴본 바 있는 새 행동 창조 기법이라는 기술이 여기서 도움이 될 수 있다.

만일 어떤 행동이 외부에서 볼 때 이상해 보인다면 그것은 통상적으로 그 사람이 내면집중상태가 되어 외부 세계와는 일치하지 않는 내면의 상황을 설정해 놓았기 때문이다. 심리치료에서 전이[22]가 바로 그 예가 된다. 환자는 오래전에 자신이 부모에게 보였던 반응을 치료자에게 똑같은 방식으로 나타낸다. 어린아이에게는 적절했던 행동이 어른에게는 더 이상 쓸모가 없게 되는 것들이 있다. 치료자는 그런 행동에 대해 관점 바꾸기를 해야 하며, 환자가 다르게 행동하는 방법을 발전시킬 수 있도록 도와주어야 한다.

---

21) 자원이 된다는 것은 긍정적인 장점이나 문제 해결에 도움이 되는 특성을 말한다.
22) transference: 정신분석학의 대표적인 개념이다. 내담자나 환자가 부모나 선생과 같은 의미 있는 타인에게 느꼈던 감정을 상담자나 치료자에게 느끼고 그 감정을 투사하는 것을 말한다. 이에 반대되는 개념은 역전이(contertranceference)다.

# 내용 관점 바꾸기

경험의 내용이란 무엇이든 당신이 초점을 맞추기로 선택한 것이다. 내용의 의미는 당신의 마음에 와 닿는 것이면 무엇이든 될 수 있다. 저자 중 한 사람에게는 두 살짜리 딸이 있었는데, 그녀는 아버지에게 거짓말을 하는 것이 어떤 것을 의미하냐고 물었다. 그는 진지하게 아버지다운 목소리로 (그녀의 나이와 이해력을 감안하여) 거짓말을 하는 것은 다른 사람에게 옳지 않은 것을 옳다고 생각하도록 하기 위해서 고의로 사실이 아닌 것을 말하는 것이라고 설명해 주었다. 그러자 그 어린 소녀는 잠시 생각하더니 얼굴이 밝아졌다.

"그거 재미있네요!" 그녀가 말했다.

"우리 그거 해 봐요!"

그다음 몇 분간은 서로 터무니없는 거짓말을 하며 시간을 보냈다. 내용 관점 바꾸기는 '나는 사람들이 나에게 억지를 부릴 때 화가 난다.' 또는 '나는 마감시간이 임박할 때 허둥대는 편이야.' 와 같은 진술에서 유용해진다.

이런 유형의 진술은 인과관계의 메타모형 위반을 사용하고 있다는 점에 주목하면서 자신에게 다음과 같이 자문해 보라.

"사람들이 억지를 부린다는 것, 마감시간이 임박했다는 것은 그 밖에 무엇을 의미하나?"

"그 행동의 긍정적 가치는 무엇일까?"

"그 행동을 달리 어떻게 설명할 수 있을까?"

정치는 탁월한 내용 관점 바꾸기의 예술이다. 좋은 경제 수치라고 하더라도 당신이 어느 정당에 소속해 있거나 어느 정당을 지지하느냐에 따라 그 평가를 달리할 수 있다. 만약 야당이라면 그 수치만 별도로 떼어 오히려 하향적인 추세를 보여 주는 예로 취급할 것이다. 그러나 여당이라면 당연히 경제발전의 지표로서 제시할 것이다. 높은 금리는 돈을 빌리는 사람들에게는 나쁘지만 저축을 하는 사람들에게는 좋다. 교통체증은 당신이 정체된 상태에 있다면 엄청나게 불쾌하겠지만 정부 관리는 그런 상태를 보고 번영의 표시라고 표현할 것이다. 그러나 런던에서 교통체증이 없어진다면 경제 중심지로서의 수도의 역할이 끝난 것을 의미하는 것으로 비칠 수도 있다.

"우리는 후퇴하고 있는 것이 아니다." 어떤 장군이 말했다.

"우리는 다만 뒤로 전진하고 있는 것이다."

광고와 판매는 관점 바꾸기가 다루어지는 아주 중요한 다른 영역들이다. 상품은 가장 시선을 많이 받을 수 있는 곳에 놓인다. 광고는 상품을 위하여 즉석에서 하나의 틀을 입히는 것 또는 특정한 관점을 제시하는 것이라고 할 수 있다. 흔히 광고 카피에서 들을 수 있는 문구로는 다음과 같은 것이 있는데, 모두가 상품에 특정한 틀을 입히거나 상품을 특정한 관점에서 보도록 하는 것이다. '이 커피를 마시는 것은 당신에게 성적 매력이 있다.'는 것을 의미하고, '이 세제를 사용하는 것은 당신이 가족에 대해 신경 쓴다.'는 것을 의미하며, '이 빵을 사는 것은 당신이 지성인이다.'라는 것을 의미한다. 이처럼 관점 바꾸기는 너무나 광범하게 널려 있어서 어디에서나 그러한 예를 볼 수 있다.

간단한 관점 바꾸기 하나가 대단한 변화를 주지는 않는다. 그러나 간단한 관점 바꾸기라 하더라도 그것이 메타포와 함께 일관되게 전달되고 상대방에게 중요한 관심을 불러일으킨다면 대단히 효과적일 수 있다.

## 의도와 행동

관점 바꾸기의 핵심은 의도와 행동의 차이에 있다. 다시 말하면, 그것은 당신이 하는 것과 그것을 함으로써 달성하고자 애쓰는 것의 차이를 말한다. 이는 어떤 행동을 다룰 때 만들어지는 결정적인 차이다. 당신이 하는 것이 당신에게 원하는 것을 가져다주지 않는 경우가 종종 있다. 예를 들면, 어떤 여성은 자신의 가족에 대하여 끊임없이 걱정을 한다. 그런데 그녀가 이렇게 하는 것은 자신의 가족을 사랑하고 보살피는 것을 나타내는 한 방법이다. 그러나 식구들은 그녀의 태도를 잔소리로 보고 싫어할 수도 있다. 어떤 남자는 아주 오랜 시간 일을 하는 것으로 가족에 대한 그의 사랑을 보여 주고자 할 수 있다. 그러나 식구들은 비록 쓸 돈이 줄어들더라도 더 많은 시간을 함께 보내 주기를 바랄지도 모른다.

때로는 당신의 행동이 당신이 원하는 것을 정말로 가져다주기도 하지만 당신의 성격 중에 있는 다른 분아[23]들과는 안 맞는 경우도 있다. 예를 들면, 어떤 회사의 한 직원은 봉급 인상을 위하여 상사에게 아부를 하면서 비위를 맞출 수도 있지만 그런 행동을 하는 자신을 증오할 수도 있다. 어떤 때 당신은 자신이 왜 또는 어떤 목적으로 특정한 행동을 하는지 잘 모른 채 그 행동을 귀찮게 여길 수도 있다.

그러나 모든 행동의 이면에는 언제나 긍정적 의도가 있는 법이다. 그

---

23) part: 성격 내의 또 다른 하위 성격으로서 무의식적인 기능을 한다. 흔히 '나에게 이런 마음도 있고 저런 마음도 있다.' 고 하며 '이 마음과 저 마음이 갈등하고 있다.' 고 할 때는 분아(分我)를 의미한다. 우리가 만약 한 마음으로 통합된 상태에서 행동하거나 일을 한다면 능률이 오르겠지만 서로 갈등하는 분아의 마음 상태에서라면 효율성을 기하기 어려울 것이다. 그래서 분아가 합치되고 통합되는 것은 중요하다.

렇지 않다면 왜 그런 행동을 하겠는가? 당신이 하는 모든 것은 어떤 목표를 향해 만들어지게 된다. 단지 그것이 시대에 뒤떨어질 수도 있고 어떤 행동들(흡연과 같은 행동)은 많은 (원치 않는) 다른 결과를 가져오기도 한다.

원치 않는 행동을 없애는 방법은 노력을 해서 되는 것이 아니고 의지로 그런 행동을 중단하는 것도 아니다. 노력과 의지를 사용하는 것은 원치 않는 행동에 관심과 에너지를 보내고 있기 때문에 오히려 그러한 행동이 지속되게 하는 역할을 하게 될 것이다. 당신 성격의 다른 분아와 좀 더 조화를 이룰 수 있고 진정한 의도를 만족시킬 수 있는 더 나은 방법을 찾도록 하라. 어둠 속에 남기를 원하는 것이 아니라면 전기가 설치되기 전까지는 가스등을 떼어 내서는 안 된다.

우리는 편치는 않지만 연맹관계로 살아가는 다중적인 성격을 내면에 지니고 있다. 내면의 분아들은 각각 자신의 목표를 이루고자 노력하고 있다. 이러한 분아들이 함께 일하는 데 정렬이 잘되어 조화가 잘 이루어질수록 개인은 더욱 행복해질 것이다. 우리는 많은 분아의 복합체이며 분아들은 때때로 서로 갈등한다. 균형은 끊임없이 그 상태가 바뀐다. 그렇기에 인생이 재미있게 느껴지게 된다. 분아들 간에 완전히 일치를 이룬다는 것, 한 가지 활동에 전념할 수 있다는 것은 어려운 일이다. 행동이나 활동이 중요하면 할수록 우리 성격의 더 많은 분아들이 개입되어야 한다.

습관을 포기하는 것은 어렵다. 담배를 피우는 것은 몸에 나쁘지만 당신을 이완시켜 주고 손이 허전하지 않게 하며 다른 사람들과 우호관계를 지속시켜 준다. 이러한 욕구들을 처리하지 않은 상태로 담배를 끊는 것은 진공 상태를 남겨 놓는 것이다. 미국의 소설가인 마크 트웨인의 말을 인용하면, "흡연을 포기하는 것은 쉽다. 나는 매일 그것을 한다."

# 6단계 관점 바꾸기

우리가 남들과 같지 않은 것처럼 우리는 우리 자신과도 같지가 않다.

- 몽테뉴

NLP는 더 나은 대안을 제공함으로써 원치 않는 행동을 멈추게 하기 위하여 보다 형식을 갖춘 관점 바꾸기 과정을 사용한다. 이런 방법으로 당신은 그 행동의 좋은 점을 유지하게 된다. 그것은 마치 여행을 가는 것과 비슷하다고 할 수 있다. 당신이 말과 수레를 타고 여행을 한다면, 그것은 비록 불편하고 느리지만 당신이 원하는 곳에 데려다 줄 수 있는 유일한 방법이 될 것이다. 그런데 한 친구가 당신에게 목적지에 도달할 수 있는 다양하고도 더 나은 방법들로 기차나 항공편이 있다는 사실을 알려 줄 수도 있다.

다음에 소개된 6단계 관점 바꾸기(Six Step Reframing)는 문자 그대로 모두 여섯 개의 단계로 이루어진 특별한 관점 바꾸기의 한 종류라고 할 수 있는데, 이것은 당신으로 하여금 원치 않는 방식으로 행동하게 하는 분야가 있을 때 효과가 좋다. 그것은 또한 마음으로 인해 생기는 몸의 증상을 치료하는 데도 사용될 수 있는데, 그 절차는 다음과 같다.

## 1. 먼저, 바꾸고 싶은 반응이나 행동을 확인한다

그것은 대개 다음과 같은 형식을 취한다.

'나는 ~하기를 원해. 하지만 뭔가가 못하게 해.' 또는 '나는 이것을 하고 싶지 않아. 하지만 결국에는 똑같은 일을 하게 되는 것 같아.'

만일 당신이 다른 누군가를 상담하고 있다면 그의 실제 문제 행동에 대해서는 알 필요가 없다. 그 행동이 어떤 것이냐는 관점 바꾸기 과정에 문제가 되지 않는다. 그래서 이것은 비밀 치료가 될 수 있다. 우선 이 분아가 당신을 위해 해 온 일에 대해 잠깐 시간을 내어 감사하다는 표현을 하라. 그리고 그 분아를 없애려고 하는 것이 아니라는 것을 분명히 하라. 만일 그 행동(X라고 부르자)이 아주 불쾌해하면 변화가 어려울 수도 있다. 그러나 최소한 분아의 의도에 대해서는 감사할 수 있어야 한다. 비록 지금까지 분아의 행동 방식은 마음에 들지 않았을지 몰라도 말이다.

### 2. 그 행동에 책임 있는 분아와 커뮤니케이션을 시작하라

내면으로 들어가서 물어보라. 'X에 책임이 있는 분아가 의식 차원에서 지금 나와 커뮤니케이션을 할 수 있을까?' 당신이 얻는 반응에 주목하라. 내면에서 나오는 장면, 소리, 느낌을 위해 당신의 감각을 모두 열어 두라. 추측은 금물이다. 확실한 신호를 잡아내라. 그것은 때때로 미세한 몸의 느낌 속에 들어 있을 수도 있다. 당신은 정확한 신호를 의식 차원에서 재생할 수 있는가? 그렇게 할 수 있다면 당신이 마음대로 조절할 수 없는 무의식에서 나오는 신호를 얻게 될 때까지 다시 그 질문을 해 보라.

이상하게 들리겠지만, 책임이 있는 분아는 무의식의 차원에 있다. 만일 그 분아가 의식의 차원에 있다면 당신은 그것에 대해 관점 바꾸기를 할 필요 없이 그 행동을 바로 멈추게 할 것이다. 분아들이 갈등 상태에 있을 때는 언제나 의식 수준까지 도달하게 될 어떤 증상이 나타난다. 당신은 의심을 하는 상태에서 누군가의 계획에 동의해 본 적이 있는가? 그럴 때 당신의 어조는 어떻게 나오는가? 집에서 편안하게 쉬고 싶은데 어쩔 수 없이 바깥에 나가서 일을 해야 한다면 그 때문에 나타나는 가습이 무겁고 짜증나는 느낌을 조절할 수 있겠는가? 머리를 절레절레 흔드는 것, 얼굴을 찡그리는 것, 어조의 변화와 같은 것은 갈등하는 분아들이 자신을 표현하는 분명한 실제적인 예들이다. 이해의 충돌이 있을 때는 항상 무의식적인 신호가 나타나는데, 그것은 아주 경미한 정도라서 조심성 있게 살필 필요가 있다. 그 신호는 '네, 하지만 ~.'과 같은 것으로 시작되는 문장 속에 포함되어 있는 '하지만'과 같은 것이 될 수 있다.

이제 당신은 그러한 반응을 '예/아니요' 신호로 바꿀 필요가 있다. 분아에게 '예'를 위해서는 신호의 강도를 높이고 '아니요'에는 신호 강도를 낮추도록 부탁하라. 양쪽 신호에게 번갈아 가며 신호를 보여 달라고 부탁하면 신호가 분명해진다.

### 3. 행동에서 긍정적 의도를 가려내라

협동 작업을 해 준 것에 대해 분아에게 감사하라. "이 행동에 책임 있는 분아가 그 행동에 대한 의도를 내게 알려 줄까?"라고 물어보라. 만약 '예'라는 신호가 나오면 당신은 의도를 이해하게 될 것이고, 그 의도에 놀랄지도 모른다. 그 정보와 당신을 위해 이런 일을 한 것에 감사하라. 당신은 실제로 분아가 이 일을 하기를 원하는지에 대해 생각해 보라.

그러나 당신이 그 의도를 알 필요는 없다. 만일 당신의 질문에 대한 답이 '아니요'라면 당신은 분아가 달성하려고 하는 것을 당신에게 기꺼이 알려 줄 수 있는 상황을 탐색할 수 있을 것이다. 그렇지 않다면 좋은 의도가 있다고 가정하라. 이것은 당신이 그 행동을 좋아한다는 뜻은 아니다. 단지 분아에게 어떤 의도가 있으며 그것은 어떤 방식으로든 당신에게 이익이 된다고 받아들이라는 것이다.

내면으로 들어가서 그 분아에게 물어보라. '적어도 같거나, 혹은 당신이 지금 하고 있는 것보다 더 낫지는 않을지라도, 만일 당신에게 이 의도를 달성시켜 줄 수 있는 방법들이 주어진다면 당신은 그것을 기꺼이 시험해 보려고 하겠는가?' 이 시점에서 '아니요'라는 답이 나온다면 당신이 분아가 보낸 신호를 잘못 알았다는 것을 의미하게 된다. 올바른 마음을 가진 분아라면 어떤 분아도 그러한 제의를 거절할 수는 없을 것이다.

## 4. 같은 목적을 달성시켜 줄 새로운 방법을 만들어 내는 창조적인 분아에게 물어보라

당신의 삶 속에는 창조적이고 자원이 풍부했던 때가 있었을 것이다. 함께 일하고 있는 분아에게 그 분아의 긍정적 의도를 당신의 창조적이며 자원이 풍부한 분아와 커뮤니케이션하도록 부탁하라. 그러면 창조적 분아는 같은 의도를 성취시켜 줄 다른 방법을 만들어 낼 수 있을 것이다. 어떤 것은 좋을 것이고, 어떤 것은 그렇게 좋지는 않을 것이다. 어떤 것은 의식적으로 알아차릴 수도 있으나 못 알아차린다 해도 문제가 되지는 않는다. 그 분아에게 원래 행동보다 더 낫거나 좋다고 생각되는 것들만 선택하도록 요청하라. 그것들은 즉각 사용 가능해야 한다. 분아가 또 다른 선택을 해야 할 때마다 '예'라는 신호를 하도록 요청하라. 적어도 세 번 '예'라는 신호가 나올 때까지 계속하라. 이 과정 중 이 부분에서는 당신이 원하는 만큼 시간이 오래 걸려도 된다. 작업이 끝나게 되면 당신의 창조적 분아에게 감사하라.

## 5. 옛날 행동보다는 새로운 선택 사항을 다음 몇 주에 걸쳐서 사용하는 데 동의할 것인지 X 행동을 하는 분아에게 물어보라

이것은 미래 가보기로서 미래의 상황에서 새로운 행동을 마음속으로 연습해 보는 것이다.

만일 이제까지 모든 것이 잘되었다면 '예'라는 신호를 받지 못할 이유가 없다. 만일 '아니요'라는 신호가 나온다면 그 분아에게 여전히 옛날 행동을 할 수도 있다고 안심시켜 주라. 그러나 당신은 그 분아가 우선 새로운 선택 사항을 사용한다면 좋을 것이라고 확인시켜 주라. 그럼에도 계속 '아니요'라는 답이 나오면 상대방으로 하여금 6단계 관점 바꾸기 과정 전체를 경험하게 하는 것으로 반대하는 분아의 관점 바꾸기를 할 수도 있다.

## 6. 생태 점검

당신은 새로운 선택 사항에 반대하는 다른 분아들이 있는지 알아볼 필요가 있다. '내 안에 있는 어떤 분아가 새로운 선택에 반대하는가?'라고 물어보라. 이 부분에서 어떤 신호에도 민감하고 철저해야 한다. 만일 어떤 신호가 있을 경우, 그 분아에게 그 신호가 정말로 반대하는 것이라면 강하게 나타내 보라고 요청하라. 새로운 선택 사항은 반드시 모든 관심 있는 분아들의 찬성이 있어야 한다. 그렇지 않으면 어떤 분아가 당신이 하는 일을 방해하게 될 것이다.

만일 반대가 있으면 당신은 두 가지 중 한 가지를 할 수 있다. 제2단계로 돌아가서 반대하는 분아의 관점 바꾸기를 하거나 혹은 창조적 분아에게 반대하는 분아와 협의하는 과정에서 보다 많은 선택 사항을 창출해 보라고 요청하라. 이런 새로운 선택 사항에도 반대하는 새로운 분아가 있는지 반드시 점검해야 한다는 것을 명심해야 한다.

이상과 같은 6단계 관점 바꾸기는 치료와 자기계발을 위한 기술이다. 그것은 직접적으로 다음과 같은 여러 가지 심리적 주제들과 관계가 있다.

그중의 하나는 부수적 소득[24)의 문제다. 어떤 행동이 아무리 이상하고 파괴적인 것처럼 보여도 어떤 수준에서는 유용한 목적을 이루는 데 도움이 된다고 할 수 있다. 그리고 그 목적은 무의식적인 경향이 많다. 우리가 조금이라도 자신의 이익에 위배되는 일을 한다는 것은 말이 안 된다. 그러므로 일반적으로 어떤 일에는 반드시 의식은 못하더라도 이익은 있기 마련이다.

또 다른 하나는 트랜스에 관한 것이다. 6단계 관점 바꾸기를 진행하고 있는 사람은 누구든지 주의 집중이 내면을 향해 있는 약한 트랜스에 있다고 할 수 있다.

세 번째는 6단계 관점 바꾸기도 역시 자신 속에 있는 분아들 간에 협상 기술을 사용한다는 것이다. 다음 장에서는 비즈니스 분야에서 사용되는 대인간 협상 기술을 살펴볼 것이다.


# 시간선

우리는 '지금' 외에 다른 언젠가에는 절대로 존재할 수 없다. 그리고 우리의 머릿속에는 타임머신이 들어 있어서 우리가 잠을 잘 때 시간은 가만히 멈추게 된다. 그리고 낮이나 밤에 꾸는 꿈속에서 우리는 별다른 어려움 없이 현재와 과거 그리고 미래 사이를 이리저리 오갈 수 있다.

---

24) secondary gain: 이것은 표면적인 것은 아니지만 숨어 있고 2차적인, 그리고 무의식적인 소득이나 이득을 말한다. 특히 문제 행동이나 부적응 행동 뒤에는 반드시 이러한 부수적 소득이 개입되어 있다고 볼 수 있다. 예를 들어, 흡연을 하는 사람들은 긴장과 스트레스 상황에서 벗어나기 위하여 자기도 모르게 담배를 피운다. 이 경우에 흡연이 주는 부수적 소득이란 바로 긴장과 스트레스로부터의 탈출이라고 할 수 있다. 그리고 바로 이러한 부수적 소득 때문에 담배를 끊기 어렵고 습관적 부적응 행동에서 벗어나기 어렵다고 할 수 있다.

시간은 우리가 무엇을 하고 있느냐에 따라 쏜살같이 빠르게 지나가기도 하고 기어가는 것처럼 느리게 느껴지기도 한다. 시간이 실제로 무엇이든 간에 우리가 겪는 시간에 대한 주관적 경험은 언제나 변한다.

우리는 시계에 있는 움직이는 시곗바늘의 동작과 거리로 외부 세계를 위한 시간을 측정한다. 하지만 우리의 뇌는 시간을 어떻게 다루는가? 시간을 다루는 데는 어떤 방식이 있는 게 틀림없다. 그렇지 않다면 우리가 어떤 일을 이미 했는지 혹은 그것을 하려고 했는지에 대해 전혀 알 수가 없을 것이다. 말하자면 그것이 과거에 속한 것인지 혹은 미래에 속한 것인지에 대해 분간할 수가 없을 것이다. 미래에 대한 기시감(旣視感), 즉 데자뷰를 느낀다면 살아가는 데 어려움이 있을 것이다. 우리가 현재의 사건과 미래의 사건에 대해서 생각하는 방법에는 어떤 차이가 있는가?

어쩌면 시간에 대해 우리가 가지고 있는 많은 말에서 어떤 단서를 얻게 될 수도 있을 것이다. '나는 어떤 미래도 볼 수가 없어.' '그는 과거에 빠져 있어.' '과거의 일들을 뒤돌아보는 것' '앞일을 내다본다.' '가까운 미래'와 같은 말들에서 볼 때 어쩌면 시간에도 방향과 거리가 있는 것 같다.

이제 당신이 거의 일상에서 반복하는 단순한 행동을 선정해 보라. 예를 들면, 이를 닦는 일, 머리 빗는 일, 손을 씻는 일, 아침을 먹는 일, TV를 보는 일 등등.

당신이 이런 일을 했던 대략 5년 전의 시간에 대해 생각해 보라. 그것이 반드시 특별한 경우일 필요는 없다. 당신은 5년 전에 그것을 했다는 것을 알고 있으니 상기시켜 보는 놀이를 해 볼 수 있다.

이제 일주일 전에 같은 일을 했던 것에 대해 생각해 보라.

이제 바로 이 순간에 그것을 한다면 어떨 것인가 생각해 보라.

이제 지금부터 일주일 후.

이제 5년 후에 그것을 하는 것에 대해 생각해 보라. 당신이 어디에 있게 될지 알지 못해도 상관없다. 단지 그 활동을 하는 것에 대해서만 생각하라.

이제 앞의 네 가지를 예로 삼아 보자. 아마도 각각의 경우와 관련하여 어떤 종류의 그림이 마음속에서 떠올랐을 것이다. 그것은 동영상이거나 사진 같은 것일 수도 있다. 만일 당신이 보지 않는 사이에 투명인간이 그것들을 이리저리 뒤섞어 놓으면 어느 것이 일주일 전의 것인지, 어느 것이 5년 후의 것인지를 어떻게 알 수가 있겠는가?

각 시간에 따라 정확히 구별하는 법을 알아내는 것은 무척이나 흥미로운 일이 될 것이다. 이와 관련해서는 뒤에서 전반적으로 설명할 것이다.

이제 그 그림들을 다시 보라. 다음에 나오는 하위양식의 관점에서 각각의 그림들 사이에는 어떤 차이점이 있는지를 확인해 보라.

공간적 측면에서 그림은 어디에 위치하는가?

그림은 얼마나 큰가?

얼마나 밝은가?

어떻게 초점이 맞춰져 있나?

그림은 모두 컬러로 되어 있는가?

그림은 얼마나 멀리 떨어져 있는가?

시간선에 대해서 일반화한다는 것은 어려운 일이다. 그러나 과거, 현재, 미래의 그림을 구성하는 일반적인 방법은 위치로 결정한다. 과거는 당신의 왼쪽에 있는 경향이 있다. 더 먼 과거가 될수록 그림도 더 멀어질 것이다. '희미하면서 먼' 과거는 가장 멀리 있게 될 것이다.

미래는 당신의 오른쪽에서 시작하여 그 줄 끝에는 아주 먼 미래가 있게 될 것이다. 양쪽 각각에 있는 그림들은 쉽게 보이고 쉽게 분류될 수

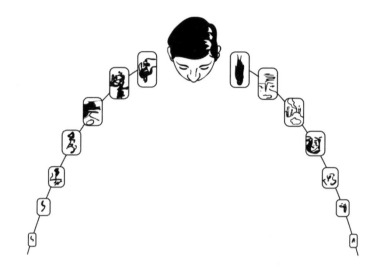

있도록 어떤 방법으로 쌓아 놓았거나 보완이 될 수도 있다. 많은 사람들은 시간에 걸쳐 있는 일련의 기억을 재현하는 데 시각적 방식을 사용한다. 그러나 다른 방식에서도 역시 어느 정도 하위양식의 차이가 있는 것은 당연한 일이다. 현재에 더 가까워질 때 소리가 더 커지거나 느낌이 더 강해질 수 있다.

　다행히도 시간을 체계화하는 이 방법은 정상적인 눈동자 접근단서와 연관성을 갖고 있다. 그러한 관련성은 시간을 체계화하는 방법에 공통적인 패턴이 있는 이유를 설명해 줄 수 있다. 시간선을 체계화하는 방법들은 많이 있다. 모든 시간선은 다른 결과를 유발할지라도 옳거나 틀린 것은 없다. 당신이 시간을 어디에, 그리고 어떻게 입력하여 조직화하는가에 따라서 당신의 사고방식이 영향을 받을 것이다. 예를 들어, 당신의 과거가 당신 앞에 일직선으로 뻗어 있다고 가정해 보라. 그것은 당신의 주목을 끌면서 항상 눈에 보이는 데 있게 될 것이다. 당신의 과거는 당신의 경험에서 중요하고 영향력 있는 부분일 것이다.

　먼 미래에 있는 크고 밝은 그림들은 당신의 경험을 아주 매력적으로 만들어 줄 것이고 그것을 향해 당신이 나아갈 수 있도록 끌어당기는 역할을 할 것이다. 당신은 미래 지향적인 사람이 될 것이다. 눈앞에 닥친 미래는 계획을 세우기가 힘들 것이다. 만일 가까운 미래에 크고 밝은 그림들이 있다면 원대한 계획을 하는 것은 어려울 것이다. 대체로 크고 밝고 채색이 선명한 것은 어느 것이든 (만일 이런 것들이 당신에게 결정적인 하위양식들이라면) 가장 매력적이어서 당신은 모든 관심을 그것에 집중하게 될 것이다. 당신은 누군가가 음울한 과거를 가지고 있는지 혹은 밝은 미래를 가지고 있는지 쉽게 알 수 있을 것이다.

하위양식은 점진적으로 변할 수도 있다. 예를 들어, 그림이 더 밝아질수록 또는 더욱 선명하게 초점이 맞춰질수록 현재에 더 가까워지는 경우다. 이 두 가지 하위양식은 점진적인 변화를 나타내는 데 아주 훌륭한 역할을 한다. 때로 사람들은 과거와 분리된 각각의 기억과 분명한 위치를 사용하여 보다 별개의 방법으로 자신들의 사진을 분류할 것이다. 그리고 그런 사람은 기억에 대해 이야기할 때보다 완만하고 흘려 보내는 몸짓을 하기보다는 단절되는 스타카토의 제스처를 사용하는 경향이 있다. 미래는 당신에게 마감 시간이 다가오는 어려움을 주면서 당신 앞에서 긴 거리가 되는 간격을 두고 떨어져 있을 것이다. 임박한 상황들이 갑자기 커지기 전까지는 멀리 있는 것처럼 보일 것이다.

반면에 과거와 미래의 그림들 사이에 충분한 공간이 없이 너무 붙어 있다면 당신은 시간에 대한 압박감을 느낄 수도 있다. 모든 것을 당장 해야 할 것처럼 생각하게 된다. 때로는 시간선을 압축하는 것이 유용하며, 때로는 시간선을 연장하는 것이 유용할 수 있다. 그것은 당신이 무엇을 원하느냐에 달려 있다. 미래 지향적인 사람들이 일반적으로 질병에서 보다 빨리 회복하는 경향이 있다는 것은 흔히 알려진 일이며 의학계의 연구들도 이 사실을 확인해 주었다. 시간선 치료는 심각한 질병에서 회복하는 데 도움을 줄 수 있다.

시간선은 개인의 현실 감각에 중요한 역할을 하기 때문에 그 변화가 환경적으로 적절하지 않으면 변화시키기가 힘들다. 어떤 의미에서 볼 때 과거는 실제이나 미래는 그렇지 않다. 미래는 잠재성 혹은 가능성으로서 존재하며 불확실하다. 어떤 점에서 미래의 하위양식들은 일반적으로 이러한 사실을 반영하는 경향이 있다. 시간선은 여러 갈래로 갈라질 수도 있으며 그림들이 흐릿할 수도 있다.

시간선은 치료에서 아주 중요한 역할을 하는데, 만일 내담자가 자신의 미래를 보지 못한다면 많은 기법은 의미가 없게 될 것이다. 많은 NLP 치료 기법들은 과거의 자원에 접근하거나 마음을 사로잡는 미래를 구축하는 데 시간을 통해 이동할 수 있는 능력을 전제로 한다. 때로는 이런 작업이 이루어지기 전에 시간선이 구분되어 있어야 한다.


## 내재 시간형과 통과 시간형


태드 제임스[25)]는 그의 시간선 치료에 대한 저서에서 두 가지 주요한 시간선 유형을 설명하고 있다. 첫 번째 유형은 그가 '통과 시간형 (through time)'이라 부르는 것으로 시간선이 좌우로 지나가는 앵글로 유럽 타입의 시간선이다. 과거는 한쪽에 있고 미래는 또 다른 쪽에 있으며 전면에서 볼 수가 있다. 두 번째 유형은 '내재 시간형(in time)'이라

-------------------------------------------------------------------------

25) Tad James: 미국의 NLP 전문가이며 시간선 치료 기법의 창시자다. 그는 자신의 저서 『시간선 치료와 성격의 기반(Time Line Therapy and the Basis of Personality)』이라는 책에서 시간선의 두 가지 유형과 각 유형의 특징에 대해서 상세히 소개하고 있다. 설기문(2007)의 『시간선 치료』(학지사)를 참고하라.

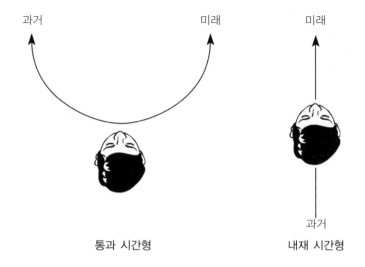

과거　　　　　　　미래　　　　　　미래

통과 시간형　　　　　　　　　내재 시간형

부르는데, 아랍형 시간선으로 앞에서 뒤로 뻗어 나가서 한 부분(대개는 과거)은 당신의 뒤에 있게 되어 볼 수가 없다. 그래서 과거를 보기 위해서는 머리를 돌려야 한다.

통과 시간형 사람들은 좋은 연속성을 가진 선의 형태로 시간에 대한 개념을 가지는 경향이 있다. 그들은 약속을 정확히 하고, 잘 지키기를 기대한다. '시간은 돈이다.'와 같이 사업을 하는 세계에서는 일반적으로 통용되는 시간 관념이 들어 있는 시간선이다. 통과 시간형 사람은 또한 그들의 과거를 분리된 그림으로 저장하는 경향이 많다.

내재 시간형 사람들은 과거와 미래가 눈앞에 펼쳐지는 이점은 없다. 그들은 항상 현재 순간에 존재한다. 그래서 마감 시간에 맞추거나 업무적인 약속 그리고 시간을 계산하는 일은 통과 시간형 사람들에 비해 뒤떨어진다. 그들은 자신의 시간선에 연합되어 있어서 그들의 기억도 연합되어 있는 경향이 많다. 이 내재 시간형은 동양에서 흔한데, 특히 아랍쪽에 있는 나라들에서 그렇다. 그곳에서는 서구 세계보다 업무 마감

## 내재 시간형과 통과 시간형의 특징 요약

| 통과 시간형 | 내재 시간형 |
|---|---|
| • 서양적(도시적) | • 동양적(시골적) |
| • 왼(오른)쪽에서 오른(왼)쪽 | • 뒤에서 앞으로 |
| • 과거/현재/미래 | • 시간은 지금의 일로 경험됨 |
| • 앞에 있음 | • 모두가 앞에 있지는 않음 |
| • 순서와 계열 | • 순서와 계열이 없음 |
| • 과거는 분리되어 기억됨 | • 과거는 연합되어 기억됨 |
| • 시간 계획이 중요함 | • 시간 계획은 중요하지 않음 |
| • 시간 관념이 강함 | • 시간 관념이 약함 |
| • 현재에 머무는 것이 어려움 | • 현재에 초점 맞추기가 쉬움 |
| | • 현재는 내 안에 있음 |

시간에 대해 유연성이 많은 편이다. 이것이 서양의 사업가에게는 매우 화나는 일이 될 수 있다. 내재 시간선에서 미래는 지금의 순간들이 훨씬 더 많이 연결된 것으로 보인다.


## 시간과 대화하기


언어는 뇌에 영향을 준다. 우리는 무의식의 차원에서 언어에 반응한다. 우리가 어떤 일이나 사건에 대하여 말하는 방식에 따라서 마음속에서 그 일이나 사건을 어떻게 표상할 것이며, 또 어떻게 반응할지와 관련된 프로그램의 설정이 이루어질 수 있다. 우리는 이미 명사화, 포괄적 수량화, 서법기능어와 같은 문형을 바탕으로 하여 이루어지는 생각이 어떤 결과를 만들어 낼 것인지에 대해서 알아보았다. 그리고 다음의 예와 같은 동사의 시제 또한 예외가 아니지 않은가?[26]

이제 당신이 산책을 하고 있었던 시간에 대해 생각해 보라.

이 문장의 형태는 과거진행형을 사용하였기 때문에 당신이 연합되어 있는 동영상을 떠올리도록 만들 것이다. 그러나 내가 '산책을 했던 지난번에 대해 생각해 보라.'고 말한다면 과거형으로 질문을 했기에 분리된 상태, 즉 정지된 그림을 떠올릴 것이다. 이 경우에는 앞의 진행형에서 과거형으로 바뀌었기에 달라진 말의 형태(즉, 동사의 유형)가 (진행형 때문에 떠올린) 동영상의 이미지에서 움직임을 제거하게 되어 (과거형의) 정지된 그림을 떠올리게 한 것이다. 그러나 두 문장은 모두 같은 것을 의미하는 것이 아닌가?

이제 당신이 산책을 할 시간에 대해 생각해 보라. (이것은 미래시제이기 때문에) 여전히 분리된 상태로 떠오를 것이다. 이번에는 당신이 산책하고 있을 시간에 대해 생각해 보라. (이것은 미래진행형이기 때문에) 이제 당신의 생각은 연합된 동영상이 되어 있을 것이다.

이제 나는 실제로는 아직 일어나지도 않은 과거의 어떤 기억에 대해 생각하면서 당신을 먼 미래 속으로 초대하고자 한다. 그렇게 하는 것이 어려울까? 전혀 그렇지 않다. 다음 문장을 읽어 보라.

당신이 산책을 마쳤을(미래 완료의 시점) 시간에 대해 생각해 보라.

이제 당신이 어느 시간에 있는지 기억해 보라. 당신은 사람들에게 당신이 하는 말로 영향을 주고 그들을 특정한 시간 속으로 향하게 한다.

---

26) 메타모형은 언어가 사고나 마음에 영향을 미친다는 점을 잘 보여 준다. 특히 그것은 생략/삭제, 왜곡, 일반화된 것이기에 정확한 커뮤니케이션을 함에 있어서 제약이 된다는 점과 그 제약에서 벗어나기 위하여 적절한 도전과 질문이 이루어져야 한다는 점을 함께 보여 주고 있다. 그런 점에서 생각해 본다면 우리가 사용하는 언어에 따라서 생각이 영향을 받거나 제약을 받을 수 있다는 사실은 당연하다고 할 수 있다. 메타모형이 그러하듯이 동사의 시제 또한 메타모형과 같은 효과를 낳는다고 할 수 있다. 다시 말해서, 동사의 시제에 따라서 우리의 사고는 영향을 받게 된다는 것이다.

이런 사실을 알게 되면 당신은 사람들에게 영향을 주고자 하는 방법에 대해 선택권을 가지게 되는 것이다. 당신은 그렇게 할 수밖에 없다. 모든 커뮤니케이션은 뭔가 역할을 한다. 그러한 커뮤니케이션은 당신이 하고자 하는 것을 이룩하게 하는가? 그것은 당신의 목표를 달성하는 데 도움이 되는가?

불안이 있는 어떤 사람이 다른 두 명의 치료사를 찾아가는 것을 상상해 보라. 첫 번째 사람이 말한다.

"그래서 당신이 불안을 느꼈군요? 그런 식으로 계속 느껴 온 건가요?"

두 번째 치료사가 말한다.

"그래서 당신이 불안한 거군요? 어떤 것들이 당신을 불안하게 만들까요?"

첫 번째 치료사는 내담자를 불안을 느끼는 경험에서 벗어나게 해 주고 불안한 느낌을 과거에다 갖다 놓는다. 두 번째 치료사는 내담자를 불안의 느낌 속으로 들어가게 하여 미래에 불안을 느낄 수 있게 프로그램을 입력시키는 역할을 한다. 내가 심리치료를 받아야 한다면 어느 치료사를 찾아가는 것이 좋을지 알 수 있을 것 같다. 이러한 이야기는 우리가 통상적으로는 알고 있지 못한 방식으로 언어가 서로에게 얼마나 영향을 주는지에 대해 맛본 것에 불과하다.

그래서 이제는 당신의 커뮤니케이션이 얼마나 우아하고 효과적일 수 있는가에 대해 생각함에 따라…… 여기에 앉아서…… 손에 이 책을 든 채로…… 그리고 당신이 변화되기 전에 당신이 하곤 했던 것에 이러한 자원들을 가지고 과거를 돌이켜 볼 때에…… 그것이 어떠했는가…… 그리고 변하기 위하여 당신은 어떤 과정을 거쳐 왔는가?

> 왜 무정부주의자들은 허브티(약초차)를 마실까?
> 답: 왜냐하면 '재산이 도둑질한 물건이기 때문'이다.[27]

---

27) 이 말은 프랑스의 무정부주의 사상가이자 사회주의자인 피에르-조세프 프루동 (Pierre-Joseph Proudhon, 1809~1865)의 개념이다. 그는 자신의 저서 『재산이란 무엇인가(What is Property)?』에서 "재산이란 도둑질한 물건이다."라고 단정하며 자본가적 사적 소유를 원칙적으로 부정하고 힘 대신 정의를 가치의 척도로 삼아야 한다고 주장하였다. 그의 사상은 제1인터내셔널 조직, 파리코뮌에 큰 영향을 끼쳤다. 이 말의 영어 원문은 'Property is theft'이다. 여기서 'property'의 발음은 'proper-tea'와 같다. property는 재산이란 뜻인데, 이것이 앞에서 '도둑질한 물건'이라고 했다면 'proper-tea'도 마찬가지로 도둑질한 물건에 해당할 것이다. 그렇다면 무정부주의자가 어떻게 그 도둑질한 물건을 마시겠는가? 그러므로 그는 당연히 'proper-tea'가 아닌 'herbal tea', 즉 허브티(약초차)를 마실 수밖에 없지 않겠는가? 이 내용은 우리말로 번역되기에는 불가능한, 영어에서만 통용될 수 있는 고급 농담이라고 할 수 있다.

07

# 가치 문제, 메타 프로그램 및
# 비즈니스 상황에서의 활용

# 갈등과 일관성

사람들은 모두 같은 세상에 살고 있으나 세상에 대해 사람마다 서로 다른 세상모형을 갖고 살아가기 때문에 서로 갈등을 하게 된다. 두 사람은 같은 사건을 보고 같은 말을 들으면서도 그것을 서로 다른 의미로 해석한다. 이렇게 서로의 모형과 의미가 다르기 때문에 우리는 다양한 가치관, 정치, 종교, 관심, 동기 속에서 살게 되는 것이다. 이 장에서는 서로 다른 이익을 앞에 두고 벌어지는 갈등관계를 중재하기 위한 협상법과 회의법에 대해서 알아보고, 그러한 방법들이 어떻게 비즈니스 세계에서 성공적으로 활용될 수 있을지에 대해서 살펴보고자 한다.

우리의 지도[1]에 있어서 가장 중요한 부분 중에는 우리의 삶을 형성하고 삶에 목표를 제공하는 신념과 가치관이 있다. 그 신념과 가치관은 우리의 행동을 움직이며 다른 사람과의 갈등도 생기게 한다. 가치는 우리가 중요하다고 생각하는 것이라고 정의된다. 우리가 중요하다고 생각하는 것이 다른 사람에게도 역시 중요해야 된다고 주장하게 되면 그때부터 갈등이 시작된다. 때로는 우리 자신의 여러 가치가 서로 거북하게 상존하고 있기 때문에 어려운 선택을 해야 한다. 친구에게 거짓말을 할 것인가? 따분하지만 돈을 더 준다고 해서 그 직업을 택할 것인가, 아니

---

1) 여기서 말하는 지도란 '지도는 영토가 아니다.' 라는 NLP의 전제조건에서 나온 개념이라고 볼 수 있다. 이 지도가 영토, 즉 세계의 모습을 용도에 따라 적당히 생략/삭제, 왜곡, 일반화하여 만들어진 하나의 이미지라고 볼 때, 그것은 결국은 앞에서 언급되었던 세상모형이나 세계관과 같은 개념으로 이해해도 좋다.

면 돈은 적지만 신나는 일이기 때문에 그 직업을 택할 것인가?

우리 안에 다른 분아들은 각각 다른 가치가 구체화된 것이고, 서로 다른 관심을 보이고 다른 의도를 가지고 있어서 갈등이 생기는 것이다. 성과[2]를 얻기 위한 우리의 능력은 우리 안에 이 다른 부분을 어떻게 창조적으로 관리하고 타협을 잘 이루도록 할 수 있는가가 결정적으로 중요한 영향을 끼치게 된다.

성과를 이룩하기 위하여 전심전력을 다하거나 완전하게 일치된 상태에서 성과를 추구하게 되기는 정말 어렵다. 그 성과가 크면 클수록 내적으로 더 많은 분아가 나타나서 관여하게 되며 이익에 대한 갈등이 더욱더 많이 발생한다. 우리는 앞 장에서 6단계 관점 바꾸기 기법을 다루었는데, 다음 장에서는 이들 내적인 갈등을 해결하는 방법들을 더 많이 다룰 것이다.

내적 일관성[3]은 강력한 개인적인 힘을 준다. 자신의 언어적이거나 비언어적인 모든 행동이 자신의 성과를 지원할 때 갈등의 반대 개념에 해당하는 일관성(congruence)을 갖는다. 그때는 모든 분아가 조화를 이루고 있고 자신의 능력에 자유롭게 접근할 수 있게 된다. 어린아이들은 거의 항상 일관성이 있다.[4] 어린이들은 무엇을 원할 때는 다른 것은 생각하지 않고 원하는 것에 몰두하여 오직 그들이 원하는 것만을 원한다. 조

---

2) outcome: NLP에서 성과란 결과와 비슷한 의미로 사용되지만 특별히 구체성에 초점을 두면서 구체적인 결과라는 뜻으로 사용되는 개념이다. 구체적인 결과란 오감적 차원에서 확인될 수 있는 것을 말하기도 한다. 즉 시각, 청각, 신체감각, 후각, 미각적으로 검증되거나 경험될 수 있는 결과를 말한다고 할 수 있다.

3) internal congruence: 여기서 말하는 일관성이란 여러 가지의 요소, 수준, 차원, 조건들이 서로 합치되고 모순 없이 조화를 이루는 관계를 말한다. 그러므로 내적 일관성이란 내부적으로 여러 요소나 조건들이 조화롭게 합치되는 것을 말한다.

4) 이것은 어린아이들이 생각과 행동, 생각과 감정, 감정과 행동 간에 모순 없이 살아가며 속과 겉이 같게 행동한다는 의미를 나타낸다.

화를 이룬다고 해서 모든 분아가 같은 목소리를 낸다는 것을 의미하지는 않는다. 오케스트라에서는 여러 가지 서로 다른 악기가 함께 섞여서 조화를 이루면서 전체의 소리를 만들어 내는데, 이것은 이미 한 악기가 내는 한 가지의 소리가 아니다. 각각의 악기들 간에 차이가 있음으로 해서 그것이 오케스트라의 음악에 각자의 색감, 흥취, 조화를 줄 수 있는 것이다. 사람도 그렇게 일관성이 있을 때 신념, 가치관, 흥미가 각자에게 자기의 목적을 추구하는 에너지를 제공하기 위해 함께 작용하게 된다.

우리는 자기가 어떤 결정을 하고 그것에 대한 일관성을 보일 때[5] 비로소 성공의 모든 기회를 찾아 진행시킬 수 있다는 것을 알고 있다. 그렇다면 '내가 일관성이 있다는 것을 어떻게 알 수 있을까?' 라는 의문이 생길 수 있다. 다음에 자기의 내적 일관성 여부를 보여 주는 신호, 즉 일관성 신호(congruence signal)를 확인하는 간단한 연습이 있는데, 그에 대해 알아보자.


## 일관성의 증표 확인


당신이 진정으로 어떤 것을 원했던 때를 기억해 보라. 그것은 당신이 간절히 기대했던 특별한 접대, 선물, 경험일 수도 있다. 그때를 돌이켜 생각해 보고 그때 그 사건과 연합함으로써 당신은 일관성 상태에 있는 것같이 느끼는 것[6]을 알 수 있게 된다. 이런 감정이 익숙해지면 앞으로

---

5) 생각과 감정, 생각과 행동, 가정과 행동, 의식과 무의식 간의 일관성을 말한다.
6) 당시의 기억에 연합함으로써 당시에 경험할 때 보았던 것을 보고 들었던 것을 들으며 느꼈던 느낌과 기분을 가짐으로써 마치 그때 그곳에서 그 경험을 지금 하고 있는 것처럼 몸과 마음으로 느끼는 것을 말한다.

자신이 원하는 성과를 얻고자 하는 과정에서 충분히 일관성이 있는지 안 되어 있는지를 알기 위해 이런 느낌을 활용할 수 있을 것이다. 당신의 느낌이 어떠하며 그 느낌을 어떻게 느끼는가에 주의를 집중하고 그 느낌에 대해 심사숙고함으로써 그 경험의 하위양식을 주목하라. 일관성이 있다고 명백하게 정의할 수 있는 어떤 내적인 느낌이나 시각적인 장면, 소리를 찾을 수 있는가?

비일관성(incongruence)은 혼란스러운 메시지다. 그것은 오케스트라에서의 고장난 악기나 어울리지 않는 색깔로 칠해진 그림과 같다. 혼란스러운 내적 메시지는 다른 사람에게 애매모호한 메시지를 투사하게 되고, 결과적으로 갈피를 잡을 수 없는 행동과 자기 파괴(self-sabotage)를 초래한다. 만약 당신이 결정을 내려야 하는 상황에서 그 결정과 관련하여 내적 비일관성을 느낀다면 그것은 곧 무의식이 당신에게 매우 가치 있는 정보를 알려 주는 양상이 된다. 즉, 그 비일관성 신호는 일을 더 진행시키는 것은 현명한 일이 아니며 좀 더 생각해야 할 필요가 있다는 점, 더 많은 정보가 필요하며 좀 더 신중한 선택을 해야 할 필요가 있거나 현재와는 다른 성과를 탐색해야 한다는 점을 알려 주는 신호라고 할 수 있다. 그렇다면 당신이 비일관 상태에 있다면 어떻게 그것을 알아차릴 수 있을까? 여기서 비일관성 신호에 대한 인식이 필요한데, 그 신호에 대한 인식 능력을 높이기 위해서는 다음의 연습을 하라.

## 비일관성 신호 확인하기

과거 어느 시기에 어떤 계획을 세우는 과정에서 주저했던 때가 있다면 그때를 회상해 보라. 그 주저함의 원인에는 여러 가지가 있을 수도 있다. 당신은 그 계획이 좋은 발상이었다고 생각했으나 어떤 면에서는 그것이 문제가 될 수도 있겠다는 사실을 느꼈을 수도 있다. 혹은 그 계획을 실천하는 이미지를 떠올리기는 하지만 여전히 뚜렷한 확신은 못 가졌을 수도 있다. 당신이 주저함에 대해 생각해 봄에 따라 신체의 어떤 부위에서의 느낌이나 특정한 시각적 이미지나 청각적 소리가 있어서 무엇인지 모르게 당신이 그 계획을 받아들이기에 충분하지 않다는 느낌을 느낄 수도 있다. 바로 그것이 당신의 비일관성 신호다.

당신은 그 신호에 친숙하게 되어 좋은 친구가 되도록 하는 것이 좋으며, 그렇게 할 때 많은 비용을 절약할 수 있게 될 것이다. 물론 당신이 알고 있는 많은 다른 방법으로 어떤 계획에 대한 의심의 느낌이나 주저하는 마음을 점검해 볼 수도 있다. 어떻게 하든 당신이 자신 안에 있는 비일관성을 알아차릴 수 있는 능력을 갖춘다면 예기치 않은 많은 실수를 줄일 수 있을 것이다.

중고차 판매회사의 영업사원은 일관성에 관한 한 별로 좋은 평판을 얻지 못하고 있는 것 같다.[7] 불일치는 프로이트적 실언[8]과도 관련이 있다. 예를 들어, 겉으로는 첨단기술에 대해서 좋다고 칭찬하는 사람이 정작 소프트웨어에 대해서는 관심이 없다고 한다면 그것은 표리부동한 비일관성의 모습을 보이는 것이라고 할 수 있다. 어떤 사람을 섬세하고 효과적으로 잘 다루고자 한다면 그에게서 비일관성을 찾아낼 수 있는

---

7) 영업사원의 입장에서는 고객에게 중고차를 한 대라도 더 팔아야 하는데, 그렇게 하기 위해서는 결함이 있는 차에 대해서도 좋게 말해야 할 것이다. 그 과정에서 영업사원은 속과 겉이 다르고 때로는 양심에 어긋나는 언행도 하게 되므로 비일관성을 보일 수밖에 없다는 점을 빗대어 하는 표현이다. 물론 이런 현상은 중고차 판매뿐만 아니라 어쩌면 거의 모든 영업 상황에서 공통적으로 나타날 수밖에 없을지도 모른다.

8) Freudian slip: 본심을 드러낸 실언이란 말로 번역될 수 있다. 이 개념은 프로이트가 무의식의 본심이 실언의 형태로 표현된다고 하는 이론에서 나온 것이라고 할 수 있다.

능력을 갖추는 것이 꼭 필요하다.

교사가 학생들에게 어떤 개념을 설명하는 과정에서 학생들이 제대로 이해했는지를 알아보기 위해서는 질문을 해 봐야 한다. 이때 학생은 말로는 '예'라고 대답할 수 있지만, 목소리나 표정으로 봐서는 자신 없어 하면서 제대로 이해하지 못하고 있는 것같이 보일 수 있다. 이때 그 학생은 비일관성을 보이고 있다고 할 수 있다. 그리고 영업사원이 고객의 불일치를 다루지 않거나 알아채지 못한다면 제대로 매상고를 올릴 수 없을 것이며, 비일관성을 빨리 알아채고 적절히 다룰 수 있다면 당연히 더 많은 영업 실적을 올릴 수 있을 것이다.

## 가치와 준거

우리는 자신이 가진 가치에 따라 추구하는 성과와 일치될 수도 있고 그렇지 않을 수도 있다. 가치는 우리가 중요하게 생각하는 것을 구체화한 것이며, 신념에 의해서 지지된다. 가치는 우리의 신념이 그러하듯이 우리의 경험으로부터, 가족과 친구들을 모방하는 것으로부터 형성되고 만들어진다. 가치는 자신의 정체성과 관련되어 있으며, 우리는 정말로 그러한 가치를 존중한다. 가치는 우리가 생활의 지침으로 삼는 근본적인 원리다. 가치에 역행하여 행동하게 되면 우리에게 비일관성이 만들어지게 된다. 가치는 우리에게 동기와 방향을 제시하고 외부 세계에 대한 우리 자신의 지도에서 중심이 되는 중요한 수도와 같은 장소다. 가장 지속적이고 영향력 있는 가치는 어느 누구의 강요에 의해 선택되는 것이 아니라 자의에 의해 자유로이 선택된 것이다. 가치는 그것이 초래할 결과를 인식함으로써 선택되며 많은 긍정적 느낌을 수반한다.

그런데 가치는 보통 무의식적인 것이기 때문에 그것을 어떤 확실한 방법으로 탐색하기는 어렵다. 회사에서 승진하려면 회사의 가치를 받아들일 필요가 있다. 만일 회사의 가치가 당신의 가치와 다르면 비일관성 상태가 일어날 수 있다. 어떤 회사의 핵심 직원이 자신의 가치와 맞지 않는 일을 하고 있다면 일의 능률이 낮아질 것이며, 그렇게 되면 그 회사는 그 사람의 절반만을 고용하고 있는 셈이 될 것이다.

NLP는 특정한 맥락 속에서 작용하는 중요한 가치를 나타내기 위하여 준거(criteria)라는 개념을 사용한다. 준거는 가치보다는 덜 일반적이며 광범위하지 않다. 준거는 당신이 어떤 것을 하는 이유에 해당하며, 그것을 행함으로써 얻는 것이라고 할 수 있다. 그것은 일반적으로 부, 성공, 즐거움, 건강, 황홀감, 사랑, 학습 등과 같이 명사화된 것이다. 준거는 우리가 일을 해야 하는 이유가 무엇이며, 우리가 누구를 위해서 일을 하고 누구와 결혼을 하며, 어떻게 관계를 형성하고 어디서 살아야 하는지를 좌우한다. 준거는 우리가 차를 살 때 어떤 모델을 살 것인가, 옷을 살 때 어떤 옷을 살 것인가, 그리고 외식을 하러 갈 때 어떤 곳으로 갈 것인가를 결정한다.

우리가 다른 사람의 가치나 준거에 맞추는 것(pacing)은 좋은 라포를 형성하는 데 도움이 된다. 당신이 신체적인 것만 맞추기를 하고 가치를 맞추지 않는다면 라포를 형성하기가 쉽지 않을 것이다. 다른 사람의 가치에 맞추기를 하는 것은 곧 그의 가치에 동의해야 한다는 것이 아니라 그의 가치를 존중한다는 것을 보여 주는 것이다.

## 준거 이끌어내기

당신의 삶에서 가장 중요하게 생각하는 열 가지 가치를 적어 보라. 이것은 당신 혼자서도 할 수 있으나 친구의 도움을 받아서도 할 수 있다. 다음과 같은 질문으로 당신의 답을 이끌어내보라.

나에게 중요한 것은 무엇인가?
진정으로 나에게 동기 부여를 하는 것은 무엇인가?
나를 위해서 진실해져야 하는 것은 무엇인가?

준거나 가치는 긍정적으로 표현될 필요가 있다. 그래서 '건강하지 않은 것을 피하는 것'이라는 것도 가치의 표현이 될 수는 있겠지만 그보다는 '좋은 건강을 유지하는 것'이라고 표현하는 것이 더 나을 것이다. 당신에게 동기 부여를 하는 가치를 생각해 내는 것은 비교적 쉬운 일일 수 있다.

준거라는 것은 명사화에 해당하는데, 이것을 해결하기 위해서는 메타모형이 필요하다. 준거란 실제적인 개념으로 봤을 때 무엇이라고 할 수 있을까? 준거를 찾아내는 방법으로는 그 준거가 충족되었음을 알게 하는 증거를 확인해 보는 것이 있다. 그 답을 찾는 것은 그리 쉬운 일은 아니나 다음과 같은 질문을 통해서 알아볼 수 있다.

당신이 원하는 것을 얻었다는 것을 어떻게 알 수 있을까?

당신의 준거 중 하나가 학습 또는 배우는 것이라면 당신은 무엇을 학습하고자 하며, 어떻게 학습하고자 할까? 학습의 가능성은 얼마나 될까? 또한 당신이 무엇에 대한 학습을 했다고 한다면 그 사실을 어떻게 알 수 있을까? 느낌으로? 과거에 해낼 수 없었던 일을 할 수 있게 된 능력인가? 이러한 구체적인 질문을 해 보는 것은 매우 가치 있는 일이다. 준거가 현실 세상으로 드러나서 구체화되었을 때, 이미 그것은 연막 속으로 사라져서 인식되지 않는 경향이 있다.

당신은 이 준거들이 정말로 당신에게 의미하는 바가 무엇인지를 알았을 때, 그것이 과연 현실적일지에 대해서 질문해 볼 수 있어야 한다. 만약 당신이 성공이란 앞으로 1년 이내에 월급이 배로 오르는 것, 벤츠 자동차를 소유하게 되는 것, 고급 주택에 살게 되는 것, 별장을 소유하게 되는 것, 고위직으로 승진하게 되는 것과 같은 것을 의미하는 것으로 생각한다면 나중에 실망하기가 쉬울 것이다. 로버트 딜츠가 잘 말했듯이 실망을 하고 싶거든 이루어질 수 없는 계획을 잘 세우면 된다고 할 수 있다. 즉, 정말로 제대로 실망하고 싶다면 자기가 원하는 바에 대해서 아주 구체적으로 환상을 가지면 된다는 것이다. 어차피 환상이란 것은 현실적으로 이루어질 수 없고 현실화될 수 없는 것이기에 실망할 수밖에 없지 않겠는가?

준거는 모호하여 사람들마다 매우 다르게 해석할 수 있다. 내가 잘 알고 있는 부부에 대한 사례를 기억한다. 그 부인에게는 능력(competence) 이라는 것이 일을 성공적으로 잘해 내는 것을 의미하였다. 이 경우에 능력이란 말은 현상에 대한 단순한 설명에 불과하지 그 자체가 높은 가치를 가진 준거는 아니다. 하지만 남편에게 능력이라는 말은 자신의 마음을 어떤 일에 몰두하면 그 일을 잘할 수 있을 것이라는 느낌을 의미했다. 이런 차원에서 능력을 느낄 수 있는 것은 그에게 자긍심을 주었고 그 능력이란 것은 높게 평가되었다. 그러므로 부인이 남편에게 능력이 없다고 말하면 남편은 부인의 진정한 뜻을 이해할 때까지 매우 화가 났다. '화성에서 온 남자와 금성에서 온 여자'라는 말에서 볼 수 있듯이 남자와 여자의 매력의 준거가 서로 다르다는 것이 어쩌면 세상을 움직이게 하는 힘인지도 모른다.

## 준거의 위계

많은 일이 우리에게 중요하나 그중 유용한 한 단계는 당신의 준거의 상대적 중요성을 알아차리는 것이다. 준거란 것은 맥락과 관계되기 때문에 당신의 일과 관련되는 준거는 개인적인 인간관계에 적용하는 것과 다를 수 있다. 우리는 사람들이 어떤 일이나 어떤 사람에게 많은 시간이나 에너지를 소모하는지를 알아보기 위하여 준거를 사용할 수 있다. 다음에 이와 관련된 준거를 탐색하기 위한 연습 문제가 마련되어 있다.

① 당신이 어떤 단체에 속해 있을 경우 마음에 들지 않는 것이 있어서 당신으로 하여금 그 단체를 떠날 수밖에 없도록 하는 것이 있다면 무엇이겠는가? 당신을 떠날 수밖에 없게 할 만한 가치나 준거를 찾아라. 그렇다고 처음부터 너무 죽고 사는 문제와 같은 심각한 것으로 시작하지 말고 약간의 중요성을 띤 문제에 대해서 생각하기 바란다.

② 다음으로 앞의 1번에서 찾은 가치나 준거가 존재함에도 불구하고 당신으로 하여금 여전히 그 단체에 머물 수 있게 할 만한 것이 있다면 무엇인가? 그러니까 1번에서 발견한 가치나 준거를 극복할 다른 준거가 있는지를 찾아보란 뜻이다.

③ 이번에는 앞의 1번과 2번이 생길 때, 그래도 당신으로 하여금 단체를 떠나게 할 것이 있다면 무엇인가? 보다 중요한 준거가 있을지 찾아보라.

④ 이상의 과정을 더 이상 계속할 수 없을 때까지 반복하라. 그래서 당신의 마지막 n번째 준거가 생겨서 당신으로 하여금 더 이상 아

무엇도 단체에 머무르게 할 수 없을 때까지 계속하라. 그렇게 당신이 1번에서 n번까지 가는 도중에 당신은 아주 흥미 있는 새로운 발견을 할 수 있게 될 것이다.

당신은 여러 방법으로 준거를 사용할 수 있다. 첫째, 우리는 흔히 어떤 일을 하찮은 이유 때문에 한다. 자신의 가치를 충분히 표현하지 못하는 이유들 말이다. 마찬가지로 우리는 애매한 방식으로 어떤 일을 하고 싶어 하기도 한다. 그러나 이런 경우에 보다 중요한 준거가 방해를 하기 때문에 일이 잘 안 될 수 있다. 여기서 우리는 제1장에서 언급한 성과에 대해서 다시 생각해 보게 된다. 어떤 성과는 충분히 동기 부여를 하는 더 큰 성과와 연결될 필요가 있다. 왜냐하면 그 큰 성과는 중요한 준거에 의해 지지받기 때문이다. 준거는 성과에 에너지를 공급한다. 당신이 특히 중요한 일을 할 때 그 일을 높은 수준의 준거와 연결한다면 방해물이 사라질 것이다.

날씬하기 위하여 정기적으로 운동을 하는 것이 좋다고 상상해 보자. 그러나 바쁘게 보내느라 시간을 제대로 낼 수 없어서 시간만 보내고 운동할 수 있는 짬을 내지 못하였다. 규칙적으로 운동하는 것과 즐겁게 운동하는 것을 다른 사람들에게 자신을 매력적으로 보이고 생활에 강한 활력을 가질 수 있다는 것과 연결시킨다면 운동에 대한 동기를 훨씬 더 크게 자극할 수 있고, 시간의 요인을 압도할 수 있으므로 운동시간을 만들기가 훨씬 쉬울 것이다. 보통 우리는 진정으로 원하는 것을 위해서는 시간을 낼 수 있다. 하지만 충분히 동기를 가지지 않은 것에 대해서는 시간을 낼 수 없는 것이다.

당신이 자신의 준거에 대해서 가지는 생각은 하위양식 구조의 형태로 나타난다. 예를 들어, 중요한 준거의 경우에는 하위양식이 크고 가까우며 밝은 영상으로 보이거나 큰 소리가 나며 강한 느낌이 드는 것으로 느낄 수 있고, 어쩌면 몸의 특정 위치에서 특정한 느낌을 보이는 것으로 표상되고 나타날 수 있다. 당신이 가진 준거의 하위양식은 어떠하며, 어떤 준거가 당신에게 중요한지를 어떻게 알 수 있을까? 모든 사람과 모든 경우에 동일하게 적용되는 규칙은 없다. 다만, 당신에게 적용되는 당신만의 규칙을 찾아보는 것이 좋을 것이다.

## 뱀과 사다리 — 상향 유목화와 하향 유목화

당신이 자기의 행동을 준거에 연결시키는 것은 영국의 전통적인 보드게임인 뱀과 사다리(snakes and ladders) 게임을 하는 것과 아주 비슷하다. 당신은 아주 작은 것에서 시작할 수 있으나 그 일을 아주 중요한 준거에 연결시킨다면 사다리의 정상까지 빨리 올라갈 수 있다. 그렇게 되면 그것을 하고자 하는 동기가 생기게 될 것이며, 그 일을 할 수밖에 없는 하위양식의 상태에서 그것에 대해서 생각하게 될 것이다.

우리가 사건과 생각을 어떻게 서로 연결하느냐[9]에 따라서 그에 해당하는 지도가 만들어지게 될 것이며, 아울러 지도 속의 도시와 도시를 연결하는 길이 만들어지게 될 것이다. 어떤 문제를 이해한다는 것은 단지 한 가지 정보를 얻었다는 것뿐만이 아니라 우리 지도의 다른 부분에 그 정보를 연결시키는 것을 의미한다. 우리는 원하는 성과의 크기를 다

---

9) 다른 말로는 특정한 사건을 어떤 식으로 생각하느냐는 것을 나타낸다. 즉, 몸에 병이 났다(사건)고 한다면 그것을 나쁜 일이라고 일반적인 관점에서 생각할 수도 있고, 자신의 건강을 돌보고 휴식할 수 있는 기회라고 긍정적인 관점에서 생각할 수도 있을 것이다. 여기서 '병'이라는 사건을 어떻게 생각하고 병을 어떤 생각과 연결하느냐가 중요하다고 하겠다.

룰 때 큰 성과를 다루기 쉽게 하기 위해 작은 조각으로 쪼개고, 더 작은 성과는 에너지가 주어지는 더 큰 것에 연결시킨다. 이것을 NLP에서는 일반적으로 유목화(chunking) 혹은 스텝밟기(stepping) 단계라고 부르고 있다. 유목화라는 말은 컴퓨터 계통에서 나온 개념인데, 원래의 의미는 무엇을 비트(bit)로 나누는 것을 말한다. 그런데 NLP에서 상향 유목화(chunking up)나 상향 스텝밟기(stepping up)는 일종의 사다리 올라가기로서 구체적인 것에서 일반적인 것으로, 또는 부분에서 전체로 옮기는 것을 말한다. 반면에 하향 유목화(chunking down)나 하향 스텝밟기(stepping down)는 사다리 내려가기로서 일반적인 것에서 구체적인 것으로, 또는 전체에서 부분으로 옮기는 것을 말한다.

논리는 간단하다. 즉, 의자와 같이 일상적인 물건을 하나 예로 들어 보자. 상향 유목화 단계로 올라가기 위해서는 상대방에게 "이것은 무엇에 대한 예이지요?"라고 물어볼 수 있다. 이때 그는 "그것은 가구의 종류지요."라고 대답할 수 있다. 이때 또다시 다음과 같이 물어볼 수 있다. "이것은 무엇의 한 부분이라고 할 수 있죠?" 이때 그는 "그것은 다이닝룸 식탁 세트의 일부예요."라고 대답할 수 있다.

이제 하향 유목화 단계로 내려가기 위해서는 질문을 반대로 하여 '의자의 종류로는 구체적으로 어떤 것이 있지요?"라고 물어볼 수 있다. 이에 대한 대답으로 '안락의자'라는 반응이 가능할 수 있다. 상위 수준은 언제나 하위 수준의 것을 포함한다.

이러한 두 가지의 유목화 외에도 동급 유목화(step sideway)라는 것도 있을 수 있는데, 이는 "이러한 종류에 해당하는 또 다른 예는 무엇일까요?"와 같이 물어보는 것이다. 앞에서의 의자를 중심으로 동급 유목화를 해 본다면 '테이블'이라는 대답이 가능할 것이다. 그리고 안락의자에 대한 동급 유목화의 예는 휴대용 의자나 접이의자와 같은 것이 될 수 있다.

동급 유목화의 예는 항상 한 단계 높은 수준의 유목화에 의해서 결정된다. 그러므로 그것이 무엇의 또 다른 예인지 알아야 또 다른 예가 무엇인지를 물을 수 있다.

메타모형은 더 쪼개고 더 구체화하는 하향 유목화를 통하여 개념을 탐색하고자 한다. 반면에 밀턴모형은 상향 단계를 사용하여 일반화하고 아래 수준의 모든 예를 포함한다.

마실 것을 부탁하는 어떤 사람에게 커피를 주었더니 싫다고 하면서 오히려 주스를 원하는 경우가 있었다. 이때 그는 '마실 것'이라고 막연하게만 말했기 때문에 마실 것에 해당하는 주스를 줌으로써 그의 요구를 들어주었다고 생각할 수도 있다. 그러나 이것은 그가 진정으로 원하는 것을 제대로 파악하지 못한 결과이기도 하다. 그런데 커피나 주스는 모두 마실 것이다. 이 경우에 좀 더 정확한 커뮤니케이션이나 관계 또는 서비스가 되기 위해서는 '마실 것'에 대해서 좀 더 구체화하는 일, 즉 하향 유목화가 이루어지지 않으면 안 된다. 이것이 메타모형에 해당하는 것이기도 하다.

하향 유목화를 하게 되면 구체적이며 신체감각에 기반을 둔 실제적인 것을 취급하게 된다. 그래서 예를 들어 "700ml의 레몬주스를 차가운 얼음 세 덩어리를 넣고 젓지 말고 흔들어서 섭씨 5도 정도되게 해서 긴 잔에 담아 주세요."와 같이 말할 수 있다. 이에 비해 상향 유목화는 높은 수준에서의 이유를 묻는 것으로 시작한다면 최종적으로 성과와 준거에 이를 수 있다(예를 들어, '목이 마르므로 음료수를 마시고 싶다.'고 말할 수 있다).

물론 농담은 유목화를 굉장히 많이 사용한다. 그리고 그때 갑자기 상층부의 법칙을 변화시킨다. 사람들은 농담을 할 때 이상하고도 놀라운

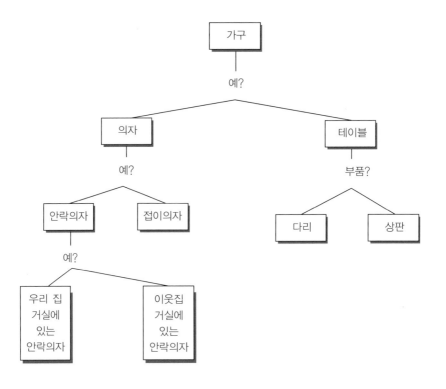

방법으로 일이나 사건을 연결시킨다(어쨌든 자신의 지도에 따라서). 하지만 당신이 생각이나 개념을 연결시키는 방식에 따라 다른 사람들도 같은 식으로 연결한다고 생각하지는 마라. 그리고 당신 또한 다른 사람들이 연결하는 원리를 다 안다고 생각하지 마라. 말 전하기 게임[10]에서

---

10) game of Chinese whispers: 여러 명의 사람이 함께하는 게임으로, 나란히 또는 둥글게 원의 형태로 서거나 앉은 상태에서 한 사람이 바로 처음의 사람에게 특정한 이야기를 귓속말로 하면 그 사람은 그 말을 그대로 다음 사람에게 전달하고, 그 사람은 다시 그다음 사람에게 전달함으로써 처음 사람에게 전달한 말이 마지막 사람에게까지 전달되도록 하는 게임이다. 이 과정에서 처음의 말은 조금씩 왜곡되거나 바뀌는 현상이 생기게 된다. 듣는 사람이 정확하게 알아듣지 못하거나 전달하는 사람이 정확하게 전달하지 못하는 식으로 말이 전달되고, 그래서 그것이 사람의 수가 늘어날수록 오류 가능성이 커져서 마지막에는 원래의 말과는 전혀 다른 말이 전달되는 현상을 경험하게 되는 것이다.

그러하듯이 한 사람씩 건너갈 때마다 조금씩 말이 변해 가는데, 처음에서부터 멀리 갈수록 최종적인 말은 원래의 말이나 그 말의 의미와 달라지고 멀어지게 되는 현상이 생긴다. 이러한 현상은 앞의 그림에서 잘 나타나고 있다.

여러 가지 다른 방법으로 상향 유목화를 하는 실습 문제가 있다. 커피는 여러 가지 다른 방법으로 다음에 제시된 다양한 것과 각각 연결될 수 있다. 첫 번째 예에서 커피는 녹차와 연결되었는데, 이 두 가지는 모두 음료라고 하는 보다 일반적인 범주(상향 유목화)에 속하는 것이라고 할 수 있다. 혹시 커피와 관련하여, 그리고 다른 것의 경우에서도 상향 유목화를 한다면 그것이 어떤 것에 속하거나 무엇의 예가 될 수 있을지를 알아보자.


① 녹차와 커피? 음료
② 고구마와 커피?
③ 클리닉과 커피?
④ 암페타민과 커피?
⑤ 이그나시아와 커피?

(답은 p. 355에 제시되어 있다.)


그러므로 아주 다른 것들에 다다르는 동급 유목화도 가능하고 매우 다른 장소에 다다르게 되는 경우도 가능하다. 그것은 자주 인용되듯이 우리는 오늘날 지구촌에 사는 사람으로서 자기 주위에서 여섯 다리만 건너면 서로 관계없거나 모르는 사람이 없다고 하는 것과 같다. 〔예를 들어 보면, 나는 조앤(①)을 알고 있는 프레드(②)를 알고, 조앤은 수지(③)를 알고 있는 짐(④)을 알고 등등.〕

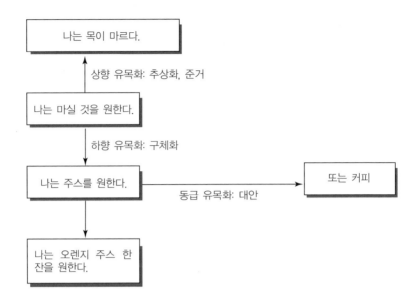

그래서 다시 말하지만 의미는 맥락에 달려 있다. 맥락이란 결국은 관련성을 전제로 한다. 따라서 우리가 만드는 관계는 중요하다. 벽돌이 지탱되는 것은 벽돌 자체보다 벽돌을 연결시키는(즉, 관계시키는) 접착제 때문이다. 마찬가지로 회의, 협상, 판매에 있어서 중요한 것은 진정으로 우리에게 중요한 것이 무엇인지와 우리가 개념을 어떻게 연결 짓는가(즉, 관계시키는가)라는 점이다.


## 메타 프로그램

메타 프로그램[11)]은 지각의 필터로서 이에 따라 우리의 습관적인 행

---

11) meta program: 우리의 생각, 정서, 행동반응을 결정짓는 무의식적 내부 프로그램이자 프레임으로, 일종의 인지적 여과장치이자 필터다. 사람들의 메타 프로그램이 서로

동이 달라진다고 할 수 있다. 우리 주위에는 우리가 주의를 기울일 수 있는 정보가 너무 많다. 그러나 우리가 의식적 차원에서 주의를 기울일 수 있는 것은 기껏해야 아홉 개의 유목[12]밖에 되지 않는다. 메타 프로그램은 어떤 정보를 여과시킬 것인가를 결정하기 위해 우리가 사용하는 양식들이다. 예를 들면, 물이 가득 찬 컵을 생각해 보라. 지금 그 컵의 물 절반을 마시는 상상을 해 보라. 컵에 물이 절반 차 있는가, 절반 비어 있는가? 물론 둘 다 맞는 말이지만 그것은 관점의 문제다. 어떤 사람들은 그 상황에서 실제적으로 존재하는 긍정적인 면에 초점을 맞추고, 어떤 사람들은 없어진 것에 대해 초점을 맞춘다. 이러한 관점 모두가 유용하다고 할 수 있다. 그런데 사람들은 각자 자기가 좋아하는 한 가지의 관점을 가질 수 있다.

메타 프로그램은 체계적이고 습관적인 것이므로 우리는 그것이 우리에게 합리적으로 잘 적용되는지에 대해서는 의심해 보지 않는다. 물론 메타 프로그램의 유형은 전 맥락에 걸쳐서 동일하게 적용되긴 하지만 모든 상황에서 항상 일관되게 습관대로만 행동하는 사람은 거의 없다. 오히려 맥락이 바뀌면 메타 프로그램도 다르게 적용되는 경향이 있기 쉽다. 예를 들어, 직장에서 보이는 습관이나 행동 성향(메타 프로그램)은 집에서의 그것과 다를 수 있다.

결국 메타 프로그램은 세상의 정보를 적절히 여과함으로써 자기에게 맞는 스스로의 지도를 창조하도록 돕는다고 할 수 있다. 우리는 다른 사람들의 언어와 행동을 통해서 그들의 메타 프로그램을 알아차릴 수 있다. 왜냐하면 메타 프로그램에 의해서 우리의 경험이 여과되거나 걸러

----

다르기 때문에 어떤 상황을 인식하는 자세와 생각이 달라진다. 그리고 서로 다른 메타 프로그램에 따라서 서로 다른 정서와 행동반응이 유발된다고 할 수 있다.

12) 이것은 밀러(Miller) 교수의 '마법의 수 7±2 청크' 라는 말에서 유래하였다고 할 수 있다. 여기서 청크(chunk)는 유목을 말한다.

지며 메타 프로그램에 따라 우리가 사용하는 말이 달라질 수 있기 때문이다. 특정한 메타 프로그램에서는 특정한 형태의 언어가 사용될 수 있으므로 다른 사람들이 사용하는 언어에 집중해 보면 그의 메타 프로그램을 알 수 있게 되는 것은 당연하다.

메타 프로그램은 동기나 의사결정과 같은 핵심 영역에서 중요한 역할을 한다. 커뮤니케이션 능력이 뛰어난 사람은 자신의 언어를 다른 사람의 세상모형에 잘 맞출 줄 안다. 우리가 다른 사람의 메타 프로그램에 일치되는 언어를 사용하게 되면 커뮤니케이션이 잘되고, 결과적으로 우리 자신이 전달하고자 하는 정보를 보다 잘 전달할 수 있게 되어 상대방이 그 의미를 보다 잘 파악할 수 있게 된다. 그 결과로 그는 많은 에너지를 얻게 되어 의사결정을 보다 잘할 수 있게 될 뿐만 아니라 동기 부여도 잘될 수 있다.

당신은 다음에 제시될 각 메타 프로그램의 종류를 검토해 본다면, 스스로 자신의 메타 프로그램이 어떤 유형이 될지를 짐작하고 이해할 수 있게 될 것이다. 그리고 사람들이 제각기 서로 다른 메타 프로그램을 갖고 있다는 사실을 발견하고 놀라워하게 될 것이다. 결국 우리는 서로 다른 메타 프로그램을 갖고 있기 때문에 서로 다른 언어를 사용할 수밖에 없다. 그리고 특정의 메타 프로그램에서 서로 다른 유형에 속하는 사람들은 서로 다른 맥락에서 커뮤니케이션을 하게 된다.

메타 프로그램에 해당하는 것으로는 많은 종류가 있다. 그러나 NLP 관련 저서에서는 각각 서로 다른 메타 프로그램을 소개하거나 다루고 있다. 그러므로 하나로 통일된 메타 프로그램 세트는 없다. 그러므로 여기서는 가장 유용하게 사용될 수 있다고 판단되는 몇 가지의 메타 프로그램을 소개한다. 이들 메타 프로그램에 대해서 굳이 어느 것이 더 좋고 나쁘다는 가치 판단을 할 필요는 없다. 어디까지나 특정의 메타 프로그램이 어떤 맥락에서 사용되느냐, 그리고 당신이 원하는 성과가 무엇이냐에 따라서 평가가 달라질 뿐이다. 그러므로 어떤 맥락에서는 특정한 메타 프로그램의 유형이 유용하지만 어떤 맥락에서는 오히려 도움이 되지 않을 수 있다. 그러므로 당신이 원하는 성과를 얻는 데 가장 도움이 되는 메타 프로그램의 유형이 무엇인지를 아는 것이 중요하다.

### 창도형과 반응형

첫 번째의 이 메타 프로그램은 실행에 대한 것이다. 창도적인[13] 사람은 어떤 상황에서 머뭇거리거나 기다리지 않고 즉시 행동을 하고 실천하는 사람으로서 임무에 뛰어들어 일을 진척시킨다. 그는 스스로 운명을 개척하는 사람이지 남들이 어떻게 해 주기를 기다리는 사람이 아니다.

이에 비해 반응적인 사람은 행동을 시작하기 위해 다른 것을 기다리거나 행동하기 전에 자신이 행동할 시기를 기다린다. 반응하는 사람은 결정하기 위해 오랜 시간을 소비하나 실제적으로 어떤 행동도 하지 않거나 실천하지 않는다.

창도적인 사람은 개인적인 주제(명사나 대명사), 능동태, 실질적인 목적어 등이 포함된 완전한 문장을 사용하는 경향이 있다. 예를 들어, 그는 "나는 관리이사를 만날 예정이다."라고 표현할 수 있다.

이에 비해 반응적인 사람은 수동태와 불완전한 문장을 사용하는 경향이 있다. 그는 또한 수식절[14]과 명사화 등을 사용하는 경향이 있다.

---

13) proactive: 창도성(創導性)은 반응적인(reactive) 것과는 반대되는 개념으로, 어떤 일이 일어나기를 기다리는 것이 아니라 먼저 어떤 일이 일어날 것을 예상하고 대처하는 태도를 말한다. 반면에 반응적인 태도는 어떤 일이 발생한 후에 그 일에 대한 반응으로서 어떤 행동을 하는 것을 말한다. 이렇게 볼 때 창도성은 적극성, 능동성과 연결되며, 반응성은 소극성·수동성과 연결되기 쉽다.

14) qualifying phrases: 수식절(修飾節)은 문장 표현에서 어떤 단어나 구 또는 절을 수식하고 한정하는 절을 말한다. 예를 들어, '나는 웃음이 꽃피는 가정이 있으면 좋겠다.'

그래서 뒤의 예문을 반응적인 표현으로 다시 나타내 보면 "관리이사와 회의 일정을 잡을 수 있는 가능성이 얼마나 될까?"[15]이다.

이런 작은 사례에서조차도 이러한 문형을 사용할 수 있는 가능성이 많다. 창도적인 사람은 '잘해 보세요.' '실행해라.' '실행할 시간이다.' 와 같은 말을 들을 때 동기가 부여되고 마음이 움직인다. 영업 상황에서는 창도적인 사람들이 추진력을 잘 발휘하고 필요한 것을 곧바로 구매하며 결정을 빨리 내리는 경향이 있다.

반면에 반응적인 사람들은 '기다려.' '분석해 봅시다.' '한번 생각해 봅시다.' '다른 사람들이 어떻게 생각할지 봅시다.' 와 같은 말에 가장 잘 반응할 것이다.

그렇다고 모든 사람이 어느 한쪽의 모습을 극단적으로 보이지는 않는다. 대부분은 두 가지의 특성을 혼합하여 사용하는 경향이 있다.

## 추구형과 회피형

두 번째 메타 프로그램은 동기에 대한 것이며, 사람들이 자신의 초점을 어떻게 유지하는지를 설명해 주는 것이다. 추구형[16]의 메타 프로그램을 가진 사람은 자신의 목표에 집중하는 사람이다. 그들은 자신이 원하는 것을 향해 나아간다.

반면에 회피형[17] 사람들은 문제를 빨리 알아차리고 무엇에서 벗어나

--------------------------------------------------

는 표현에서 본다면 '웃음이 꽃피는' 이라는 절은 뒤이어 나오는 가정이라는 단어를 수식하거나 한정하는 절이 된다고 할 수 있다.

15) 이 문장에서 '회의' 는 앞의 창도성의 예문에서 나온 '만남' (즉, 만난다는 의미의 동사)이라는 말을 명사화한 것이라 할 수 있으며, '회의 일정을 잡을 수 있는' 이라는 표현은 뒤이은 가능성이라는 단어를 수식하는 수식절이라고 할 수 있다.

16) towards: 이것은 원래 (원하는 목표를) 향하여 움직이며 (원하는 목표를) 추구한다는 의미를 담고 있는 개념이다.

17) away: 추구형의 반대로 (원치 않는 것으로부터) 벗어나고자 하며, 그것을 회피하는 것을 말한다.

고 무엇을 회피해야 하는지를 안다. 왜냐하면 그는 자신이 원하지 않는 것이 무엇인지를 분명히 알기 때문이다. 회피형의 사람은 목표 설정을 할 때 자신에게 문제가 되는 것을 먼저 생각하는 경향이 있다.

비즈니스, 교육, 자녀 양육의 분야에서 오랫동안 논쟁의 주제로 존재했던 '당근이냐 채찍이냐' 의 질문에 대해서 생각해 보자. 다시 말해서, 사람들에게 보상을 주는 것이 더 좋을까, 아니면 벌을 주는 것이 더 좋을까? 물론 이에 대한 답은 누구를 동기 부여하고자 하는가에 달려 있다. 추구형의 사람들은 목표와 보상에 의해서 힘을 얻는다. 반면에 회피형의 사람들은 문제와 벌을 피하는 것으로부터 동기화된다. 그러므로 어느 것이 가장 좋은 것이냐에 대한 논쟁은 무의미하다고밖에 할 수 없을 것이다.

우리는 사람들의 말로부터 이런 유형을 쉽게 구분할 수 있다. 그는 자신이 원하고 성취하기 원하며 얻고자 하는 것에 대해서 말하는가? 아니면 피하고 싶어 하는 상황이나 깨끗하게 정리하려는 문제점들에 대해서 말하는가? 추구형의 사람들은 목표 달성의 분야에서 가장 잘 일할 수 있다. 반면에 회피형의 사람들은 오류를 찾아내는 데 뛰어나므로 품질관리 분야에서 잘 일할 수 있다. 예술비평가들은 보통 회피형의 성향을 보인다. 왜냐하면 그들은 예술가들이 어떤 것을 보여 줄 때 그것에서 문제점을 찾고 그에 대해서 비평해야 하기 때문이다.

## 내부 지향형과 외부 지향형

이 유형은 사람들이 자신의 기준을 어디에서 찾느냐 하는 것과 관련된다. 내부 지향적인(internal) 사람은 내부화된 기준을 가지고 있어서 그것을 사용하여 행동의 방향을 비교하고 해야 할 것을 결정하는 경향이 있다. 그는 '당신은 자신이 일을 잘하였다는 점을 어떻게 아는가?'

라는 질문에 대해서 '그냥 안다.' 와 같이 대답할 것이다. 내부 지향적인 사람은 외부의 정보를 받아들이긴 하지만 자신의 기준에 기초하여 어떤 결정을 내린다. 내부 지향성이 강한 사람은 다른 사람이 자기 대신에 어떤 결정을 내려 준다면 그것이 좋은 결정이라 하더라도 받아들이지 않으려 한다.

이에 비해 외부 지향적인(external) 사람은 기준과 방향을 제공해 줄 다른 것을 필요로 한다. 그는 누군가가 자신에게 일을 잘한다고 말해 주면 자기가 일을 잘하는 것으로 안다. 그는 외적인 기준을 가질 필요가 있다. 그는 다른 사람들에게 그들의 생각을 물어본다. 그리고 스스로 결정을 잘 못 내리며, 결정하는 일을 어려워한다.

내부 지향적인 사람은 다른 사람으로부터의 관리를 잘 받아들이지 않는다. 그들은 좋은 사업가가 될 수 있고 자기 경영에 매력을 느낀다. 그들은 감독할 필요가 거의 없다.

반면에 외부 지향적인 사람은 관리와 감독이 필요하다. 그들은 그 일을 옳게 하고 있을지라도 확신을 하지 못하므로 성공에 대한 외부로부터의 기준을 필요로 한다. 당신이 이러한 메타 프로그램을 확인하는 한 가지 방법은 "당신은 일을 잘해 왔다는 것을 어떤 방법으로 아는가?" 라고 물어보는 것이다. 이러한 물음에 대하여 내부 지향적인 사람은 스스로 안다고 말할 것이며, 외부 지향적인 사람은 다른 사람이 그렇게 말해 줬기 때문에 안다고 말할 것이다.

### 선택형과 절차형

이 유형은 비즈니스 분야에서 중요한 것이다. 선택형(options)의 사람은 선택하기를 좋아하며 대안(代案)을 마련하는 것을 좋아한다. 선택형 사람은 진부한 절차가 비록 좋은 것일지라도 그것을 따르지 않으려 한다. 반면에 절차형(procedures)의 사람은 이미 설정된 것, 기존의 경로를 따르는 것을 잘한다. 그러나 새로운 지침을 마련하는 것을 별로 좋아하지 않으며 어떤 일을 하는 이유보다는 그 일을 하는 방법에 더 많은 관심이 있다. 그는 어떤 일에는 그 일을 하기 위한 '옳은' 방법이나 정답이 있다고 믿는 경향이 있다. 그러나 현재 시스템상의 문제를 해결하기 위하여 새로운 대안을 만들고자 한다면 절차형 사람은 별로 도움이 되지 못한다.

반면에 정해진 절차를 따르고 실천하는 것이 필요한 상황에서는 선택형 사람을 고용하는 것이 바람직하지 못할 것이다. 그런 사람은 반복적인 일을 하는 것에 별로 익숙하지 못하며, 무엇인가 새로이 창조하고자 하는 열망을 강하게 느낀다.

당신은 다음과 같은 질문을 함으로써 이 메타 프로그램의 유형을 확인할 수 있을 것이다. '당신은 현재 직업을 왜 선택하였는가?' 선택형 사람은 그가 자신의 직업을 택하게 된 이유를 설명해 줄 것이다. 그러나 절차형 사람들은 그가 어떻게 해서 현재의 일을 하게 되었는지에 대해서 사실적으로 설명하는 경향이 있다. 그는 마치 '어떻게' 질문에 대해서 대답하는 것과 같이 대답한다.

선택형 사람은 자신이 선택을 확장하는 쪽으로 민감하게 반응한다. 그러나 절차형 사람은 분명하고 확인된 경로를 찾는 쪽으로 민감하게 반응한다.

## 추상형과 구체형

이 유형은 유목화를 다룬다. 추상형(general)의 사람은 큰 그림을 보기 좋아한다. 그는 대부분 정보의 큰 덩어리를 다루는 것에 편안해한다. 그는 포괄적인 사색가다. 이에 반해 구체형(specific)의 사람은 작은 규모의 정보에 가장 잘 적응한다. 그리고 작은 것에서부터 큰 것을 따라가고 순서가 정해진 계열을 따르되 다음 단계의 계열을 따르는 것을 좋아한다. 그는 '단계'와 '계열'에 대해서 자주 말하는 경향이 있으며, 어떤 사실을 구체적으로 기술하기를 즐기며 고유명사를 잘 사용한다.

당신도 짐작할 수 있듯이 추상형 사람은 일반화하는 경향이 있다. 그는 계열에서 순서를 따르는 것이 아니라 오히려 그 순서를 이탈하고 순서 따르는 것을 별로 좋아하지 않는다. 그는 단계별 순서로 이루어진 계열 차원에서 보기보다는 하나의 전체 덩어리로 보고자 한다. 추상형의 사람은 많은 정보를 삭제한다. 나는 오래전에 저글링 공을 하나 샀는데, 동봉된 사용 설명서는 강한 추상형의 사람이 명료하게 쓴 것이었다. 그 내용은 "똑바로 서서 당신의 발을 어깨 넓이로 벌리고 중심을 잡으시오. 고르게 숨을 쉬시오. 저글링 공놀이를 시작하시오."였다.

추상형의 사람은 전략을 개발하고 계획하는 데 아주 적당하다. 그러나 구체형의 사람은 세밀한 주의가 요구되는 작은 단계의 연속적 임무에 적합하다. 우리는 사람들이 사용하는 언어를 통하여 그가 추상형의 사람인지 구체형의 사람인지를 알 수 있다. 그는 구체적이고 상세한 묘사를 하는 나무를 그리는 유형의 사람인가, 아니면 숲과 같은 큰 그림을 그리는 유형의 사람인가?

## 일치형과 불일치형

이 유형은 비교하는 것에 대한 것이다. 어떤 사람들은 사물이나 일에서 같은 것이나 동질성에 집중을 하는 경향이 있는데, 그런 사람을 일치형(matching)이라고 부른다(여기서 말하는 일치라는 것은 라포 형성에서의 일치 개념과는 다른 것이다). 반면에 불일치형(mismatching)의 사람은 비교할 때 차이나 불일치에 관심을 둔다. 그는 차이와 다름을 지적하고 논쟁을 잘하는 경향이 있다. 하향 유목화하는 사람과 불일치형 사람은 불일치를 찾기 위해 미세한 참빗으로 세밀하게 정보를 조사한다. 만약 당신이 일치형이고 큰 덩어리를 중심으로 생각한다면 불일치형의 사람과 친하게 지내기 어려울 것이다. 다음에 있는 세 개의 삼각형을 보라. 당신은 이 세 삼각형 간에 어떤 관계가 있다고 생각하는가? 이 물음에 대한 답을 잘 찾아보라.

물론 이들의 관계는 유사성이나 이질성 차원에서 설명될 수 있겠지만 정답은 없다. 다시 말해서, 이 세 도형이 같은 것이라고 해도 좋고 틀린 것이라고 해도 좋다는 뜻이다. 이 관계성에 대해서는 모두 네 가지의 유형이 있다. 먼저 일치형을 꼽을 수 있다. 일치형의 사람은 같은 것에 관심이 있는 사람이다. 그는 앞의 도형을 보고 모두 삼각형이라고 말할 것이다(사실 그러하듯이 말이다). 일치형의 사람들은 오랫동안 같은 직장이나 직업에 종사하는 경향이 있고 기본적으로 동질성이 있는 업무에 적합하다.

두 번째 유형은 예외가 있는 동질성(sameness with exception)이다. 이런 유형의 사람은 먼저 동질성을 인지하고 다음에 차이에 주목한다. 앞의 그림을 볼 때 그는 두 개의 삼각형은 바로 서 있으므로 같고 다른 하나는 뒤집어져 있으므로 다르다고 대답한다(정말 맞는 말이다). 그러한 사람은 일반적으로 점진적이고 천천히 일어나는 변화를 좋아하고 근무 여건이 시간을 두고 발전하는 것을 좋아한다. 그가 어떤 일을 하는 법을 알 때는 오랫동안 그 일을 할 생각을 하며 대부분의 일을 잘하는 경향이 있다. 그는 '더 좋게' '더 나쁘게' '더 많이' '더 적게'와 같은 비교급을 많이 사용한다. 그리고 '더 좋은' '개선된' '발전된'과 같은 단어를 사용하는 판촉용 자료에 민감하게 반응한다.

세 번째 유형은 불일치형이다. 이 유형의 사람은 앞의 도형 세 가지는 모두 서로 다른 것이라고 대답할 것이다(이 말도 맞다). 그런 사람은 변화를 찾고 즐기며 종종 직업을 빨리 바꾼다. 그는 혁신적인 상품에 끌리고 새롭거나 다른 것을 좋아하는 경향이 있다.

마지막 유형은 예외가 있는 이질성(differences with exception)이다. 이 유형의 사람은 먼저 차이를 인지하고 다음에 유사성을 인지한다. 그는 앞의 삼각형들이 다른데, 다만 그중에서 두 개는 위로 향해서 같다고 말할 것이다. 그는 변화와 다양성을 찾으나 불일치형의 사람만큼은 아니다. 이 메타 프로그램의 유형을 확인하기 위해서는 "이 두 가지 사이에는 어떤 관련성이 있는가?"라고 물어볼 수 있다.

## 확신 요소 문형

우리가 어떤 일에 대해서 확신하게 되는 것, 즉 확신 요소(convincer)에는 두 가지 측면이 있다. 첫 번째는 외부의 정보가 어떤 경로(channel)를 통해 들어오는가, 즉 감각양식(mode)과 관련된 것이다. 두 번째는 우리가 정보를 확보할 때 어떤 방법으로 그 정보를 관리하는가와 관련된 것으로, 결국 정보처리 양식에 관한 것이기도 하다.

첫째 경로에 대해서 생각해 보자. 영업 상황을 예로 들어 보겠다. 고객의 입장에서 자기가 구매하고자 하는 상품이 가치 있다는 것을 확신하기 위해서는 무엇을 해야 할 필요가 있을까? 또는 관리자의 입장에서 자기 부하가 정말로 일을 제대로 하고 있거나 유능한 사람인지에 대해서 확신하기 위해서는 어떤 증거가 필요할까?

이 질문에 대한 대답은 주요 표상체계[18]와 관련이 있다. 어떤 사람은 증거를 눈으로 보아야 할(시각) 필요가 있다. 어떤 사람들은 다른 사람으로부터 들을(청각) 필요가 있다. 예를 들어, 소비자 연맹의 보고서들은 많은 상품에 대한 정보를 비교하고 제공하므로 어떤 사람은 이러한 보고서를 읽을 필요가 있다. 또 다른 사람들은 어떤 일을 실제로 실행해야 한다. 예를 들어, 관리자는 새로운 종업원이 유능한지의 여부를 판단하기 전에 일단 함께 일해 볼 필요가 있으며, 상품의 질을 평가하기 위해서는 먼저 자신이 직접 그 상품을 사용해 볼 필요가 있다. 이 메타 프로그램의 유형을 확인하기 위한 질문은 '당신은 어떤 사람이 정말로 자신의 일을 잘하는지, 또는 그가 자신의 일에 적합한 사람인지 어떻게 아는가?' 하는 것이다.

시각적인 사람은 그가 일하는 것을 실제로 보는 것이 필요하다. 청각적인 사람은 그에 대해서 다른 사람에게서 듣고 정보를 모을 필요가 있다. 읽기형의 사람은 그에 대한 보고서를 읽어 보거나 그에 대한 추천서를 참고할 필요가 있다. 실행형의 사람은 그가 일을 제대로 하는지를 확신하기 위해서 실제적으로 그와 함께 일을 해 보아야 한다.

이 메타 프로그램 유형을 다른 차원에서 활용한다면 우리가 새로운 일을 어떤 식으로 가장 쉽게 배울 수 있는가와 관련하여 힌트를 얻을 수 있다. 시각형의 사람은 다른 사람이 그 일을 하는 것을 볼 때 가장 쉽게 배운다. 청각형의 사람은 그 일을 어떻게 하는지 그 요령에 대해서 설명을 들을 때 가장 잘 배울 것이다. 읽기형의 사람은 지침서나 설명서를 읽음으로써 가장 잘 배운다. 실행형의 사람은 스스로 그 일을 해 보

---

18) primary presentation: 시각, 청각, 신체감각과 같은 표상체계 중에서 어떤 상황에서 다른 것에 비해서 일차적으로 사용하는 표상체계를 말한다.

거나 실지 훈련을 경험함으로써 가장 잘 배울 것이다.

이 메타 프로그램의 두 번째 측면은 우리가 정보를 어떻게 관리하고 그 정보가 어떤 식으로 제시되어야 하는지에 대한 것이다. 어떤 사람들은 자신이 어떤 것에 대해 확신하기 전에 그것과 관련하여 두 번, 세 번 또는 그 이상 여러 번에 걸쳐 증거가 제시되는 것이 필요하다. 그들은 사례의 횟수(number of examples)에 의해 확신하는 사람들이다. 그러나 어떤 사람들은 확신을 위해서는 많은 정보를 필요로 하지 않는다. 그들은 약간의 정보만 있어도 나머지는 상상을 하면서 재빨리 어떤 확신을 하게 된다. 때때로 그들은 아주 적은 자료만으로도 결론에 도달한다. 이러한 유형은 곧 자동적 유형(automatic pattern)에 해당한다고 할 수 있다.

반면에 어떤 사람들은 결코 진정으로 확신하지 않는다. 그들은 단지 개별적인 사례나 맥락에 있어서만 개별적으로 확신하는 경향이 있다. 이것은 일관성 유형(consistent pattern)이라고 할 수 있다. 그들은 모든 경우에 일관성 있게 한결같이 확신할 수 있는 것을 원한다. 예를 들어, 내일은 오늘과 다른 날이기 때문에 오늘 확인하거나 확신한 것이라고 해도 내일 다시 확인을 해야 한다고 할 수 있다. 결과적으로 그들은 항상 일관성 있게 확신을 해야 할 필요가 있다. 마지막으로 어떤 사람은 일정한 시간의 기간(period of time) 동안, 즉 하루, 일주일, 한 달과 같은 기간 동안 확신에 필요한 증거를 보아야 할 필요가 있다.

이상에서 우리는 몇 가지의 주요 메타 프로그램에 대해서 간략하게 알아보았다. 이 내용들은 원래 리처드 밴들러와 레슬리 카메론-밴들러[19]에 의해 최초로 개발되었고, 후에 로저 배일리(Rodger Bailey)에 의해 더욱 보완되어 '언어와 행동 프로파일(Language and Behaviour Profile)'이란 이름으로 비즈니스계에서 사용되었다. 흔히 준거를 메타 프로그램으로 간주하기도 하지만 준거가 유형으로 구분될 수 있는 것은 아니다. 오히려 그것은 자신에게 진정으로 중요한 것이나 가치에 해당하는 것이다. 그래서 우리는 준거와 메타 프로그램을 분리하여 별개로 다루고 설명하였다.

시간선의 유형(orientation in time)이라는 것도 메타 프로그램의 하나로 인식되고 있다. 제6장에서 살펴본 바와 같이 시간선은 과거, 현재, 미래를 연결하는 선이라고 할 수 있는데, 이에는 내재 시간형과 통과 시간형의 두 유형이 있다. 내재 시간형에 속하는 사람은 시간선에 연합되어 있고, 통과 시간형에 속하는 사람은 자신의 시간선으로부터 분리되어 있다.

메타 프로그램에 해당한다고 여겨지는 또 다른 것은 바로 선호 지각 입장(preferred perceptual position)이다. 어떤 사람은 제1차적 입장에 머물면서 대부분의 시간을 보낸다. 어떤 사람들은 제2차적 입장에서 남을 공감하는 일을 잘한다. 그리고 제3차적 입장에 있는 사람들은 늘 제삼자적 객관적인 입장에서 현실을 지각하는 경향이 있다.

앞에서도 언급한 바와 같이, 메타 프로그램 유형은 다양하기에 책마다 다양하게 메타 프로그램의 유형을 소개하고 있다. 그렇기에 어디서부터 어디까지가 메타 프로그램이라고 말할 수 있는 정답은 없다. 다만 당신에게 유용하고 도움이 되는 것은 사용하고 나머지는 무시해도 좋다. 모든 것은 맥락과 함께 변할 수 있다는 사실을 기억하라.

몸무게가 90kg인 사람은 에어로빅 교실이라는 맥락에서는 비만에 해

---

19) Leslie Cameron-Bandler: NLP가 개발되던 1970년대에 밴들러와 그린더의 제자 그룹에 속한 사람으로 후에 리처드 밴들러와 결혼하여 부부가 되었다. 그러나 2년간의 결혼 생활 끝에 두 사람은 이혼을 하였다.

당할 것이다. 그는 그곳에서 몸무게가 가장 많이 나가는 쪽에 속할 것이다. 그러나 레슬링 선수들이 있는 경기장에 간다면 가벼운 쪽에 속할 것이다. 어느 맥락에서는 아주 창도적인 모습을 보이는 사람이라 하더라도 다른 맥락에서는 반응적일 수도 있다. 마찬가지로 직업 상황에서는 구체형의 사람으로 보이지만 집이나 개인적인 생활에서는 추상형의 사람으로 행동할 수도 있다.

메타 프로그램은 정서 상태와 함께 변할 수도 있다. 스트레스 상황에서는 더 창도적인 사람이, 편안할 때는 더 반응적일 수 있다. 이 책에서 우리는 많은 메타 프로그램의 유형을 소개하였지만 정말 중요한 것은 지금 당신이 마주하고 있는 사람 자신이다. 그가 어떤 사람이며 어떤 유형에 속하는 사람인지를 이해하는 것이 중요하다. 유형이란 것은 단지 지도에 불과함을 명심하라.

메타 프로그램은 비둘기 구멍을 통해서 세상을 보듯 편협한 잣대로 사람을 유형화시키고자 하는 것이 아니라는 사실을 알 필요가 있다. 그러므로 이 시점에서 던질 수 있는 중요한 질문은 '당신은 과연 자신의 메타 프로그램 유형이 어떤지를 인식할 수 있으며, 다른 사람에게는 그의 유형에 맞게 어떻게 대처하도록 할 수 있겠는가?' 이다.

메타 프로그램은 인간 이해를 위한 유용한 지침서와 같은 기능을 한다. 그러므로 그것을 맹신할 필요는 없으며, 한 번에 오직 한 유형만을 식별하는 법을 배우는 것이 좋을 것이다. 그리고 한 번에 한 가지 기법 사용하기를 배워라. 그렇게 배워 보고 유용하다고 판단되는 것을 사용하라.

# 메타 프로그램 요약

① 창도형-반응형: 창도형 사람은 먼저 행동한다. 반응형 사람은 다른 사람이 행동을 시작하거나 일이 일어나기를 기다린다. 그는 분석하는 데 많은 시간을 필요로 하고, 일단은 상황을 이해하고자 한다.

② 추구형-회피형: 추구형의 사람은 자신과 자신의 목표에 집중하고 목표 성취라는 것이 곧 동기의 원천이 된다. 회피형 사람은 달성될 목표보다는 오히려 피해야 할 문제점에 집중한다.

③ 내부 지향형과 외부 지향형: 내부 지향형은 내적인 준거를 가지고 있고 어떤 결정을 스스로 내린다. 외부 지향형의 사람은 판단의 준거가 외부에 있으며 다른 사람들로부터의 지침이나 지도를 필요로 한다.

④ 선택형-절차형: 선택형의 사람은 선택하는 것을 원하고 대안을 개발하는 데 적합하다. 절차형의 사람은 절차에 의해 정해진 방향을 지키며 맞추어 가는 데 적합하다. 그는 스스로의 판단으로 자기 길을 찾아가는 것이 아니라 정해진 일련의 단계에 맞추어 따라가는 것을 잘한다.

⑤ 추상형과 구체형: 추상형의 사람은 큰 덩어리의 정보를 처리하는 데 익숙하다. 그는 세부적인 것에 주의를 기울이지 않는다. 구체형의 사람은 세부적인 것에 주의를 기울이고 더 큰 그림을 인식하기 위해 작은 덩어리들을 필요로 한다.

⑥ 일치형-불일치형: 일치형의 사람은 비교할 때 유사성 쪽에 먼저 집중한다. 불일치형의 사람은 비교할 때 차이점을 먼저 본다.

⑦ 확신 요소 문형:

• 경로별 형태

　－시각형: 증거를 볼 필요가 있다.

　－청각형: 들을 필요가 있다.

　－읽기형: 읽을 필요가 있다.

　－실행형: 실행을 해 볼 필요가 있다.

• 정보처리 양식별 형태

　－사례의 수: 확신하기 전에 여러 번에 걸쳐서 정보를 가질 필요가 있다.

　－자동적: 약간의 정보만 있어도 나머지는 자동적으로 확신한다.

　－일관성: 확신을 갖기 위해서는 매번 한결같이 정보가 필요하고 각 사례마다 확신이 필요하다.

　－시간의 기간: 일정한 시간 동안 정보가 계속 필요하다.

# 판 매

영업심리학에 대한 책들은 이미 많이 출판되어 있으니, 여기서는 NLP의 원리가 어떻게 영업 분야에 적용될 수 있을지를 알아보기 위하여 영업심리학에 대해서 가볍게 살펴보고자 한다.

때때로 오해를 받고 있는데, 그것은 광고의 경우도 마찬가지다. 광고에 대한 인기 있는 정의에 의하면 다른 사람의 돈을 빼내기에 충분할 만큼 오랫동안 그들의 지능을 유혹하는 예술이라고 말할 수 있다. 실제로 영업의 궁극적인 목적은 스펜서 존슨과 래리 윌슨이 『1분 세일즈맨』[20] 이란 책에서 말한 것과 같이 사람들로 하여금 자기가 원하는 것을 얻을 수 있도록 도와주는 것이다. 당신은 사람들이 원하는 것을 얻도록 도와

줄수록 더욱더 성공적인 세일즈맨이 될 수 있는 것이다.

NLP의 많은 개념이 이 목적을 위해 잘 활용될 수 있다. 영업에서는 처음의 라포가 중요하다. 자원을 앵커링하는 것은 당신이 자원이 풍부한 상태에서 도전에 직면할 수 있도록 해 줄 것이다. 자기 일을 좋아하는 마음은 자기 일을 잘할 수 있도록 해 준다.

미래 가보기[21]는 당신이 원하는 상황과 느낌을 미리 마음으로 그리며 연습함으로써 실제로 그것이 실현되도록 도울 수 있다. 먼저 마음으로 연습함으로써 당신이 원하는 감정과 상황을 창조하는 데 도움을 줄 수 있다. 형식 조건에 맞게 잘 설정된 성과[22]를 설정하는 것은 판매에 있어서 아주 중요한 기술이다. 제1장에서 당신은 형식 조건에 맞게 잘 설정된 준거를 당신 자신의 성과(p. 38)에 적용한 바 있다. 당신은 그때 사용했던 것과 같은 질문을 다른 사람에게도 적용함으로써 그들이 자신이 원하는 것을 중심으로 분명하게 목표를 설정하도록 도울 수 있다. 당신이 구매자들이 원하는 것을 정확히 알아야만 그들을 충족시킬 수 있기 때문에 이 기술은 굉장히 중요하다.

상향 유목화나 하향 유목화는 사람들이 필요로 하는 것을 알아내는 데 도움이 될 수 있다. 구매자의 준거는 무엇인가? 이 상품과 관련하여 그들에게 중요한 것은 무엇인가? 고객들은 자신이 구매하려는 상품에

---

20) Spencer Johnson & Larry Wilson, *The One Minute Sales Person*. 우리나라에서는 『성공』(2008)이라는 번역서로 출간되었다.

21) future pacing: 미래의 예상되는 상황을 미리 마음으로 상상하고, 미래에 경험할 것으로 예상되는 것을 마치 현재의 일인 것처럼 느껴 보고 상상하는 것을 말한다.

22) well-formed outcome: 목표 설정의 공식이라고 할 수 있는 SMART의 원리에 따라 타당하게 잘 마련된 목표로서의 성과를 말한다. 여기서 SMART란 Simple, Measurable, Achievable, Responsible, Timed의 첫 자를 조합한 것이다. 따라서 SMART는 목표란 간단하고 측정 가능하며 성취 가능하고 스스로 책임질 수 있으면서 시한성을 갖는 차원에서 설정되어야 한다는 것을 뜻한다.

대해 마음속에 만족스러운 성과를 갖고 있는가,[23] 그리고 당신은 그들이 그렇게 할 수 있도록 도와줄 수 있는가?

나에게는 개인적인 사례가 하나 있다. 내가 살고 있는 고지대 거리에는 철물상이 어디보다 더 많이 있다. 사업을 가장 잘하는 곳은 크게 벌려 놓은 가게보다 훨씬 작은 가게다. 그 주인은 언제나 손님이 들어오면 자연스럽게 어떤 공구나 물건을 찾는지, 그것으로 무엇을 하려고 하는지를 물어보고 알려고 한다. 내가 보기에 그는 손님들과 언제나 좋은 라포를 형성하는 것은 아닌 것 같다. 이따금은 그의 질문이나 관심이 귀찮고 짜증스러운 간섭으로 느껴졌기 때문이다. 그러나 그는 내가 원하는 목적을 달성하는 데 도움이 되지 않는 일은 아무것도 하지 않고 내가 필요로 하는 물건이 그 가게에 없다면 그 물건이 있는 다른 가게로 나를 안내해 주기까지 하였다. 그는 큰 연쇄점이나 도매상이 주변에 있어서 힘든 경쟁을 할 수밖에 없는 상황에서도 아주 거뜬하게 살아남았다.

우리의 이론적 틀로 볼 때 그는 고객의 준거와 최종적인 성과를 알기 위해 상향 유목화를 하고 하향 유목화를 하여 고객이 필요로 하는 정확한 물건을 찾아 준다. 이런 과정에서 그는 처음에 고객이 찾고 있었던 것을 중심으로 동급 유목화를 하기도 한다(내가 찾아갈 때 자주 그렇게 하는 것을 보았다). 동급 유목화는 고객이 특정 물건에 대하여 좋아하는 것이 무엇인가를 알아내기 위한 아주 유용한 방법이다. 그가 그 물건과 관련하여 좋아하는 점은 무엇인가? 그가 다른 물건이 아니라 굳이 그 물건을 선택한 것은 어떤 점 때문이라고 생각하는가? 세 가지 유목화의 방법으로 고객이 원하는 바를 찾아내는 것은 프로 세일즈맨들이 구사하는 일관된 언어의 기술이다. 일치성은 중요하다. 세일즈맨은 과연 자

---

23) 다시 말해서, 그들은 상품을 구매한 후에 좋은 상품을 구매했다는 것을 확신하고 그것에 대해 만족해하는 모습을 마음속에서 떠올리거나 상상할 수 있는가?

기가 판매하는 상품을 사용하는가? 그는 정말로 자기 상품이 갖고 있는 장점을 믿는가? 이들 물음에서 긍정적으로 답할 수 있다면 그는 일관성이 있는 세일즈맨이지만 그렇지 못하다면 비일관성을 보이는 셈이다. 그러한 비일관성을 목소리나 제스처 등에서 간접적으로 드러나게 되는데, 그렇게 되면 고객은 그러한 사실을 느낌으로 알고 상품에 대해 확신을 하기 어려울 것이다.

## 관 점

NLP에서 관점이란 많이 사용되고 있는 개념이다. 이것은 어떤 상황이나 일의 의미는 그것이 속해 있는 맥락에 따라 다르게 해석될 수 있다는 것을 전제로 한다. 따라서 어떤 것에 대하여 다른 의미를 부여하기 위해 그것을 다른 맥락에 갖다 놓는 것을 말한다. 이 관점은 하나의 맥락을 제공하며, 그 맥락과 관련하여 생각과 행동의 초점을 어디에 두고 어느 방향으로 지향해야 할지를 한정시키는 기능을 한다.

여기에서는 모두 다섯 가지의 관점 방법을 소개하고자 한다. 일부는 NLP의 다른 개념을 소개할 때 이미 비슷하게 암시된 적이 있지만 여기에서 보다 분명하게 설명할 필요가 있다.

### 성과 관점

성과 관점(outcome frame)이란 어떤 일을 성과라는 관점 또는 차원에서 평가하는 것이다. 이를 위해서는 우선 당신이 자신의 성과를 제대로 알고 그것이 잘 구성된 것인지를 확신해야 한다. 그것은 긍정적인 것인가? 그것은 당신이 책임질 수 있는 것인가? 그것은 당신 책임으로 관리할 수 있는 것인가? 그것은 충분히 구체적이며 스스로 감당할 수 있을 정도 규모의 일인가? 성과 달성 여부를 확인할 수 있는 증거는 무엇인가? 그 일을 달성해 낼 수 있는 자원은 있는가? 그것은 당신의 다른 성과들과 조화를 이룰 것인가?

두 번째로 당신은 관련된 모든 사람에게서 성과를 이끌어 낼 필요가 있다. 그렇게 함으로써 그들이 진정으로 원하는 것을 분명히 하여 모두를 앞으로 나아가도록 도울 수 있다.

세 번째로 연결된 성과가 있다. 일단 당신이 자신의 성과와 다른 사람의 성과를 확인하였다면 이제는 그 두 개의 성과가 어떻게 서로 조화를 이룰지 볼 수 있어야 한다. 그리고 그들 사이에 어떠한 차이라도 있다면 그것을 조정할 필요가 있다.

마지막으로 당신은 성과를 기억함으로써 과연 그 성과를 달성하는 방향으로 잘 나아가고 있는지를 알아볼 수 있다. 만약 그렇지 않다면 뭔가 다른 것을 할 필요가 있을 것이다.

성과 관점은 자신의 행동을 제대로 볼 수 있게 하는 대단히 유용한 안경 구실을 한다. 비즈니스에 있어서 관리자가 자신의 성과를 분명히 설정하지 않게 되면 비즈니스와 관련된 의사결정을 내리기가 어려울 것이다. 그리고 자신의 비즈니스 행위가 과연 적절한 것인지의 여부를 판단할 근거를 갖지 못할 것이다.

### 생태 관점

생태 관점(ecology frame)은 앞에서 소개되었던 성과와 관련하여 함께 다루어졌고 동시에 이 책 전체를 통하여 암암리에 다루어지고 있다. 나의 행동이 어떻게 다른 가족이나 친구 관계, 직업적인 이해관계에 부합하며 그것들과 조화를 이룰 수 있을까? 이 생태의 개념은 나 자신이나 다른 사람들의 총체성과 관련이 있다. 즉, 그것은 전체적인 관련성과 통합성을 강조한다. 그래서 어느 하나의 변화는 전체적인 조화 속에서 이루어져야 하며, 어느 하나의 행동은 전체적인 시스템의 균형을 파괴하지 않아야 한다.

## 증거 관점

증거 관점(evidence frame)은 명백하고 구체화된 세부 항목에 집중한다. 구체적으로 당신은 자신의 성과를 달성했을 때 그러한 달성 사실을 어떻게 알 것인가? 그때 당신은 무엇을 보고 무슨 소리를 들으며 무엇을 느낄 것인가? 이것은 성과 관점의 일부를 이루며 때로는 특히 준거에 적용되기도 한다.

## 가정하기 관점

가정하기 관점(as if frame)은 가능성을 찾기 위하여 마치 어떤 일이 일어났거나 생긴 것처럼 가정함으로써 문제를 창의적으로 해결하는 방법이다. 이때는 시작을 '만일 ~이(가) 생긴다면' 이나 '~와(과) 같이 상상해 보자.' 등의 말로 시작할 수 있다. 이러한 것이 유용하게 사용될 방법은 많이 있다.

예를 들어, 어느 회사에서 당신이 주재하는 중요한 회의가 열리고 있는 경우를 생각해 보자. 그런데 이 회의에는 한 핵심 간부가 참석하지 않아 어떤 결정을 내리는 데 어려움을 겪고 있다. 그래서 당신은 "만일 그가 이 자리에 함께하고 있다면 이런 경우에 어떻게 하거나 무엇이라고 할 것 같은가?"라고 회의 참석자들에게 물어볼 수 있을 것이다. 다행히 그에 대해서 잘 아는 다른 직원이 회의에 함께하고 있다면 당신의 물음에 대하여 쉽게 대답을 떠올릴 것이며, 결과적으로 회의에 도움을 줄 수 있을 것이다(물론 그렇다고 하더라도 그 상황에서 중요한 결정을 내리고자 한다면 실제로 나중에라도 그에게 의견을 물어보고 다시 확인을 해야 할 것이다).

또 이 개념을 사용할 수 있는 다른 방법은 지금부터 6개월이나 1년 후의 성공적인 미래의 모습을 투사하여 떠올려 보게 하는 것이다. 이때 우리는 상상 속에서 그때로 가 보고 그 시간의 상황에서 현재의 나를 되돌아보면서 다음과 같은 질문을 해 볼 수 있을 것이다. '지금 이 상태에 이르기까지 과거로부터 우리는 어떤 단계를 밟아 왔을까?' 이러한 시각을 통해서 우리는 비록 상상 차원에서나마 먼 미래 시점에서 현재를 볼 것이기에, 현재 시점에서는 너무 가까이서 보기에 제대로 볼 수 없었던 중요한 정보를 확보하고 알 수 있게 될 것이다.

다른 한 가지 방법은 발생할 수 있는 최악의 경우를 가정해 보는 것이다. 만약 최악의 경우가 생긴다면 당신은 어떻게 할 것인가? 그때 당신은 어떤 선택과 계획을 할 것인가? '가정하기'는 하향계획[24]이라고 알려진 보다 일반적이고 아주 유용한 방법의 구체적인 한 예로서 최악의 경우를 찾아보고 대책을 세우는 데 활용될 수 있다(보험회사들이 이런 방법으로 돈을 벌고 있다).

### 역추적 관점

역추적 관점(backtrack frame)은 단순한 것이다. 당신은 다른 사람의 핵심 단어나 억양을 사용함으로써 지금까지 그로부터 당신이 얻은 정보를 역추적하여 요약할 수 있다. 이것은 다른 사람으로부터 얻은 정보를 요약하는 한 방법이기도 하다. 경우에 따라서 이것은 조직적으로 다

---

24) downside planning: 일이 잘되고 성공하는 경우가 아니라 잘못되어 실패할 가능성을 염두에 두고 그에 대비하여 계획을 세우는 것을 말한다.

른 사람의 말을 왜곡하는 수도 있다.

역추적은 집단에서 토론의 문을 열어 주고 신입회원들에게 지금까지 진행되어 왔던 집단의 과정이나 정보를 알려 주어, 그들로 하여금 집단에 익숙하게 하며 토론 참석자들로 하여금 동의하고 이해한 내용을 점검할 수 있게 하는 유용한 방법이다. 역추적은 라포 형성에 도움이 되고 대화에서 방향을 잃었을 때 방향을 잡아 주는 역할도 하는, 없어서는 안 되는 방법으로 대화나 토론이 나아갈 길을 명료화시켜 준다.

우리가 토론을 할 때는 마지막 과정에서 어떤 결론에 이르기까지 참석자들 사이에서 많은 말이 오고 가기 마련이다. 그러므로 참석자들은 막상 어떤 결론이 내려지거나 동의가 이루어졌을 때 자기들이 동의하거나 결론 내린 것에 대하여 뜻밖에 전혀 다른 맥락이나 방향으로 이해할 수도 있고 완전히 다른 개념으로 받아들일 수도 있다. 그러나 이런 경우 역추적을 통하여 결론과 동의가 이루어진 정확한 경로를 재확인할 수 있고, 결과적으로 원하는 성과를 향하여 제대로 나아갈 수 있게 된다.

## 회 의

우리는 비즈니스라는 맥락에서 회의(meeting)에 대해서 설명하겠지만 이 내용은 비즈니스 상황뿐만 아니라 두 사람 또는 그 이상의 사람이 공동 목적을 가지고 만나는 어떠한 맥락에서도 같은 방식으로 적용된다. 당신은 앞으로 이 장의 나머지를 끝까지 읽는 동안에 각 맥락에서 설명되는 어떤 기법이나 문형이라 하더라도 그것이 당신의 상황에 적합할 수도 있다는 사실을 이해하기 바란다.

NLP에는 특히 비즈니스 상황에서 활용할 수 있는 원리나 기법이 많다. 어떤 비즈니스든 간에 가장 큰 자원은 그 속에 있는 사람들이다. 사람들이 더 유능하고 효율적으로 움직일수록 비즈니스도 효율적이 될 것이다. 비즈니스는 공동의 목표를 향해 가고 있는 사람들의 팀 작업이라고 할 수 있다. 비즈니스의 성공은 주로 다음에 나열된 핵심 포인트를 어떻게 잘 다루어 나가느냐에 달려 있다.

① 목표 설정
② 조직 구성원들 상호 간 및 외부 세계와의 효율적 커뮤니케이션
③ 환경에 대한 정확한 파악 및 고객의 욕구와 반응을 잘 기억할 것
④ 성공 마인드로의 무장: 일관성

비즈니스 종사자들이 갖고 있는 자원, 유연성, 지각적 필터, 발표력, 커뮤니케이션 능력과 같은 것에 따라 비즈니스의 성패는 결정될 수 있다. NLP는 비즈니스 세계의 성공을 창출할 수 있는 정밀한 기술을 제공해 주고 있다.

NLP는 업무를 수행하는 각 구성원들의 능력과 효율성을 개발하고 정교화하는 것이기에 비즈니스 조직에서 없어서는 안 될 핵심적인 요소가 될 수 있다. 비즈니스 회의는 많은 NLP 기술이 동시에 적용되는 곳이다. 우리는 대부분의 사람이 바라는 최종적인 성과에 대해 광범위한 합의를 하게 되고 상호 협동적인 논의가 이루어지는 회의라는 맥락을 중심으로 설명하고자 한다. 성과에 대하여 분명히 서로 다른 생각을 갖고서 갈등하는 사람들의 모임이라고 할 수 있는 회의는 협상이라는 차원에서 다룰 수 있다.

회의는 목적 지향적인 것이다. 그리고 협동적인 회의의 목적은 명시

되는 경향이 있다. 그래서 정보를 교환하고 특정한 결정을 내리며 책임을 분배하기 위하여 동료들이 일주일에 한 번씩 만나 회의를 하는 것이 회의의 목적이 될 수 있을 것이다. 또한 회의의 목적은 내년도의 예산을 계획하고 금년도의 성과를 평가하며 프로젝트 진행 상황을 점검하는 것이 될 수도 있다.

중요한 회의의 참석자로서 당신은 강하고 자원이 충만한 상태를 유지하며 자신이 맡은 역할과 관련하여 일관성을 보일 필요가 있다. 회의 시작 전에 좋은 상태를 유지하기 위해서나 회의 중에 일이 잘 진행되지 않는 경우에는 앵커가 도움이 될 것이다. 다른 사람들이 당신을 위한 앵커가 될 수 있고, 또 당신도 다른 사람의 앵커가 될 수 있음을 기억하라. 회의실 자체가 앵커일 수도 있다. 때때로 사무실이라는 공간은 책상에 앉아 있는 직원 개개인의 개인적인 파워와 성공을 막는 요소들로 가득 찬 곳일 수도 있다. 이런 경우에는 사무실이 부정적 앵커가 될 것이다. 당신에게는 당신이 얻을 수 있는 모든 자원이 필요하다.

회의 참석자의 자격과 의제는 미리 정해져 있어야 한다. 당신은 회의에서 얻고자 하는 성과가 무엇인지 분명히 알고 있어야 한다. 당신은 또한 증거 절차가 필요하다. 즉, 당신이 성과를 달성한다면 무엇을 근거로 그러한 사실을 알거나 어떻게 알 것인가? 그러니까 당신은 성과를 달성한다면 그 순간 무엇을 보고 어떤 소리를 들으며 무슨 느낌을 느끼거나 어떤 기분 상태에 있기를 원하는지에 대해서 분명히 알고 있어야 할 것이다. 만일 당신이 회의에서 무엇을 얻기 바라거나 어떤 것을 달성하기를 원하는지 그 성과에 대해서 확실히 하지 않으면 당신은 회의에서 시간 낭비만 할지 모른다.

성공적인 회의의 기본 형식은 제1장에서 소개한 '3분 세미나'(p. 47)에서 소개되었듯이 다음과 같은 세 가지와 유사하다.

① 당신이 원하는 바를 알 것

② 다른 사람들이 원하는 바를 알 것

③ 당신이 그 모든 것을 얻을 수 있는 방법을 찾을 것


이러한 원칙은 단순하고 분명한 것 같으나 때때로 혼란스러운 회의의 와중에서는 실종되는 수가 있다. 특히 제3단계는 서로의 이익을 찾고자 하는 갈등이 클수록 실현되기가 어려울 것이다.

일단 회의가 시작되면 최종적인 공동 성과에 대한 합의점이 정해져야 한다. 모든 사람이 동의하는 최종적인 성과를 정하고 공동 의제를 정하여 동의하는 것은 중요한 일이다. 일단 성과가 정해지면 그것에 앵커링하라.

앵커링하는 가장 쉬운 방법은 핵심 문구를 사용하여 그것을 칠판이나 화이트보드 같은 것에 잘 보이도록 적어 놓는 것이다. 그리고 그 성과를 달성했을 때 무엇을 근거로 성과 달성을 확신할 수 있을지 그 증거에 대해서도 의견을 같이 할 필요가 있다. 모두가 원하는 성과를 이룩했을 때 그러한 사실을 어떻게 확인하고 알 수 있을까? 이런 경우에 필요한 것이 증거 관점이므로 그것을 사용하라.

다시 말하지만, 라포는 필수적인 단계라는 것을 명심하라. 만일 아직 다른 참석자와 라포가 형성되지 않았다면 비언어적 기술과 맞추기 언어를 사용하여 참석자와 라포를 형성할 필요가 있다. 이미 합의된 공동 성과에 대하여 누가 다른 마음을 갖고 있는지 민감하게 알아보아야 한다. 만약 숨어 있는 안건[25]이 있다면 처음부터 그것을 알아서 다루어야

---

25) hidden agenda: 겉으로는 표시가 나지 않지만 참석자가 마음속에 담아 두면서 회의 진행에 영향을 미치거나 방해 작용을 하게 되는 안건을 말한다. 흔히 공개되거나 공식화되지 않은 사적·개인적 안건 또는 정식으로 거론하기에 부적합할 수도 있는 안

한다. 혹시 나중에 그것을 알게 된다면 이미 때가 늦었다고 할 수 있다.

회의에서의 토의 중에는 증거 관점, 생태 관점, 역추적 관점, 가정하기 관점과 같은 것들이 아주 유용하다. 회의가 진행되지 못하게 하는 한 가지 문제는 회의가 궤도를 이탈하는 경우다. 그런 경우에는 당신이 그러한 사실을 알기 전에 시간은 다 끝나가고 결정이나 성과는 아직 달성되지 않는다. 많은 경우에 회의는 갑작스럽게 옆길로 새고 막다른 골목을 돌다가 끝나 버린다.

그러할 때 성과 관점을 제대로 따른다면 토의 내용이 성과에 과연 어떤 기여를 하는지 그 적절성(relevance)에 도전하는, 즉 적절성을 따지는 기회를 얻을 수 있고, 결과적으로 회의의 흐름을 정상 궤도로 끌어들일 수 있게 된다. 어떤 동료가 상호 동의한 성과와는 관계가 없는 주제에 대한 토론을 시작하는 경우를 가정해 보자. 그 주제가 비록 흥미롭고 교육적이며, 심지어 진실에 해당하는 것이라 하더라도 원래의 회의 목적에는 관련이 없는 것일 수 있다. 이때 당신은 "당신의 이야기가 우리의 합의된 성과를 달성함에 있어서 어떻게 도움이 될 수 있을지 이해하기 어렵습니다."라고 말할 수 있을 것이다.

당신은 손의 제스처나 머리의 움직임을 통하여 이와 같은 적절성 도전[26]을 시각적으로 앵커링할 수 있다.[27] 이 경우에 그 사람은 자신의

---

건을 말한다. 만약 그런 것이 있다면 드러나지 않게 회의 진행에 부정적 영향을 미칠 수 있다.

26) relevancy challenge: 어떤 주제나 내용이 추구하는 목표나 목적에 부합하며 연관되는지, 또는 적절성이 있는지를 따지고 검토하는 것을 말한다.

27) 어떤 사람이 적절성 도전을 하는 동안에 특정한 손짓이나 머리의 움직임을 반복적으로 사용한다면, 다른 사람들은 그가 다음에도 그런 손짓이나 머리의 움직임을 사용할 때 적절성 도전을 하는 것으로 인식할 수 있다. 그러므로 여기서의 앵커링이란 결국 특정한 손짓이나 머리의 움직임과 같은 것을 적절성 도전과 서로 연결 짓는 것을 말한다고 할 수 있다.

토론 주제가 상호 합의된 회의의 목표나 성과에 비추어 볼 때 얼마나 적절하며, 어떻게 관련되는지를 보여 주어야 할 것이다. 만약 그 질문의 결과 토론 주제의 적절성이 증명되지 않는다면 더 이상 토론의 진행이 이루어질 수 없을 것이므로 결과적으로 토론이 그대로 진행되었더라면 낭비될 수도 있었을 아까운 시간이 절약될 수 있다.

사실 다른 어떤 맥락에서는 그런 그의 개입 내용이 중요할 수도 있다고 일단 인정해 주고 다음 기회에 그것을 다루겠다는 동의를 하는 것이 좋다. 그리고 그 토론을 종결짓고 요약해야 하며, 최종적으로는 합의된 성과 쪽으로 논의의 방향을 다시 잡아야 하고, 아울러 필요하다면 그 토론을 다른 회의에서 하도록 미루는 것에 합의를 해야 한다.

어떤 사람이 회의를 방해하거나 궤도를 많이 벗어나게 유도하면 당신은 다음과 같이 말해야 한다.

"당신이 이 주제에 대하여 특별히 관심을 갖고 있고 그것이 당신에게 중요하다는 점은 인정합니다. 하지만 우리는 이 자리가 그것을 토론할 장소가 아니라는 점에 모두가 동의하였습니다. 그러므로 그 문제는 다음 기회에 토론하도록 하면 어떨까요?"

당신이 이런 식의 제안을 할 때는 그를 계측[28]하여 그가 당신의 제안을 진정으로 받아들이는지 그의 일관성을 잘 알아차려야 한다.[29] 당신이 A라는 사람은 특정한 성과에 대해 만족스러울 때 담뱃불을 붙이는

---

28) calibration: 계측(計測)이란 제3장(p. 127)에서도 설명한 바 있듯이 다른 사람의 외적인 모습이나 표정, 제스처, 눈빛과 같은 시각적 단서나 목소리와 같은 청각적 단서를 통하여 그의 내심이나 정서적 상태와 같은 것을 알아차리는 것을 말한다. 이것을 관측이나 알아차림으로 해석할 수도 있다.

29) 여기서의 일관성(congruence)은 상대방 행동의 일관성 또는 감정과 행동의 일관성 같은 것을 의미하는데, 그것은 일치성을 의미하기도 한다. 그러므로 상대방의 일관성을 알아차린다는 것은 상대방이 말과 행동, 감정과 행동 간에 일치되는지를 알아차리는 것을 말한다. 그래서 궁극적으로는 그가 진정으로 당신의 제안을 받아들이는 모습을 보이는지를 알아차리는 것을 의미한다고 할 수 있다.

경향이 있다는 점을 알아차렸다면 그것은 그에 대해서 계측을 한 좋은 예가 될 수 있다. 당신은 B가 어떤 주제에 대해서 반대할 때 언제나 땅바닥을 내려다본다는 점을 계측해 낼 수도 있다. (그때 B에게 그 주제에 대해 동의를 하기 위해서는 무엇이 필요한지 물어보아야 한다.) 그리고 당신은 C가 스스로 불만스러울 때 자기 손톱을 깨문다는 사실을 계측하는 것도 가능하다. 이 모든 것은 결국 계측을 통하여 알아낼 수 있는 행동들이다. 이 외에도 당신은 많은 방법을 통하여 회의가 잘 진행되고 있는지를 깊은 수준에서 알아차릴 수 있으며, 문제가 발생하기 전에 어떻게 그 문제를 피할 수 있는지에 대해서도 알 수 있을 것이다.

회의를 끝마칠 때는 역추적 관점을 사용하여 지금까지 회의에서 어느 정도 내용까지 진전이 되었으며 달성된 성과는 무엇인지에 대해서 합의를 보고 동의를 얻어야 한다. 그리고 앞으로 어떤 실천이 누구에 의해서 이루어져야 할 것인지에 대해서도 분명히 규정하고 합의해야 한다. 때로는 충분한 동의를 얻지 못할 수도 있어서 어떤 상황이나 행동(즉, 조건)에 따라 회의의 종결이나 타결이 이루어질 수도 있다. 그럴 때 당신은 다음과 같이 말할 수 있다.

"만약 이런 일이 일어났다면, 만약 X가 이렇게 하였다면, 만약 우리가 Y에게 이렇게 하는 것이 좋을 것이라고 설득시켰다면 이제 회의를 더 진행해도 될까요?"[30] 이렇게 하는 것을 조건부 타결[31]이라고 부른다.

사람들로 하여금 회의가 끝난 후에도 합의 사항을 떠올리고 기억할 수 있도록 그 합의 사항을 특정한 핵심 주제어(key words)와 같은 것에

---

30) 이 말은 의미상으로 다음과 같은 뜻으로 해석하여 이해하는 것이 더 좋을 것이다. "앞에서 '만약'으로 시작된 이 세 가지의 말들이 모두 사실이라면 이제 회의를 종결해도 될까요?"

33) conditional close: 회의뿐만 아니라 영업, 협상에 있어서 어떤 조건이 충족될 때 회의를 종결 짓거나 계약 또는 협상을 타결 짓는 것을 말한다.

연결시키는 앵커링을 하라. 즉, 차후에 회의 참석자들로 하여금 합의 사항을 회상함으로써 그것을 실천하도록 하게 하는 것은 무엇일까? 합의 사항을 회의실 바깥에서 볼 수 있도록 함으로써 사람들로 하여금 그것을 볼 때마다 그것이 신호가 되어서 합의 사항을 생각하고 실천할 수밖에 없도록 하라.

연구 결과에 의하면 우리는 회의 시작 처음에 있었던 일과 끝나기 전 마지막 몇 분 동안에 있었던 일을 제일 잘 기억한다. 이러한 점을 잘 살려서 중요한 사항들을 회의 시작 시점과 종결 시점에서 다루도록 하라.

## 회의양식 요약

### 회의전
① 성과를 설정하고 그 성과를 달성했다는 것을 확인할 수 있는 증거를 무엇으로 할 것인지 미리 확정하라.
② 참석자의 자격, 즉 참석자의 범위와 회의의 의제를 미리 결정하라.

### 회의중
① 자원 상태를 유지하라. 필요하다면 자원 앵커링을 하라.
② 라포를 형성하라.
③ 달성하고자 하는 공동의 성과와 그것을 달성했음을 알게 하는 증거에 대한 합의를 이끌어 내도록 하라.
④ 회의가 정상 궤도를 유지하도록 적절성 도전 전략을 사용하라.
⑤ 필요한 정보가 없다면 가정하기 관점을 사용하라.
⑥ 핵심 합의 사항을 요약하기 위해 역추적 관점을 사용하라.
⑦ 메타모형이나 기타 필요한 언어 기술을 사용하여 당신의 성과를 향해 계속 나아가라.

# 협 상

협상은 상호 합의된 결정을 얻어 내고 쌍방이 모두 승낙할 수 있는 것을 얻기 위해 커뮤니케이션하는 것이다. 그것은 또한 당신이 상대방에게 그가 원하는 것을 줌으로써 그로부터 원하는 것을 얻는 과정이기도 하다. 그런데 어떤 회의에서든 이익의 충돌은 일어나기 마련이다.

이에 대해서 말로 하는 것은 쉬운 일이다. 당신과 다른 참석자들의 성실(integrity), 가치, 성과는 서로 간에 조화와 균형이 이루어질 필요가 있다. 커뮤니케이션은 하나의 춤과 같은 것으로 서로 밀고 당기는 관계가 이루어지며, 어떤 이익과 가치는 공유가 되지만 다른 부분에서는 서로 반대적일 수도 있다. 이런 의미에서 협상은 우리가 하고 있는 모든 것에 널리 퍼져 있다고 할 수 있다. 우리는 여기서 당신이 실제로 협상을 할 내용을 다루는 것이 아니라 협상이 이루어지는 과정에 대해서 주로 다룰 것이다.

흔히 협상은 부족한 자원과 관련하여 이루어진다. 협상의 핵심 기술은 성과에 맞추는 것이다. 즉, 관계된 모든 사람이 자신들이 원하는 것을 서로 적절히 얻는 것이다(비록 그 성과가 협상 초기에 원했던 만큼은 아닐지라도 말이다). 이 협상에서의 전제조건은 당신이 자신의 성과를 이룩할 수 있는 최선의 길은 곧 관계된 모든 사람이 각자의 성과를 확실히 얻을 수 있도록 해 주는 것이라는 점이다.

서로가 각자의 성과를 이룩할 수 있도록 꼭 맞춘다[32]는 것과 반대되는 개념은 조작[33]이라고 할 수 있는데, 그것은 다른 사람이 원하는 것을 이룩하도록 하는 것이 아니라 오히려 무시하는 것을 말한다. 조작을 하는 사람을 기다리고 있는 것은 다음과 같은 네 가지의 무서운 것들이라고 할 수 있는데, 그것은 후회, 원망, 비난, 복수심이다. 만약 당신이 성과를 맞추고자 하는 방향으로 협상을 한다면 관계된 사람들은 모두 당신의 동지가 될 것이며 적이 되지는 않을 것이다. 만약 협상이 공통의 문제를 해결하는 동지라는 관점에서 이루어진다면 그 문제는 이미 반은 해결된 것이나 다름없다. 그러므로 맞춘다는 것은 곧 각자의 이익이나 성과가 그림과 같이 겹치고 중복되는 영역을 찾는 것이라고 할 수 있다.

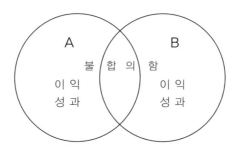

---

32) dovetailing: 서로가 서로에게 꼭 맞추는 것을 말한다. 이 말은 원래 열장이음이란 말에서 나왔다. 열장이음이란 목공이나 건설 분야에 있어서 한 부재(部材)에는 주먹장을 내고 다른 부재에는 주먹장 구멍을 파서 물리게 하는 길이 이음을 말한다. 그리고 부재란 구조물의 뼈대를 이루는 데 중요한 요소가 되는 여러 가지 재료를 의미한다.
33) manipulation: 이것은 서로의 이익과 공동선을 위하여 다른 사람을 진심으로 대하는 것이 아니라 자기 위주로 다른 사람을 눈에 보이지 않게 적당히 이용하거나 그에게 손해가 되도록 하는 것을 말한다.

사람을 문제와 분리시켜라.[34] 대부분의 협상은 당신과 직접 관계가 있거나 관계 맺기를 원하는 사람들을 포함한다는 사실을 기억할 필요가 있다. 당신은 세일 문제든, 월급 문제든, 휴일 문제 등 그 어떤 문제에 대하여 협상을 벌일 수 있다. 그런데 당신이 다른 사람을 희생시키고 자신만의 이익을 챙기거나 당신이 너무 많이 밀어붙이는 것으로 상대방이 생각하게 된다면, 긴 안목으로 볼 때 결과적으로는 당신에게 이익이 될 수 있는 좋은 것을 한번 협상에서 잃게 되는 경우가 생길 수 있다.

당신은 각각 다른 성과에 대한 목적을 가지고 있기 때문에 협상을 할 것이다. 당신은 이 다른 점이 무엇인지를 잘 알아볼 필요가 있다. 왜냐하면 그것은 상호 간에 이득을 나눌 수 있는 지점이 어디 있는지를 보여 주기 때문이다. 어느 한 수준에서는 갈등관계에 있는 것으로 보이는 이익 문제가 한층 높은 수준에서 바라본다면 서로에게 도움이 되는 쪽으로 해결될 수 있는 길이 보이는데, 그러한 높은 수준에서의 방법을 찾는 것이 중요하다. 여기서 곧 상향 유목화의 필요성이 생기는데, 그것을 통하여 높은 수준의 대안을 찾고 활용할 수 있게 된다. 협상 과정에서 얻게 되는 처음의 성과는 더 높은 수준의 성과를 얻기 위한 한 가지 방법일 뿐임을 알아야 한다.

예를 들면, 월급(처음의 성과)에 대한 협상에 있어서 더 많은 돈이라는 것은 삶의 질(더 높은 수준의 성과)을 위한 하나의 방법일 뿐이다. 만약 회사에서 월급 인상을 위한 충분한 재원이 없다면 삶의 질을 더 좋게

---

34) 이 말은 협상자는 사람이라는 것을 먼저 생각해야 한다는 의미다. 그 의미는 또한 다음과 같은 차원에서 설명될 수 있다. 모든 협상자는 두 종류의 이해관계를 갖고 있다. 즉, 협상 내용과 인간관계다. 인간관계가 문제와 뒤섞이는 경향이 있기에, 입장에 근거한 거래는 인간관계와 거래 내용을 대립시킨다. 따라서 인간관계와 실질적인 거래는 분리시켜야 한다. 그러나 사람 문제는 직접적으로 다루도록 하는 것이 좋다. 경우에 따라서 상대방의 입장이 되어 보고, 탓이 아닌 덕분으로 생각하는 것이 좋을 것이다. 또한 문제를 이야기할 때는 이야기하고 있는 사람과 문제를 분리시켜야 한다.

할 수 있는 다른 방법을 찾을 수도 있다. 그 예로서 휴가를 더 길게 준다든지 근로 시간을 좀 더 융통성 있게 조절하는 것도 가능할 것이다. 이렇게 볼 때 협상 상황에서 상향 유목화를 하게 되면 서로 간의 차이점을 건너뛰고 극복할 수 있게 하는 다리를 발견하게 된다.

사람들은 서로 다른 이유로 같은 것을 원하는 경우가 많다. 예를 들면, 두 사람이 호박 한 개를 두고 서로 다툰다고 상상해 보라. 그들 모두 그것을 원한다. 그러나 각자가 그것을 원하는 이유는 서로 다르다. 한 사람은 파이를 만들려고 알맹이를 원하고, 다른 한 사람은 할로윈 가면[35]을 만들려고 껍질을 원한다. 이렇게 본다면 그들은 똑같이 호박을 필요로 하지만 한 사람은 알맹이, 다른 사람은 껍질을 원하므로 사실 같은 것을 위해 싸운 것이 아니다. 많은 갈등이 이런 방법으로 분석될 때는 문제가 없어지는 것이다. 이것은 하나의 작은 사례다. 그러나 이처럼 겉으로는 의견의 차이가 있는 것처럼 보이지만 내적으로는 타협이 가능한 모든 문제에 대해서 생각해 보라.

만일 교착 상태가 생기고 사람들이 특정한 단계를 고려하는 것을 거절한다면 당신은 "이것이 문제가 되지 않았다면 무슨 일이 생겼을까요?"라고 질문을 해 볼 수 있다. 혹은 "당신은 어떤 상황에서 이것을 양보할 것 같습니까?"와 같은 질문은 가정하기 관점을 창의적으로 응용하는 것인데, 이에 대한 대답은 흔히 문제의 난국을 뚫고 나갈 수 있게 한다. 당신은 장벽을 만들었던 사람에게 돌아갈 수 있는 길을 생각해 보라고 묻는 것이다.

협상을 시작하기 전에 협상의 한계를 설정하라. 당신이 다른 사람과

---

35) 할로윈은 매년 10월 31일에 이루어지는 축제를 말한다. 서양에서는 이날 저녁 어린
이들이 여러 가지의 복장으로 가장을 하여 집집마다 사탕을 달라고 찾아다니며, 집
밖에는 호박 등불을 장식하는 민속놀이가 있다. 이때 사용하는 가면을 할로윈 가면이
라고 한다.

협상할 필요가 있을 때 자신과 협상한다는 것은 혼란스럽고 자기 패배적인 것이 될 수 있다. 이때 로저 피셔와 윌리엄 유리의 대단한 저서 『YES를 이끌어 내는 협상법』[36]에서 밝힌 BATNA의 원리가 필요하다. 그것은 협상된 동의에 이르는 최선의 대안(Best Alternative to Negotiated Agreement)이라는 것이다. 만약 쌍방의 모든 노력에도 불구하고 합의가 이루어지지 않으면 당신은 어떻게 할 것인가? 당신에게 합리적인 BATNA가 있다면 협상에서 더 여유를 가지게 될 것이며 안정감을 가지고 절충할 수 있게 될 것이다.

행동보다는 이익과 의도에 집중하라. 상대방의 결정적인 약점을 끄집어 내거나 행동을 비난하는 것은 쉬우나 그러한 상황에서는 아무도 승리할 수 없다. 현명하고 항구적인 합의는 사회적으로나 생태적으로 이익이 되는 쪽으로 이루어져야 한다. 그리고 서로 간에 만족하는 해결책은 서로의 이익에 맞추는 것, 승자/패자의 원리가 아닌 윈윈의 원리에 기반을 두어야 한다.

따라서 중요한 것은 사람이 아닌 그 문제이며, 행동이 아닌 의도이며, 서로의 입장이 아닌 서로의 이익이다. 그리고 관계된 사람들의 이익을 확인할 수 있는 독립적인 증거 절차[37]를 가지는 것이 필수적이다.

---

36) Roger Fisher & William Ury, *Getting To Yes*. 로저 피셔를 비롯하여 미국 하버드대학교의 협상프로젝트팀들이 수년간에 걸쳐서 법률가, 기업가, 정부 관리, 판사, 교도소 간수, 외교관, 보험회사 대리인, 군장교, 탄광의 광부, 석유회사 중역 등 다양한 사람들을 통해 검증한 내용들을 1991년에 출판한 책이다. 국내에서는 『YES를 이끌어 내는 협상법』으로 번역·출간되었다. 이 책의 핵심 내용은 원칙화된 협상 방법, 즉 이점(利點)에 근거한 협상에 대한 것이다. 이 협상법은 가능한 한 상호 이해관계를 추구하며, 양측의 이해관계가 상충하는 경우에도 양측의 의지와는 무관한 어떤 공정한 기준에 의거하여 결론을 얻어야 한다는 것이다.
37) 이미 p. 164에서 설명되었듯이 증거를 확보할 수 있는 방안이나 절차를 말한다. 목표나 성과를 달성하는 과정에서는 그것을 달성했다는 증거를 확보하기 위한 증거 절차가 필요하다고 할 수 있다.

만일 협상이 공동으로 해결책을 찾는 쪽으로 이루어지는 것이라면 압력보다는 원칙에 의해 추진되어야 한다. 따라서 압력이 아닌 원칙을 따르도록 하라.

협상을 하는 동안 조심해야 할 몇 가지 구체적인 원칙이 있다. 우선 상대방이 어떤 제안을 한 후에 즉각적으로 역제안을 하지 마라. 이 경우에 상대방은 틀림없이 당신이 제시한 역제안에 거의 관심을 보이지 않을 것이다. 일단은 상대방이 제안한 것을 먼저 토론하라. 만일 당신이 그것에 동의하지 않는다면 상대방에게 그 이유를 먼저 설명하라. 당신이 동의할 수 없다는 말을 즉시 하게 되면 상대방은 더 이상 당신의 말을 들을 필요가 없게 될 것이다.

유능한 협상가는 모두 질문을 많이 사용한다. 사실상 유능한 협상가들은 몇 가지의 질문을 함으로써 협상을 시작한다. "제가 당신의 세 가지 질문에 대답을 했으니 이제는 저의 질문에 답할 수 있습니까?" 질문을 하는 동안 당신은 생각할 여유를 갖게 된다. 그리고 질문은 상대방의 제안에 대해서 동의하지 않을 경우에 대안적인 반응으로 할 수 있다. 상대방이 당신의 질문을 통해서 간접적으로 자신의 입장이 갖고 있는 약점을 알게 하는 것은 당신이 직접적으로 그 약점을 지적해 주는 것보다 훨씬 좋다고 할 수 있다.

유능한 협상가는 또한 질문을 하겠다는 암시의 신호를 분명히 보낸다. 그래서 질문하기 전에 "혹시 이 점에 대하여 질문을 하나 해도 될까요?"라고 미리 물어볼 수 있다. 그렇게 함으로써 그는 자연스럽게 상대방의 관심을 질문과 그에 대한 대답 쪽으로 집중시킬 수 있다. 뿐만 아니라 질문을 해도 된다고 동의를 한 상대방으로 하여금 핵심적인 주제를 회피하지 못하게 할 수 있다.

당신은 자신의 견해에 대하여 더 많은 이유를 제시할수록 더 좋은 것처럼 보인다. 논증의 무게[38]와 같은 개념이 있는데, 그것은 당신 쪽으로 저울이 내려올 때까지 당신 저울에 논증을 쌓는 것이 좋다고 암시하는 것처럼 보인다. 하지만 실제는 그와 반대다. 즉, 당신이 이유를 적게 대면 댈수록 오히려 더 좋다고 할 수 있다. 그 이유는 체인이 그것의 제일 약한 부분만큼밖에 세지 않기 때문이다.[39] 즉, 자꾸 이유를 대다 보면 빈약한 이유도 제시하게 되는데, 당신이 제시하는 그 빈약한 이유나 논증은 오히려 당신의 입장을 강화시킬 수 있는 강한 논증의 초점을 희석시키는 역효과를 일으키게 된다. 그리고 당신이 자신의 빈약한 논증에 대해서 방어하고자 한다면 당신의 입지는 오히려 약해지게 된다.

그렇게 되면 상대방은 '그것이 당신의 유일한 주장입니까?' 라는 질문을 하게 되는데, 그런 사람을 경계할 필요가 있다. 이때 만약 당신에게 좋은 논증이 있다면 '그렇다' 고 대답하라. 괜히 필시적으로 더 약한 것이 될 수 있는 다른 논증을 더 끌어들이지 마라. 그다음에 상대방이 당신에게 던지는 질문은 '그것이 전부입니까?' 와 같은 것일 것이다. 만약 당신이 이 미끼를 문다면 상대방에게 탄약을 주는 꼴이 될 것이다. 다행히도 협상이 해결책을 찾는 공동의 노력이라는 차원에서 진행된다면 이런 종류의 수법은 생기지 않을 것이다.

마지막으로 당신은 가정하기 관점을 사용할 수 있고 합의된 바를 검

---

38) weight of the argument: 이것은 케인즈 경제학에서 나오는 개념으로 확률적 판단을 지지하는 증거의 크기를 말한다. 즉, 증거가 크다고 해서 반드시 확률을 높이는 것은 아니지만 확률적 판단에 대한 신빙성을 높일 수는 있다는 것이다. 예를 들어, 여론조사의 결과가 같다고 할지라도 표본의 크기가 클수록 신뢰성이 더 가는 것은 사실이다.
39) A chain is only as strong as its weakest link: 이 말은 '쇠사슬의 강도는 가장 약한 고리에 달렸다.' 는 뜻으로도 사용된다. 즉, 제일 약한 연결 부분이 그 전체의 힘을 좌우한다는 것을 의미한다. 한마디로 가장 약한 부분이 끊어지면 그 전체도 끊어진다는 뜻이다. 예를 들어, 한 조직에서 제일 못하는 사람이 실수를 하면 조직이 제대로 기능을 발휘하기 어렵다고 할 수 있다

증하기 위하여 악마의 변론자[40] 역할을 해 볼 수 있다('아니요, 저는 이 합의 사항이 실행될 수 있을 것이라고는 진정으로 생각하지 않습니다. 모든 것이 너무 빈약해서 제가 보기에는 너무 ~한 것 같습니다'). 이때 만일 다른 사람들이 당신의 말에 동의를 한다면 그것은 해결을 봐야 할 것이 아직도 있다는 사실을 보여 주는 것이다. 그래서 그들이 논쟁을 한다면 그것은 역시 잘된 것이다.

---

**협상 점검표**

**협상 이전**
당신의 BATNA와 협상에서의 한계를 정하도록 하라.

**협상 중**
① 라포를 형성하라.
② 당신의 성과와 성과에 대한 증거를 분명히 하라. 다른 참석자들에게서도 그들이 바라는 성과와 그것에 대한 증거가 무엇인지를 알아내고 확인하라.
③ 공동으로 해결책을 찾는 노력이라는 관점에서 협상을 하라.
④ 다루어야 할 대주제를 명확히 하고 큰 관점에서 합의점을 찾도록 하라. 모두가 동의할 수 있게 성과들을 맞추고 공동의 성과를 찾기 위해 필요하면 상향 유목화를 하라. 모든 참석자가 이 공동 성과에 대해서 진심으로 일관된 동의를 하는지를 점검하라.
⑤ 합의가 가장 잘 되는 분야와 합의가 가장 안 되는 분야를 찾기 위하여 성과를 분해하고 구체적으로 분석해 보라.
⑥ 가장 쉬운 영역에서 시작하여 이런 교정 기법을 사용함으로써 합의를

---

40) devil's advocate: 일부러 반대 입장을 취하는 사람 또는 선의의 비판자를 말한다.

얻을 수 있는 방향으로 나아가도록 하라.

- 협상이 궤도를 이탈하면 …… 적절성 도전
- 성과에 대한 갈등이 있다면 …… 공동의 성과를 위한 상향 유목화나
  하향 유목화
- 불확실성 …… 역추적
- 정보 부족 …… 가정하기와 메타모형 사용
- 막힐 때 …… 무슨 일이 생겨야 할까?

각 영역에서 합의가 이루어지면 역추적을 하고 가장 어려운 영역을 마지막으로 끝내도록 하라.

## 협상의 타결

① 역추적 관점

② 합의를 점검하고 일관성을 시험하라.

③ 미래 가보기

④ 합의사항을 기록하라. 모든 참석자는 합의 사항에 서명을 하고 그 사본을 가져야 한다.

---

p. 315 문제에 대한 답: ① 녹차와 커피 – 음료, ② 고구마와 커피 – 환금(換金)작물,[41] ③ 클리닉과 커피 – c로 시작하는 6자 단어,[42] ④ 암페타민[43]과 커피 – 각성제, ⑤ 이그나시아와 커피 – 이뇨작용

---

41) 재배자가 직접 식용하기 위한 목적으로가 아닌 판매용으로 재배되는 농작물을 말한다.

42) 클리닉 – clinic, 커피 – coffee

43) amphetamine: 중추신경을 자극하는 각성제 이름

08

# 변화와 심리치료를 위한 원리와 기법

# 심리치료

NLP 모형은 처음에 심리치료로부터 유래했다. 그러나 NLP는 심리치료에만 국한되는 것은 아니다. 다만 밴들러와 그린더가 심리치료 분야의 탁월한 능력가들을 모방하는 과정에서부터 NLP가 시작되었다는 우연한 역사적 사건 때문에 그렇게 보였을 뿐이다. 그들의 저서 『마법의 구조 1』은 우리가 언어를 사용하는 방식에 의해서 우리의 세계를 어떻게 한계 지어 버릴 수 있는지, 그리고 그러한 한계를 극복하는 데 어떻게 메타모형을 사용할 수 있는지를 탐구했다. 『마법의 구조 2』는 표상체계와 가족치료라는 주제를 발달시켰다. 이런 기반 위에서 NLP는 많은 강력한 심리치료 기법을 만들어 냈다.

그러므로 이 장에서는 심리치료와 관련된 NLP의 중요한 기법 중 공포증 치료 기법, 휘익 기법, 내적 협상 기법의 세 가지를 다룰 것이며, 아울러 각 기법이 어떤 상황에서 잘 사용될 수 있을지에 대해서도 설명할 것이다.

이러한 기법에 대한 우리의 전반적인 관점은 사람들의 외적인 관계와 내적인 조화를 올바르게 이해하면서 지혜롭게 그것들을 사용해야 한다는 것이다. NLP가 지향하는 것은 우리로 하여금 항상 더 많은 선택을 하도록 하는 것이지 결코 선택을 포기하게 하는 것이 아니다.

치료자나 다른 사람의 삶을 변화시키도록 돕는 사람들에게는 두 가지 필수적인 측면이 있다. 첫째는 관계의 측면이다. 즉, 신뢰의 분위기를 확립하기 위해 라포를 형성하고 유지하라는 것이다. 둘째는 일관성

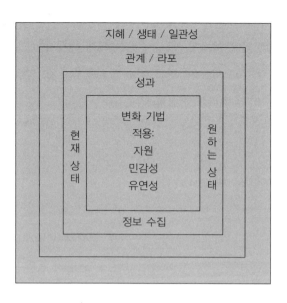

지혜 / 생태 / 일관성

관계 / 라포

성과

변화 기법
적용:
자원
민감성
유연성

현재상태

원하는상태

정보 수집

의 측면이다. 당신이 다른 사람을 돕기 위해서는 일을 함에 있어서 완전한 일관성을 보일 필요가 있다. 그렇기에 혹시 당신에게서 비일관성이 보인다면 결과적으로 당신은 혼란스러운 메시지를 주는 꼴이 될 것이며, 그래서 변화 과정의 효율성을 떨어뜨리게 될 것이다. 여기서 일관성을 보인다는 것은 곧 당신은 자신이 사용하는 기법이 효과를 발휘할 수 있다고 믿는 차원에서 내적 생각과 외적 행동이 같게 행동한다는 것이다. 따라서 당신은 그러한 일관성 있는 행동을 할 필요가 있다.

관계와 일관성은 당신이 적용할 어떤 기법보다 상위의 논리적 수준이다. 현재상태, 원하는상태, 그리고 현재 상태에서 원하는 상태로 옮겨가는 데 필요한 자원에 관하여 정보를 수집하기 위해서는 성과 관점을 사용하라. 당신은 이 성과 관점 내에서 보고 들으며 느끼는 것에 대하여 민감성을 가지며, 다른 사람의 변화하는 관심사에 제대로 반응할 수 있도록 민감할 필요가 있다. 오직 이 모든 관점 안에서만 기법을 적용하

라. 기법이란 것은 원래 고정된 수단이다. 그러므로 성과를 달성하기 위해서는 그것에 너무 얽매일 필요가 없다. 때에 따라서는 그 기법들을 변용하거나 버릴 수도 있으며, 다른 기법을 사용할 수도 있음을 이해하고 그렇게 할 수 있는 준비를 갖춰라.

## 일차원적 변화

이상의 기법을 어디에 적용할 것인가를 생각하는 한 가지 방법이 있다. 가장 간단한 예는 당신이 도달하고 싶은 단일의 성과[1]를 원하는 경우다. 그것은 현 상황에서 당신이 경험하고 있는 문제 상태와는 다른 상태를 경험하는 것, 또는 현재와는 다른 반응을 할 수 있게 하는 것과 같은 것이다. 그렇게 하는 것을 일차원적 변화(first order change)라고 한다. 예를 들어, 당신은 늘 특정인에게 화를 내거나 직장에서 특정 직원과 인간관계를 할 때면 항상 불편함을 느낄 수 있다. 공개 연설이나 발표, 공연과 같은 것을 할 때 초조한 상태에서 긴장을 한다면 무대공포의 한 예가 된다. 이와 같은 문제는 모두 일차원적 변화가 필요한 예들이라고 할 수 있다.

단순한 관점 바꾸기 한 가지만 하더라도 이런 종류의 일차원적 상황 변화를 시작하는 좋은 방법이 된다고 할 수 있다. 즉, 우리는 관점 바꾸기를 통해서 이상과 같은 부정적 정서를 유발하는 경험이 오히려 유용할 때가 언제인지,[2] 그러한 경험이 부정적인 의미로서가 아니라 다른

---

1) single outcome: 현재 상황에서 우울한 상태를 경험하고 있다면 달성하고 싶은 성과로서 즐겁거나 행복한 상태 또는 웃는 반응을 보이는 것을 설정할 수 있다. 이것이 바로 단일의 성과라고 할 수 있다.

의미를 가질 수 있는 바가 있는지[3]를 찾아볼 수 있게 된다.

이러한 상황에서 앵커링 기법 역시 아주 적절하게 활용될 수 있다. 붕괴 앵커, 누적 앵커, 연쇄 앵커와 같은 것은 문제 해결에 필요한 자원을 다른 맥락에서 가져오게 될 것이다. 원래의 문제 행동이나 상태는 이미 부정적으로 앵커링되어 있다. 그러므로 당신은 그렇게 고착된 문제 상태를 변화시키기 위해서 처음 그 문제 상태가 만들어질 때 사용된 것과 같은 과정을 역이용할 수 있다. 새 행동 창조 기법이나 심상예행연습 기법과 같은 것은 새로운 기술이나 행동 반응이 필요할 때 잘 적용될 수 있다.

때때로 앞의 앵커링 기법은 내담자가 특정 대상이나 상황에 대해 극도의 반응을 나타낼 수 있기 때문에 효과를 발휘하지 못할 수도 있다. 과거에 경험했던 사건들은 현재에 있어서 방향 변화를 어렵게 만들 수도 있다. 개인사 변화 기법은 어떤 사람의 경우에는 효과를 잘 내지 못할 수도 있다. 왜냐하면 그의 과거 외상 경험이 너무 심각하기에 그로서는 고통스러운 감정 없이 그 일을 생각하기가 어렵기 때문이다. 그러한 심각한 과거의 상처로 인해서 공포증이 유발될 수 있다. 즉, 특정한 대상이나 상황이 과거의 충격적인 경험과 연합된다면 그 대상이나 상황은 즉각적으로 공포증을 유발하게 된다.[4]

공포증은 거미에 대한 공포, 비행에 대한 공포, 광장에 대한 공포 등 굉장히 다양한 형태와 종류로 존재한다. 공포증은 또한 원인이 무엇이든 그 반응이 극도의 불안이라는 형태로 나타난다. 공포증을 전통적인

---

2) 이것은 맥락 관점 바꾸기를 의미한다.
3) 이것은 의미 관점 바꾸기를 의미한다.
4) 우리 속담에 "자라 보고 놀란 가슴, 솥뚜껑 보고 놀란다."고 한 것과 같은 맥락에서 이해할 수 있다.

방법으로 치료하는 데는 몇 년이 걸릴 수 있다. 그러나 NLP의 기법으로는 공포증을 단 1회기만으로 치료할 수 있는데, 대표적인 기법이 시각/신체감각 분리 기법[5]이라는 것이다. 이러한 기법을 실시하기 전에 제3장(p. 135)에 제시된 주의 사항을 다시 읽어 보라.

## 공포증 치료

사람들은 오직 현재 순간만을 느낄 수 있다. 행복하지 않았던 기억으로부터 오는 고통스러운 느낌은 그것을 기억하는 방식 때문에 생기는 것이다. 따라서 기억의 방식을 바꾸면 느낌도 바꿀 수 있다. 당신은 과거에 나쁜 정서를 느끼고 고통을 경험하였다 해도 그것은 한 번으로 충분하다.

과거 사건의 고통스러운 감정을 다시 경험할 수 있는 가장 쉬운 방식은 연합된 영상[6] 속에서 그 사건을 떠올리고 기억하는 것이다. 그렇게 하기 위해서 당신은 상상 속에서 과거 사건의 자리로 가서 자신의 눈을 통해 그곳의 장면을 보고 그때의 느낌을 다시 느껴야 한다. 하지만 당신은 과거의 순간으로 돌아가서 그곳에서 고통당하고 있는 자기 자신을 멀리 떨어진 분리된 곳에서 바라보는 방식을 취함으로써 현재 경험되는 고통의 감정을 완화시킬 수 있다.

------------------------------------------------------------

5) Visual/Kinestetic dissociation(V/K): 공포증을 비롯하여 부정적 정서를 치료하기 위해서 사용되는 기법으로, 주로 시각적 요소와 신체감각적 요소를 활용하는 분리 기법이다. 이어지는 '공포증 치료'에서 시각적·신체감각적 요소가 적용되는 분리 기법의 예를 볼 수 있을 것이다.

6) associated picture: 과거의 경험을 현재의 경험처럼 생생하게 떠올리고 그때의 감정을 지금의 일처럼 느끼는 상태를 보여 주는 상상 속의 이미지를 말한다.

이 경우에 당신은 분리의 입장에서 과거 사건을 바라봄으로써 그 사건과 연합된 고통스러운 감정을 지울 수 있었다. 그렇게 분리하는 것이 바로 당신이 고통 감정을 극복할 수 있는 결정적 요소라고 할 수 있다. 결국 당신은 과거를 먼 거리에서 바라볼 수 있게 된다. 만일 당신이 자신의 공포증이나 매우 고통스러운 기억을 변화시키기를 원한다면 친구나 동료가 이러한 단계를 통하여 당신을 이끌어 주도록 하는 것이 가장 좋다. 당신 자신이 다루기 어려운 개인적 문제를 다룰 때는 친구나 동료들이 당신 자신보다 귀중한 도움을 더 잘 줄 수 있다. 지금부터 소개되는 공포증 치료를 위한 기법은 안내자나 치료자용으로 기술되고 있음을 밝힌다.

① 내담자는 과거 속으로 고통스러운 여행을 하게 될 것이므로 강력하고 안전한 앵커를 설정해야 한다. '지금-여기' 앵커[7]를 구축할 수도 있고, 내담자가 매우 안전하게 느꼈던 과거 경험을 생각하고 그것에 연합하게 할 수도 있다. 그때의 장면을 보고 소리를 들으며 안정감을 느끼도록 하라. 앵커링은 터치에 의해 신체감각적으로 확실하게 하라. 당신이 터치할 때 그에게 안전감이 따라올 수 있도록 확실히 해야 한다. 내담자와 서로 손을 맞잡는 것은 효과가 있다. 그 경우에 당신은 실제로 내담자가 느끼는 것을 있는 그대로 손을 통하여 접촉하게 될 것이다. 당신은 공포증 치료를 하는 동안에 앵커링 상태를 계속 유지할 수도 있고 필요할 때만 사용할 수도 있다.

-----

7) '지금-여기(here and now)' 상황에서 경험하는 편안하고 안전한 느낌이 있다면 그것을 앵커링의 요소 또는 앵커로 삼는다는 것을 의미한다.

② 내담자에게 정지된, 그대로 굳어 있는 자신의 이미지가 스크린에 그려지는 영화나 텔레비전을 바라보고 있는 자신을 상상하도록 하라. 그것이 잘될 때 그로 하여금 그 스크린에서 벗어나서 관객의 입장이 되도록 하라.

③ 내담자로 하여금 불유쾌한 사건 또는 공포가 생긴 바로 그 최초 사건이 있었던 때로 시간선을 따라 과거로 돌아가도록 하라. 최초 사건을 찾아가는 것이 항상 가능하지는 않지만 최대한 최초 사건에 가깝게 갈 수는 있다. 내담자로 하여금 이제 그 사건이 일어나기 바로 전에 안전했던 때에서부터 직접적인 위험의 순간이 지나가고 다시 안전함을 느꼈던 시점에 이르기까지 사건의 내용을 담은 전체 필름을 (마음속에서) 상영하도록 하라. 그러한 과거 경험을 말로 설명하기는 간단할지 몰라도 실제로 그 상황을 떠올리고 느끼기에는 다소의 시간이 필요할 수 있다.

이제 내담자는 이중분리 상태에서 스크린을 통해 과거의 더 어린 자신이 공포 경험을 하고 있는 것을 자기 자신이 지켜보는 것을 보게 될 것이다. 이렇게 함으로써 필요한 정서적 거리를 유지할 수 있게 될 것이다. 내담자가 제시된 그림의 A 위치로부터 스크린을 바라보고 있는 B 위치의 자신의 모습을 지켜보면서 자신의 신체/생리적 상태를 확인하게 하라. 만일 그의 생리적 상태가 공포 상태로 바뀌기 시작하면 그로 하여금 즉시 스크린을 지워 버리게 하라. 그리고 그에게 영화를 다시 상영하도록 하고 스크린 위에 있는 영상의 하위양식을 변화시키도록 하라. 예를 들어, 부정적 정서의 강도를 약화시키기 위하여 영상을 더 어둡게, 더 작게 혹은 더 멀리 떨어져 있는 것으로 만들도록 하라. 이렇게 함으로써 내담자는 자기의 과거 경험을 편안하게 받아들일 수 있게 될 것이다.

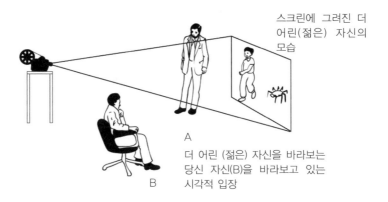

스크린에 그려진 더 어린(젊은) 자신의 모습

A

더 어린 (젊은) 자신을 바라보는 당신 자신(B)을 바라보고 있는 시각적 입장

B

한편 내담자가 이와 같은 과정에서 효과를 보기 위해서는 시간과 강렬한 주의 집중을 요한다. 이와 같은 기본적인 과정을 통하여 내담자를 돕기 위해서는 창의성과 융통성을 발휘해야 한다. 내담자로 하여금 기법의 효과를 최대한 얻도록 이끌기 위해서는 정확한 언어를 구사할 필요가 있다. 만일 어떤 경우에라도 내담자가 과거의 공포 감정 안으로 빠져 든다면 재빨리 지금-여기로 되돌아오도록 하고 편안한 앵커를 다시 설정해서 처음부터 새로 시작하도록 해야 한다(물론 내담자가 원할 경우에만).

이때 당신은 내담자에게 "이제 당신은 이곳에서 안전합니다. 단지 영화를 보고 있다고 생각하십시오."라고 말함으로써 안심시킬 필요가 있다. 이 단계는 내담자가 편안하게 끝까지 영상을 지켜봤을 때 완료된다.

④ 영화가 끝났을 때 내담자가 오래된 부정적 정서 속으로 허물어져 버리지 않고 처음으로 그 감정을 재경험할 수 있었던 것에 대해 축하해 주어야 하며, 내담자가 자신의 몸으로 돌아오게 한다. 그림에서 A는 B로 돌아가 함께하게 한다. 이렇게 함으로써 내담자의 시각적 입장을

실제의 신체 위치 쪽으로 통합하게 할 수 있다.

⑤ 이제는 내담자 자신이 그의 어린 자아가 크게 필요로 하는 지지와 격려를 주기 위해 그가 스크린 안으로 들어서는 장면을 상상하도록 하라. 이때 그는 "나는 너의 미래에서 왔어. 너는 살아남았고 모든 것이 이제 다 괜찮아! 이제 너는 그런 어려움을 결코 겪지 않을 거야."라고 말하며 그의 어린 자아를 안심시킬 수 있다. 그는 현재 힘과 자원을 가지고 있으므로 무엇을 해야 하는지를 잘 알고 있고, 또 그런 일에 잘 대처해 나갈 수 있다. 만약 원래의 사건이 정말로 위험성을 내포하고 있다면 그것에 관해 다소 불안감을 갖는 것은 있을 수 있다. 예를 들어, 내담자에게 뱀에 대한 공포가 있다면 그것으로 인해서 뱀에 대해서 조심하게 될 뿐만 아니라 뱀과 관련하여 있을 수 있는 실질적인 위험 상황을 미리 피하게 될 것이기에 오히려 유용하다고 할 수 있다. 그러나 그러한 공포가 너무 지나쳐서 어떤 것도 제대로 할 수 없게 된다면 그것은 쓸모가 없으며 없어져야 할 것이다.

⑥ 어린 상태의 내담자가 이상과 같은 설명을 이해할 때 내담자로 하여금 그 어린 자아를 스크린에서 나와서 자신의 몸 안으로 들어오게 하라. 그리고 회복을 위해 조용한 시간을 가지도록 하고 이미 일어났을 깊은 변화를 통합하도록 하라.

⑦ 미래 가보기를 한다. 내담자에게 과거 같았으면 공포를 경험할 수도 있는 미래의 어떤 상황으로 가 보도록 하고 그때도 공포를 느끼게 될지 상상하도록 한다. 이 과정에서 내담자는 과거의 급격한 공포와는 달리 가벼운 불안 정도를 느끼게 될 수 있을 것이다. 우리는 모두 과거의 공포와 제약으로 인한 짐을 질 수 있다. 그러나 우리가 그 짐을 가볍게 할 수 있다면 그것은 자신과 다른 사람에

게 주는 좋은 선물이 될 것이다.

어떤 면에서 공포증은 성취에 해당한다.[8] 왜냐하면 그것은 단 한 번의 경험만으로도 강하고 의존적인 반응으로 발전한 것[9]이라고 할 수 있기 때문이다. 사람들은 과거에 공포반응을 했던 일을 결코 잊어버리지 않는다. 우리는 흔히 '첫눈에 반한다.' '첫눈에 사랑에 빠진다.'는 말을 한다. 그런데 어쩌면 이런 현상도 단 한 번에 공포반응을 일으키게 되는 현상과 비슷한 차원에서 이해할 수 있지 않을까? 그렇게 본다면 '첫눈에 사랑에 빠지는 것'은 결국 일종의 '좋은' 공포반응[10]을 하는 것이라고 말할 수 있을 것이다.

이와 같은 맥락에서 생각해 볼 때 우리가 스스로와 다른 사람들에게 '좋은' 공포를 주는 것은 멋진 일이 아닐까? 어떤 사람이 거미에 관한 두려움을 일관성 있고 확실하게 학습할 수 있다면, 어째서 우리는 사랑하는 사람의 얼굴을 보고 곧바로 좋은 감정을 느끼게 되는 확실하고 일관성 있는 방법을 배울 수 없을까?

결혼관계가 깨어지는 것은 아마도 다음과 같은 이유 때문일 것이다. 즉, 부부 중의 어느 한쪽 또는 두 사람 모두가 행복했던 시간과는 연합

---

8) 어떤 사람이 공포증으로 고통을 겪고 있다면 그는 언젠가 '공포증을 학습했다'고 볼 수 있다. 여기서 그렇게 '학습했다'는 것은 일종의 성취한 것으로 볼 수 있기에 공포증은 성취에 해당한다고 할 수 있다.

9) 이와 같은 것을 일회학습(one trial learning)이라고 한다. 즉, 그것은 단 한 번에 이루어지는 학습을 말한다. 우리의 일상생활에서는 이와 같은 일회학습의 예들을 많이 볼 수 있다. 공포반응은 물론이고 대부분의 부정적 경험은 일회학습 효과를 유발하기 때문에 다음에 같은 경험을 할 때 동일한 부정적 정서를 유발한다. 물론 긍정적 경험의 경우에도 일회학습의 원리는 작용할 수 있다. 첫사랑의 경험이 아름다웠다면 모든 사랑 상황에서 아름다움을 경험할 수 있는 것도 긍정적 일회학습의 예가 될 수 있을 것이다.

10) 즉, 긍정적인 차원의 일회학습의 예라고 할 수 있다.

하지 않고 분리하되 불행했던 시간과는 분리하지 않고 연합하면서 부부 사이에 느낄 수 있는 좋은 감정을 무의식적으로 공포증을 학습하듯이 경험해 버린다는 것이다.

이제 다음에 소개할 휘익 기법[11]은 결정적 하위양식 변화[12]를 사용하는 강력한 기법이다. 이 기법은 없애고 싶은 특정 행동이나 원하지 않는 반응에 잘 작용한다. 휘익 기법은 문제 상태나 문제 행동을 새로운 방향으로 가도록 함으로써 변화시킨다. 그것은 단지 행동을 대체하는 것이 아니라 생성적인 변화를 만들어 내는 것이다.


## 휘익 기법


① 먼저 당신에게 변화시키기를 원하는 반응이나 행동과 같은 제한
   점이 있는지 생각해 보고 구체적인 한 가지를 확인해 보라. 그러
   한 예를 들어 보면, 손톱 물어뜯기, 과식, 흡연과 같은 것들이다.

--------------------------------------------------------------------

11) swish pattern: 이 기법은 원래 두 손바닥을 동시에 사용하는 기법으로, 두 손바닥이 서로 함께 비켜 가듯이 하면서 손뼉을 치듯이 하는 것이기도 하다. 그런데 이때 실시자는 손바닥의 움직임과 함께 청각적인 소리를 말로 표현하는데, 영어에서는 그때 '스위시(swish)' 란 소리를 낸다. 하지만 이것은 우리말에서는 바람과 같이 무엇이 빠르게 지나갈 때 내는 소리에 해당하는 '휘익' 이라고 표현하는 것이 옳다고 할 수 있다. 그래서 이 기법을 영어식으로 '스위시 패턴' 또는 스위시 기법이라고 해야 하겠지만 우리말로는 '휘익 기법' 이라고 하는 것이 무난하다고 하겠다.

12) critical submodality change: 여기서 결정적이란 것은 전체의 특성을 결정짓거나 경우에 따라 모든 것을 바꾸거나 변화시킬 수 있을 정도로 강력하고 영향력이 큰 하나의 특성을 말한다. 예를 들어, 장미꽃에 향기가 없다면 장미꽃의 가치나 의미가 없어진다고 볼 경우 그 향기는 바로 결정적인 하위양식에 해당한다. 또한 뱀의 날름거리는 혀, 강아지의 부드러운 털, 찐빵의 단팥과 같은 것은 모두 결정적 하위양식에 해당한다. 그리고 알코올 중독자에게서의 '술을 좋아하는 마음', 복숭아 알레르기가 있는 사람에게서의 '복숭아털' 과 같은 것 또한 변화와 치료를 위한 전형적인 결정적 하위양식이라고 할 수 있을 것이다.

당신은 (특정한) 사람들 앞에서 보다 자연스럽고 편안하게 잘 대처하고 싶은 그런 행동이나 상황을 택할 수도 있을 것이다.

② 이런 제한점 또는 한계점들을 하나의 부정적인 것으로만 생각하지 말고 대신에 성취라는 차원에서 받아들이고 다뤄라. 당신은 자기에게서 그러한 문제 행동이 생기거나 그러한 상황이 생길 때, 그러한 사실을 어떻게 알아차리는가? 즉, 당신이 그 문제 행동을 하고 있었다면 그렇게 문제 행동을 하고 있다는 사실을 무엇을 근거로 어떻게 알 것인가? 문제 행동을 유발하는 단서들은 무엇인가? 즉, 무엇이 또는 어떤 것들이 문제 행동을 유발하는가? 당신 자신이 가진 그런 제한점을 다른 사람도 갖게 하거나 그러한 문제 행동을 하도록 가르쳐야 한다면 그들에게 무엇이라고 가르치며 어떻게 하라고 할 것인지를 상상해 보라. (이렇게 하는 동안에 당신은 스스로 좀 더 분리하고 객관화하여 자신에 대해서 잘 이해할 수 있게 될 뿐만 아니라 스스로를 통제할 수 있게 될 것이다.)

그 문제 행동 반응을 야기하는 단서들은 항상 명확하고 구체적인 것임에 틀림없다. 만일 단서들이 당신의 생각으로부터 유발된 내적인 것이라면 그것을 마치 실제로 당신이 경험하는 것과 같은 모습의 이미지로 정확하게 만들어라. 그러나 그것이 외적 단서라면 정확히 그 단서가 일어나고 있는 모습을 그린 것과 같은 영상을 분명히 떠올려 보고 그 속으로 연합해 들어가 보라. 예를 들면, 손톱을 물어뜯는 것에 대한 단서는 당신의 손이 입에 닿는 영상이나 그림이 될 것이다. (휘익 기법은 때때로 청각적 또는 신체감각적 하위양식 차원에서도 적용 가능하기에 청각적·신체감각적인 단서를 사용해도 좋을 수 있겠지만, 기본적으로 그것은 시각적 영상과 더불어 가장 쉽게 이루어질 수 있다.)

③ 문제 행동을 야기하는 단서에 대한 당신의 반응을 변화시키는 단서 영상의 시각적 하위양식을 최소한 두 가지 확인해 보라. 흔히 영상의 크기와 밝기가 작업하기에 좋다. 대다수의 사람에게 영상이나 이미지의 크기를 확대하고 밝기를 더 밝게 하면 그 효과가 크게 나타날 수 있다. 물론 동일한 효과를 낼 수 있는 다른 하위양식들도 많이 있을 수 있다. 방금 확인한 두 가지 하위양식을 다른 이미지에 적용시켜서 효과가 있을지 테스트해 보라. 변화 작업에 동원될 하위양식은 문제가 해결될 때까지 계속해서 변화시킬 수 있는 것이어야 한다.

다음 단계를 계속하기 전에 잠시 동안 다른 것에 대해서 생각함으로서 상태 파괴[13]를 하라.

④ 다음으로 당신은 앞에서 말한 것과 같은 문제나 제한점을 갖지 않은 사람, 현재의 자기와는 다르게 반응할 사람이 될 수 있을지에 대해서 생각하라. 만약 당신이 원하는 변화를 이룩할 수 있다면 자신이 어떤 모습으로 보일 것 같은가? 당신은 더 많은 선택을 할 수 있고 더 유능한 사람이 될 것이다. 그리고 당신은 정말로 자신이 원하는 그런 사람에 더 가까이 갈 수 있을 것이다.

---

13) break state: 상태를 파괴한다는 것은 현재 경험하고 있는 특정한 정서나 기분 상태에서 벗어나도록 하는 것을 말한다. 상태파괴를 위해서는 현재의 주제와는 전혀 무관한 다른 이야기를 하거나 다른 주제와 관련하여 생각하게 하는 것이 좋다. 이 기법은 NLP 치료를 하는 과정에서 자주 활용된다. 예를 들어, 어떤 내담자가 자신의 무대공포증과 관련된 이야기를 하게 되면 공포증과 관련된 부정적 정서 상태에 젖게 된다. 그런데 이 상태는 그다음 치료의 단계로 넘어가고자 할 때도 여전히 수반되어 다음 단계에까지 영향을 미칠 수 있다. 그러므로 상태파괴를 통하여 기존의 상태에서 완전히 벗어날 필요가 있다. 예를 들어, '오늘은 무슨 요일입니까?' '며칠입니까?' '여기에 오실 때 어떤 교통편을 이용했습니까?'와 같은 기존의 주제와 전혀 관계없는 갑작스러운 질문을 하게 되면 내담자는 순간적으로 멍~해지면서 물음에 대한 답을 생각하느라 잠시 동안 기존의 상태에서 벗어나게 될 것이다.

새로운 이미지의 사람은 당신이 원하는 바람직한 특성을 가진 당신 자신이어야 한다. 여기서 중요한 것은 바람직한 특성이지 이미지 자체가 구체적인 행동 차원에서 그려지는 것은 아니란 점이다. 새롭게 떠올린 이미지나 영상은 당신에게 변화에 대한 동기를 일으키고 변화의 방향으로 끌어당길 수 있도록 분리 상태로 있어야 한다. 연합된 영상은 당신이 이미 변화를 이룩한 느낌을 느끼게 하기 때문에 당신에게 동기 부여를 할 수 없을 것이다.

당신의 새로운 자아 이미지는 과연 생태적[14]이며 당신의 기존 성격, 환경, 인간관계 차원에서 조화를 이룰지 점검하라. 어쩌면 당신의 새로운 이미지에 따라 행동하거나 반응하고자 할 때마다 어느 정도의 조절이나 적응과정이 필요할 수 있다.

새로운 자아 이미지에는 어떠한 자원이 포함되어 있을지 생각해 보라. 이 경우에 자아 이미지는 과거 문제 행동의 의도를 제대로 다룰 자원이 필요할 것이다. 또한 새로운 이미지는 균형 잡히고 믿을 만하며 특정한 상황에 너무 깊이 속박되어 있지는 않는지 확인하라. 또한 그 이미지가 보다 긍정적인 상태 쪽으로 분명한 변화를 보일 수 있을 정도로 확실한 것이 되도록 하라.

이제 상태파괴를 하고 잠시 동안 어떤 것에 대해서 생각하라.

⑤ 앞의 3번에서 확인한 단서가 되는 영상 또는 이미지를 택하고, 그것의 결정적 하위양식이 파악되었다면 그것들을 더 밝고 더 크게 만들어라. 이 영상의 왼쪽 아래의 모서리에 작고 어두운 새 자아 이미지의 영상을 삽입하라. 이제 크고 밝은 원래의 단서 이미지를

---

14) ecological: NLP에서 생태적이란 것은 넓은 의미에서 관계성이나 관련성 또는 전체적인 조화와 균형의 의미를 띤다. 한 변화가 다른 차원에 영향을 미치거나 다른 것의 변화를 초래할 수 있는데, 한 변화가 전체적 균형과 조화에 부정적 영향을 미치지 않는 것을 생태적이라고 할 수 있다.

아주 빨리 작고 어둡게 만들어라. 이와 동시에 새 자아 이미지는 더 크고 밝게 만들어라. 이때 속도가 중요하다.

새 이미지가 점점 커지는 동시에 옛 이미지는 희미해질 수 있도록 확실히 하라. 당연히 당신이 상상을 잘할 수 있거나 실제로 '휘익'이라고 소리 내어 말한다면 크게 도움이 될 것이다. 그 소리는 새로운 이미지가 형성되어 가는 것과 관련하여 당신이 느끼는 흥분이나 감정을 대변한다고 생각하라. 이제 화면을 깨끗이 지워라. 그리고 다시 이상과 같은 과정을 빠르게 5회 반복하라.

뇌는 빨리 작동한다. 그렇기에 앞의 과정을 빠른 속도로 진행해도 뇌는 그것을 따라서 잘 작동할 것이다. 당신이 누군가에게 이상의 과정을 설명해 주면서 실제로 그대로 따라 하도록 해 본 적이 있는가? 아마 당신은 그렇게 잘 해 보았을 것이다.

매번 '휘익'을 한 다음에는 얼른 다른 것을 봄으로써 기존의 화면을 깨끗하게 지워라. 만약 '역휘익(reverse swish)'을 한다면 오히려 긍정적 '휘익'의 효과를 지워 버릴 것이다. 그러므로 '휘익'을 할 때는 반드시 한쪽 방향, 즉 긍정적인 방향으로 진행하라. 그것은 어디까지나 왕복이 아닌 편도용 티켓임을 명확히 하라. 만약 5회 반복을 했음에도 효과가 나타나지 않는다면 더 이상 계속 반복하지 마라. 효과 없는 것을 그대로 반복하기보다는 새롭게 다른 방법으로 할 것이며, 창의적이어야 한다는 사실을 명심하라. 반복에도 불구하고 앞의 방법에서 효과가 없었다면 어쩌면 결정적 하위양식을 새롭게 적절히 조정할 필요가 있을지도 모른다. 어쩌면 처음에 정했던 원하는 자아 이미지가 충분히 매력적이지 않아서 변화를 이끌 힘이 없었을지도 모르기 때문에 그것을 바꾸거나 조정할 필요가 있을 것이다. 아무튼 그와 같은 과정은 도움이 될 것이다. 휘익 기법과 같이 이렇게 매력적인 기법이 있고, 또 새로운 능력을 가질 수 있음에도 불구하고 누가 문제 행동을 계속하겠는가?

⑥ 이상의 과정이 만족스럽게 잘 진행되었다면 마지막으로 미래 가 보기를 통해서 그 결과를 테스트해 보라. 처음의 단서에 대해서 생각해 보라. 이제 여전히 그것은 과거와 같은 동일한 반응을 유 발할까? 미래 어느 시기에 당신이 과거와 같은 상황에 처할 때 이제는 과거와 같은 문제 행동이나 반응을 하는 대신에 새로운 반 응을 할 것처럼 보이지 않는가?

NLP 기법은 뇌와 같이 빠르고 효율적으로 작용한다. 당신은 실 제로 현실을 경험하지 않고 '휘익'을 통한 상상만으로도 당신 자 신을 원하는 방향으로 바꿀 수 있다. 그리고 당신은 앞에서 설명한 기법을 의식적으로 잘 사용하여 더 멋진 방향으로도 갈 수 있다. 그래서 휘익 기법은 어떤 긴장이나 고통 없이도 당신의 행동의 방 향을 재빨리 변화시킬 수 있다는 것을 보여 준다.

## 이차원적 변화

이차원적 변화(second order change)라는 것은 다중(多重) 결과들이 있고 이차적 고려 사항이 개입되어 있을 때 적용되는 개념이다. 어쩌면 모든 치료는 이차원적 변화를 포함할 것이다. 왜냐하면 내담자가 필요 로 하는 새로운 자원과 반응은 그의 인격의 나머지 부분에 내재한 성장 과 재균형화를 위한 잠재력에 의해 지지될 필요가 있기 때문이다.

일차원적 변화는 그 스스로가 변화를 일으키는 정도의 상황, 또는 무 시되어도 괜찮을 정도로 작은 곳에서 일어나는 것이다. 그러나 이차원적 변화는 오히려 숨겨진 이차원적 성과의 힘이 너무 커서 그것이 표면적인 성과의 달성을 방해할 정도가 될 때 필요한 것이라고 할 수 있다. 대표적으로 제6장(pp. 282-287)에서 상세히 살펴본 6단계 관점 바꾸기는 이차원적 성과를 다루기 위한 좋은 기법이다.

## 내적 갈등

만약 서로 다른 생각들이 갈등 중에 있다면 우리 성격의 서로 다른 분아[15]들 간에 협상기술이 사용될 수 있다. 이 경우에 문제 해결이란 현재의 분아들 간의 균형 또는 조화 상태를 이룩하는 것이라고 할 수 있다.

균형이란 정적인 것이 아니라 역동적인 것이기 때문에 서로 다른 가치, 신념, 능력 들을 구현하는 성격의 상이한 분아들 사이에서 갈등이 생길 수 있다. 당신은 양립할 수 없는, 그래서 갈등적 관계가 있을 수밖에 없는 경험을 원할 수 있다. 당신은 갈등적인 욕구를 가진 다른 분아 때문에 방해를 받아서 어떤 일을 제대로 추진할 수 없었던 경험을 많이 해 보았을 것이다. 당신은 갈등 중인 두 분아 간에 제대로 타협을 이루지 못하고 어느 한쪽의 A분아에게 양보하는 결정을 내릴 수 있을 것이다. 그러나 이 경우에 욕구 충족이 된 A분아는 기분이 좋겠지만 반대쪽의 B분아는 기분 나빠할 것이다. 그렇게 되면 결국은 어떤 활동도 즐겁지 않게 된다.

당신이 어떤 일들을 앞두고 그 일들을 할 것인가 말 것인가를 갈등하

---

15) 분아, 분아 간의 갈등, 분아 간 갈등의 해결에 대해서는 제6장(p. 280 이하)에서 상세히 설명된 바 있으니 참조하기 바란다.

고 있는 경우를 생각해 보자. 만약 당신이 아무것도 하지 않고 편안한 상태에 있다면 당신의 마음속에서는 해야 할 일들이 하나씩 생생하게 떠올라서 오히려 마음이 편치 않게 될 것이다. 그렇다고 해서 하기 싫은 그 일들을 하면서 힘들어한다면 또 편안하게 쉬고 싶어질 것이다. 그래서 당신은 휴식도 갖지 못하고 일하지도 못하는 어정쩡한 상태로 결국 아무것도 하지 못하고 마음만 불편하게 시간을 보내는 결과를 경험하게 될 것이다.

누구든 일상에서 이런 종류의 갈등을 자주 경험해 보았을 것이다. 결국 당신이 갈등 상황에 처하게 되면 어떤 일도 제대로 하지 못하고 두 가지 일을 다 망치는 상황이 될 수 있다. 이러한 때 당신에게 필요한 것은 바로 더 이상의 갈등을 멈추게 하는 휴전이라고 할 수 있다.

## 내적 갈등의 해결

① 분아들을 분명히 규정하고 그 분아들을 구분하라. 각각의 분아는 서로 다른 요구를 함으로써 갈등을 유발할 것이다. 예를 들어, 한 분아는 자유와 여가를 원하고, 다른 분아는 지속적인 수입이라는 안정성을 원할 수 있다. 또는 한 분아는 돈에 대해 매우 조심스러운데, 다른 분아는 매우 낭비적일 수 있다. 한 분아는 사람들을 기쁘게 하는 일에 지나치게 관심이 있는 데 반해, 다른 분아는 다른 사람들에게 무심하거나 그들의 요구에 대해 못마땅하게 여길 수 있다.

각각의 분아는 다른 분아들에 대해서 부정적인 평가를 내릴 수 있다. 그리고 어떤 분아들은 부모의 가치관에 기초하여 확립되었기에 당신 자신의 삶의 경험에 근거하여 확립된 분아들과 쉽게 공존하지 못할 수도 있다. 모든 분아는 나름대로 가치 있는 것을 갖고 있다.

② 각각의 분아의 명확한 표상을 파악하라. 만일 두 개의 분아가 있다면 각 분아가 당신의 양쪽 손 하나씩에 각각 있게 하거나 두 분아 모두를 당신의 양 옆에 둘 수도 있다. 각 분아의 표상을 시각, 청각, 신체감각적 차원에서 충분히 그려라. 각 표상은 무엇과 같이 보이는가? 그것은 각각 어떻게 느껴지는가? 그리고 그것은 각각 어떤 소리로 들리는가? 그것들을 각각 특성 지을 수 있는 단어나 구절들이 있는가? 각 분아로 하여금 과거와 미래를 중심으로 각각의 시간선을 조사하도록 해 보라. 그래서 그 시간선을 기초로 하여 각 분아가 자기 자신, 자기의 개인사, 시간선의 방향을 확인해 볼 수 있도록 하라.

③ 각 분아의 의도를 발견하라. 각각의 분아는 나름대로 긍정적 의도를 가지고 있음을 인정하라. 각각의 분아는 공동의 성과를 이룩하고자 하는 점에서 동의를 하므로 상향 유목화를 함으로써 각 분아에게서 높은 수준의 의도를 각각 찾아라. 두 분아 모두는 당신의 행복을 지키고자 하는 것에 동의할 것이다. 마치 실제로 사람들과 협상하듯이 분아들과 협상을 시작하라. 만일 분아들이 이상할 만큼 심각하게 갈등한다면 공통된 합의는 단지 당신을 생존시키는 일일 뿐일 것이다.

④ 협상하기를 하라. 각각의 분아는 다른 분아로 하여금 자신의 관심사가 무엇인지를 깨닫도록 돕는 데 필요한 자원을 얼마나 갖고 있는가? 분아 간에 공평한 이익을 가질 수 있는 어떤 협상이 가능할까? 각 분아는 어떻게 협조할 것이며, 각자가 만족하기 위하여 상대방으로부터 무엇을 원할 것인가?

　사실 분아들은 각자가 서로 갈등할수록 서로의 의도를 제대로 살리는 데 방해가 될 뿐이라는 사실을 차츰 분명히 깨닫게 될 것이다. 각 분아가 필요한 것이 있을 때, 즉 신호를 주겠다는 것에 합의하도록 하라. 그들이 필요로 할 수 있는 것의 예는 더 많은 시간, 허용, 관심, 인정 등이다.

⑤ 각각의 분아에게 공동의 문제를 해결하기 위하여 서로 협조하고 분리하거나 갈등하지 말고 기꺼이 통합할 수 있겠는지 물어보라. 그렇다고 그들이 반드시 동시에 합의해야 하는 것은 아니다. 오히려 분아들이 따로 떨어져서 각자 대답을 하는 것이 더 좋을 수 있다. 그러나 분아들이 모두 서로 통합하기를 원한다면 당신이 허락하는 방식으로 당신의 몸에서 신체적 반응을 보이도록 하라.

만일 분아들이 손 안에 있다면 당신의 손을 꽉 눌러 두 개의 분아가 으스러지도록 하라. 그리고 새롭게 통합된 하나의 분아의 이미지, 소리, 느낌을 만들고 그것을 당신에게 적절하다고 느껴지는 속도만큼 빠르게 당신 자신 속으로 받아들여라.

변화를 인식하고 그것에 감사하기 위하여 약간의 조용한 시간을 가져라. 이 새로운 분아는 당신의 시간선을 회상하면서 새롭게 얻은 지식과 이해에 비추어 과거의 사건과 경험에 대해서 관점 바꾸기를 함으로써 그것을 새로운 관점에서 바라보게 될 것이다.

이러한 협상이 진행되는 과정에서 다른 분아들이 모습을 드러낼 수도 있을 것이다. 갈등의 골이 깊을수록 이와 같은 일들은 쉽게 일어날 수 있다. 그러나 어떤 경우든 모두를 협상에 참여시킬 필요가 있다. 버지니아 사티어는 분아파티(parts parties)란 기법을 통하여 서로 다른 사람들로 하여금 내담자의 다른 분아 역을 맡게 하는 식으로 드라마를 연출하였다. 이 경우에 내담자는 자신의 서로 다른 분아 역을 맡은 다른 사람들을 자기가 원하는 방향으로 움직이게 하고 연기 지시를 함으로써 간접적으로 자기의 속마음을 드러내거나 털어놓게 된다.

분아협상(parts negotiation)은 심층적 수준에 있는 갈등을 해결하는 강력한 수단이다. 갈등은 결코 사라지게 할 수 없다. 그러나 제한된 범위 내에서 분아 간에 다시 조화와 균형을 잡게 하는 것은 건강하고도 필요한 것이다. 인간이 된다는 것은 풍요롭고 경이로운 경험이라고 할 수 있다. 그런데 그 풍요로움과 경이로움은 다양성에서 오고, 성숙과 행복은 당신 자신의 서로 다른 측면 사이의 균형과 협동에서 오는 것이다.

09

# 전략과 모델링

# 모델링으로서의 학습

인간이라는 존재로서 우리는 모두 태어날 때부터 학습자로서의 재능을 부여받았다. 우리 대부분은 나이가 들수록 학습 과정이 느려진다. 물론 어떤 사람들은 평생에 걸쳐 저하되지 않는 학습 활동을 계속하기도 한다. 우리는 성장할 때 주변에 걷고 말하는 사람들과 함께 있음으로써 그들이 걷고 말하는 것을 늘 보고 관찰함으로써 자연스레 그러한 것을 학습한다. 그리고 우리는 그 과정에서 자기가 학습한 것을 스스로 실행해 보게 되는데, 이것은 결국 우리 자신이 스스로 걷고 말하는 법을 가르치는 것이 된다. 그래서 우리는 첫 번째로 매일 일단 어떤 행위를 해 보고, 두 번째로 그 결과를 주목하는 가운데, 세 번째로 그 결과에 따라서 자신의 행위를 변화시킨다.

이와 같은 과정을 구체적인 예를 들어 설명하면, 우리는 주변의 다른 사람들이 하는 것을 모방하여 따라 하고자 하는 가운데 다음과 같은 식으로 행동하게 된다. 첫 번째로 우리는 시험적으로 조심하여 발걸음을 내디뎌 보고, 두 번째로는 반복하여 넘어지는 가운데, 세 번째로 더 이상 넘어지지 않으려고 의자나 사람들에게 기대는 과정을 계속하면서 연습을 한다. 본질적으로 이것이 모델링[1]에 의한 학습이다.

우리는 성장함에 따라 주변의 부모와 선생의 영향을 받으면서 이 자연적 학습 과정을 일련의 작은 성공과 실패라는 것으로 재해석하기 쉽

---

1) modeling: '모방하기'로 번역해야 하겠지만, NLP의 특별한 의미를 담은 용어라고 생각되어 원어 그대로를 사용하여 모델링이라고 하고자 한다.

다. 예를 들어, 걷다가 넘어지면 그것을 실패한 것으로 생각하고, 제대로 걷게 되면 성공한 것으로 생각하게 되는 것이다. 부모와 또래로부터 받는 강화[2]와 함께 우리는 성공을 하고 싶어 할 뿐만 아니라 성공에 대해 갈망하고, 실패에 대해서는 두려워하고 실패를 하지 않으려 하기 시작한다. 그런 과정에서 그 어떤 것보다도 이 잘 못하는 것에 대한 두려움이 우리의 자연스러운 학습 과정을 억제한다.

미국의 소설가인 마크 트웨인[3]은 일찍이 만일 우리가 학교에서 읽고 쓰는 것을 배우듯이 걷고 말하는 것을 배운다면 옳게 걷지 못하거나 말을 제대로 못하고 더듬거릴 것이라고 하였다. 학교에서는 늘 실패와 성공이라는 맥락에서 우리의 학습을 평가하는데, 그 과정에서 학생들은 실패를 두려워하게 되면서 학습 과정이 억제되기 때문이라고 할 수 있다. 하지만 어린 아기가 말하고 걸음을 배울 때는 그런 성공과 실패의 개념이 없기 때문에 자연스러운 학습이 가능해지게 된다.

그래서 '자연스럽게 학습하는 방식'과 '효과적이지 못한 방식' 간에는 어떤 차이가 있을까? 그렇다면 지금의 시점에서 이 자연스러운 학습의 과정을 밴들러와 그린더가 제시한 모델링의 원리와 비교해 보는 것은 아주 유용한 일이라고 할 수 있을 것이다.

---

2) reinforcement: 보상과 같은 의미로 사용되는 심리학이나 교육학의 개념이다. 칭찬, 격려, 인정, 사랑과 같은 것이 강화에 해당한다.
3) Mark Twain(1835~1910): 『톰소여의 모험』을 쓴 미국의 유명한 소설가다. 그는 사회 풍자가로서 남북전쟁 후의 사회 상황을 풍자한 『도금시대』와 에드워드 6세 시대를 배경으로 한 『왕자와 거지』 등을 발표하였다.

# NLP 모델링의 시작

밴들러와 그린더가 1972년 산타크루즈 소재 캘리포니아 대학교에서 처음으로 만나 나중에 친한 사이가 되었을 때, 그린더는 언어학과의 조교수였고 밴들러는 그 대학의 마지막 학기(졸업반) 학생이었다. 밴들러는 게슈탈트 치료에 대해서 강한 흥미를 가지고 있었다. 그는 '과학과 행동도서 출판사'의 사장인 밥 스피처[4] 박사 밑에서 일을 하면서 프리츠 펄스에 대해 공부하였으며, 펄스의 강의나 세미나를 녹화한 비디오테이프를 제작하였다.

그때 제작된 테이프들은 후에 『치료의 목격자(Eye Witness to Therapy)』라는 책으로 출판되었다. 밥 스피처는 산타크루즈 근교에 땅과 집을 가지고 있었으며 그의 친구들에게 그것을 사용하도록 허락했다. 산타크루즈 소재 캘리포니아 대학교의 객원교수 생활을 하고 있던 영국 출신의 그레고리 베이트슨은 당시에 그곳에 살고 있었는데, 이때 밴들러도 그곳으로 이사를 하게 되었다. 그리고 두 사람은 서로 손이 맞닿을 정도로 가까운 거리의 한 동네에서 살았다. 밴들러는 하루 저녁에 참가자들에게 5달러가 부과되는 게슈탈트 참만남집단[5]을 지도하기 시

---

4) Robert S. Spitzer: 밥은 로버트의 애칭이다. 스피처 박사는 정신의학자로서 밴들러를 버지니어 사티어에게 직접 소개한 사람이기도 하다. 그리고 출판사의 사장으로서 사티어와 펄스의 강의와 세미나, 워크숍 내용을 녹화하고 그것을 책으로 옮겨 쓰고 편집하는 일을 맡겼고, 그레고리 베이트슨과도 인연을 맺음으로써 훗날 NLP가 성립하게 된 역사를 시작시킨 의미 있는 사람이라고 할 수 있다. 이러한 내용들은 다음과 같은 그의 글에서 잘 설명되고 있다. Spitzer, R. (1992). Virginia Satir and the Origins of NLP, *Anchor Point, 6* (7). 제5장의 p. 203을 참조하라.

5) Gestalt encounter group: 게슈탈트 치료의 원리와 방법을 바탕으로 인간관계에서의 진정한 만남을 추구하고 도모하기 위하여 이루어지는 집단상담과 치료의 한 종류를 말한다.

작했다. 그는 후에 그린더와 다시 만남을 가졌으며 그로 하여금 게스탈트에 관한 충분한 관심을 갖게 함으로써 이 집단에 합류하도록 했다.

그린더가 왔을 때 그 자신은 게스탈트 집단에 대하여 많은 호기심을 보였다. 또한 그는 자기가 게스탈트 집단을 성공적으로 운영할 수 있을 것으로 알았다. 그러나 그는 어떻게 하는 것이 가장 효과적인 방법이 될지에 대해서 알고 싶어 하였다. 스킬을 갖는 것과 그 스킬을 성공적으로 사용할 줄 아는 것 간에는 큰 차이가 있다. 그래서 두 사람은 서로 거래를 한 번 해 보기로 하였다. 즉, 밴들러는 그린더에게 어떻게 게스탈트 치료를 하는지 보여 주기로 했고, 반대로 그린더는 밴들러가 하고 있었던 것이 무엇인지를 그에게 가르치기로 하였다. 그래서 그린더는 월요일 야간 그룹에 참석해 밴들러를 모델로 삼았는데, 이때 밴들러는 그가 중요한 화법과 기법(pattern)이라고 믿는 것을 눈짓과 다른 음성 억양을 사용함으로써 그린더에게 보여 주었다.

그린더는 매우 빨리 배웠다. 그는 두 달 동안 화법과 기법을 익혀 밴들러처럼 잘할 수 있게 되었다. 그는 목요일 저녁마다 반복기적 집단(repeat miracle group)이라고 불리는 그룹을 지도하곤 했다. 사람들은 그린더로부터 이미 다른 사람들이 월요일 밤에 밴들러의 지도로 경험했던 것과 같은 삶에서의 기적을 목요일 밤에 경험할 수 있었다.

밴들러는 버지니아 사티어가 가족치료 전문가들을 위해 캐나다에서 머물면서 진행하는 1개월의 훈련 프로그램에 참가하여 그 과정을 관찰하고 비디오테이프를 녹화하는 일을 하였다. 밴들러는 전에 사티어를 만난 적이 있었기에 이미 그들은 친한 사이가 되었다. 그 프로그램이 진행되는 동안 밴들러는 세미나실로 연결된 마이크를 제외하고는 혼자서 작은 녹음실에 떨어져 있었다. 그는 스플릿 이어폰[6]을 양쪽에 끼고 한쪽 귀를 통해서는 녹음 수준을 모니터하고, 다른 쪽 귀로는 핑크 플로이

드[7]의 록음악을 들었다.

　훈련의 마지막 주에 사티어는 상담 장면을 미리 마련해 놓고, 참석자들에게 자신이 가르쳤던 자료를 사용해서 어떻게 그 상담을 진행할 것인지를 질문하였다. 이에 참가자들은 어찌할 줄을 몰라 얼어 버린 것 같았다. 이때 밴들러는 녹음실에서 뛰어 내려와 그 문제들을 성공적으로 처리했다. 그랬더니 사티어는 "그래요, 정확하게 맞았습니다."라고 말했다.

　결과적으로 밴들러는 사티어의 기법을 잘 배우려는 의식적인 노력을 하지 않았음에도 불구하고 그 누구보다도 그에 대해 더 많이 알게 된 놀라운 상황에 처해 있었다고 할 수 있다. 그린더는 밴들러로부터 배운 사티어의 기법을 모델링하여 분명하게 보여 주었다. 그들의 능력은 날로 향상되어 갔다. 이번에는 2개월 걸려서 한 것이 아니라 3주 만에 습득하였다.

　이와 같은 과정을 거치면서 이제 밴들러와 그린더는 버지니어 사티어와 프리츠 펄스라는 상호 보완적이며 대조되는 두 사람에 기초하여 효과적인 치료에 대해 이중적으로 설명할 수 있게 되었다. 사티어와 펄스가 완전히 다른 특성을 가지고 있고, 바로 그 이유 때문에 같은 방에서 우호적으로 공존할 수 없었기에 오히려 그들은 특별히 가치 있는 예가 될 수 있었다. 그들이 가졌던 공통적인 치료 기법은 그들의 개인적 스타일이 극히 달랐기 때문에 더욱 분명해졌다.

　밴들러와 그린더는 계속해서 밀턴 에릭슨을 모방하고 모델링함으로써 기존의 사티어와 펄스의 기법 체계에 풍부한 최면적인 기법을 새롭게 보탤 수 있었다. 비즈니스, 교육, 건강관리 등의 분야에서 뛰어난 성

---

6) split earphone: 양쪽 귀에 꼽을 수 있는, 두 개로 갈라진 이어폰
7) Pink Floyd: 영국의 유명한 록 그룹

취를 이룩한 사람들의 스킬을 모델링하는 과정은 매우 생산적이다. 그래서 이 모델링의 과정은 초기 시절 이래로 범위와 기법 면에서 급속히 성장하였다.

## 모델링

그래서 모델링은 NLP의 핵심이 되는 것이다. NLP는 탁월성에 관한 연구이며, 모델링은 탁월성의 행동 패턴을 이해하기 쉽도록 분명하게 만드는 과정이다. 성공하는 사람들의 행동 패턴은 어떤 것인가? 그들은 어떻게 자신이 원하는 결과를 성취할까? 성공하지 못한 사람들과는 어떻게 다르게 할까? 그런 차이를 만드는 것은 어떤 차이일까? 이러한 질문에 대한 대답이 모든 기술과 기법, 그리고 NLP의 전제조건들을 만들어 냈다.

모델링은 인간의 탁월성을 모사(模寫)하는 과정이라고 간단히 정의할 수 있다. 어떤 사람은 다른 사람보다 뛰어난데, 그 이유의 하나로 흔히 타고난 선천적 재능을 꼽곤 한다. 그러나 NLP는 그런 선천성과는 관계없이 우리가 후천적으로도 어떻게 빠른 시간 내에 탁월한 사람이 될 수 있을지의 가능성을 탐구해 왔다. 우리는 뛰어난 능력을 보이는 사람들과 동일한 방법으로 우리의 몸과 마음을 사용함으로써 즉각적으로 행동의 질과 결과를 높일 수 있다. NLP는 가능한 것을 모델링한다. 왜냐하면 그것은 우리로 하여금 실제로 살아 있는 다른 사람들이 직접 실행한 것을 모델링하도록 하는 것이기 때문이다.

전체 모델링 과정에는 세 단계가 있다. 첫 번째 단계에서는 당신이 모델링하고자 하는 대상, 즉 모델이 당신이 모델링하고자 하는 행동을 실행할 때 그와 함께해야 한다. 이 첫 번째 단계 동안에 당신은 특히 제2차적 입장[8] 스킬을 사용하여 그가 처한 현실 속에 그와 함께 있다고 상상하라. 그리고 실제로 그와 같은 행동 결과를 비슷하게라도 창출할 수 있을 때까지 그가 하는 행동을 따라 해 보라. 이때 당신은 그가 무엇을 하는지(행동과 생리), 그가 그것을 어떻게 하는지(내적 사고 전략), 그가 그것을 왜 하는지(지지하는 신념과 가정)에 초점을 두라. 여기서 '무엇'은 직접적 관찰로부터 답을 얻을 수 있다. '어떻게'와 '왜'는 질문을 통하여 탐색할 수 있다.

두 번째 단계에서 당신은 그의 행동에 있어서 차이를 만들어 내는 것이 무엇인지를 알아보기 위하여 모델 행동의 요소를 체계적으로 끄집어내 보라. 만약 어떤 행동의 요소를 제외시켰음에도 불구하고 실제 행동에 있어서 별 다른 차이가 일어나지 않는다면 그 요소는 꼭 필요한 것이 아닐 수 있다.

그러나 당신이 어떤 요소를 빼 버렸는데, 그로 인해서 당신이 얻는 결과에 있어서 차이가 생긴다면 그것은 모델의 본질적인 행동의 요소가 된다. 이 단계에서 당신은 모델을 정제[9]하고, 모델을 의식적으로 이해하기 시작해야 한다. 이것은 전통적 학습 패턴과는 정반대다. 전통적 학습에서는 당신이 모든 학습 요소를 가질 때까지 매번 그 요소를 추가하라고 말한다. 그러나 이러한 방식으로는 무엇이 학습의 본질인지를 쉽게 알 수 없다. 그런데 가속학습의 기반이 되는 모델링의 경우는 일단 모든 요소를 다 확보한 후에 꼭 필요한 것이 무엇인지 알기 위하여 한 가지씩 빼고 삭제한다.

--------------------------------------------------------------------

8) 모델의 상대역과 같은 입장에서 그를 바라보고 그를 느껴 보는 것을 말한다.

9) refine: 제련 과정에 있어서 꼭 필요한 금속을 제외한 필요 없는 불순물을 제거하듯이, 모델의 행동에 있어서 바라는 성과를 내는 데 꼭 필요한 요소가 아닌 것(즉, 일종의 불순물)을 제외하거나 제거하고 없애는 것을 의미한다.

세 번째이자 그리고 마지막 단계는 다른 사람에게 스킬을 가르치는 방법을 설계하는 것이다. 훌륭한 선생은 좋은 환경을 만들어 냄으로써 학생들이 원하는 결과를 얻는 법을 스스로 배우도록 가르치는 사람이다.

모델은 간단하고 시험 가능하도록 설계되어야 한다. 운전을 하기 위해서 차가 왜 또는 어떻게 작동되는지 알 필요가 없는 것처럼 당신은 모델의 행동이 효과적인지를 굳이 알 필요가 없다. 만약 당신이 인간 행동의 미로에서 길을 잃어버린다면 일단은 길을 찾기 위한 지도가 필요한 것이지, 왜 미로에서 길을 찾아 나서야 하는지에 대한 심리적 분석이 필요한 것이 아니다.

어떤 분야에서든 모델링을 통해서 당신이 원하는 결과와 기술을 제시받을 수 있으며, 더 나아가서는 모델링을 위한 도구들도 얻게 된다. NLP는 그 결과가 더욱 나은 효과를 발휘하게 하는 데 적용될 수 있으므로 생산적인 것이라고 할 수 있다. NLP는 자기계발을 위한 부트스트랩 프로그램[10]과 같다. 당신은 스스로의 창의적이고 자원이 풍부한 상태를 모델링할 수 있으며 자의에 의해서 그렇게 모델링한 상태 속으로 들어갈 수 있다. 그리고 당신은 마음대로 사용할 수 있는 보다 많은 자원과 창의성을 바탕으로 자원이 더욱 풍부한 창의적인 인간이 될 수 있다.

당신이 성공적으로 모델링한다면 자신이 모델링했던 그 모델과 동일한 결과를 얻을 수 있겠지만 반드시 탁월성을 모델링해야 하는 것은 아니다. 어떤 사람이 어떻게 창의적일 수 있는지, 또는 어떻게 우울증을 갖게 되었는지를 알기 위해서는 다음과 같은 동일한 핵심 질문을 던져 볼 수 있다. "제가 오늘 하루 동안 당신을 대신해야 하는 상황에 있다고 한다면 당신과 똑같이 생각하고 행동해야 하는데 어떻게 해야 할까요?"

---

10) bootstrap program: 부트스트랩이란 컴퓨터 용어로 예비를 말한다. 따라서 부트스르랩 프로그램은 컴퓨터의 전원을 켜거나 재부팅할 때 적재되는 프로그램을 말한다.

사람들은 자신이 하는 행동을 통하여 자기만의 고유한 자원과 성격을 드러낸다. 당신은 또 다른 아인슈타인, 베토벤, 에디슨이 될 수는 없다. 그들과 똑같이 성취해 내고 생각하기 위해서는 그들이 가졌던 그들만의 고유한 생리적 조건과 개인사가 필요하다. NLP는 누구나 아인슈타인이 될 수 있다고 주장하지는 않는다. 다만, 누구라도 스스로 원한다면 자신의 삶에서 아인슈타인과 같이 생각하고 그의 사고방식을 적용할 수 있다는 사실, 그리고 그렇게 하는 동안에 자신의 개인적 천재성을 충분히 발휘하고 자신의 고유한 탁월성을 드러내는 쪽으로 다가갈 수 있다는 사실을 말하고 있다.

요약하면, 당신이 신념, 생리적 반응, 구체적인 사고 과정과 특정 행동의 저변에 깔린 전략을 마스터할 수 있다면 어떤 행동이라도 모델링할 수 있다. 이러한 점을 보다 상세히 논하기 전에 우리의 미래 가능성만큼이나 거대한 어떤 분야의 표피만을 건드리고 있을 뿐이라는 사실을 기억할 필요가 있다.


## 신 념


우리 각자가 우리 자신과 타인 그리고 세계에 대하여 가지는 신념은 우리 경험의 질에 큰 영향을 미친다. 왜냐하면 '자성예언 효과'[11]로 인해 신념은 행동에 영향을 미치기 때문이다. 신념은 특정한 행동이 유발될 수 있게 하기도 하지만 동시에 행동을 억제시키기도 한다. 바로 이러

---

11) self-fulfilling prophecy effect: 우리가 스스로 어떻게 될 것이라고 믿는다면 실제로 그 믿음이 이루어져서 자기가 믿는 바와 같은 일이 일어날 수 있는 효과가 생긴다는 의미를 가진 개념이다.

한 점 때문에 우리가 신념을 모델링하는 것이 대단히 중요하다.

남달리 뛰어난 능력을 가진 사람들의 신념을 모델링하는 가장 간단한 방법 중 하나는 그들에게 그들의 행동에 대한 이유를 물어보는 것이다. 그 대답을 들어보면 그들의 신념과 가치에 대한 풍부한 통찰을 접하게 될 것이다. 한 낯선 젊은 남자가 열심히 일하는 것을 지켜보면서 시간을 보내는 로마의 한 아이에 관한 이야기가 있다. 마침내 그 소년은 "선생님은 왜 계속 그 바위를 치고 있죠?"라고 물었다. 미켈란젤로는 작업을 하다가 멈추고는 아이를 보면서 대답했다. "왜냐하면 이 안에는 천사가 있는데, 그 천사가 밖으로 나오기를 원하고 있기 때문이란다."

일반적으로 신념은 세 가지 종류로 구분될 수 있다. 첫째는 사물이나 현상의 의미에 대한 신념이다. 예를 들면, 인생이란 근본적으로 경쟁적 투쟁이며 결국은 모두가 죽게 된다는 신념은, 인생이란 아주 풍요롭고 자기 성취적인 교훈을 주는 일종의 영적인 학교라는 신념과는 아주 다른 것이다. 그리고 그 경우에 서로 다른 신념을 가진 사람들이 인생에서 아주 다른 경험을 하게 되는 것은 당연한 일일 것이다.

둘째는 인과관계적인 것, 즉 무엇이 무엇을 유발하는가와 관련된 것이다. 이러한 신념의 차원에서 우리가 준수해야 할 규칙의 문제[12]가 생길 수 있다. 셋째는 무엇이 중요한가, 우리에게 진정으로 중요한 것은 무엇인가에 관한 것이다. 이 차원에서 우리의 가치와 준거가 성립될 수 있다.

당신은 다른 사람의 신념을 모델링할 때, 당신 자신이 관심 가진 특정한 스킬 및 능력과 가장 크게 관련되고 그것들을 지지하는 신념에 초점을 두어야 한다. 당신이 모델링하고자 하는 모델의 신념이 무엇인지,

---

12) 만약 어떤 조건에서 어떻게 할 때는 보상을 받지만 반대로 할 때는 벌을 받을 것이라는 식의 규칙을 말한다.

그리고 그 신념과 관련된 메타포는 어떤 것인지를 알아보거나 찾아볼 수 있게 하는 좋은 질문의 예들은 다음과 같다.

① 당신은 왜 자신이 현재 하는 일을 하는가?
② 그 일은 당신에게 어떤 의미가 있는가?
③ 만약 당신이 그 일을 하지 않는다면 어떤 일이 일어날까?
④ 그 일은 무엇과 같은가? 당신은 그 일을 무엇에 비유할 수 있는가?
⑤ 그 일과 관련하여 당신에게 힘나게 하는 것은 무엇인가?

일단 당신이 닮고자 하는 모델이 가진 신념을 알아내었다면 스스로 그 신념에 대한 실험을 시작할 수 있을 것이다. 당신이 특정인이 어떤 신념을 가졌는지 단순히 이해하는 정도를 넘어서 실제로 그 신념이 '현실적으로 어떻게 먹힐지 보기' 위해서 그 신념을 실험하고 실천해 본다면 그 차이는 아주 클 것이다.

당신은 일정 시간 동안 마치 그 신념이 진실인 것처럼 여기고 행동한 후에 실제로 어떤 변화가 일어나는지를 알아볼 수 있을 것이다. 아인슈타인의 핵심 신념 중 하나는 '우주는 아주 정겨운 곳'이라는 것이었다. 당신이 아인슈타인의 입장이 되어 마치 그 신념이 사실이고 진실인 것처럼 여기고 행동한다면 세상이 어떻게 다르게 보일지 상상해 보라.

당신이 그 신념을 믿는다면 당신은 어떤 새로운 행동을 취할 것인가?
당신은 무엇을 다르게 할 것인가?
당신은 그 밖에 무엇을 할 수 있을까?

당신 자신의 현재 모습과 스스로 되기 원하는 미래의 모습 사이에는 단 하나가 존재하는데, 그것은 바로 신념이라고 할 수 있다. 그런데 당신이 이 사실을 진정으로 깨닫는다면 오직 신념이 마치 진실인 것처럼 행동하는 것만으로도 새로운 신념을 채택할 수 있다.

## 생리적 상태

당신이 아주 어린 아기를 보고 있다고 잠시 상상해 보라. 당신은 아기가 당신을 쳐다보고 눈이 점점 커짐에 따라 아기에게 큰 미소를 보이게 된다. 이에 아기는 기뻐하며 당신에게 곧바로 웃음으로 답을 한다. 아기는 당신의 생리적 상태—즉, 이 순간에는 미소에 해당하는 것—에 일치시킴으로써 자신을 바라보는 당신의 기쁨의 일부를 경험한다. 이와 같이 아기가 무의식적으로 자기 주변 사람들의 얼굴 표정, 손과 몸의 움직임과 같은 것을 흉내 내거나 따라 하는 것을 동조화[13] 현상이라고 부른다.

마찬가지로 어른들도 주변 사람들의 표정, 음조, 움직임을 따라 하게 되면 자연스럽게 그들의 내적 상태를 복제할 수 있게 되는데, 그 결과로 우리는 과거에는 이용되지 않고 있었던 정서적 자원을 찾아 활용할 수 있게 된다.

---

13) entrainment: 파동동화(波動同化)라고도 한다. 리듬에 맞춰 발가락으로 바닥을 두드리거나 머리를 까딱거리는 것과 같은 것이 해당된다. 살아 있는 인간의 몸에는 진동 시스템이 있어서 특정한 소리나 리듬에 박자를 맞추고 운동신경이 반응하는 경향이 있다. 또한 타인의 어떤 상태에 따라서 자신의 상태도 비슷하게 맞추고자 하는 경향도 보인다. 이러한 현상을 '생물학적 동조화' 또는 '생물학적 주기의 동조'라고 부르기도 한다.

지금 잠깐 동안 당신이 숭배하거나 존경하는 사람에 대해서 생각해 보라. 만약 그가 이 책을 읽고 있다면 어떻게 앉아 있을지를 상상해 보라. 그는 어떤 식으로 숨을 쉬고 있을까? 그의 얼굴 표정은 어떠할까? 이제 실제로 그가 숨을 쉬고 앉아 있는 그 모습을 그대로 따라 하기 위하여 당신 자신의 자세나 호흡 형식, 표정을 바꾸어 보라. 그렇게 함에 따라 당신 속에서 새로운 생각과 느낌이 일어나는 현상에 주목하라.

어떤 스킬을 바탕으로 다른 사람의 생리적 반응을 그대로 모델링해 보는 것은 가장 중요한 부분이다. 예를 들어, 뛰어난 스키 선수를 모델링하는 경우를 생각해 보자. 당신은 그가 스키 타는 장면을 유심히 지켜보면서 당신 자신이 그와 동일한 방식으로 자신의 몸을 움직일 수 있을 때까지 그를 따라 할 것이다. 당신은 그와 같은 과정에서 그가 하는 것을 그대로 해 보는 것이 어떤지 경험하게 될 것이며, 그 사람과 같이 되는 것 또는 최소한 그 사람 속으로 들어가 보는 것에 대한 통찰을 얻게 될 것이다. 당신은 그의 움직임, 자세, 심지어 숨쉬기 방식까지도 정확하게 거울반응을 해 봄으로써 그의 내부적인 면모를 그와 똑같이 느끼게 될 것이다. 그 결과 당신은 그로서는 몇 년이나 걸려서 이룩한 훌륭한 스키 선수로서의 자원에 보다 쉽게 접근하고 그것을 찾아낼 수 있게 될 것이다.


## 전 략


사고 전략(thinking strategies)은 모델링에 있어서 가장 덜 분명한 구성 요소다. 그러한 이유 때문에 우리는 모델링의 다른 측면에 대해서 검토하기 전에 이 전략에 대해서 먼저 살펴보고자 한다.

전략이란 당신이 어떤 과제를 수행하기 위해 사고와 행동을 어떻게 조직하는가에 해당하는 개념이다. 전략은 항상 긍정적 목표를 추구하며 신념에 의해 유발되기도 하고 소멸되기도 한다. 당신이 어떤 과제에서 성공하기 위해서는 그 일을 할 수 있다고 믿을 필요가 있다. 그렇지 않으면 당신이 그 일에 완전히 투신하지 않게 된다.

당신은 스스로 그 일을 할 만한 가치가 있다고 믿고 그 일에 대한 실천을 하고자 하는 준비를 갖추어야 한다. 또한 그 일 자체를 할 만한 가치가 있다고 믿어야 한다. 그리고 그 일은 당신의 관심이나 호기심을 끌어당겨야 한다.

우리가 사용하는 전략들은 지각적 필터의 한 부분으로서 우리가 세계를 어떻게 지각할 것인지를 결정한다. 이러한 점을 잘 보여 주는 다음과 같은 작은 게임이 있다.

다음 문장을 읽고 이 문장 속에서 F가 몇 번 나오는지 헤아려 보라.

FISHED FILES ARE THE RE-
SULT OF YEARS OF SCIENTIF-
IC STUDY COMBINED WITH THE
EXPERIENCE OF MANY YEARS.

쉬운가? 흥미 있는 사실은 이 게임에 있어서 사람들마다 F자의 수를 다르게 보고 제각기 자신이 옳다고 확신한다는 점이다. 각자 자신의 실재나 세상모형에서 본다면 각자가 옳다고 할 수 있다. 그런데 대부분의 사람들은 첫 번에 F자를 3개 발견한다. 그러나 3개 이상을 말하는 사람도 있다. 만약 당신이 사용한 방식으로는 정확한 개수를 찾기 어렵다면 그 방법을 달리하라. 실제로 다른 방식으로 F자의 개수를 세어 보라는 것이다. 필요하다면 전체 문장을 한 자씩 거꾸로 읽으면서 F자를 세어 보라. 당신은 첫 번째 시도에서 과연 몇 개의 F자를 의식할 수 있었고 몇 개를 의식할 수 없었는가?

당신이 정확한 F자의 수를 놓쳤다면 그 이유는 아마도 발음에 의존했을 가능성이 있다. 즉, 당신은 F로 발음되는 소리에 초점을 두고 F자의 개수를 세었을 수 있다. 사실상 F자는 'of'의 발음에서 나는 V자와 유사한 발음으로 들린다.[14] 그런데 모든 글자를 뒤로 거꾸로 읽어 보면 소리와 글자가 반드시 일치하지 않음을 발견하게 되어 쉽게 F자의 개수를 찾아낼 수 있게 된다.

우리는 당신에게 F자가 몇 개 있는지 읽어 보라고 하였지 들어보라고 하지 않았다. 이처럼 전략을 달리하면 세상도 달리 보이는 법이다.


## 성공을 위한 레시피


전략을 이해하기 위한 한 방편으로 요리의 달인에 관해 생각해 보자. 만약 당신이 그의 레시피[15]를 사용한다면 그와 함께 수준이나 아주 비슷한 수준의 요리를 할 수 있을 것이다. 전략은 성공적인 레시피다. 아주 훌륭하고 맛있는 요리를 만들기 위해 우리는 세 가지 기본적인 것을 알아야 한다. 레시피의 첫 번째 요소는 바로 재료와 관련된다. 즉, 특정

------------------------------------------------------

14) 이 게임은 영어 문장을 사용하는 것이며, 특히 영어 발음과 관련된 것이기 때문에, 영어를 모국어로 하는 사람들에게는 재미있는 게임이 될 수 있겠지만 영어가 모국어가 아닌 우리나라 독자들에게는 크게 와 닿지는 않을 것으로 보인다. 다만, 영어적 차원에서 저자들이 전달하고자 하는 의미와 의도를 잘 파악하기 바란다.

15) recipe: 요리에서 사용하는 개념으로 요리법, 조리법을 의미하지만 경우에 따라서 비법을 의미하기도 한다. 여기에서는 요리법의 의미로 사용된다.

음식을 요리하기 위한 레시피에서는 반드시 어떤 재료가 필요한지를 알아야 한다는 것이다. 레시피의 두 번째 요소는 바로 그 재료의 양과 질이다. 즉, 재료가 어느 정도 또는 얼마나 필요한지를 알아야 할 뿐만 아니라 재료의 품질을 살피는 것도 중요하다.

그리고 레시피의 마지막 요소는 재료를 어떤 순서로 사용할 것인가에 대한 순서의 문제다. 즉, 빵을 굽는 과정에서 계란은 언제 넣는 것이 좋을까? 빵이 구워지기 전, 구워지는 동안, 또는 다 구운 후가 좋을까? 이처럼 전략에 있어서도 순서는 그것이 순식간에 적용되는 것이라고 하더라도 대단히 중요하다.

이상과 같은 비유를 기초로 하여 다시 전략에 대해서 생각해 본다면 전략에 있어 재료는 바로 표상체계가 된다. 그리고 재료의 양과 품질은 바로 하위양식과 관련된다.

전략을 모델링하기 위해서는 다음과 같은 것이 필요하다.

① 재료(표상체계)
② 재료의 양과 질(하위양식)
③ 재료 사용의 순서

어떤 분야나 일에서 아주 많은 재주나 능력이 있는 한 친구가 있다고 가정해 보라. 그 재주나 능력이란 실내 인테리어 일, 옷 고르는 일, 수학을 가르치는 일, 아침에 제 시간에 일어나는 일, 파티 분위기 띄우는 일 등일 수 있다. 그에게 그 재주나 능력을 구사하는 행동을 하게 하거나 그 행동을 했던 특정한 시기나 상황으로 돌아가서 그때의 일을 생각해 보게 하라. 그와의 라포가 충분히 형성되고 그로 하여금 확실하게 연합된 일관성의 상태에 있도록 하라.

이제 그는 당신의 질문을 받은 후에 과거의 상황으로 돌아가서 당시의 일을 생각하거나 떠올릴 것인데, 그때 그에게 가장 먼저 떠오르는 것이 어떤 장면이나 모습이었는지, 어떤 소리였는지, 어떤 느낌이나 기분과 같은 것이었는지, 혹은 어떤 생각이었는지를 물어보라. 그에게 가장 먼저 떠올랐던 것은 그가 보았던 시각적(V) 모습이나 장면일 수도 있고, 들었던 청각적(A) (목)소리일 수도 있으며, 느꼈던 감정이나 촉감(K)일 수도 있다. 이제 당신은 그의 대답을 들은 후에 다시 그다음에는 어떤 것이 떠올랐거나 어떤 생각이 났는지에 대해서 물어보라. 그와 같은 방식으로 그 경험이 다 끝날 때까지 계속 같은 질문을 하면서 답을 들어 보라.

당신의 질문과 관찰을 통해서, 어쩌면 그 과정에서 메타모형을 사용할 수도 있겠지만 그가 사용하는 표상체계가 무엇이며 그것이 어떤 순서로 사용되었는지를 알게 될 것이다. 그러고 나서 각각의 표상체계, 즉 VAK의 하위양식이 구체적으로 어떠한지에 대해서 질문해 보라. 당신은 질문을 하고 대답을 듣는 과정에서 그의 눈동자 접근단서와 술어[16]가 유용하게 활용될 수 있다는 사실을 알게 될 것이다.

예를 들어, 당신이 "다음에는 무엇이 떠오릅니까?"라고 질문할 때, 그는 "잘 모르겠어요."라고 대답하고 곧바로 위를 올려다볼 수 있다. 이때 당신은 "혹시 당신은 내면의 영상이나 이미지를 보고 있습니까?" 또는 "혹시 시각적 영상이 떠오릅니까?"라는 식으로 질문을 계속할 수 있다. 그가 조금 전에 위를 올려다보는 모습을 통해 내부 시각적[17] 접근단서를 보였기 때문이다. 이때 그가 다시 "잘 모르겠지만 그렇게 보이는 것 같습니다."라고 대답한다면 다시 그 내적 영상에 대해서 좀 더 구체

---

16) predicate: 문법의 개념어로 동사, 형용사, 부사와 같은 것을 말하는데, 이런 경우에는 특히 오감에 기반을 둔(sensory-based) 단어를 의미한다.

17) visual internal: 마음속으로 영상이나 시각적 이미지를 떠올리거나 상상하는 것을 말한다.

적으로 질문해 볼 수 있을 것이다.

전략에 있어서 감각은 외부로 향할 수도 있고 내부로 향할 수도 있다. 만일 그가 내적인 감각을 사용하는 것으로 보인다면 그의 눈동자 접근 단서를 통하여 그가 내적으로 (과거에 이미 있었던 일을) 기억(remember: r)하거나 회상하는지, 아니면 (새로운 이미지나 영상을) 창조하거나 구성 (construct: c)해 내는지를 알아낼 수 있을 것이다.

예를 들면, 어떤 사람이 갖고 있는 동기 전략은 처음에 자신이 해야 할 일을 주시하는 것으로 시작할 수 있다($V^{e18)}$), 그리고는 이미 끝낸 일 에 대한 내적 그림을 시각적으로 구성하고($V^i{}_c{}^{19)}$), 기분 좋은 감정을 느 끼고($K^{i20)}$), 스스로 이제 일을 시작하는 것이 좋겠다고 말한다($A^{id21)}$). 당신이 만일 그에게 동기 부여를 하기 원한다면 "이 일을 한 번 보세요. 그리고 그것을 다 마치고 나면 얼마나 기분이 좋을지를 생각해 보세요. 그 리고 이제 곧 그것을 시작하는 것이 좋겠다는 마음의 소리를 한 번 들어 보 세요." 우리는 총체적으로 이와 같은 식으로 설명되는 전략을 다음과 같은 형식으로 표시해 볼 수 있다.

총체적 전략: $V^e > V^i{}_c > K^i > A^{id}$

그러나 다른 사람에게는 다른 방식으로 접근해야 한다. 예를 들어, 어

---

18) Visual external: 외부 시각적인 것으로, 이것은 외부, 즉 바깥에 있는 것을 직접 바라 보는 경우를 말한다.
19) Visual internal constructed: 내부 시각적 구성에 해당하는 것으로, 마음속으로 어떤 시각적인 장면을 만들거나 창조하여 떠올리는 것 또는 상상하는 것을 말한다.
20) Kinesthetic internal: 내부 신체감각적인 것으로, 마음속으로 어떤 느낌을 느끼거나 신체감각적인 촉감을 경험하는 것, 또는 그러한 것을 상상하거나 떠올리면서 기분을 느끼는 것을 말한다.
21) Auditory dialogue: 마음속으로 스스로에게 말하거나 중얼거리는 것을 의미한다.

편 사람은 그 일을 보고($V^e$) "내가 만약 이 일을 제대로 하지 못한다면 어떤 일이 생길까?"라고 자문($A^{id}$)할 수 있다. 그러고는 가능한 결과를 예상하여 구성하고 떠올린($V^{ic}$) 후에 스스로 기분이 좋지 않게($K^i$) 될 수도 있을 것이다. 당연히 그는 그 결과와 그런 기분을 좋아하지 않을 것이기에 당장 시작할 수 있을 것이다.

이와 같은 예에서 첫 번째 유형의 사람은 긍정적 감정을 좇아가는 사람에 해당하고, 두 번째 유형의 사람은 부정적 감정을 회피하는 사람에 해당한다. 그러므로 당신은 첫 번째 사람과 같은 이에게는 미래를 유혹하는 방식으로, 그리고 두 번째 사람에게는 대가를 치를 것이라는 압박을 줌으로써 각각 동기를 부여할 수 있을 것이다.

교사, 관리자, 트레이너와 같은 사람들은 누구나 사람을 상대로 하는 직업에 종사하기에 자기가 맡고 있는 사람들에게 동기 부여를 잘하는 능력을 가질 필요가 있다. 그래서 앞에서 설명한 것과 같은 전략을 잘 알고 활용하는 것이 매우 유용하다. 어떤 사람이든 상품 구매를 할 때는 나름대로 서로 다른 구매 전략을 사용한다. 그리고 훌륭한 세일즈맨은 모든 고객에게 판에 박힌 똑같은 말을 하는 대신에 각 고객에게 맞는 서로 다른 판매 전략을 바탕으로 하여 고객에 따라 서로 다른 방식으로 이야기를 하면서 대화를 엮어 갈 것이다.

실제로 어떤 고객은 제품을 직접 보고는 그 제품과 관련하여 긍정적 기분을 느낄 때까지 혼자서 자기와의 대화를 계속할 것이다. 또 다른 사람들은 제품에 대해서 설명을 듣거나 추천의 말을 듣기를 원하면서 그 제품을 사면 좋겠다는 느낌을 느끼고, 상품을 구매하기 전에 일단 자신이 그것을 사용해 보고 싶어 할 것이다. 따라서 훌륭한 세일즈맨은 정말로 고객을 만족시키기를 원한다면 고객에 따라 접근방법을 달리할 수 있는 능력을 갖추고 있다.

교사의 경우에는 각기 다른 아이들의 학습 전략을 이해하고 그에 반응하는 것이 필수적이다, 어떤 아이들은 교사의 말에 귀를 기울임으로써 개념을 이해하기 위한 내적 그림, 영상, 이미지를 만들어 낸다. 다른 아이들은 시각적 표상이 먼저 필요할 수도 있다. "한 장의 그림이 천 마디의 말보다 가치가 있다."라고 할 수 있겠지만 누가 그 그림을 보느냐에 따라 달라지는 것이다. 어떤 학생들은 언제나 천 마디의 말을 더 원할 수도 있다. 학습하는 데에 옳은 방법이 오직 한 가지만 있다고 주장하는 교사는 모든 사람이 그의 전략만을 사용해야 한다고 주장한다. 이러한 그의 주장은 그런 생각을 공유하지 않는 많은 학생을 힘들게 한다.

불면증 환자는 취침 전략이라고 할 수 있는 특별한 종류의 전략을 학습할 수 있다. 그는 자신이 현재 얼마나 편안한 상태로 누워 있는지를 느끼고 졸리는 목소리로 스스로에게 말하는($A^{id}$) 동안에 이완된 신체 감각에게 집중함으로써($K^i$) 잠자기를 시작할 수 있다. 그러나 그의 기존 전략에서는 그가 잠드는 것이 얼마나 어려운지에 대해서 말하는 자신의 크고 불안한 내부 목소리에 귀를 기울이는 동안에 자신의 신체에서 경험하는 불편한 감각에 집중하게 된다고 할 수 있다. 뿐만 아니라 그가 가진 전략은 빠르고 밝으며 다채로운 색깔의 영상을 첨가하여 만들어진 탁월한 각성 전략에 해당된다고 할 수 있다. 당연히 그것은 자기가 원하는 취침 전략과는 반대되는 것이다.

전략은 결과를 창출한다. 그 결과는 당신이 원하는 것인가? 그리고 그것은 당신이 원하는 곳에 도착하게 하는 것인가? 어떤 전략은 목적지에 제 시간에 정확하게 도착하는 기차와 같이 완벽하게 잘 작용한다. 그러나 당신이 엉뚱한 방향의 기차를 잘못 탄다면 그야말로 가려고 하지 않았던 엉뚱한 곳에 가게 될 것이다. 이 경우에 당연히 기차를 비난해서는 안 될 것이다.

# 음악 전략

이 책의 저자 중 한 사람은 음악에 재능 있는 학생들이 음악을 한두 번만 듣고도 어떻게 그 음악이나 곡의 순서를 잘 기억할 수 있는지에 대하여 연구한 적이 있다. 음악가들은 학생들에게 손뼉을 치거나 짧은 소절의 음악을 거꾸로 불러 보도록 하였다. 그러고는 그들에게 질문을 하거나 그들의 눈동자 접근단서를 관찰하고 술어에 주목을 함으로써 그들이 사용하는 전략을 이끌어 내거나 유도해 낼 수 있었다.

가장 잘하는 학생들은 여러 가지 유형의 전략을 사용하고 있었다. 즉, 그들은 일관되게 특정한 자세, 눈의 위치, 호흡 패턴을 취했는데, 그들이 음악을 듣는 동안에 주로 그들의 머리는 한쪽으로 기울인 상태였으며 눈은 아래쪽을 내려다보고 있었다. 그리고 그들의 몸은 음악에 맞추어 움직였다.

그들은 들으면서($A^e$) 음악이 주는 모든 느낌을 느낄 수 있었다($K^i$). 이러한 느낌은 흔히 그 악곡에 대한 분위기(mood)나 인상(imprint)이라고 할 수 있다. 그리고 그 느낌은 악곡 전체를 대변하고 자기와 그 악곡과의 관계를 나타내 보여 주었다.

학생들이 그다음에 보여 주었던 것은 악곡에 대한 어떤 시각적 표상을 형성하는 것이었다. 대부분의 학생은 음의 높낮이를 나타내는 수직축, 시간의 길이를 나타내는 수평축을 가진 일종의 그래프로 시각화하였다($V^{ic}$).

학생들은 곡이 길거나 어려울수록 곡을 놓치지 않고 따라가기 위하여 그런 이미지에 더욱 의존했다. 그 이미지들은 항상 밝고 선명하며 초점이 있었으며 읽기에 편안한 거리에 있었다. 어떤 학생들은 악보를 시각화함에 있어서 각 곡조에 정확한 점수를 부여하는 식으로도 했지만 그것은 그렇게 중요한 것은 아니었다.

학생들이 악곡을 처음 들었을 때 그 곡의 느낌, 소리, 그림이 함께 어우러졌다. 느낌은 곡에 대한 상세한 이미지를 만드는 과정에서 전반적인 맥락을 제공하였다. 그런 다음 그 곡을 계속 들어 갔을 때는 여전히 불확실한 톤을 조정해 나갈 수 있었다. 음조가 어려울수록 느낌과 시각적 기억은 더욱더 중요했다. 학생들은 곡이 끝난 후에 그 곡을 마음속에서 원래의 음조로 즉시 다시 들었는데, 이때는 흔히 비디오를 빠르게 앞으로 감는 것처럼 원래보다 더 빠른 속도로 들었다($V^ic$).

그리고 모든 학생은 거꾸로 노래를 하거나 손뼉을 치면서 실제로 그 곡을 원래의 음색으로($V^ir$) 다시 들었다. 그들은 그림을 다시 보고 전반적 느낌을 마음에 간직하였다. 이렇게 함으로써 학생들은 세 가지 방식으로 곡을 저장하고 인출할 수 있게 되었다. 즉, 첫째로 그들은 음악을 작은 부분으로 쪼개고, 둘째로 음높이와 리듬에서 반복되는 패턴을 파악하였으며, 셋째로는 그것들을 한 번만 들은 후에도 시각적으로 기억하였다.

음악을 기억한다는 것은 강한 청각적 기억과 관계되는 것으로 보인다. 그러나 앞의 연구에서는 오히려 그것이 공감각적이라는 점이 드러났다. 즉, 학생들은 한편으로는 음조를 듣고 악곡을 전체적으로 표상할 수 있는 느낌을 만들어 내었고, 다른 한편으로는 자신들이 듣고 느낀 것을 바탕으로 하나의 그림을 만들었다.

이상의 내용을 기초로 할 때 학생들이 사용한 기본적인 전략은 $A^e >$ $K^i > V^ic > A^i$였다. 이 전략은 효과적 기억과 학습에 관한 일반적인 주요 사항을 설명해 준다. 당신이 어떤 자료에 관해 가진 표상이 많을수록 그것을 기억할 가능성은 더 커진다. 관여하는 신경이 많을수록 기억은 더욱 강력해진다. 가장 우수한 학생은 표상체계 사이를 옮겨 가는 능력을 가진 학생이다. 그들이 듣는 음악의 종류에 따라 느낌에 집중하기도 하고 그림에 집중하기도 한다. 모든 학생은 그들의 능력을 믿고 있었다. 이렇게 볼 때 성공은 곧 전심전력(commitment), 신념, 유연성과 같은 것으로 요약될 수 있음을 알 수 있을 것 같다.

이제 음악 전략을 마무리하기 전에 볼프강 아마데우스 모차르트가 자신이 어떻게 작곡을 했는가에 관해서 쓴 멋진 편지 글을 발췌하여 소개하고자 한다.

이 모든 것이 내 영혼에 불을 지핀다. 그리고 내 마음이 온전한 상태에 있다면 나의 주제는 스스로를 확장시키고 질서가 잡히고 규정이 된다. 그리고 전체는 그것이 길기는 해도 내 마음속에서 완전하게 정리되어 서 있다. 그래서 나는 그것을 훌륭한 그림이나 아름다운 조각상을 바라보듯이 한눈에 살펴볼 수 있다. 비록 나의 상상 속에서 부분들을 연속적으로 듣는 것은 아니지만 모든 것을 한꺼번에 듣는다. 이 경험이 얼마나 즐거운 일인지 말로 할 수 없도다!

– 모차르트가 쓴 편지(1789)[22)]에서

## 기억 전략

당신은 좋은 기억력을 갖고 있는가? 이 질문은 '기억력'이란 단어를 사용함으로써 '기억하다'는 동사를 볼 수도, 들을 수도, 만질 수도 없게

---

22) From E. Holmes, *The Life of Mozart, Including his Correspondence*, Chapman and Hall, 1878.

명사화하였기 때문에 정확한 질문이라고 볼 수 없다. 기억의 과정은 중요한 것이다. 명사화라는 것은 어떤 동사가 특정한 시간 속에 동결됨으로써 고정되어 버린 행동이라고 할 수 있다. 따라서 '기억'이라는 것도 원래는 명사로서 동결된 정적(靜的)인 것이기에 우리가 그것에 영향을 줄 수 없다. 그러나 이 명사를 탈명사화(脫名詞化)하거나 동사화하여 사용하면 영향을 줄 수 있게 된다. 그래서 우리가 무엇을 기억할 때 구체적으로 어떤 식으로 기억하고 어떻게 기억을 증진시킬 수 있는지 살펴볼 필요가 있다.

당신의 기억 전략은 무엇인가? 당신은 다음에 연속된 글자들을 어떤 식으로 기억할 것인가? (잠시 동안 이 글자들이 꼭 기억해야 할 중요한 것이라고 가정해 보라.)


DJW18EDL421S


지금부터 30초의 시간 동안 이 글자들을 기억해 보라.


이제 시간이 다 되었다.

책을 덮고 심호흡을 하고 앞의 글자들을 순서대로 써 보라. 당신은 어떻게 했는가? 여기서 중요한 것은 성공 여부를 떠나서 당신이 과연 무엇을 했는가라는 사실이다.

12개의 문자를 따로따로 기억하는 것은 의식적으로 기억할 수 있는 능력의 한계를 넘어서는 것이다. 그것 모두를 기억하기 위해서 보다 작은 개수의 덩어리(chunk) 여러 개로 묶는 전략이 필요하다.

이 경우에 어떤 사람은 마치 녹음테이프가 돌아가듯이 전체 글자들을 계속 반복하여 읽음으로써 기억하고자 할 수 있다($A^i$). 그러나 이때는 아주 짧은 시간 동안만 (기억이) 지속된다. 어떤 사람은 글자들을 리드미컬한 방법으로 되뇔 수도 있다. 또 어떤 사람은 손으로 글자들을 한 자씩 쓰면서 기억하고자 할 수도 있다($K^e$). 그리고 어떤 사람은 글자들을 잘 보고 있다가 잠깐 눈을 감고 눈동자를 왼쪽 위로 바라보면서 마음속으로 글자들을 다시 떠올려 볼 수도 있다($V^i$c). 또는 당신은 글자들을 컬러의 형태로나 다른 하위양식을 활용함으로써 내부 영상을 기억하는 데 도움을 얻을 수도 있다.

시각적 영상이나 그림은 장기적으로 기억에 남고, 소리와 같은 청각적 자극은 단기적으로만 기억된다. 만약 당신이 이와 같은 간단한 실험을 다른 사람들에게 해 본다면 굳이 직접적으로 상대방의 기억 전략에 대해서 물어보지 않더라도 그가 어떤 전략을 사용하고 있는지를 알아낼 수 있을 것이다.

당신은 소리 없는 상대방의 입술 움직임을 보거나 그의 눈이 몇 번이고 반복하여 글자들을 스캐닝하는 것을 볼 수 있을지도 모른다. 어쩌면 그들이 기억을 위한 어떤 재미있는 연결을 할 수 있을 때 의미 있는 미소를 짓게 될 것이다.

효과적인 기억을 위하여 아주 도움이 되는 한 방법으로는 위의 경우에서처럼 무작위로 쓰인 글자들에 특정한 의미를 부여하는 방법을 꼽을 수 있다. 예를 들면, 앞의 무의미 글자들을 다음과 같은 문장의 형태로 바꾸는 것이다. Don Juan(living in WI) 8ed(hated) L(hell) for(4) 21 seconds. 이 말의 뜻은 다음과 같이 생각할 수 있다.[23] '(위스콘신 주[24])

---

[23] 이 예는 미국인이나 영어를 잘 이해하는 사람이 아닌 경우에게는 적용하기 어렵다. 그래서 이와 같은 예를 우리나라 상황에 맞게 적용해 본다면 다음과 같을 것이다. 'ㄱㅎㄷㄴㅅ27ㅂㄹ8오다 → 고(ㄱ)향(ㅎ)동(ㄷ)네(ㄴ)는 서(ㅅ)울에서 27번(ㅂ) 도로(ㄹ)를 타고 온(오)다.'

[24] 위스콘신 주는 약자로 WI로 표시된다.

에 사는) 돈 후안[25]은 21초 (동안) (지옥)을 (미워)했다.' 이처럼 의미 없는 문자에 특정한 의미를 부여하기 위해 소비하는 30초 정도의 시간은 기억을 위해서는 충분히 가치가 있다고 할 수 있다. 이와 같은 식으로 의미를 부여함으로써 무의미한 글자들을 기억하는 것은 두뇌의 자연스러운 작동 원리와 일치하기 때문에 바람직한 것이다. 만약 우리가 '돈 후안이 지옥에 있는 것'을 마음속에 그려 낼 수 있다면 이 장이 끝날 때까지 아무리 그것을 잊으려고 노력해도 앞 글자들의 순서를 잊어버리지는 못할 것이다.

로버트 딜츠는 한 여성이 시연 워크숍[26]에서 자신의 기억 전략을 설명한 사례에 대해서 소개를 한 적이 있다. 글자의 나열 순서는 A2470558SB였다. 그녀는 일류 요리사였다. 그녀는 먼저 이 글자들은 알파벳의 첫 글자인 A로 시작된다고 말하였다. 그리고 그다음엔 24가 오는데, 이 숫자는 그녀가 요리사로서의 자격을 얻은 나이였다. 다음의 705는 아침식사에 5분 늦었다는 뜻으로 의미화하였다. 58은 기억하기가 어려웠기에 마음속에서 다른 색깔로 칠해진 이미지로 상상하였다. S는 독립적으로 서 있는 글자로 인식하고 글자 자체를 크게 만들었다. 마지막으로 B는 알파벳의 두 번째 글자로서 시작할 때의 A자와 연결시켜 기억하였다.

독자들은 지금 잠깐 이 책 읽는 것을 멈추고 앞에서 소개한 글자들의 순서를 적어 보라. 특히 다른 글자들보다 더 큰 영상으로 만들어 기억하고자 했던 글자를 잊어버리지 않도록 하라.

---

25) 중세 민간 전설에 나오는 바람둥이 귀족의 이름. 여자를 유혹하였다가 버리고 죽이는 엽색 행위를 거듭하다가 성직자에게 처형을 당하였다고 한다. 이 이름은 바람둥이의 대명사로 불리기도 한다.

26) demonstration workshop: NLP를 가르치는 워크숍에서 특정한 기법을 시범 보이고 설명하는 상황을 말한다.

당신은 아마도 잘했을 것이다. 어쩌면 시도조차 하지 않았을 수도 있을 것이다. 그러나 당신은 노력하지 않고도 그 글자들을 모두 기억할 수도 있을 것이다. 하지만 노력을 한다면 어떤 방법을 사용해서 더 잘 기억할 수 있을까?

그런데 노력을 함에도 불구하고 결과가 더 나쁘게 작용할 수도 있다. 노력을 한다는 것은 결국 정신적 에너지를 소모하게 한다. 그러므로 단어를 기억해야 한다는 것은 그 자체로서 어려운 과제라는 점이 전제될 수 있다. 그래서 결국은 노력을 한다는 것이 곧 실패로 끝나기가 쉬울 수 있다. 그렇기에 노력을 하면 할수록 오히려 더 어려워진다고 할 수 있다. 이 경우에 당신이 하는 노력 자체가 오히려 장애로 작용할 수도 있다. 그렇지만 효율적 전략은 학습이 쉽게 이루어지도록 한다. 반면에 비효율적 전략은 학습을 어렵게 만든다.

학습하는 것을 배우는 것(learning to learn)은 교육에 있어서 가장 중요한 스킬이며, 유치원 시절부터 가르칠 필요가 있다. 일반적으로 현행 교육 시스템에서는 대부분 교사가 가르쳐야 할 내용, 즉 교육과정에 대해서는 많은 관심을 집중하지만 학생들이 배우는 학습의 과정에 대해서는 무시하는 경향이 있다고 할 수 있다. 이것은 다음과 같은 두 가지의 결과를 낳는다. 첫째는 많은 학생이 학습하는 방법을 배우지 않기 때문에 필요한 정보를 찾아서 얻는 데 어려움을 겪는다. 둘째는 설사 학생들이 정보를 얻는 방법을 배운다고 하더라도 그 정보의 맥락이 고려되지 않기 때문에 정보 자체가 그들에게 의미를 지니지 못하게 된다.

만약 학생들이 학습 전략이 없는 가운데 공부를 한다면 정보를 얻기 위해 영원히 타인에게 의존하는 정보 앵무새가 될 것이다. 그들은 정보에서는 유능할지 몰라도 진정한 학습을 하는 능력은 갖추지 못하게 된다. 학습에는 기억과 이해가 포함된다. 그리고 학습이란 결국 정보에 의미를 부여하기 위해서 정보를 맥락에 맞추는 것을 의미한다.

현행 학교에서는 성공과 그 과정보다는 실패와 그 결과에 초점을 맞춘다. 하지만 그렇게 되면 학생들은 더욱 어려움을 겪게 된다. 누구나 실수를 할 수 있다. 그러므로 그러한 실수를 나쁘게만 볼 것이 아니라 실수란 할 수 있는 것이라고 허용할 필요가 있다. 훌륭한 학습자도 당연히 실수를 한다. 하지만 그는 그 실수를 부끄럽게 생각하여 피하려고만 하지 않고 자신이 현재 하고 있는 것을 다르게 바꾸기 위한 피드백으로 사용한다. 그는 비록 실수의 상황에서라도 마음속에 확실한 목표를 갖고 있으면서 여전히 자원충만 상태를 유지한다.

점수와 등급이란 학생들이 사용하는 전략에서는 아무런 효과가 없다. 그것들은 단지 학생의 수행에 대한 판단 자료일 뿐이며 성적 순서에 따라 그들을 분리시키는 데 기여할 뿐이다. 학생들은 동일한 비효과적 전략을 통하여 더 힘들게 노력하고 있다. 만약 모든 학생이 훌륭한 학습 전략을 배운다면 그들 간의 성적 차이는 많이 사라지게 될 것이다. 학생들에게 효율적 전략을 가르치면 좋은 학습의 결과를 얻을 수 있게 될 것이다. 그러나 학습 전략이 없다면 현재의 교육은 그들을 그냥 서열화하는 방식으로 계속 유지될 것이며 그들을 우등생과 열등생이라는 딱지를 붙이면서 편 가르기를 하고 불평등을 계속 강화하게 될 것이다.

학생을 가르칠 때 교사는 학생들과 라포를 형성하고 맞추기(pacing)를 한다. 그리고 정보를 잘 이해하게 하기 위하여 최선의 전략이나 몸과 마음을 사용하는 법을 알 수 있도록 이끌기(leading)를 할 수 있다. 만약 학생들이 계속적으로 실패 경험을 하게 된다면 그 실패를 수행이라는 행동 차원에서 받아들여서 행동을 고치고자 노력하는 것이 옳다. 그러나 많은 경우에 사람들은 실패를 수행이나 행동 차원이 아닌 다른 차원으로 일반화하게 된다. 그래서 어떤 사람은 실패의 행동을 능력 차원으로 해석하여 스스로 능력이 없다고 생각하거나 스스로 무능하다는 신념 차원과 생각까지로 일반화함으로써 스스로를 비하하게 되는 경향이 있다.

그런데 이와 같은 신념이나 생각은 결국 자성예언이 되는 것이다. 이 것은 곧 스스로를 신념과 생각대로 이루어지도록 허용한다는 뜻이다. 그 결과 그들은 실패를 피드백으로 받아들임으로써 그 실패를 새로운 학습을 위한 발판으로 삼지 못하고 자신감의 결여, 우울감과 같은 부정적 정서를 경험하는 쪽으로 스스로를 몰아가게 된다.

많은 학과목은 지루함과 재미없음에 앵커링되어 있다. 그래서 학생들은 학과목을 공부하는 것에 대해서 지루하고 재미없다는 식으로 느끼고 인식하기 마련이다. 결과적으로 대부분의 학생에게 학습은 어려운 것으로 인식되고 있는 것이 사실이다. 왜 많은 학생에게 교육은 그렇게 고통스럽고, 심지어 시간 낭비인 것으로까지 인식되고 있을까?

만약 학생들이 학교에서 공부하는 교과목 내용들이 그들에게 충분히 동기 부여를 해 줄 수 있고 그들에게 훌륭한 학습 전략을 마련해 줄 수 있다면 대부분의 학생은 현재보다 절반 이하의 시간 내에 학습의 성과를 올릴 수 있게 되지 않을까? 그래서 학습에 대한 동기 부여와 학습 전략의 필요성과 가치가 더욱 절실히 요구된다고 하지 않을 수 없다.

우리의 모든 사고 과정은 전략을 포함한다. 그러나 우리는 대개 우리가 사용하는 전략을 의식하지 못한다. 그래서 그런지 많은 사람은 생각을 함에 있어서 다양한 전략 대신에 단지 몇 가지의 전략만을 사용하고 있으니 아쉬운 일이라고 할 수 있다.

# 철자 전략

철자쓰기(spelling)는 중요한 스킬이다. 많은 사람이 철자가 어렵다는 사실을 안다. 창조적인 글쓰기로는 인정받을 수 있지만 창조적인 스펠링, 즉 철자쓰기로는 별로 인정을 받지 못한다. 로버트 딜츠는 유능한 스펠러[27]들이 사용하는 철자쓰기 과정을 가르치고 그것을 단순화함으로써 철자쓰기를 잘할 수 있는 효과적인 전략으로 구성하였다.

유능한 스펠러들은 거의 항상 같은 전략을 사용하는데, 만약 당신 자신이 철자쓰기를 잘하거나 주변의 아는 누군가가 잘한다면 그 전략을 확인할 수 있다. 유능한 스펠러들은 철자를 쓸 때 위로 올려다보거나 바로 앞을 보면서 쓰고자 하는 단어를 시각화한다. 그리고 그 철자를 제대로 썼는지 느낌으로 체크하기 위해 아래를 내려다본다.

반면 무능한 스펠러들은 흔히 소리를 내면서 철자를 쓰는 경향이 있다. 이 방법은 그다지 효과적이지 않다. 철자를 쓴다는 것은 종이 위에 단어를 적고 그것을 시각적으로 표상해 보는 과정을 포함한다. 분명한 단계는 먼저 그것을 내부에서 시각적으로 표상하는 것이다. 영어 단어는 단순히 소리가 나고 발음이 되는 대로 철자가 만들어지는 규칙을 따르지 않는다. 다시 말해서, 발음은 같아도 철자가 전혀 다른 예들이 있다. 반대로 철자는 달라도 발음이나 소리가 같은 경우도 얼마든지 있다.

이에 대한 극단적인 예를 들면 다음과 같다. 즉, 'Ghoti'라는 단어는 일반적인 발음에 대한 예상과는 달리 'fish'와 같은 발음으로 소리를 내는 철자로 되어 있다. 즉, 'gh'는 f 발음을 내는데 '감기'를 의미하는

---

27) good speller: 철자를 틀리거나 빼지 않고 정확하게 쓰는 사람

cough에서 gh가 내는 f 발음과 같다. 'o'는 여성의 복수인 '여성들'을 의미하는 'women'에서의 o자가 내는 i와 같은 발음이다. 그리고 'ti'는 '조건'을 의미하는 'condition'에서와 같은 sh 발음을 낸다. 그러므로 우리가 일반적으로 아는 음성학적인 철자의 원리로 앞의 단어를 읽고 철자를 외운다면 제대로 기억하기도 어렵고 정확하게 쓰기도 힘들 수밖에 없을 것이다.

유능한 스펠러들은 단어 철자를 쓸 때 흔히 마음속에서 친숙한 느낌을 느끼면서 특정한 단어의 심상을 떠올린다. 그리고 그 심상이 바르게 보인다고 느끼게 된다. 일반적으로 원고정리 편집자(copy editor)들은 전문적인 스펠러들인데, 그들은 워낙 전문가들이기 때문에 원고를 내려보게 되면 잘못된 철자들을 빨리 발견하게 된다. 그때 그들에게는 잘못된 철자들이 마치 자기 앞으로 튀어나오는 것처럼 보인다고 한다.

만일 당신이 전문적인 스펠러가 되기 원하거나 혹은 이미 그런 전문가로서 자신의 철자 전략을 점검해 보고 싶다면 여기에 몇 가지 단계를 소개하고자 한다.

① 친숙하고 즐겁게 느껴지는 어떤 것들을 생각하라. 당신이 그러한 느낌을 가질 때 몇 초 동안 당신이 써 보고 싶은 단어의 철자를 보라. 눈동자의 시각적 접근단서를 참고하여 단어를 왼편 위쪽에 두는 것이 좋다.

② 다음에는 멀리 보면서 시선을 왼편 위쪽으로 하고 당신이 조금 전의 단어의 철자를 정확하게 기억할 수 있도록 해 보라. (만약 기억한 철자와 실제의 철자 간에 차이가 있다면) 그 차이에 주목하고 다시 1단계에서 본 원래의 단어를 보면서 조금 전의 차이가 더 이상 생기지 않도록 철자 하나하나를 검토해 보고, 완전히 단어의 철

자에 대한 영상을 마음속에 떠올릴 수 있을 때까지 앞의 과정을 반복하라.

③ 마음속으로 당신의 심상을 쳐다보고 방금 본 그것을 써 보라. 그 철자가 제대로 된 것인지 체크하고, 만약 틀렸다면 다시 1단계로 돌아가서 한 번 더 단어를 보고 마음속에 선명한 이미지를 가져라.

④ 다시 한번 마음속으로 심상을 보고 철자를 거꾸로 써 보라. 이렇게 함으로써 실제로 당신의 심상을 더 분명하게 할 수 있다. 음성 전략을 쓰는 스펠러들, 즉 소리로 발음을 하면서 철자를 쓰는 사람들은 그 소리 때문에 단어를 거꾸로 쓰는 것이 불가능할 것이다.

이러한 기본 전략을 사용함에 있어서 몇 가지 도움이 되는 아이디어들이 있는데, 그것은 다음과 같다.

① 하위양식을 사용해서 당신의 심상을 가장 선명하게 하고 가장 기억하기 쉽게 만들어라. 이제는 정말로 기억할 만한 장면 몇 가지를 생각하라. 당신은 마음속의 어느 곳에서 그 장면을 보는가? 그것의 하위양식은 어떤 것인가? 바로 그 자리에 당신이 철자쓰기를 원하는 단어를 갖다 놓고 그 단어도 동일한 하위양식이 되도록 하라.

② 좋아하는 색깔을 사용하여 그 단어를 심상으로 그려 보는 것도 도움이 될 것이다.

③ 친숙한 배경 위에 그 단어를 두는 것 또한 도움이 될 것이다.

④ 당신이 보기에 전체 글자 중에서 특히 기억하기가 어렵다고 생각되는 단어 부분은 하위양식을 변화시킴으로써 다른 부분들과 구별되도록 하라. 그리고 그 부분들을 더 크게, 더 가까이, 더 다양한 색깔로 만들어 보라.

⑤ 만일 그것이 긴 단어라면 3~4개 글자의 묶음으로 나눠라. 전체 단어를 쉽게 볼 수 있도록 각 글자들을 작게 하되, 전반적으로는 편하게 읽을 수 있을 정도의 크기가 되도록 하라. 심상의 공간을 없애지 마라. 당신은 글자들을 보면서 그것이 허공에 있다고 생각하고 허공의 글자들을 한 자씩 추적해도 좋을 것이다. 또는 당신이 신체감각적인 성향이 강하다면 단어에 대한 심상을 느낌이 첨가된 것으로 만들기 위하여 팔 위에 글자가 있다고 생각하고 그 글자들을 한 자씩 추적해 보라.

이 전략들의 효과에 대해서는 캐나다의 몽크톤대학교(University of Moncton)에서 검증되었다. 연구자들은 검증을 위한 실험에 참가한 평균 정도 수준의 여러 스펠러를 네 집단으로 나누었다. 이 실험에서는 학생들에게 전에는 한 번도 본 적이 없는 무의미 철자를 사용하는 식으로 철자 테스트를 실시하였다. 첫 번째 집단(A)에게는 그 단어들을 보여주고 위쪽 왼편을 보면서 그것들을 시각화하라는 지시를 하였으며, 두 번째 집단(B)에게는 눈의 어떤 위치도 말하지 않고 단어들을 시각화해서 말하도록 했다. 그리고 세 번째 집단(C)에게는 어떤 방식으로든 그들이 원하는 방식으로 단어들을 공부하라는 지시를 하였으며, 네 번째 집단(D)에게는 오른쪽 아래를 내려다보면서 단어들을 시각화하라고 지시를 하였다.

그 테스트의 결과는 흥미로웠다. 집단 A는 이전 테스트 결과에 비해 정확한 철자가 20% 증가하였으며, 집단 B는 10%의 증가를 보였다. 집단 C의 성과는 기대했던 수준과 거의 같은 수준에 머물렀다. 그리고 집단 D의 점수는 오히려 15%가 하락했는데, 그 이유는 스펠러들이 단어를 아주 기억하기 어렵게 하는 눈동자 접근 위치를 사용하면서 시각화하려고 노력하였기 때문이었다.

철자를 잘 쓴다는 것은 일종의 능력이다. 만일 당신이 이러한 전략을 따른다면 어떠한 단어라도 정확하게 쓸 수 있게 될 것이다. 당신이 기계적 기억의 방법으로 단어를 학습한다면 단어를 쓸 수 있게는 되겠지만 당신 자신이 유능한 스펠러가 되기는 어렵다. 왜냐하면 기계적 기억에 의한 학습은 능력을 길러 주지 않기 때문이다.

이런 철자 전략은 난독증 진단을 받은 아이들에게 성공적으로 사용되었다. 흔히 이런 아이들은 다른 아이들에 비해서 더 청각적이거나 신체감각적일 수 있다. 그렇다면 학교에서는 왜 아직도 청각적인 방법으로 철자쓰기에 대한 지도가 이루어질까 궁금하다.


## 창의성 전략


"나는 사람들을 즐겁게 해 주기 위하여 그들을 가르치려 하기보다 오히려 그들에게 학습의 기회를 주기 위하여 그들을 즐겁게 해 주고자 한다."

– 월트 디즈니[28]


로버트 딜츠는 월트 디즈니가 사용한 전략 모형을 만들었다. 디즈니는 자신의 작품을 통해서 전 세계의 많은 사람에게 계속 즐거움을 주었던 탁월하게 창의적이고 성공적인 사람이다. 그는 어떤 형태의 문제에도 사용될 수 있는 일반적인 창의적 전략을 사용하였기 때문에 멋진 비즈니스 컨설턴트가 될 수 있었다.

---

28) Walt Disney(1901~1966): 미국의 애니메이션 및 영화 감독, 제작자이며 사업가다. 디즈니랜드의 설립자이기도 하다.

디즈니는 놀라운 상상력을 가졌다. 그는 매우 창조적인 꿈을 꾸는 사람이었다. 꿈을 가지는 것은 세상에서 자신이 바라는 어떤 성과를 창조하도록 하는 첫 단계다. 우리 모두는 우리가 원하는 것과 해야만 하는 것에 대해서, 그리고 앞으로 어떻게 많은 것이 달라질 수 있을까에 대해서 꿈을 꾼다. 그러나 우리는 이런 꿈들을 어떻게 실제 세상에서 실현할 수 있을까? 큰 꿈이 물거품이 되는 일을 어떻게 막을 수 있을까? 그리고 어떻게 그 꿈들이 비평가가 잘 수용하도록 확실히 할 수 있을까?

디즈니는 먼저 전체 영화에 대한 꿈 또는 비전을 만들었다. 그리고 각 배역들의 눈을 통해 그 영화의 줄거리가 어떻게 비칠지를 상상함으로써 각 등장인물들의 느낌을 느껴 보았다. 만일 영화가 만화영화라면 애니메이션 제작자에게 그런 느낌의 입장에서 등장인물을 그리도록 하였다.

그런 다음 그는 자신의 계획을 현실적인 차원에서 보았다. 즉, 그는 영화 제작에 필요한 돈, 시간, 자원들을 적절히 확보하였고, 영화의 성공을 위해서 꼭 필요한 모든 정보를 수집하였다. 그렇게 함으로써 그는 결국 자신의 꿈이 현실이 되게 하였다.

그는 영화에 대한 꿈을 가졌을 때 비판적인 관객의 입장에서 그 영화를 보는 또 다른 제3의 관점을 취하였다. 관객이 볼 때 그 영화는 과연 재미있었는지, 즐거웠는지, 혹시 필요 없는 것은 없었는지 등과 같은 질문을 스스로에게 던져 보았다.

디즈니는 세 가지 서로 다른 입장, 즉 몽상가,[29] 현실주의자[30] 그리

---

29) dreamer: 일반적으로 몽상가는 현실성이 없는 허황된 꿈을 좇는 사람이라는 뜻으로 부정적인 차원에서 사용되는 개념이지만 여기서는 긍정적인 의미로 사용된다. 즉, 현실적인 어려움에 굴하지 않고 그런 어려움에도 불구하고 자신이 꼭 이룩하고 싶은 꿈과 희망을 추구하는 사람을 말한다.

고 비평가[31])의 입장을 취하곤 했다. 디즈니와 함께 일했던 사람들이나 직원들은 이런 세 가지 입장과 차이점에 대해서 알고 있었지만 회의에서 그가 과연 어떤 입장을 취할지에 대해서는 아무도 몰랐다. 아마도 그는 회의에서 잘 표출되지 않은 입장을 보완하는 역할을 맡음으로써 회의에 균형을 잡는 일을 하였을 것이다.

다음은 당신이 공식적으로 사용할 수 있는 전략들이다.

① 당신이 다루고 싶은 또는 해결하고 싶은 문제를 선택하라. 그렇다고 너무 심각하거나 어려운 문제를 선택하지는 않도록 하라. 다만 당신이 감당할 수 있는 수준의 곤란도 수준을 갖춘 문제이면 충분하다. 아직은 그것에 관해 생각하지 마라.

　이제 당신은 잠시 후에 현재의 자리에서 벗어나서 앞으로 발을 옮겨서 걸어갈 것인데, 그때 걸어 들어갈 수 있는 빈 공간을 확보하고 그곳에서 세 개의 작은 지점을 미리 정하라. 당신이 잠시 후에 걸어 들어갈 세 지점은 각각 몽상가를 위한 지점, 현실주의자를 위한 지점, 비평가를 위한 지점이 될 것이다.

② 과거에 당신이 실제로 창조성을 잘 발휘하여 창조적이었던 때를 생각하라. 그때 당신은 몽상가로서의 역할을 정말 잘 발휘하여 창조적인 생각이나 행동을 하였으며, 또 창조적인 선택을 할 수 있었을 것이다. 이제 당신은 바로 앞에 있는 몽상가 자리로 걸어 들어가서 당시의 경험을 되살리면서 당시의 상황을 떠올리고 그때

---

30) realist: 상상의 꿈이 과연 현실에서 실현될 수 있을지, 즉 그것의 현실적 실현 가능성을 점검하는 사람을 말한다.

31) critic: 비평가의 주된 임무는 비판하는 것이다. 부정적 시각에서 꿈을 비판하고 부정적인 측면을 부각시키는 사람을 말한다.

의 기분을 느껴 보라. 그렇게 하는 동안에 당신은 몽상가로서의 자원과 전략을 현재 서 있는 그 자리에 앵커링할 수 있다. 이제 그 지점은 몽상가의 자원과 전략이 앵커링된 곳이라고 할 수 있다.

만일 창조적 참조 경험[32]에 접근하기가 어렵다고 생각된다면 이제 당신이 1단계에서 선택한 문제를 창조적으로 생각하거나 창조적으로 해결하는 데 도움을 줄 수 있는 적절한 메타포가 있을지 생각해 보라. 아니면 당신 주변에 혹시 훌륭한 몽상가에 해당하는 사람이 있을지를 찾아보고 그에 대해서 생각하되 그의 창조성을 모델링할 수도 있을 것이다. 만약 그런 사람을 찾았다면 이 과정을 계속하기 전에 일단 그에게 가서 그가 어떻게 그런 창조적 상태에 들어갈 수 있었는지 물어보라.

필요하다면 당신의 문제를 비교적 다루기 쉬운 덩어리로 나누어 하나씩 취급할 필요가 있다. 그렇다고 현실성을 너무 따지거나 생각하지 마라. 그러한 측면은 뒷부분에서 다룰 것이기 때문이다. 편집도 평가도 하지 마라. 필요하다면 음악을 듣거나 신체 활동을 함으로써 의식의 마음을 산만하게 하는 것도 좋을 것이다. 이제 당신이 원하는 만큼 꿈을 꾸고 상상을 해 보았다고 판단될 때는 다시 현재 자리에서 벗어나 원래의 위치로 돌아가라.

③ 당신 자신의 계획이든 다른 사람의 계획이든 당신이 어떤 계획에 대해서 아주 주의를 기울이고 현실적인 입장에 있었던 때를 생각하여 떠올리고 그때의 기억으로 돌아가 보라. 어쩌면 그때가 아주 현실적이고 합리적인 방식으로 계획을 실천했던 경우였을 수도

---

32) creative reference experience: 어떤 특정한 성격의 경험에 대한 기준이 될 수 있는 경험을 말한다. 그러므로 창조성 참조 경험이란 과거에 가졌던 많은 창조적인 경험들 중에서 가장 대표적이라고 할 수 있는 특정한 경험을 말한다.

있다. 만일 그런 과거의 경험을 찾아내기 어렵다면 혹시라도 모델링할 수 있는 다른 사람의 경험을 찾아보는 것도 좋다. 그 사람에게 그가 어떻게 자신의 계획을 현실적으로 잘 실행할 수 있었는지 물어보거나 당신이 그 사람이 되었다고 생각하고 그의 입장이 되어 보는 상상을 해 보라. 그래서 "만약 내가 그 사람이라면 어떻게 그 계획을 실천할까?"라고 자문해 볼 수 있을 것이다. 그리고 이젠 당신이 그 사람이 되었다고 생각하고 행동해 보라.

이제 준비가 되었다면 현실주의자의 지점으로 걸어 들어가라. 그 자리에 현실주의적인 상태와 자원을 앵커링하라. 그렇게 하기 위해 그 자리에서 과거의 현실주의적이었던 당시의 경험을 떠올리고 그때의 느낌을 느끼도록 하라. 또는 당신이 모델로 삼았던 현실주의적인 다른 사람의 경험을 생각하거나, 당신이 그 사람의 입장에서 그 경험을 다시 상기하고 그 느낌을 느껴 보라. 당신이 그러한 경험을 충분하게 다시 체험했을 때 그곳에서 벗어나서 다시 원래의 자리로 되돌아 나오라.

④ 마지막은 평가의 단계로서 이때 필요한 것은 비평가의 입장이다. 당신이 과거에 어떤 계획을 세워 놓고 그것을 건설적인 방향으로 평가했던 때, 계획을 분석하면서 장점만이 아니라 약점도 보고 문제점을 찾아내었던 때를 기억해 보라. 그것은 자신의 계획이었을 수도 있고 동료나 다른 사람의 것이었을 수도 있다. 혹시 그것이 어렵다면 다시 당신이 알고 있는 훌륭한 비평가를 모델링해도 좋다. 이제 준비가 되었다면 앞서 했던 방식으로 이번에는 당신이 정한 세 번째 지점으로 걸어 들어가 비평가로서 경험했던 과거의 일을 재경험하면서 그 자리를 앵커링하라. 당시에 보았던 것을 보고 그때 들었던 소리를 듣고 또 그때 느꼈던 것을 느낌으로써 앵

커링 과정이 이루어질 수 있다. 그러한 경험이 끝이 나면 다시 원래의 자리로 걸어 나오라.

당신은 세 가지 각기 다른 지점에 몽상가, 비평가, 현실주의자로서 앵커링을 하였다. 당신은 이 세 지점을 당신의 작업실이나 세 개의 분리된 방으로 생각하고 그 지점을 사용할 수 있다. 당신은 세 가지 중에서 특정한 한 지점이 다른 곳보다 왠지 접근하기가 더 쉽게 느껴질 수도 있을 것이다. 그렇다면 당신이 계획을 세울 때 바로 그 지점에서 결론을 끌어내기가 더 좋을 것이다. 사실상 각각의 지점은 그 자체가 전략이다. 이 창조적 전략은 슈퍼 전략으로서 세 개의 분리된 전략들 각각이 하나로 합쳐진 것이라고 할 수 있다.

⑤ 작업하기를 원하는 문제나 성과를 하나 택하라. 몽상가의 위치로 들어가서 마음을 편안하게 하라. 몽상가는 현실적이어야 할 필요가 없다. 꿈은 대개 시각적이기에 몽상가로서 당신의 입장은 시각 구성적 사고를 사용할 가능성이 크다. 몽상가에게는 그 꿈의 끝이 하늘만큼이나 높다. 그러므로 현실적 입장을 고려하느라 실망할 필요는 없다. 일단은 브레인스토밍을 하라. 당신이 만약 '실패하지 못하고' 성공할 수밖에 없다면 무엇을 할 것인가? 몽상가는 '만약 ~이라면(하다면) 어떨까(I wonder if)?'와 같은 표현으로 요약될 수 있는 입장을 취한다. 일단 이 과정이 마무리되었다면 다시 원래의 자리로 돌아가라. 당신이 학교 시절에 선생님께 어떤 이야기를 들었든 상관없이 백일몽[33]은 당신에게 시간을 보내기에

---

33) daydreaming: 일반적으로 공상과 망상을 하는 것을 의미하지만 여기서는 현실적인 구애를 받지 않고 자유롭게 마음에 떠오르는 것은 무엇이든 생각해 보는 것을 뜻한다. 이러한 거침 없는 생각이 곧 창조성의 근원이 된다고 할 수 있다.

유용하고 창조적이며 즐거운 일일 수 있었다.

⑥ 이번에는 현실주의자의 자리로 들어가서 당신이 꿈꾸는 계획에 관해 생각해 보라. 계획 속의 아이디어들을 조직화하라. 아이디어들을 어떤 방식으로 실제에 적용하고 실천할 수 있을까? 그것을 현실화하기 위해서는 무엇을 바꾸어야 할 것인가? 일단 현실주의자의 지점에서 이 과정을 잘 마무리하여 만족스럽다고 느낀다면 다시 밖으로 나와서 원래의 자리로 돌아가라. 현실주의자를 대변하는 표현은 '어떻게 또는 어떤 방식으로 내가 이것을 해낼까?' 이다. 당신 안의 현실주의자는 신체감각형으로서 '행동파' [34]일 가능성이 크다.

⑦ 다음은 비평가의 지점으로 가서 당신의 계획을 체크하고 평가하라. 그러한 비평과 평가의 결과 무엇이 빠져있는 것 같은가? 만약 그 계획 자체가 다른 사람의 협조를 필요로 하는 것이라면 그 협조자들을 위한 것으로는 무엇이 있는가? 그리고 그 협조를 통해서 당신은 무엇을 얻을 수 있는가? 협조는 재미가 있을 것인가? 그것의 대가는 무엇일까? 비평가의 표어는 '무엇이 부족할까? …… 나에게는 무엇이 득이 될까?' 이다. 일반적으로 비평가는 내부 대화에 의해 움직인다.

⑧ 다시 몽상가 자리로 들어가서 현실주의자와 비평가로부터 당신이 학습한 것을 바탕으로 당신의 원래의 계획을 창의적인 것이 되게 변화시켜라. 이제 그 계획이 세 가지의 각 입장에서 봤을 때도 적합할 때까지 세 자리로 들어갔다 나오는 과정을 계속해 보라. 당신은 각각의 자리에서 각기 다른 생리적·신경적 경험을 하게 될

--------------------------------------------------------------

34) man or woman of action: 여기서 행동파란 어떤 계획이나 꿈을 생각만 하지 않고 현실적 차원에서 실제로 적용하여 실천하고 실행하는 현실적인 사람을 말한다.

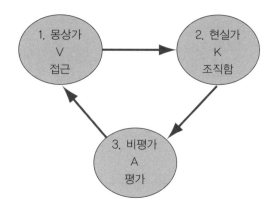

것이다. 이들 세 자리를 이동하는 동안에는 연속성이 유지되도록
하라.

비평이 파괴적이지 않고 건설적인 것이 되도록 하기 위해서는 몽상
가가 현실적일 수가 없듯이 비평가도 현실적이 되어서는 안 된다는 사
실을 기억해야 한다. 비평은 가능성을 바라보는 또 다른 방식이다. 그러
므로 비평가는 몽상가나 현실주의자를 비평해서는 안 된다. 그는 단지
계획 자체를 비판해야 한다.

어떤 사람들은 자기 자신을 비판하면서 스스로 부정적 정서를 경험
하기도 한다. 그들에게 필요한 것은 비판이란 계획에 대한 유용한 피드
백이라고 생각하고 받아들이며 활용하는 것이다. 경우에 따라서 비평가
는 너무 빠른 판단을 내리는 바람에 꿈이나 몽상가를 혹평하는 수가 생
기는데, 그것은 바람직하지 못하다.

어떤 사람들은 이 전략을 자연스럽게 사용한다. 그들에게는 몽상가가
창조적으로 생각할 수 있는 특별실, 즉 몽상가를 위한 앵커가 될 수 있
는 장소가 있다. 물론 그들에게는 현실적인 계획을 세우는 데 필요한 또
다른 방도 있으며, 평가와 비평을 할 수 있는 제3의 방도 있다. 이러한

사고의 세 가지 방식들이 공간적으로 명확하게 분류될 때 각각은 서로 간에 방해나 간섭 없이 최선을 다할 수 있다. 마무리된 아이디어가 제자 리에서 작동할 때만이 실행에 옮길 준비가 갖추어졌다고 할 수 있다.

이러한 과정의 마지막이 되었을 때 당신은 결과적으로 마다할 수 없 는 계획을 가지게 된다. 그때 당신이 던질 수 있는 질문은 '나는 이것을 할 것인가?'가 아니라 '나는 이것을 해야 해. 그 외에 다른 무슨 일을 한단 말인가?' 이다.

이것은 균형 잡힌 전략의 좋은 예다. 세 가지 주요 표상체계 모두가 관여되어 있기에 정보를 받아들일 수 있는 모든 통로가 활용된다. 일반 적으로 몽상가는 시각적으로, 현실주의자는 신체감각적으로, 그리고 비 평가는 청각적으로 기능한다고 할 수 있다.

내적 과정이 제대로 진행되지 않고 효과가 없을 경우에는 전략의 외 부로 걸어 나올 필요가 있다. 그래서 당신은 전체 과정을 점검해 볼 수 있는 외부의 위치를 확보하게 되고 필요할 때 실시간으로 중지를 선언 할 수 있다.


## 모델링으로 되돌아가기

이제 우리는 전략에서 벗어나 모델링의 다른 측면에 대해서 계속 살 펴봄에 따라 사람들이 어려움을 느끼는 한 가지 점에 대해서 언급할 필 요가 있을 것 같다.

우리 문화에는 자기가 하는 일을 의식하지 않으면서 할 때 잘할 수 있고 그 과정을 의식하거나 인식하면 오히려 일을 하는 데 방해가 될 수 있다고 생각하는 색다른 믿음이 있는 것 같다. 그런데 일반적으로 우리는 어떤 과제를 수행할 때 모든 의식적 신경을 그 과제를 수행하는 일에 집중하기 마련이다.

그런데 우리가 자동차를 운전할 때는 운전 행위 자체에 대해서 일일이 의식적으로 생각하지 않는다. 마찬가지로 음악가가 공연을 할 때도 자기가 연주하거나 보는 악보의 모든 곡을 일일이 의식적으로 추적하면서 읽거나 파악하지 않는다. 그럼에도 불구하고 운전자와 음악가는 자신의 일이 끝났을 때 자기가 방금 무엇을 했는지에 대해서 다른 사람들에게 잘 설명할 수 있다. 이러한 일들을 어떻게 설명해야 할까?

어떤 분야든 달인이 있기 마련이다. 그런데 달인이란 어떤 일에 있어서 경지에 도달한 도사에 해당하는 사람으로, 어떤 일을 한 후에 방금 자신이 한 일을 정확하게 되짚을 수 있으며, 그 자신이 어떻게 그 일을 했는지에 대해서 구체적으로 설명할 수 있다. 그렇게 본다면 달인은 능력을 드러낼 수 있는 무의식적인 기량과 능력을 뜻하는 '인식하지 않는 능력'을 갖고 있다고 할 수 있다. 이것은 바로 메타인지(metacognition)라고 불리는 기술이다.

당신은 메타인지 기술을 사용함으로써 자기가 수행한 과제를 어떻게 또는 어떤 식으로 하였는지에 대해서 인식할 수 있을 것이다. 당신이 그 일을 어떻게 하는지를 안다면 다른 사람들에게 그 방법을 그대로 소개하거나 설명해 줄 수 있을 것이다. 또한 당신은 어떤 일이 잘 되거나 그 일을 잘했을 때 과연 어떻게 했는지를 알 수 있을 것이며, 반대로 어떤 일들이 잘 안 되거나 그 일을 잘 못할 때 과연 당신이 어떻게 했는지를 알 수 있을 것이다. 그런데 당신이 그 두 가지 사이의 차이를 제대로 파악하고 활용한다면 당신이 수행하고자 하는 일을 최고로 잘할 수 있는 가능성을 높일 수 있을 것이다.

모델링의 과정을 탐색하다 보면 과연 누구를 모델링할 것인가의 문제가 제기될 수 있다. 이 문제는 당신이 추구하는 성과가 무엇이냐에 따라 결정될 수 있다. 당신은 먼저 자신이 획득하고 싶어 하는 스킬, 능력, 자질이 무엇인지를 파악할 필요가 있다. 그런 다음에 과연 누가 당신의 가장 좋은 모델이 될 수 있을지 생각해 보아야 한다.

그다음 질문은 당신이 어떻게 모델링에 착수할 것인가다. 그 가능성은 다양한데, 그중에서도 무의식적이며 비형식적인 모델링과 같은 것을 생각할 수 있다. 이 방법은 특히 로버트 딜츠의 사례에서 사용되었는데, 그는 최근에 피아트사[35]를 위하여 미래의 리더십 스킬이라는 주제에 대한 모델링 프로젝트를 수행한 적이 있다.

당신 자신의 개발을 위하여 모델링 기술을 활용할 수 있는 비형식적이며 간단한 방법은 일단 당신이 존경하는 사람들 중에서 역할 모델을 찾아보는 것이다. 예를 들어, 알렉산더 대왕은 전설적인 전사인 아킬레스[36]에 대해 그가 가졌던 이미지를 따라 모델링하였다. 토마스 아 켐피스[37]는 『그리스도를 본받아』를 저술했을 때 매우 높은 야망을 가졌다.

보다 최근에는 스트라빈스키[38]가 모차르트로부터 많은 것을 차용했다. 그는 자신이 그렇게 사랑했던 모차르트의 음악 때문에 그럴 권리가 있다고 주장했다. 레이 찰스[39]는 냇 킹 콜[40]을 모델링하면서 그 자신의

---

35) Fiat: 이탈리아의 자동차 회사.
36) 그리스의 신화에 등장하는 전설적인 영웅. 그의 유일한 약점인 발꿈치 뒤에 활을 맞아 죽었다. 그의 이름을 따서 발꿈치 뒤의 근육을 아킬레스건이라고 한다.
37) Thomas á Kempis(1380~1471): 네덜란드의 신학자로서 본명은 Thomas Hemerken 이다. 그는 기독교 문학에서 성서 다음으로 가장 큰 영향을 미친 것으로 여겨지는 신앙서 『그리스도를 본받아(The Immitation of Christ)』의 저자로 추측된다.
38) Igor Fedorovich Stravinsky(1882~1971): 러시아 출생의 미국의 유명한 작곡가로서 발레곡 '불새' '페트루슈카'로 성공을 거두고 대표작 '봄의 제전'으로 당시의 전위파 기수로 주목받았다.
39) Ray Charles(1930~2004): 미국의 유명한 흑인 가수, 피아니스트, 색소폰 연주자이자 가곡 작가다. 그는 7세 때 녹내장으로 완전히 시력을 잃게 되었지만 그 후에도 열

음악가로서의 특별한 브랜드를 개발시킬 때까지 "밤낮으로 콜을 호흡하고, 섭취하고, 마시고, 맛보았다."라고 말하였다.

당신은 책, 텔레비전, 영화, 그 어떤 것에서든 당신의 모델이 될 만한 사람을 찾아서 그를 모델링하는 가운데 그를 '호흡하고, 먹고, 마시고, 맛봄'으로써 그가 사용했던 종류의 상태나 정신적 자원에 접근할 수 있을 것이다. 만일 당신이 자리에 앉게 된다면 다음과 같은 작은 실험을 한번 해 보라. 대부분의 사람은 책을 읽을 때 작은 소리를 낸다. 그것은 우리가 책을 읽을 때 머릿속에서 단어를 소리로 말한다는 뜻이다. 이제 당신은 이 문단이 시작되는 지점으로 돌아가서 당신이 실제로 흠모하는 누군가의 목소리가 당신 머릿속에서 나는 소리로 바뀐다면 어떻게 될지에 주목해 보라. 우리가 자신의 머리 안에서 나는 목소리를 자기가 존경하는 사람이나 역할 모델의 목소리로 바꾸어 주는 것만으로도 새롭고 다른 자원에의 접근이 쉬워진다고 할 수 있다.

사람들은 흔히 모델링을 신비스러운 것으로 생각하여 자기가 제대로 그 방법을 배울 때까지는 함부로 할 수 없는 것이라고 생각한다. 그러나 사람에 대한 호기심을 가지고 있는 사람이라면 누구라도 모델링을 하지 못할 이유가 없다. 누구든 나름대로 이미 모델링을 하고 있기 때문이다.

---

정적으로 피아노를 익히고 노래를 배우는 등 천부적인 자질을 드러내었다. 후에 캄보 밴드를 조직하여 활동하였으며, 정통 블루스를 현대 감각과 강한 개성을 살려 대중 취향에 맞추고 흑인 영가에도 새 경지를 열었다. 대표적인 작품으로는 'What I say' '사랑할 수밖에 없어' 등이 있다. 인간 승리에 해당하는 그의 삶을 다룬 영화가 그의 이름을 따서 '레이'란 제목으로 제작되었다.

40) Nat King Cole(1917~1965): 미국 대중가수 및 재즈 가수로 본명은 Nathaniel Adams Cole이다. 소년 시절부터 연예계에 진출하여 재즈와 팝송을 불렀다. 세련된 도회적 정서와 따뜻한 인간미, 흑인 특유의 애수감, 독특한 재즈 필링이 그의 매력이었으며 달콤한 목소리와 세련된 창법을 구사하여 대중의 인기를 얻었다. 히트곡으로는 '모나리자' '투 영'이 있다.

나는 내가 처음 NLP를 알았던 10년 전[41]을 돌아볼 때 나에게 유용했던 대부분의 학습이 주로 비형식적 모델링에서 왔다는 사실을 알고 있다.

예를 들면, 나는 최근에 어떤 친구를 방문했는데, 그때 처음으로 그 집의 안주인이 낭만적인 소설을 쓰는 사람이라는 사실을 알게 되었다. 그녀는 그러한 사실에 대해 다소 신중한 태도를 보였다. 그러나 반시간 정도 함께 대화를 나누는 사이에 그녀의 글쓰기 전략을 발견할 수 있었는데, 그것은 곧 내가 찾고 있던 것을 나에게 제공해 준 셈이었다. 한마디로 그녀는 백일몽을 즐겼는데, 그 시간을 창조적으로 활용함으로써 소설에 필요한 아이디어를 떠올리는 수단으로 삼았다. 그녀는 그때 떠올린 생각이나 아이디어들을 늘 들고 다니는 공책에 적어 두곤 하였다. 그리고 글을 쓰기 위해 책상에 앉았을 때 그 공책에 쓴 생각이나 아이디어들을 보면서 백일몽의 구체적인 내용을 기억하곤 했다. 그녀는 자신의 창조적인 백일몽 시간을 사랑했다. 그렇게 본다면 그 백일몽은 그녀에게 동기 부여를 한 셈이므로 결국 동기 전략을 내포하고 있다고 할 수 있다. 그것은 멋진 일이었다.

만일 당신이 학습하기를 원하는 구체적인 스킬을 파악했다면 당신은 모델링을 보다 잘할 수 있을 것이다. 행동의 세 가지 기본적 요소인 신념, 생리, 전략을 기억하라. 예를 들면, 이 책을 쓰기 위해 나는 책을 쓸 수 있으며, 또 책 쓰는 일은 그렇게 할 가치가 있다는 신념을 가질 필요가 있다. 그리고 책의 내용을 생산해 낼 수 있는 일련의 전략(이미지, 소리, 느낌과 같은 것들의 계열)이 필요하다. 더불어 나는 책상에 앉아서 키보드를 두드릴 때 편안하게 이완되어 있음을 느낄 필요가 있다.

---

41) 1970년대 말~1980년 정도의 시기를 말한다.

만일 당신이 이런 작은 모델을 좀 더 풍부한 것으로 만들기를 원한다면 내가 행동하거나 실행하는 것을 보고 싶을 것이다. 어쩌면 나는 '내가 행동하지 않는 것 같은 모습을 보라.'고 말해야 할지도 모른다. 왜냐하면 앞에서도 설명했듯이 사실 많은 일이 무의식적인 차원에서 일어나기 때문이다.

이제 당신은 나에게 여러 가지 질문을 해 보고 싶을 것이라고 생각되는데, 다음에 당신에게 도움이 될 만한 몇 가지 질문 사항이 있으니 참고하기 바란다.

- "당신은 어떤 맥락에서 이런 스킬을 사용합니까?"
- "당신은 어떤 성과를 이룩하기 위하여 이 스킬을 적용합니까?"
- "당신이 이런 성과를 이룩했다는 것을 확인시켜 주는 증거는 어떤 것입니까?"
- "당신은 이런 성과를 이룩하기 위하여 정확히 무엇을 합니까?"
- "어떤 구체적인 단계와 실행이 필요합니까?"
- "도중에 제대로 진행되지 않고 막히면 어떻게 해야 합니까?"

이런 질문들은 결국 제4장(p. 165)에서 살펴본 TOTE 모형을 바탕으로 한 TOTE 유도 질문에 해당하는 것들이다. 당신이 설정하는 모형의 종류는 순환적으로 연결되는 TOTE라는 시스템에 해당한다. 즉, 그것은 스킬 속의 스킬과 같으며, 마치 하나의 상자 안에 다른 상자가 겹겹이 포개지는 중국 상자 같은 것이라고도 할 수 있다.

당신은 앞의 질문들에 대한 답을 갖고서 하나의 모형을 만들기 시작할 수 있는데, 그 모형은 내가 나의 신경계와 함께하고 있는 것에 대한 것이다. 그다음에 당신은 무슨 질문을 할 것인지를 알기 위하여 당신의 신경계에서 이 모형을 작동할 것이고, 그 결과로 어떤 것이 작동하며 어떤 것이 누락되었는지를 알게 될 것이다. 이것은 마치 어떤 사람이 당신에게 어떤 지시를 내릴 때 당신이 그 지시를 따르는 장면을 마음속에서 그려 보고 그 지시가 말이 되는 것인지를 알아보는 것과 비슷하다고 할 수 있다.

모델링에 대한 기술은 여기서 소개되는 것보다, 그리고 책에서 설명할 수 있는 것보다 더 많이 있다. 예를 들면, 당신은 '의식의 벽'을 뚫고 나갈 수 있으려면 제2차적 입장에 서는 스킬이 필요하다. 의식의 벽이란 무엇인가? 재능 있는 사람들은 자신의 행동을 설명하거나 가르치고자 할 때 자신의 많은 스킬이 완전히 무의식적이라는 것을 알게 된다. 그것은 학습 과정의 의식적 비계(飛階)[42]는 마치 집이 완성될 때 제거되듯이 최종적으로 만들어졌을 때 아무런 흔적 없이 사라지게 된다.

비형식적 모델링과 반대되는 것으로는 비즈니스계에서 대체로 사용되어 온 본격적인 고품질의 모델링 프로젝트가 있다. 이는 당장 이용할 수 있는 모델링 스킬로 꽉 차 있다. 그것은 전형적으로 다음과 같은 순서로 이루어진다.

① 한 조직체를 대상으로 예비 인터뷰를 수행한다. 이 과정에서 어떤 능력이 모델링할 만한 가치가 있는지, 누가 최고의 수행자인지, 그리고 그중에서 몇 명을 모델링할 것인지에 대해서 알아보게 된다. 이때 보편적으로 세 명의 최고 수행자와 평균적인 세 명의 수행자가 비교된다. 여기서 후자와 같은 사람들, 즉 평균적인 수행자들은 비교집단이라고 할 수 있다. 그 과정에서 두 집단 사람 간의 결

---

42) scaffolding: 토목건축의 용어로서 집이나 건물을 지을 때 공사를 위하여 임시로 설치하지만 공사가 끝나면 제거하는 발판이나 계단을 말한다.

정적 차이[43]를 찾아낼 수 있게 된다. 마지막으로는 액션플랜[44]에 대한 합의가 이루어진다.

② 각 역할 모델이 각기 다른 맥락에서 행동하는 것을 관찰하면서 최소한 이틀 정도를 보내라. 그들의 행동을 기록하고 그들의 신념, 전략, 상태, 메타 프로그램 등을 알아내기 위하여 인터뷰하라. 그들에 대해 좀 더 구체적으로 알아보기 위하여 동료들도 인터뷰하라. 비교 목적을 위하여 비교집단의 사람들에게 앞의 과정을 동일하게 적용하여 같은 인터뷰를 반복하라. 이때 비교집단의 사람들은 자신들이 그렇게 비교된다는 사실을 몰라야 한다. 그렇지 않다면 난처해할 것이기 때문이다.

③ 이제 시간을 가지면서 당신이 알아냈다고 생각하는 것과 미처 챙기지 못했다고 생각하는 것들을 분명히 펼쳐보라. 흔히 이 단계는 공동 모델링자(co-modeller)와 함께 이루어진다. 최고 수행자 집단과 비교집단의 사람들을 대상으로 하는 대조분석[45]을 통하여 그들 집단 간의 차이를 만드는 차이, 즉 진정한 차이 또는 결정적 차이를 찾아내라.

④ 이 단계에서 당신이 찾아냈다고 생각하는 유형들을 확정하기 위해서는 앞으로 되돌아가서 다시 한번 짚어 볼 필요가 있다. 그리

---

43) critical difference: 서로 다른 두 가지를 비교할 때 그 둘이 서로 다르다는 것을 가장 확연하게 보여 주는 차이에 해당하는 것으로서 '차이를 만드는 차이', 즉 진정한 차이를 말한다.

44) action plan: 일종의 행동 계획으로, 어떤 목표를 달성할 수 있도록 마련하는 실행 계획을 의미하기도 한다.

45) contrastive analysis: 하위양식 작업에서 적용되는 NLP의 중요한 기술이다. 두 가지 상태나 능력의 하위양식적 특성을 서로 비교하여 분석하여 두 상태나 능력을 구별 짓는 결정적 하위양식(critical submodality)에 해당하는, NLP의 용어로 방아쇠(trigger) 또는 드라이버(driver)를 찾아내는 것을 말한다.

고 혹시라도 더 필요한 것이 있다면 그것을 알아내기 위하여 추가적인 관찰과 질문을 할 필요가 있다. 어쩌면 이런 과정을 여러 번 반복해야 할지도 모른다.

⑤ 원래의 개요와 방법론, 그리고 드러난 모형이 어떤 것인지를 밝히는 것을 포함하는 전체 보고서를 작성하라. 이 모형은 정체성, 신념, 능력 수준에서부터 구체적인 외적 · 내적 행동까지도 포괄하는 것이다.

⑥ 이런 스킬을 다른 사람도 익힐 수 있도록 트레이너와 더불어 훈련 프로그램을 설계하라. 그리고 훈련 프로그램을 실시하고 피드백을 사용하여 수정하거나 보완할 수 있도록 하라. 그들의 트레이너들이 그것을 실시할 수 있도록 그들을 훈련하라. 그리고 끝을 내라.

여기서 1단계에서 5단계까지는 20일 정도 소요될 수 있으며, 6단계는 앞의 기간의 반 정도 소요될 수 있다. 이러한 연속적인 백투백[46]모델링 훈련 패키지는 같은 작업 역할이 여러 번 반복되는 조직에서는 아주 효과적이다. 예를 들면, 팀 슈퍼바이저나 현장관리자와 같은 사람들은 그러한 작업 역할을 반복하는 사람들이다. 오늘날에는 구체적인 작업 역할에 맞는 직원을 효과적으로 충원하기 위한 과정을 미조정[47]하고자 하는 목적으로 훈련 없이 이루어지는 모델링도 이용되기 시작하고 있다.

-----------------------------------------------------------------------

46) back-to-back: 어떤 과정이 일련의 흐름을 타고 직선적으로 진행되는 것이 아니라 피드백 기제에 의해서 앞뒤로, 순환적으로 왔다갔다 하면서 진행되는 것을 말한다.

47) fine tune: 라디오나 텔레비전의 오디오와 비디오 특성을 조절할 때처럼 아주 미세하고 작은 것을 조정하는 것을 말한다.

# NLP, 모델링 및 가속학습

지금까지 우리는 비형식적 모델링에서부터 형식적 비즈니스 프로젝트에 이르기까지 모델링에 대한 개요를 전반적으로 소개하였다. 오늘날 우리에게는 NLP의 발달 초기에 개발된 모델링 언어에서 발전된 보다 세련된 모델링 스킬이 있다.

밴들러는 그린더에게 자신의 게슈탈트 언어 패턴에 대해서 더 잘 인식할 수 되도록 도와줄 수 있겠는지를 물었다. 그때 그린더는 마치 새로운 언어를 학습하듯이 그 문제에 접근하였다. 당신이 말해 보지 않았던 언어를 연구한다는 것은 어리석은 일이다. 그린더는 게슈탈트 언어에 대해서 연구하기 전에 먼저 그 언어 패턴 자체를 말할 수 있어야 했다. 이것은 전통적 학습과는 정반대되는 접근이다. 전통적 학습에서는 먼저 각 조각을 분석해 보고 나서 그 조각을 한 덩어리로 묶는다.

가속학습은 어떤 것을 하는 법을 학습한 후에 그것을 어떻게 하는지에 대해서 학습하는 것이다. 당신은 제대로 된 학습이 이루어지기 전에는 그 학습을 분석하거나 검토하지 않는다. 당신이 안정되고 일관되게 학습 내용을 잘 익혔을 때에야 의식적 마음 차원의 조사를 해도 학습된 것이 허물어지지 않는 법이다.

이러한 방식은 제1장에서 살펴본 학습의 4단계와는 근본적으로 다르다. 즉, 인식하지 못하는 무능력 단계로 시작해서 인식하지 않는 능력 단계로 끝나는 방식과는 몹시 다르다는 것이다. 직관에서부터 시작하여 분석을 하는 것이 곧 모델링과 가속학습의 기본이다. 당신은 바로 첫 단계에서 인식하지 않는 능력으로 갈 수 있다. 우리는 이제 제1장에서 시작하여 완전히 한 바퀴 돌아 다시 처음으로 돌아온 셈이다.

NLP는 우리가 모국어를 배울 때 사용하는 방식과 같이 직관이라는 기초에서 시작되었다. 우리는 처음에는 탁월성에 대하여 전반적으로 살펴보는 것을 출발점을 삼았고, 그 후에는 사고를 구성하는 가장 작은 벽돌에 해당하는 하위양식을 분석할 수 있게 되었다.

내려가는 것은 반드시 올라오게 되어 있다. 분석 과정을 마치고 보면 우리가 처음의 단계로 그냥 올라가는 것이 아님을 알게 된다. 즉, 우리는 더 많이 이해한 상태에서 올라간다는 것이다. 이렇게 올라가는 것이야말로 어떤 의미에서는 근본으로 되돌아가는 것이며, 그 장소를 처음으로 알게 되는 것이다. 이 새로운 지점은 새로운 직관을 위한 기초를 제공한다. 그로 인해서 우리는 다시 내려갈 수 있게 되고, 그래서 그 과정은 계속된다.

당신은 지금까지의 각 단계에 있어서 그 단계의 효용성과 함께 한계성도 알게 된다. 그리고 각각의 개념과 기법 들은 문제 해결을 위하여 적용시키는 과정에서 그것의 진정한 기회를 발견하게 되고 아울러 한계점을 극복하기 위한 노력도 하게 된다.

처음에 메타모형은 이 과정을 통해 이루어졌다. 그다음에는 표상체계, 눈동자 접근단서, 하위양식 등이 이루어졌다. 하나의 것이 한계에 도달하면 다음의 것이 그 자리를 대신했다. 끊임없는 균형의 상실과 그에 따른 끊임없는 재균형의 과정이 이어졌다.

이러한 과정을 탐색함에 있어서 당신이 이룩하는 학습에 NLP의 가치가 있다. NLP의 뿌리는 행동의 기저를 이루는 체계적 패턴에 있다. 당신은 어떠한 윤리적 제한 안에서 특정한 결과를 창조할 수 있는 것은 무엇이든 취해서 한다. 그리고 그것을 좀 더 다듬어서 가능하면 단순하게 만들어 개선함으로써 차이를 만드는 차이, 즉 진정한 차이를 찾아낸다. NLP의 목적은 바로 인간의 선택과 자유를 증가시키는 것이다.

# 사용자 안내

이제 우리는 이 책의 마지막 장에 이르렀다. 당신은 이제 어떻게 함으로써 NLP에서 가장 많은 것을 얻을 수 있을 것인지에 대해 이미 생각하기 시작했을 것이다. 우리 각자는 그러한 나름대로의 방법을 이미 발견하여 실제로 적용하면서도 그러한 사실을 인식하지 못할 수도 있다. 지금 이 순간에 당신이 의식적 수준에서 판단해야 할 것이 하나 있다면 그것은 다음과 같은 것이다. 즉, 당신은 과연 지금까지 공부한 내용을 바탕으로 하여 이제는 최소한 NLP 책이라도 사 보거나 NLP 트레이닝 코스에 참여함으로써 NLP를 더 공부하고 싶은 마음이 든다고 할 정도로 NLP가 정말로 흥미롭고 유용하다고 여기는가 하는 것이다.

당신은 NLP와 관련된 새로운 학습과 이해의 깊이를 더해 감에 따라 마음이 맞는 친구들과 함께 NLP의 개념에 대해서 대화를 나누는 일이 많아질 것이다.

이제 당신은 지금까지 당신 자신이 공부해 왔던 여러 가지 NLP 기법들의 일부, 즉 라포와 신체언어의 미묘한 변화, 사람들의 생각에 따른 눈의 움직임, 당신과 다른 사람의 마음에서 일어나는 정서적 상태의 미묘하고 심원한 변화와 같은 것에 대해서 뜻밖에도 점점 더 많이 인식해 가고 있다는 사실을 깨달을 수 있을 것이다.

당신은 자신의 사고와 사고 과정에 대해서 점차 더 많이 인식할 수도 있으며, 아울러 그중에서 특히 어떤 것이 당신에게 도움이 되고 또 어떤 것이 오히려 과거의 그림자 역할을 할 것인지에 주목하게 될 것이다.

당신은 당신 자신이 평소에 하는 사고의 내용을 바꾸는 일과 당신의 사고방식조차 바꾸는 일을 즐겨할 것이며, 어떻게 당신 자신과 타인들을 위해 더 정서적인 선택을 할 것인지를 알게 됨에 따라 그 영향력에 놀라게 될 것이다.

당신은 아마도 미리 성과를 설정하는 버릇, 문제를 탐색하고 지금까지와는 다르게 하며 새롭고 신나는 것을 학습할 수 있는 기회로 생각하는 버릇을 개발함으로써 얻을 수 있는 특별한 효과가 얼마나 큰지에 대해서 이미 깨달았을 수도 있다.

당신은 이제 다른 사람들의 실재에 대한 더 많은 직관력과 통찰력을 갖게 되었으며 당신 자신에 대해 더 큰 신뢰감을 갖게 되었다는 사실을 깨달았을 수도 있다. 그래서 마치 당신의 무의식이 새로운 학습 내용을 적절한 시간에 적절한 방식으로 잘 통합하고 있으며, 그렇게 하는 가운데 당신의 의식과 무의식의 지혜 사이에는 새로운 관계가 발전하고 있는 것 같다. 당신은 마치 자신을 재발견하는 것처럼 되어서 당신 스스로에게 그리고 당신과 가까운 다른 사람들에게 무엇이 중요한지에 대해서 더 많이 깨달아 가게 될 것이다.

당신은 자신의 마음속에서 일어나는 내부 대화를 듣다 보면 스스로 자기 자신에게 메타모형의 질문을 적용하고 있다는 사실을 깨닫게 될 것이며, 당신이 자신의 신념에 대해서 더 많이 발견함에 따라 더 많은 호기심을 갖게 될 것이다. 나아가 당신은 계속하여 제한적 신념을 활력 신념으로 바꿈으로써 항상 원해 왔던 당신의 모습 그 이상의 모습이 될 수 있을 것이다.

당신은 자신의 정체성에 대해서 더 많이 각성하게 됨에 따라 이제는 당신이 과거의 노예가 아니며 스스로에 대해서 더 많은 선택을 할 수 있다는 사실도 깨닫게 될 것이다. 이제 당신은 자신의 미래에 대해서 다르게 생각할 수 있게 되었고, 이것이 현재 당신이 어떤 사람이 되어 가고 있는가에 영향을 미칠 것이다.

당신은 또한 가까운 친구들과의 풍부하고 친밀한 관계를 더욱 발전시켜 갈 수 있을 것이며, 인간 경험의 풍부한 세계를 탐구하는 다른 사람들과도 보다 많은 시간을 함께 보내기를 바라게 될 것이다.

우리는 우리가 우리의 실재를 어떻게 만들어 가는지에 대해서 더 많은 사람이 알아감에 따라 우리가 진정으로 바라는 방향으로 이 세상을 만들어서 우리 모두에게 더 좋은 세상을 창조하게 되는 일을 즐겨할 수 있게 될 것이다.

에필로그

이 책은 NLP의 중요한 개념과 기법을 실제적 방법으로 기술한 책이다. NLP는 논리적 단계를 밟아 발달된 것이 아니므로 설명하는 것이 쉽지는 않다. 논리적 단계를 가지고 NLP를 기술하려는 것은 홀로그램을 하나하나 따로따로 분리해서 묘사하려는 것과 같다. 그러나 홀로그램의 각 부분은 모든 것을 포함하고 있다. 여기서 우리는 NLP에 관한 최종적이며 보다 사변적인 생각들과 우리 문화에 있어서 NLP의 위치에 대해서 소개하고자 한다.

우리는 NLP가 차세대 심리학이라고 믿는다. NLP는 새로운 학습 패러다임이며 새로운 언어심리학이라고 불려 왔다. 인간 경험의 구조에 관한 모델로서 NLP는 언어의 발명으로써 앞을 향해 나아가는 심오한 것이 될 것이다. 그리고 최소한 그것은 광범위한 다양한 분야에서 탁월한 결과를 성취하는 방법을 계속해서 만들어 낼 강력한 과정이라고 할 수 있다. 그것은 어떤 의미에서는 모든 것, 그리고 그 무엇도 아닌 것에 관한 것이라고 할 수 있다. 그레고리 베이트슨은 NLP는 학습하는 것을 학습하는 것에 대한 최초의 체계적 접근이며 최초의 응용인식론이라고 설명하였다.

무엇을 학습하는 것만으로는 충분하지 않으며, 학습하는 방법을 학습하는 것이 본질적이라고 할 수 있다. 우리는 지식과 기술을 보다 빨리 배워 가고 있을 뿐만 아니라 우리가 배우는 속도는 가속되고 있다. 우리는 마치 놀이동산의 롤러코스터를 탈 때와 같이 처음엔 천천히 출발하지만 갈수록 점점 빨라지는 진화적 여정 위에 있다. 그런데도 그것을 멈출 어떤 브레이크도 아직은 없다. 불행하게도 단순히 지식과 기술적 노하우를 축적하는 것만으로는 지구와 인류를 위한 일에 큰 도움이 되지 못한 것 같다. 대신에 우리는 좀 더 현명해져야 할 필요가 있지만 아직은 그렇게 지혜롭지 못한 것 같아 아쉽다.

우리 주변에는 거대한 변화가 일어나고 있다. 모든 과학적 지식의 90%가 금세기 초에 태어난 세대에서 축적되어 온 것이다. 이 세대의 사람들은 어린 시절에 보았던 공상과학 소설이 더 이상 공상이 아니라 실제로 이루어져서 현실이 되는 것을 보아 왔다. 역설적으로 지식의 증가가 우리를 더 무지하고 무능하게 느끼도록 만들고 있는 것 같다. 지식이 많으면 많을수록 우리는 점점 더 무지하게 되어 간다. 왜냐하면 우리가 모르는 것이 더 많아지기 때문이다. 그리고 우리는 무엇에 대하여 알지 못할수록 단순한 것을 하는 데에도 전문가에게 의존하지 않을 수 없는 상태까지 오게 되었다.

지식과 힘의 거대한 팽창으로 이끈 과학과 기술은 많은 불행한 결과를 초래했으나 우리는 그러한 사실을 겨우 인식하기만 할 뿐이다. 그리고 그 결과로 우리는 롤러코스터 타기가 위험한 것과 같은 세상에 살게 되었다. 오늘날 세상의 모든 일이 너무 빨리 발전하거나 전개되고 있는데, 우리는 이제야 처음으로 우리가 어디로 가고 있는지를 제대로 볼 수 있게 되었다. 그래서 우리는 텔레비전으로 브라질의 숲이 파괴되는 것을 보고 신문에서는 지구 온난화에 관해 읽을 수 있게 되었으며, 과학자들은 오존층의 구멍을 감시할 수 있게 되었다.

지금 우리에게 던져진 질문은 미래가 달라질 것이냐 아니냐에 대한 것도 아니고, 심지어 얼마만큼 달라질 것이냐에 대한 것도 아니다. 다만 우리에게 미래가 있느냐 없느냐에 대한 것일 뿐이다.

"이제 세계는 유토피아가 아닌 이상 그 어떤 것도 위험하다."

– 벅민스터 풀러[1]

우리가 주변을 돌아볼 때 사람들은 현재 발생하고 있는 일들을 보면서 과연 얼마나 만족해할까? 우리 모두는 증가하는 변화의 압력을 경험하고 있다. 제어되지 않는 이러한 기술과 힘의 롤러코스터가 초래할 지구적인 재앙이라는 결과를 통제하기 위해 우리 모두는 어떤 역할을 해야 할 것인가? 우리는 이런 상황을 통제해야만 한다. 우리는 뛰어내릴 수 없다. 문제는 어떻게 하느냐다.

사회적 진화를 가능하게 하는 창의성의 근원은 개인이며, 한 사회의 의식 수준을 만들어 내는 것은 그 사회 개개인의 의식 수준이다.

사회변화는 개인의 변화에서 시작된다. 우리는 많은 사회적·생태적 문제에 직면해 있다. 만일 우리가 그러한 문제를 효과적으로 다룰 수 있는 사회를 발전시키려 한다면 지금 실천을 해야만 한다. 시간이 경과하고 지식이 늘어감에 따라 다음과 같은 두 가지 질문이 점점 다급하게 답을 요구하고 있다.

알 만한 가치가 있는 지식은 어떤 것인가?
실행할 만한 가치가 있는 것은 무엇인가?

우리는 과학과 기술의 산물로써 외부 세계를 황폐화시켰으며, 이런

---

1) Richard Buckminster Fuller(1895~1983): 미국의 유명한 건축가, 디자이너, 작가, 엔지니어, 미래학자, 상상가로 1967년 몬트리올 세계박람회를 위해 측지선(測地線) 돔(geodesic dome)을 처음으로 선보인 건축가이기도 하다. 측지선 돔이란 놀이동산에서 볼 수 있는 축구공처럼 둥근 건축물로 다각형 격자(格子)를 짜맞춘 돔을 말한다.

과학과 기술을 우리에게 준 태도와 세계관은 우리 문화에 깊이 자리 잡고 있으며 우리의 내적 세계에 깊은 영향을 미쳤다. 과학은 수학적 법칙과 이론을 구축하기 위한 노력의 일환으로 이루어진 자연에 대한 일련의 통제되고 반복된 실험을 통하여 성장해 왔다. 사람은 실제적인 면에서 자신을 더 이상 자연의 한 부분으로 간주하지 않는다. 실험자로서의 사람은 그의 실험에서 떨어져 서 있어야 한다. 그리고 그는 바로 그 실험이 자연을 변화시키거나 또는 결과에 영향을 준다는 것을 받아들이지 않는다. 그것을 받아들인다는 것은 자신의 전유물이라고 생각하는 객관성을 버리게 되는 것을 의미하기 때문이다. 객관적 결과를 얻고자 한다는 것은 곧 실험을 수행하는 실험 담당자를 다른 실험자가 지켜봐야 한다는 것을 의미한다. 그렇게 한다는 것은 화가가 자신을 포함한 전체 풍경을 그리려는 시도와 같이 불가능한 일이라고 할 수 있다. 화가는 그림을 그리고 있는 자기 자신은 결코 그릴 수 없다.

우리는 자연을 하나의 유기체로 다루는 것이 아니라 실제로는 법칙이 없는 것에 법칙을 부과함으로써 하나의 기계와 같은 것으로 다룬다. 기계란 원리가 예측 가능한 것이어야 한다. 이론을 구축함에 있어서 우리가 해야 할 것은 모든 법칙을 찾아내고 모든 조각을 발견하는 것이다. 그래서 자연에 대한 더욱더 완전한 그림을 그리기 위한 탐구는 계속되었지만 정작 그림을 그리는 화가 자신은 잊혀졌다.

지식은 경험과 무관한 것이 되었고 간접적으로 학습된 무엇이 되어 버렸다. 그리고 그것은 인식자와 무관하게 존재하고 늘 성장하는 추상적인 이론체가 되어 버렸다. 이 과정에서 중요한 것은 최종적 산물로서의 지식이지 그 지식을 학습하는 경험이 아니란 점이다.

지식을 객관화하는 이와 같은 방식은 당신이 다룰 수 있는 지식의 종류를 심각하게 제한한다. 극단적으로 정서, 예술, 관계와 같은 것은 주관적 경험에 의존하는 것이므로 평가절하되었다. 그래서 과학적 법칙은 실제의 인간 경험의 세계와는 무관한 것처럼 보이게 되었다.

과학 이론이란 것은 세상에 대한 하나의 메타포이지 그 자체가 진리는 아니다. 그것은 세상에 대해서 생각하는 하나의 방식으로서 마치 그림 그리기가 풍경을 표상하는 하나의 방식인 것과 같다. 우리는 지금까지 세상에 관해 생각하는 이러한 방식이 어떤 면에서는 유용했지만 다른 면에서는 재난이었다는 점을 빨리 알아가고 있다.

세계를 예측 가능한 객관적인 것이라고 설명하는 세계에 대한 메타포는 물리학의 양자이론의 등장으로 인해 흔들렸다. 우리가 연구를 깊게 하면 할수록 관찰자는 그가 관찰하는 것에 영향을 미칠 뿐만 아니라 과학적 실험의 통합적인 부분이라는 사실이 분명해지게 된다. 빛이 입자로 움직일까 또는 파동으로 움직일까의 문제는 당신이 설정한 실험의 종류에 달려 있다. 당신은 입자가 어디에 있고 언제 거기에 있는지를 결코 정확히 알아 낼 수 없다. 세계는 근본적으로 불확정적이다. 양자물리학은 널리 퍼져 있는 기존의 우주관, 즉 우주란 시계와 같이 정교하고 예측 가능한 것이라고 하는 메타포를 대신하여 새로운 우주관으로 자리 잡고 있다.

체제이론에 대한 새로운 탐색과 생각들, 카오스와 질서에 대한 연구는 단순한 시스템에서도 모든 변인을 추적할 수 없다는 점과 사소한 변인도 전체 시스템을 변화시킬 수 있다는 사실을 우리에게 보여 주고 있다. 그러한 사실을 통해 우리는 변혁의 시작에 서 있으며 우리가 자연을 보는 전체적인 방식이 바뀌고 있음을 알 수 있게 되었다.

카오스는 예측할 수 있는 무작위성(randomness)이라고 할 수 있는데, 그것의 전형적인 예는 곧 나비효과라고 할 수 있다. 나비효과란 미국의 기상학자인 에드워드 로렌즈가 "브라질에 있는 나비의 날갯짓이 텍사스에서 토네이도를 일으킬까?"라는 얘기를 한 후에 붙린 이름이라고 할 수 있다. 로렌츠는 기상을 추적하는 데 컴퓨터 모델을 사용했다. 그는 긴 숫자를 타이핑하는 데 피곤하여 반올림해도 차이가 없을 것 같다고 생각하였다. 그러나 이렇게 하는 것이 일기예보를 완전히 뒤집어엎는다는 것을 나중에 발견하고 깜짝 놀랐다. 적절한 장소에서의 작은 변화는 큰 결과를 초래할 수 있다. 이것은 어떻게 자연 전체가 하나의 체제이며 실험을 하고 있는 우리와 분리된 것이 아닐 수 있는지를 강조하고 있다. 그레고리 베이트슨은 『마음의 생태학(Steps to an Ecology of Mind)』에서 "체제적 지혜의 결여는 항상 벌을 받는다."라고 말했다.

이런 새로운 과학적 메타포는 우리로 하여금 다시 자연의 일부가 되도록 한다. 같은 방식으로 하나의 메타포로서 NLP는 우리를 우리의 주관적인 경험에 연결시키고 우리 내적 경험의 체제적 성질을 나타낸다.

우리는 이제 외부 세계의 복잡성에 대해 안다. 그리고 보이지 않는 관찰자로서 외부 세계에 영향을 미치는 영향에 대해서 얼마만큼은 안다. 우리가 어떻게 사고하는가의 결과는 외부 세계에 의해 그대로 반영되어 돌아온다. 우주는 완전한 피드백 장치다. 우리는 생각하는 대로 얻는다. 만일 우리가 세계를 변화시키기를 원한다면 먼저 우리 자신을 변화시켜야 한다. 우리는 지혜로써 외부 세계에 영향을 미치고 또 우리가 원하는 대로 외부 세계를 형성하려 한다면 내적 경험을 탐색하고 그것을 변화시켜야 한다.

NLP는 주관적 경험의 구조에 관한 연구로서 우리 자신을 탐색할 수 있게 한다. 그리고 그것은 우리가 어떻게 모형을 만드느냐에 관한 연구이기 때문에 우리가 만든 모델을 그대로 택하지 않고 실제의 세계와 혼동한다.

NLP는 탁월성을 창조하는 하나의 방식으로 여러 분야에 스며들어 영향을 미친다. 어떤 면에서 볼 때 그와 같은 과정이 완성된다면 그것은 더 이상 독립된 분야로 존재하지 않을 것이다. 그런 NLP는 일상생활 속으로 동화될 수 있다.

NLP는 꾸준히 활발하게 성장하고 있는 운동의 한 부분이다. 그것은 우리가 가진 우아하고 지혜롭고 균형 잡힌 기술과 지식을 사용하여, 우리로 하여금 보다 효과적으로 세계 속에서 행동하도록 하는 운동이다. 우리는 발리 사람들의 격언인 "우리에게 예술은 없으나, 우리가 잘할 수 있을 만큼 한다."는 것에서 많은 것을 배울 수 있다.

우리는 우리 자신을 발견하며, 우리 속에서 아름다움과 끝없는 놀라움으로 이루어진 매혹적인 세계를 일깨우기 위한 우리의 능력 또한 발견하고 있다.


사람들은 여행의 과정에서
높은 산을 바라보고
바다의 거대한 물결을 보고
강의 긴 물줄기, 대양의 거대한 품을 보고
별들의 순환운동을 보면서 경이로움을 느끼지만
정작 자기 자신은 경이로움을 느낌 없이 그냥 지나친다.

- 성 어거스틴

부 록

## 자신에 대한 투자

내적 만족을 추구하는 사람들이 더욱 증가하고 있다. 사람에 따라 그러한 것을 자기계발, 개인 진화, 자아 성장, 자아 실현, 영성 개발, 잠재력 실현 등과 같이 서로 다른 이름으로 부른다. 피터 러셀[1] 은 자신의 탁월한 저서 『각성하는 지구(The Awakening Earth)』에서 자기계발 분야는 나날이 발전하는데 4년마다 대략 2배 정도로 급속하게 성장하고 있다고 하였다. 자기계발에는 넓은 의미에서 명상, 요가, 태극권, 카운슬링, 게슈탈트 심리치료, 집단작업,[2] 교류분석,[3] 재탄생,[4] 자기주장훈련, 스트레스 관리, 번영의식,[5] 인간관계훈련 등과 같은 것이 포함될 뿐만 아니라 NLP도 포함된다.

우리 각자는 서로 다른 시기에 서로 다른 방식으로 이런 자기계발 프로그

---

1) Peter Russell: 영국 케임브리지대학교에서 수학과 이론물리학을 전공하였다. 『초월명상입문(Introduction to Transcentental Meditation)』, 『과학에서 신으로(From Science to God)』와 같은 저서는 국내에도 잘 알려져 있다.

2) groupwork: 개인이 아니라 집단인 장면에서 이루어지는 상담, 치료, 신체 활동이나 수련 활동 등을 총칭하는 개념이다.

3) Transactional Anaysis: 캐나다 출신의 정신과의사인 에릭 번(Eric Berne, 1910~1970)이 개발한 상담과 심리치료의 한 종류로서, 어버이 자아(Parent Ego), 어른 자아(Adult Ego), 어린이 자아(Child Ego)와 같은 세 가지 자아 상태와 관련된 이론과 개념을 제시한 것으로 유명하다.

4) rebirthing: 출생 시의 경험을 다시 체험하게 하여 공포 따위를 극복하게 하는 심리요법이다.

5) prosperity consciousness: 세상의 경제적 기회와 풍요에 대한 개방적인 자세로 경제적 자원을 환영하는 마음 상태를 가지며, 그것에 따라 살아감으로써 경제적 부와 풍요를 끌어들일 수 있다고 믿는 뉴에이지적인 믿음이다. 이것은 끌어당김의 법칙(law of attraction)에 기초하여 생긴 개념이자 믿음으로서 보다 많은 부를 끌어당기는 하나의 원리로 사용된다.

램에 이끌리게 된다. 당신이 이 책을 읽는다는 사실은 당신이 이 순간에 NLP를 탐구하는 쪽으로 이미 이끌리고 있다는 것을 보여 준다.

어느 순간에 어떤 프로그램이 당신에게 가장 적절할지를 판단하는 것은 당신의 몫이다. 당신이 어떤 프로그램을 택하든 결국은 시간과 돈의 투자가 있어야 한다. 그 투자의 개념 속에는 계획, 여행, 책이나 테이프의 구매, 특정 과정에의 참여 등이 포함된다. 실제로 당신은 자신의 자기계발을 위하여 일정 비율의 돈을 적절히 투자한다. 그런데 사람들은 모두 서로 다른 시기에 서로 다른 비율로 지출을 한다.

잠시 동안 당신이 지난 몇 년 동안 과연 수입의 몇 퍼센트를 자신에게 투자했는지 생각해 보는 것은 가치 있는 일일 것이다. 일단 첫 번째로 당신의 삶에서 자기계발을 위하여 무엇을 할 것인지에 대해서 생각했던 활동의 목록을 적어 보라. 그 과정에서 그러한 목록은 당신에게 하나의 안내 지침으로서 생산적인 효과를 미치게 될 것이다. 그리고 궁극적으로 어떤 이익이 되는 결과로 연결될 것이다. 명상에 투자하는 것은 어떤 이익이 되는 도움을 얻을 수 있지만 그 돈으로 아이스크림을 사 먹는다면 과연 같은 도움을 얻을 수 있을까?

두 번째로는 방금 작성한 목록을 보고 각 항목을 시행한다면 각각 어느 정도의 비용이 소요될지를 대략적으로 평가해 보라. 물론 각각의 활동들로부터 얻을 이익이나 도움에 대해서도 함께 알아보라. 그리고 총체적으로는 어느 정도의 비용이 소요될까? 그 비용은 당신의 전체 수입에 비해서 어느 정도 비율을 차지할 것인가?

당신의 그 비율을 일반적으로 회사가 직원들의 훈련과 개발에 투자하는 비용이 전체 수입에 비하여 어느 정도 비율이 될지와 비교해 보는 것은 가치 있는 일이다. 영국의 경우에 그 비율은 대략 1~2%다. 하지만 가장 성공적인 회사는 10%에 가깝다고 한다.

자신의 수입에서 자신에게 투자하는 비용이 차지하는 비율은 당신이 자신에게 얼마나 가치를 두고 있느냐를 반영한다. 당신이야말로 자신의 가장 소중한 자원이자 투자다. 당신 자신은 당신이 할 수 있는 최상의 투자란 뜻이다.

당신은 자신이 원하는 만큼 자신에게 많이 투자하는가? 그러한 투자는 내면적인 차원에서의 이익은 물론이고 경제적으로도 이익을 갖고 올 수 있다.

내 친구 중에는 자신의 삶이 불만족스럽다고 느끼게 된 한 녀석이 있었다. 그는 요리사로서 1년에 7,000파운드(약 1,300만 원)를 벌면서 일했다. 지난 3~4년 동안 그는 자신의 수입의 10%를 NLP를 포함해 자기계발과 훈련을 위해 투자했다. 그는 자기 자신과 라이프 스타일을 변화시켰다. 결과적으로 그는 훨씬 더 만족스러운 삶을 찾았을 뿐만 아니라 경제적으로도 1년에 2만 파운드(약 3,700만 원)의 수입을 가질 수 있게 되었다.

우리의 삶에서 돈의 흐름은 정확히 우리 마음속 생각의 흐름을 반영한다고 할 수 있다. 만일 당신이 은행계좌의 잔고를 변화시키려면 당신의 생각을 바꿔라. 이것이 바로 번영의식의 중심되는 개념이다. 보다 일반적 수준에서 당신이 외부의 실재를 바꾸고 싶다면 먼저 당신의 내적 실재를 변화시켜라.

NLP는 우리의 내부 실재를 바꾸는 것에 관한 것이다. 만일 얻게 될 이익이 충분히 분명하지 않으면 시간과 돈을 투자할 동기는 생기지 않을 것이다. NLP 트레이닝에 투자함으로써 얻을 수 있는 것은 무엇일까?

사람들은 누구나 자신의 독특한 성격 스타일과 잠재력을 가지고 NLP 훈련 과정에 온다. 그리고 그로부터 얻는 이익은 각자 다양하다. 당신이 무엇을 얻게 될 것인가의 문제는 주로 당신이 무엇을 얻기 원하는가에 달려 있다. 그래서 당신이 얻게 될 개인적 성과를 분명히 하는 것은 가치가 있다.

많은 사람은 주로 자기계발의 목적으로 NLP 훈련에 온다. 그들은 자신의 삶에서 변화의 시기를 겪을 것이고, 그 변화를 만드는 기술과 도구를 원한다. 또 어떤 사람들은 단지 그들의 삶에 있어서 지금 이상의 무엇인가가 더 있을 것이라는 점을 자각하고 오기도 한다.

어떤 사람들은 주로 직업적 목적 때문에 오지만, 개인적 이유와 직업적 이유가 서로 혼합적으로 작용하기도 한다. NLP 스킬은 인간관계적 기술로서 가치가 아주 크다고 할 수 있다. 다음과 같은 직종의 많은 전문가들은 자신이 하는 일에서 NLP를 유용하게 활용하고 있다. 교사, 트레이너, 상담가, 심리치료사, 정신분석가, 간호사, 사회사업가, 보호관찰관, 경영컨설턴트, 세일즈맨 등등. NLP는 일의 효율성을 높이고 웰빙의 삶의 질을 높여 준다. 많은 전문가는 경제적으로 더 성공하기 위해 NLP를 사용하는데, 실제로 투자한 만큼 유형적인 보상을 얻는다.

NLP 프로그램에 참여한 사람들은 NLP 트레이닝의 결과로 새로운 차원의 경험, 삶에 대한 새로운 전망, 더 많은 선택, 창조적인 아이디어, 적용할 수 있는 새로운 스킬에 대해서 보고하곤 한다. 그들은 NLP를 통하여 인식 수준과 유연성이 높아지는 경험을 함으로써 개인적 삶과 직업적 삶에서 생기를 회복하게 된다.

마지막으로, 특히 무엇보다도 NLP는 재미가 있다. NLP 과정에서는 재미있는 사람을 만나고 함께 즐길 수 있는 기회를 기대할 수 있다.

당신은 책을 통해서 NLP를 배울 수 있다. 그러나 NLP는 경험적인 것이다. 단순히 머리로 받아들이는 개념이나 이론과 같은 것이 아니다. 오히려 그것은 행동에 있어서 지각적 여과 경험을 하고 행동의 패턴과 스킬을 익히는 것이라고 할 수 있다. NLP 트레이닝 상황에서 갖게 되는 다른 사람들과의 경험은 책에 쓰인 내용보다 더 많은 의미와 영향력을 가진다. 그러므로 NLP가 제대로 가치를 지니려면 그것이 경험적 수준에서 사용되어야 한다.

NLP 세미나는 전문가의 슈퍼비전하에서 다양한 기법을 마음이 통하는 사람들과 경험적으로 학습할 수 있는 안전한 환경을 제공한다.

중국의 옛 속담에 다음과 같은 말이 있다.


듣는 것은 잊어버리고

보는 것은 기억하고

내가 실행하는 것은 이해한다.


NLP 트레이닝에 대한 당신의 투자는 책에 대한 투자에 비교할 수 없고, 깊이 고려하는 만큼 가치가 있다. 그리고 트레이닝을 통한 이익 또한 상당히 많다고 할 수 있다.

NLP 트레이닝이 진정으로 당신을 위한 것인지 알아볼 수 있는 유일한 방법은 당신이 직접 그것을 하는 것이다. 즉, 당신이 직접 NLP 트레이닝에 참여하여 경험해 보라는 것이다. 다음에서는 당신이 어떻게 자신을 위한 최선의 트레이닝 코스를 선택할 것인가에 관하여 안내하고자 한다.

# 자기에게 맞는 NLP 트레이닝 선택하기

여기에서는 당신이 NLP 트레이닝을 선택하도록 돕는 몇 가지 지침을 제시하기로 한다.

NLP 과정은 세계적으로 많은 형태로 다양한 시기에 실시된다. 당신은 2일 정도의 소개 과정을 선택할 수도 있고, 특정한 분야에 적용하기 위한 전문화된 과정을 포함한 보다 상위의 과정이나 보다 긴 트레이닝 과정을 선택할 수도 있다. 많은 기관이 무료 소개 과정을 실시하고 있으므로 당신은 그러한 과정을 통해서 더 많은 정보를 얻을 수 있을 것이다.

NLP를 특정한 분야에 적용하고자 하는 특수 목적을 가진 과정도 있는데, 예를 들면 교육, 비즈니스, 판매, 프레젠테이션, 회의, 협상, 음악, 침술, 상담, 심리치료, 최면 등이 그런 것이다. 최근의 새로운 NLP 기법과 최신의 정보를 제공하는 최신의 프로그램도 있다.

프랙티셔너나 그에 준하는 자격 과정의 트레이닝부터 본격적으로 NLP 과정을 밟는 실질적인 단계라고 할 수 있다. 이것은 통상적으로 150시간 정도의 트레이닝을 20일이나 그 이상으로 나누어서 실시하는 내용이 포함되어 있다. 더 많은 트레이닝기관이 다양한 이름을 가진 단기 프로그램을 실시하는 경향이 증가하고 있으며, 이것을 디플로마[1]와 같은 자격이나 프랙티셔너 수준으로 끌어올리려는 선택적 장기 프로그램도 실시하고 있다.

이어서 마스터 프랙티셔너나 고급 자격 수준의 트레이닝도 프랙티셔너

---

1) diploma: 영국과 같은 국가에서 NLP 프랙티셔너 자격증과는 별도로 제공하는 일종의 자격증을 말한다. 일반적으로는 특정 분야의 기술적 전문성을 제공하기 위한 것으로 일정 기간의 프로그램을 성공적으로 이수한 후에 수여되는 자격증이나 수료증이다.

와 같은 시간이 요구된다. 트레이너를 위해 새롭게 개발되는 업그레이된 트레이닝 과정도 있다.

실제적으로 당신이 먼저 질문을 해 봐야 할 것은 당신 자신은 어떤 훈련을 받기를 원하는가에 대한 것이다. 당신은 출발부터 그 점을 분명히 했을 수도 있지만, 정보 수집을 통해 당신의 생각을 제대로 정리할 필요가 있다. 당신은 단지 NLP 트레이닝만을 원하는가, 아니면 특정한 분야에 NLP를 적용하기 원하는가? 당신은 그 트레이닝을 받은 후에 수료증이나 자격증을 받기를 원하는가?

물론 그 과정에 대한 비용은 분명히 고려해야 할 문제다. 어디에서 그 과정이 이루어지는지는 편의성이나 시간이라는 측면에서 중요한 요소이기도 하다. 트레이닝 회비와는 별도로 여비와 숙박비를 추가로 계산해야 한다는 점을 기억하라.

그리고 트레이닝 기간은 얼마 동안일까? 당신은 트레이닝을 받는 기간 동안에 다른 일을 병행해서 할 수 있을까?

과정에 등록하고 참석하는 문제와 관련된 여러 가지 절차가 얼마나 융통성 있게 이루어지는가? 그 과정은 일단 등록을 하면 의무적으로 끝까지 과정을 마쳐야 되는 전체 과정인가, 아니면 당신의 편의에 따라 선택할 수 있는 단위별 과정인가? 계약금이나 취소 기간은 별도로 있는가? 어떻게 그 과정이 나뉘어 있는가? 그 과정은 주말용인가, 주중용인가? 프랙티셔너 과정에서는 때때로 당신이 참석할 필요가 있을 야간 실습 과정이 있을 수도 있다.

어떤 트레이너가 지도하는가에 따라서 그 과정이 크게 영향을 받을 수 있다. 어떤 NLP 교육기관은 국제적으로 잘 알려진 트레이너를 투입한다. 이런 경우 비용이 더 들어갈 수도 있다. 이런 트레이너들은 오랫동안 NLP와 관련되어 있고 보다 경험이 많으므로 그런 비용을 지불할 만한 가치가 있다는 것을 염두에 두어야 한다.

아마 가장 중요한 것은 트레이닝과 트레이너에 대한 자신의 느낌과 평가일 것이다. 잘 알다시피 NLP는 주관적 경험에 관한 것이다. 훈련의 질에 관한 개인적 평가와 당신에게 중요한 것이 무엇인가에 대해서 잘 인식하라.

당신은 트레이너를 좋아하고 존경하는가? 당신은 그와 라포를 형성하고 있으며 그는 당신이 신뢰할 수 있을 정도의 원만한 성격의 소유자인가? 트레이너들마다 개인적 스타일이 다른데, 그 스타일이 당신에게 맞는가? 당신은 그들로부터 잘 배울 수 있는가?

일단 그(들)에 대해서 당신이 할 수 있는 한 많은 것을 알아내라. NLP 교육기관에 전화를 하여 그곳에서 개설하고 있는 과정에 관해 물어보라. 또한 당신이 원하거나 필요로 하는 것에 대해서 말하라. 혹 다른 기관이나 다른 전문가들을 무시하거나 얕보는 행위는 자신(들)의 취약성을 은폐하려는 비전문적 행동이므로 조심하라. 훌륭한 기관이나 전문가라면 굳이 남을 낮추어 볼 필요가 없을 것이다.

많은 기관이 야간 강좌도 개설하고 있으므로 그때 그곳을 방문하여 트레이너와 얘기를 나누어 보는 것이 좋을 것이다. 많은 사람에게 있는 말로 전해 듣는 추천이야말로 선택의 가장 확실한 준거가 될 수 있다. 당신 주변에는 실제로 트레이닝을 받고 있거나 이미 받은 친구나 지인이 있을지도 모르는데, 그들은 당신에게 귀중한 피드백을 줄 것이다. 그래서 사람들은 흔히 자기가 믿고 신뢰하는 친구의 추천을 받고 마음의 결정을 내리기도 하지만, 또 어떤 사람들은 스스로 판단하여 마음을 결정한다.

영국의 NLP협회인 ANLP[2]는 해마다 연차대회를 개최하는데, 그 대회에 참석한다면 많은 기관 및 트레이너들과 얘기를 나눌 기회를 가질 수 있다.

---

2) Association for NLP: 뒤 '세계의 NLP 단체와 기관'(p. 453)을 참조하라.

이러한 전국대회는 NLP에 관해 배울 뿐만 아니라 그 이상의 것을 발견할 수 있는 탁월한 장소가 될 것이다.[3]

만일 당신이 이 책을 잘 읽었다면 영국에서 NLP 트레이닝을 가장 오랫동안 실시해 왔던 저자들에 관해서도 알고 싶어질 것이다. 저자들에 대해서 궁금하다면 이 책의 마지막에 제시된 저자를 참조하라.

---

3) 본문에서 소개된 내용에 덧붙여서 다음의 사이트를 방문하여 추가적인 정보를 얻기 바란다. www/nlp-now.co.uk, www.nlpresources.com

## 세계의 NLP 단체와 기관

이제 이 책을 마무리하면서 세계에 흩어져 있는 NLP 기관에 대해서 소개하고자 한다.[1]

### 국제적 NLP 전문가 협회

• American Board of NLP

1995년에 A. M. 크레스너(A. M. Krasner) 박사가 미국최면협회(American Board of Hypnotherapy)의 자매기관으로 창설하였으며, 현재는 태드 제임스(Tad James) 박사가 주도하는 모임으로 전 세계적으로 가장 규모가 큰 NLP 기구의 하나다. http://www.abh-abnlp.com

• Association of Experienced NLP-Institutes

독일에 본부를 두고 있는 기관으로 2006년에는 독일에서, 2009년에는 브라질에서 각각 세계대회를 개최하였다.

http://www.nlp-institutes.net/

• Association for NLP

영국에 본부를 둔 국제적인 NLP 기구다.

http://www.anlp.org

---

1) 세계적으로나 국가별로 아직까지 하나의 통합된 NLP 기구는 없으며 다양한 협회나 단체들이 여러 형태로 설립되어 발전하고 있다. 그래서 NLP 기관들은 너무 많기 때문에 일일이 소개하는 것이 어렵거나 불가능하다. 그것은 국내의 경우도 마찬가지다. 하지만 여기서는 국제적인 기관 또는 조직, 국가별 기관, 미국 내의 대표적인 기관을 소개할 것이다. 이들은 원서의 내용과는 무관하게 역자에 의해서 임의로 선정된 것이므로 더 상세한 정보를 원하는 독자들은 인터넷을 검색하여 참고하되 다음을 보라. www.nlp-now.co.uk, www.neurolinguistic.com/pnl/yellow-pages/is-usa.com

- International Association for Neuro-Linguistic Programming

  1983년에 창설된 국제적인 기구로서 스위스에 본부를 두고 있다.
  http://www.ia-nlp.org

- International Neuro-Linguistic Programing Association

  http://www.inlpa.org

- International NLP Coach Association

  덴마크에 본부를 둔 국제적인 NLP 코칭 전문가들의 모임이다.
  http://www.nlp-coach.org

- International Trainers Academy

  현재 영국에 본부를 두고 있으며 존 그린더를 비롯하여 카멘 보스틱 클레어(Carmen Bostic St Clair), 마이클 캐럴(Michael Carroll)이 공동으로 창설한 국제적인 기구다. http://www.itanlp.com

- International NLP Trainers Association

  1993년에 미국인 와이어트 우드스몰(Wyatt Woodsmall), 호주인 마빈 오카(Marvin Oka), 독일인 베르트 포이스텔(Bert Feustel)과 같은 NLP 전문가에 의해 NLP 트레이너와 NLP 코치들의 국제적인 모임으로 창설되었다. http://www.inlpta.org

- Neuro Linguistic Psychotherapy & Counselling Association

  영국에 본부를 두고 있으며 왕국심리치료위원회(Kingdom Council for Psychotherapy)에 가입되어 있는 국제적인 기구다.
  http://www.nlptca.com

- Professional Guild of NLP

  영국에 본부를 두고 2003년에 창설된 국제적인 NLP 기구다.
  http://www.professionalguildofnlp.com

- Society of NLP

1979년에 리처드 밴들러에 의해서 창설된 최초의 국제적인 협회조직이
다. http://www.society-of-nlp.net

## 외국의 NLP 협회

- Australian Neuro-Linguistic Programming Association

http://www.australiannlpassociation.org

- Austrailian Association of Professional Hypnotherapist and NLP
Practitioners

호주의 최면 전문가와 NLP 전문가들의 모임이다.

http://www.hypnotherapyandnlp.org.au

- British Association of NLP

영국의 NLP 전문가들의 모임이다. http://www.banlp.com

- Canadian Association of NLP

1997년에 창립된 캐나다의 NLP를 대표하는 기구다.

http://www.canlp.ca

- Neuro Linguistic Programming Association (Singapore)

2007년에 창설된 싱가포르의 NLP협회다.

http://nlpasingapore.com

- New Zealand Association of Neuro Linguistic Programming

http://www.nzanlp.org.nz

## 미국의 주요 NLP 교육기관

- Advanced Neuro Dynamics

1833 Kalakaua Avenue, #908/Honolulu, HI

4895 Riverbend Rd., Ste. A / Boulder, CO 80301−2640

전화 − 하와이: (808) 941−2021, 콜로라도: (800) 233−1657

• The First Institute for NLP and DHE

44 Montgomery St., 5th Floor, San Francisco, CA 94104

전화: (415) 955−0541

• New England Institute for Neuro−Linguistic Programming

505 Pratt Corner Road, Amherst, MA 01002−9600

전화: (413) 259−1248

• New York Training Institute for NLP

145 Avenue of the Americas, NY, NY 10013

전화: (212) 647−1660

• NLP Center of New Jersey

P.O. Box 424, Hopatcong, NH 07843

전화: (800) 356−5765

• The NLP Center of Texas

2737 Buffalo Speedway, Suite 150, Houston, Texas 77098

전화: (713) 439−0011, (800) 625−1925

• NLP Comprehensive

4895 Riverbend Rd., Ste. A, Boulder, CO 80301−2640

전화: (800) 233−1657, (303) 442−1102

• The NLP Connection

P.O. Box 7818, Santa Cruz, CA 95061

전화: (408) 425−3614

- NLP Institute of California

  P.O. Box 12 Felton, CA 95018

  전화: (800) 767-6756, (408) 335-3858

- NLP Institute of Chicago

  P.O. Box 25184, Chicago, IL 60625

  전화: (312) 271-9578

- NLP Institute of LA

  P.O. Box 2244-A, Malibu, CA 90265

  전화: (310) 457-7062

- The NLP Institute of NY AND The NLP Institute of Washington DC One

  Brittany Terrace, Rock Tavern, NY 12575

  전화 - 뉴욕: (914) 496-4081, 워싱턴 DC: (202) 484-6029

- NLP Learning Systems Corporation

  4837 Keller Springs Rd., Dallas, TX 75248

  전화: (214) 931-9984

- NLP Marin

  13 Quail Court, San Rafael, California 94903

  전화: (415) 499-0639

- NLP NorthWest

  462 Deer Lane, Anacortes, Washington, 98221

  전화: (360) 293-6022

- NLP of Utah LC

  346 South 500 East, Suite 200, Salt Lake City, UT 84102

  전화: (801) 534-1022

- NLP Seminars Group International

  P.O. Box 424, Hopatocong, NJ 07843

  전화: (973) 770-3600

- NLP Trainings Unlimited

  P.O. Box 2800-291, Carefree, AZ 85377

  전화: (800) 584-6884, (602) 488-1393

- NLP University/Dynamic Learning Center

  P.O. Box 1112, Ben Lemond, California 95005

  전화: (408) 336-3457

- The Pennsylvania Institute of NLP

  1012 Bethlehem Pike, P.O. Box 269, Spring House, PA 19477

  전화: (215) 641-4550

- Rivijon Training Institute

  1093 A1A Blvd., #390, St Augustine, FL 32084

  전화: (904) 471-7161

- Tad James Co.

  P.O. Box 531605, Henderson, NV 89053

  www.nepcoaching.com

  전화: (702) 456-3267

- The South Central Institute of NLP

  P.O. Box 123, Mandeville, Louisiana 70470

  전화: (504) 626-7424, (800) 347-3615

- Transformational Technologies, aka TranceTech

  Leval Johnson, P.O. Box 18476, Chicago, IL 60618

전화: (312) 409-0343, (800) 570-4400

• Western States Training Associates
346 South 500 East #200, Salt Lake City, UT 84102
전화: (801) 534-1022

## NLP 관련 주요 영어 원서

1970년대 NLP가 개발된 이후로 지금까지 NLP를 주제로 하거나 NLP를 다룬 책들, NLP를 특정 분야에 응용하는 내용을 다룬 책은 많이 출판되어 왔다. 그래서 여기서는 비록 완전하지는 않지만 포괄적으로 NLP 관련 책을 소개하고자 한다.[1]

여기서 소개되는 책 중에서 특정 분야의 책으로 분류된 것들은 해당 분야만 아니라 다른 분야와도 중복적으로 관련될 수 있는 것들이 많다는 것을 이해하기 바란다. 우리는 각 책의 내용에 대하여 전체적인 논평을 간단히 하는 식으로 소개하고자 한다.[2]

여기서 소개되는 책들은 총류, 비즈니스와 세일즈 분야, 교육 분야, 건강과 치료 분야의 총 네 분야로 분류될 것이다. 그리고 이 책들은 각 분야 내에서 저자의 영어 이름의 알파벳 순서로 소개될 것이다.[3]

NLP 관련 책들은 주로 미국에서 출판되고 있다. 하지만 쉽게 구하기 어려운 것도 많다. 따라서 독자가 필요로 하는 책이 것이 있다면 NLP 전문가나 관련 전문 단체 또는 기관에게 문의하기 바란다.[4]

우리는 이 자료들을 수집하는 일에 도움을 준 마이클 브린(Michael

---

1) 이 책에서는 1990년대 초 원서가 출간된 시점 또는 그 이전에 출간되고 수집된 자료를 바탕으로 도서들을 소개하였다. 그런데 실제적으로 1990년대 후반에서부터 2000년대 오늘날에 이르기까지 과거에 비해서 더 많은 책이 국내외적으로 출판된 상황을 고려한다면 여기에 소개된 책들은 NLP의 고전에 해당하거나 그와 유사한 성격의 책들이라고 할 수 있다.
2) 각 책들의 제목은 번역하지 않고 원문으로 소개한다.
3) 우리나라 독자들을 위하여 국내에서 출판된 각종 NLP 관련 저서와 역서들을 추가하여 마지막에서 함께 소개할 것이다. 국내에서는 1996년에 처음으로 NLP를 소개하는 책이 출간된 이후로 지금까지 많은 책이 출간되어 왔다.
4) 이 책들 중에는 인터넷을 통하여 한국에서 구할 수 있는 것도 있지만 이미 절판되어 직접 구할 수 없는 것도 있다는 점을 이해하기 바란다.

Breen)과 마이클 닐(Michael Neill)에게 감사하는 바다.

추가적으로 원서에서 소개되지 않는 NLP 관련 저서나 논문, 기타 정보가 필요한 경우에는 다음과 같은 인터넷 사이트를 참고하라(역자 주).

Lee Lady's Archives http://www2.hawaii.edu/~lady/archive/

NLP Resources http://www.nlpresources.com/

NLP Research Database http://www.nlp.de/cgi-bin/research/nlp-rdb.
cgi?action=res_isearch

Pegasus NLP Training http://www.nlp-now.co.uk

Nlpresources.com http://www.nlpresources.com/

Neuro Linguistic Programming and Research http://www.nlpresearch.
org/.

The NLP Research Centre http://www.inspiritive.com.au/nlp-
research.htm

NLP Max http://www.nlpmax.com

## 총 류

• Change Your Mind and Keep the Change

Steve and Connirae Andreas, Real People Press, 1987. 이 책은 저자들
이 실시한 세미나의 내용을 한 권의 책으로 엮은 것이다. 리처드 밴들러
의 하위양식 변화 기법, 휘익 기법, 준거 변화, 강박증 파괴 기법과 같은
내용을 다루고 있다. 또한 시간선에 대한 장도 포함하고 있다.

• Heart of the Mind

Steve and Connirae Andreas, Real People Press, 1990. 이 책은 NLP 개
인 변화를 위한 시간선의 사용을 포함하여 광범위하게 적용되는 NLP 전
략을 다루고 있다. NLP의 실제를 다루는 최고의 책 중 하나다.

• An Insider' s Guide To Submodalities

Richard Bandler and Will MacDonald, Meta Publication, 1988.

이 책은 신념 변화와 함께 휘익 기법을 여러 형태로 변용하여 사용하는 것
을 포함하여 하위양식과 관련된 내용을 광범위하게 다루고 있다. 하위양
식에 대해 가장 종합적으로 소개하고 있는 책이라고 할 수 있다.

• Frogs into Princes

Richard Bandler and John Grinder, Real People Press, 1979. 이 책은 앵
커링, 관점 바꾸기, 표상체계, 라포와 눈동자 접근단서와 같은 NLP의 주
요 기법을 포괄적으로 다루고 있는 세미나의 내용을 책으로 편집한 것이
다. 이 책은 많은 일화나 재미있는 여담과 같은 것들을 포함하고 있다.

• Magic in Action

Richard Bandler, Meta Publication, 1985. 이 책은 광장공포증, 권위 인
물에 대한 두려움, 예상 상실과 같은 문제를 가진 내담자를 다루는 리처
드 밴들러의 NLP 작업을 비디오로 녹화한 내용을 책으로 편집한 것이다.

• Neuro-Linguistic Programming: Volume 1, The Study of the Structure of
Subjective Experience

Richard Bandler, John Grinder, Robert Dilts and Judith DeLozier, Meta
Publication, 1980. 이 책은 전략 이끌어내기, 전략 설계, 전략 활용, 전략
설정을 포괄하는 모델링에 대한 종합적인 안내서 역할을 한다.

• Reframing: Neuro-Linguistic Programming and the Transformation of
Meaning

Richard Bandler and John Grinder, Real People Press, 1982. 이 책은 관
점 바꾸기에 대해서 상세하게 다룬 세미나 내용을 편집하여 책으로 엮은
것이다. 분아들 간의 협상, 새로운 분아의 창조, 6단계 관점 바꾸기를 비
롯하여 가족, 조직과 같은 시스템에서의 관점 바꾸기 등의 내용을 다루고
있다.

- The Structure of Magic 1

Richard Bandler and John Grinder, Science and Behaviour Books, 1975. 이 책은 NLP 역사상 최초로 출판된 책이다. 그리고 메타모형에 관한 결정적인 책으로, 특히 변형문법에 대해서 상세하게 다루고 있다. 메타모형은 심리치료의 전반적인 맥락에서 설명되고 있다.

- The Structure of Magic 2

Richard Bandler and John Grinder, Science and Behaviour Books, 1976. 이것은 앞의 제1권에 이은 후속 자매편에 해당하는 책이다. 공감각 · 비일관성 · 가족치료 상황에서의 표상체계에 대해서 상세히 다루고 있다.

- Using Your Brain For a Change

Richard Bandler, Real People Press, 1985. 이 책은 리처드 밴들러가 휘익 기법을 포함하는 하위양식 기법에 대하여 실시한 세미나 내용을 책으로 편집한 것이다. 재미있는 여담도 많이 포함되어 있다.

- An NLP Workbook: Advanced Techniques Book 1

Phil Boas with Jane Brooks, Metamorphous Press, 1985. 이 책은 NLP 트레이너의 관점에서 본 NLP 실습 문제를 망라하여 소개한 것으로 입문서는 아니다.

- A Framework for Excellence

Charlotte Bretto, Grinder DeLozier Associates, 1989. 이 책은 NLP 프랙티셔너 수준의 자료들과 실습 문제를 제시하고 있는 우수하고 상세히 편집된 자료 매뉴얼에 해당한다.

- Emotional Hostage

Leslie Cameron-Bandler and Michael Lebeau, FuturePace Inc., 1985. 이것은 정서적 문제와 관계적 문제를 다루는 실제적인 책이다.

- The Emprint Method

Leslie Cameron-Bandler, David Gordon and Michael Lebeau, FuturePace Inc., 1985. 이 책은 어떤 분야에도 적용될 수 있는 탁월성에 대한 모델링을 위한 방법을 상세히 다룬 것으로, 그 방법을 단계별로 다룬 기법 매뉴얼에 해당한다.

- Know How, Guided Programs to Inventing Your Own Best Future

Leslie Cameron-Bandler, Michael Lebeau and David Gordon, FuturePace Inc., 1985. 이 책은 각인 기법(emprint method)을 다이어트와 건강, 어린이, 관계 문제에 실제적으로 어떻게 적용할 수 있을지에 대하여 다룬 책이다.

- Feeling Good about Feeling Bad

Pat Christopherson, Golden Egg Publishing, 1987. 이것은 고통과 고통스러운 정서를 일상생활의 한 부분으로 통합하는 문제를 다루는 책이다.

- Results on Target

Bruce Dilman, Outcome Publications, 1989. 이 책은 직장과 가정에서 성과를 낼 수 있는 방법을 심도 깊게 다룬 것이다.

- Applications of Neuro-Linguistic Programming

Robert Dilts, Meta Publications, 1983. 이 책은 메타모형을 비롯하여 비즈니스 커뮤니케이션, 영업, 교육, 창조적인 글쓰기, 건강과 같은 분야에 적용되는 NLP에 대하여 논한 일련의 소논문을 한 권의 책으로 편집한 것이다.

- Changing Belief Systems with NLP

Robert Dilts, Meta Publications, 1990. 이것은 신념 변화에 대해 워크숍 스타일로 아주 상세하게 쓰인 책으로서 '메타거울(Meta-Mirror)' 기법과 '실패가 아닌 피드백으로(Failure into Feedback)' 기법을 포함하고 있다.

- Roots of Neuro-Linguistic Programming

Robert Dilts, Meta Publications, 1983. 이 책은 세 편의 초기 논문을 포함하는 종합적인 책이다. 첫 번째 논문은 NLP 자료를 뇌기능이론과 통합하였고, 두 번째 EEG 판독과 표상체계에 대한 연구 성과를 다루었으며, 세 번째 논문은 메타화법, 변화된 의식 상태, 치료적 맥락에서의 메타포에 대한 자료들을 실었다.

- Tools for Dreamers

Robert Dilts and Todd Epstein, Meta Publications, 1991. 이 책은 창조성을 위한 전략과 기법을 다룬 귀한 자료집으로, 특히 모델링에 대한 최신의 저작에 해당한다고 할 수 있다.

- Various NLP Monographs

Robert Dilts, Dynamic Learning Center. 이것은 다양한 주제에 대해서 쓰인 나선철 제본(spiral bound)의 모노그래프들이다. 이 모노그래프들은 각각 다음과 같은 주제를 다루고 있다. '천재에 대한 신경-언어적 분석, 알베르트 아인슈타인편' '나사렛 예수의 인지적 언어 패턴', '신체의 NLP의 대명사, 모쉬 펠덴크라이스(Moshe Feldenkrais)', 'NLP와 생명 연장'(Jaap Hollander와의 공저), '트레이닝 그룹에서의 NLP', '설득에의 저항을 NLP로 극복하기'(Joseph Yeager), '돌고래의 우화', '철자쓰기 전략', '몽상가, 현실주의자, 비평가로서의 월트 디즈니', '볼프강 아마데우스 모차르트'.

- Developing Co-operative Relationships

Gene Early, published by Gene Early, 1988. 이 책은 공유와 합의가 중요하게 취급되는 협동적 관계를 발전시키고 유지하기 위하여 NLP를 어떻게 사용할 것인지를 다루는 소책자다. 개인적인 관계와 직업적인 관계 모두에서 유용하다.

• The Happy Neurotic

Geoff Graham, Real Options Press, 1988. 이것은 NLP의 여러 가지 면을 다루었다. 이 책의 내용 중 많은 부분은 앞에서 소개된 *Using Your Brain For a Change*에 있는 것들이다.

• Trance-Formations: Neuro-Linguistic Programming and the Structure of Hypnosis

John Grinder and Richard Bandler, Real People Press, 1981. 이 책은 최면 세미나의 내용을 편집하여 엮은 것이다. 또한 여러 가지 작은 단계로 구분된 연습 문제와 함께 트랜스 유도에 대한 상세한 설명을 하고 있으며, 아울러 재미있는 많은 이야기와 최면적 반응에 대한 예를 싣고 있다. 또한 여기서 다루는 활용 기법에는 관점 바꾸기, 새 행동 창조 기법, 통증 통제 및 기억상실 현상 등이 포함된다.

• Turtles All the Way Down

John Grinder and Judith DeLozier, Grinder DeLozier Associates, 1987. 이 책은 존 그린더와 주디스 델로지어가 개최한 세미나 내용을 책으로 편집한 것이다. 그들은 천재의 선결 조건, 필요한 지혜, 천재의 스타일과 기품 같은 것에 대하여 새롭게 다루었는데, 이런 것들은 모두 NLP와 함께 가야 할 것들이다.

• Leaves Before the Wind

John Grinder, Judith DeLozier and Charlotte Bretto, Grinder DeLozier Associates, 1990. 이 책은 NLP, 최면, 치유와 예술성에 대해서 다룬 일련의 논문을 싣고 있다.

• The Excellence Principle

S. L. Gunn, Excellence Unlimited, 1981. 이 책은 '탁월성은 재미가 있어야 한다.' 는 전제 조건을 바탕으로 한 입문 수준의 NLP 워크북이다.

- Monsters and Magical Sticks

  Steven Heller and Terry Steele, Falcon Press, 1987. 이 책은 최면과 트
  랜스 상태에 대한 명료하고 재미있는 책이다.

- The Secret of Creating Your Future

  Tad James, Advanced Neuro Dynamics, 1989. 이 책은 주인공인 밀턴과
  마법사의 메타포적인 모험을 통하여 시간선에 대하여 배울 수 있는 책
  이다.

- Timeline Therapy and The Basis of Personality

  Tad James, Meta Publications, 1988. 이 책은 시간선치료, 메타 프로그
  램, 가치에 대하여 상세하고도 명료하게 설명하였다. 그러나 입문서에 해
  당되지는 않는다.

- Fine Tune Your Barin

  Genie Laborde, Syntony Publishing, 1988. 이 책은 뒤에서 소개될
  *Influencing with Integrity*에 이은 책으로 커뮤니케이션 유형, 맞춤적인
  결과, 일관성, 메타포에 대해서 다루고 있다.

- Magic Demystified

  Byron Lewis and Frank Pucelik, Metamorphous Press, 1982. 이 책은
  NLP의 내용에 대한 입문서에 해당한다. 특히 이 책은 메타화법, 커뮤니케
  이션 및 우리가 어떻게 지도를 만드는가에 대해서, 그리고 표상체계와 눈
  동자 접근단서에 대해서 상세하게 설명하고 있다.

- NLP: The Wild Days, 1972–1981

  Terry McClendon, Meta Publications, 1989. 이 책은 그린더와 밴들러가
  NLP의 초기 시절에 함께했던 협력관계와 당시의 일화들을 간단히 소개
  하였다.

- Golf: The Mind Game/Tennis: The Mind Game

Marlin M. Mackenzie with Ken Denlinger, Dell, 1990. 이 책은 NLP를 스포츠에 적용하는 내용을 담고 있으며, 특히 NLP 훈련을 받지 않은 사람들도 쉽게 이해할 수 있는 수준의 책이다.

- The Art of the Possible

Dawna Markova, Conari Press, 1991. 이 책은 표상체계에 기초하고 있는 커뮤니케이션 유형에 대한 가장 심도 깊은 연구서로서 자신의 커뮤니케이션 유형을 알아보는 내용을 포함하고 있다.

- Basic Techniques: An NLP Workbook

Linnaea Marvell-Mell, Metamorphous Press, 1982. 이 책은 관점 바꾸기, 앵커링, 눈동자 접근단서, 메타모형과 같은 기본적인 NLP의 기법을 가르치기 위하여 고안된 워크북과 카세트테이프로 이루어진 자료다.

- Introducing Neuro-Linguistic Programming

Joseph O'Connor and John Seymour, Mandala, 1990. 이 책은 초보자를 위한 NLP 입문서에 해당한다. 또한 NLP의 모든 기법을 망라하여 종합적이며 명료하고 상세하게 소개하였다. 이 책은 NLP의 훌륭한 참고서로서 NLP와 관련하여 출판된 다양한 책과 자료를 폭넓게 소개하고 있을 뿐만 아니라 초보자들에게 도움이 될 다양한 NLP 훈련 과정이나 기관에 대하여 안내하고 NLP 용어들을 광범위하게 설명하고 있다.

- Practitioner Manual for Introductory Patterns in NLP

Maryann Reese and Carol Yancar, Southern Press, 1986. 이 책은 NLP 프랙티셔너 수준의 훈련 매뉴얼에 해당한다.

- Programmer's Pocket Summary

Maryann Reese and Alan Densky, Reese and Densky, 1986. 이것은 일종의 레시피와 같은 NLP의 기본적 기법을 묶은 작은 바인더 형의 책이라고 할 수 있다. 그러나 초보자용은 아니다.

• Awaken the Giant Within

Anthony Robbins, Simon and Schuster, 1992. 이 책은 개인 운명의 구조와 신경-연합 조건화(Neuro-Associative Conditioning: NAC)에 대해서 설명한 유명한 베스트셀러이자 자기계발서다. 이 책은 엄격한 의미에서 NLP에 대한 것은 아니나, 독자들은 이 책을 통하여 짜릿한 흥분을 맛보고 동기가 촉진되는 경험을 할 수 있다.

• Unlimited Power

Anthony Robbins, Simon and Schuster, 1986. 이 책은 NLP의 기본 원리와 그것을 개인적으로 응용할 수 있는 방법에 대해서 다룬 아주 훌륭한 책으로서 인간적인 냄새를 풍기면서 사례를 많이 소개하는 스타일로 쓰였다.

• Cognitive Harmony

Jerry Stocking, Moose Ear Press, 1991. 이 책은 '정신건강에의 모험(An Adventure in Mental Fitness)'란 부제를 달고 있으면서, 특히 개인 진화의 맥락에서 NLP의 개념을 소개하고 있다.

• Various NLP Monographs

Wyatt Woodsmall, Self published. 이 책은 다음과 같은 다양한 주제를 다룬 나선철 제본으로 제작된 모노그래프들이다. 'NLP의 비즈니스에의 응용' '고급행동모델링의 과학' '메타 프로그램' '언어 기법과 시간선치료' '전략' '생명선치료' '자기각성을 넘어서'.

• Basic Techniques, Book II

Clifford Wright, Metamorphous Press, 1989. 이 책은 NLP 프랙티셔너 훈련에서 다루는 실습 문제를 엮은 것이다. 이 책의 내용은 두 명 또는 그 이상의 그룹에서 실시하기에 좋게 되어 있다.

• Thinking About Thinking with NLP

Jeseph Yeager, Meta Publications, 1985. 이 책은 구체적인 기법보다는

NLP의 원리, 'NLP 마음의 상태'와 같은 것을 다루되 그것이 특히 비즈니스계에 적용되는 것과 관련된 내용을 취급하고 있다. 이미 NLP의 기본 개념에 대해서 익숙한 독자에게는 이 책이 흥미로운 개요의 역할을 할 것이다.

## 비즈니스와 세일즈 분야

• Green Light Selling

Don Aspromonte and Diane Austin, Cahill Mountain Press, 1990. 이 책은 자신의 상품과 시장 상황을 잘 알고 스스로 더 잘할 수 있다는 사실을 잘 아는 세일즈맨을 위한 것이다. 특히 그들에게 유용할 수 있는 NLP 프로세스를 소개하고 있다.

• Beyond Selling

Dan Bagley and Edward Reese, Meta Publications, 1987. 이 책은 고객을 확보하고 지키기 위한 NLP적 접근에 대해서 잘 소개하고 있다.

• Instant Rapport

Michael Brooks, Warner Books, 1989. 이 책은 라포와 앵커링 기법에 대해서 광범위하게 소개하고 있다.

• What They Don't Teach in Sales 101

Steven Drozdek, Joseph Yeager and Linda Sommer, McGraw Hill, 1991. 이 책은 세일즈 분야에 적용되는 NLP에 대해서 가장 잘 쓰인 종합적인 안내서다. 이 책에는 특히 '계속 전진하기'에 대한 훌륭한 절이 포함되어 있다.

• Making the Message Clear

James Eicher, Grinder DeLozier Associates, 1987. 이 책은 비즈니스에 적용되는 NLP에 대해서, 주로 비언어적 커뮤니케이션에 대해서 소개하고 있다.

- Precision: A New Approach to Communication

John Grinder and Michael McMaster, Precision Models, 1980. 이 책은 정보 수집을 위한 체계적인 포맷을 소개하고 있으며, 특히 비즈니스 기획, 관리와 미팅의 효율성을 증진할 수 있도록 고안되었다.

- Influencing with Integrity

Genie Laborde, Syntony Publishing Co., 1984. 이 책은 '커뮤니케이션과 협상을 위한 관리기술(Management Skills for Communication and negotiation)' 이란 부제하에 비즈니스 상황에 적용되는 NLP에 대해서 잘 소개하고 있다. 특히 이 책에서는 성과, 라포, 민감성, 유연성과 같은 내용, 그리고 그러한 것이 미팅과 협상에서 어떻게 적용될 수 있을지에 대한 내용이 명료하게 쓰여 있다.

- 90 Days to Communications Excellence

Genie Laborde, Syntony Publishing Co., 1985. 이 책은 앞에서 소개한 *Influencing with Integrity*의 자매편에 해당하는 워크북으로, 감각 민감성, 패턴 재인식과 같은 내용을 학습할 수 있는 작은 덩어리(chunk)로 세분화하여 다루고 있다.

- Rapport on the Telephone

Genie Laborde, Syntony Publishing Co., 1991. 메모장 형태로 고안된 이 책은 페이지마다 별도의 기술을 소개하고 있다. 예를 들어, 성과의 설정에 서부터 맞추기와 이끌기, 의뢰인 확보하기에 이르기까지 다양한 내용을 다루고 있다. 한마디로 이 책은 전화에서 사용되는 NLP를 소개하고 있다.

- Performance Management

Michael McMaster, Metamorphous Press, 1986. 이 책은 관리에서 NLP를 활용하는 커뮤니케이션과 훈련에 대한 내용을 다루고 있다.

- Unlimited Selling Power

D. Mine and K. Lloyd, Prentice-Hall, 1990. '최면적 세일즈 전략을 어

떻게 마스터할 것인가' 란 부제를 가진 이 책은 기본적으로 세일즈맨에게
적용될 수 있는 밀턴화법을 다루고 있다.

• Modern Persuasion Strategies

J. Moine and J. Herd, Prentice-Hall, 1985. 이 책은 세일즈 분야에서 개
인적 영향력에 관한 최고의 책으로 꼽힌다. 일상생활에서 적용되는 최면
적 언어 기법에 대해서 명료하게 소개하고 있다.

• No Experience Necessary

Scott Nelson, Meta Publications, 1990. 이 책은 텔레마케팅 분야에서 성
공할 수 있는 기법들을 다루고 있다.

• The Magic of Rapport

J. Richardson and J. Margoulis, Meta Publications, 1988. 이 책은 라포
형성과 최면적 설득 기법에 대해서 다루고 있다.

• Sales: the Mind' s Side

James E. Robertson, Metamorphous Press, 1989. 이 책은 스포츠심리학
과 멘탈 트레이닝이 세일즈 분야에 어떻게 적용될 수 있는지에 대해서 다
루고 있다. 특히, 판매 전략보다는 세일즈맨에 대해서 더 많은 초점을 두
고 있다.

• Successful Selling With NLP

Joseph O' Conner and Robin Prior, Thorsons, 1995. 이 책은 판매직에
서 NLP를 활용함으로써 일관성과 만족도를 증진시킬 수 있는 원리와 기
법을 다루고 있다. 또한 실용적인 워크북의 구실도 하지만 세일즈 프로세
스, 왜 사람들은 구매를 하는가, 목표와 가치에 대해서 상세하게 설명하
고 있으며, 세일즈 관리에 있어 리더십에 대한 절도 일정 부분 할애하고
있다.

- Training with NLP

Joseph O' Conner and John Seymour, Thorsons, 1994. 이 책은 트레이닝의 근본을 실용적인 입문서와 참고서의 형태로 꾸민 것이다. 프레젠테이션 스킬, 기획, 트레이닝 결과 평가하기와 같은 절을 포함하고 있다.

## 교육 분야

- Master Teaching Techniques

B. Cleveland, Connecting Link Press, 1984. 이 책은 NLP의 기본 기법을 교실 상황에 적용할 수 있게 하기 위한 교사를 위한 워크북 형태를 취하고 있다. 이 책에 있는 실습들은 소그룹에서 실시하는 것이 가장 좋다.

- Righting the Educational Conveyor Belt

Michael Grinder, Metamorphous Press, 1989. 이 책은 교실에서 학생들을 가르칠 때 활용할 수 있는 NLP 기법을 상세하게 소개하고 있다. 아주 유용하고 흥미로우며 실용적인 책자다.

- Meta-Cation: Prescriptions for Some Ailing Educational Processes

Sid Jacobsen, Meta Publications, 1983. 이 책은 개인 차원의 교육상담에 적용되는 메타포, 앵커, 표상체계, 유도된 환상과 같은 NLP 기법을 다루고 있다.

- Meta-Cation 2

Sid Jacobsen, Meta Publications, 1987. 이 책은 앞의 제1권의 내용을 좀더 보완한 자매편에 해당한다.

- Meta-Cation 3

Sid Jacobsen, Meta Publications, 1988. 이 책은 앞의 제1권과 제2권의 내용을 좀 더 보완한 또 다른 자매편에 해당한다.

• Super-Teaching

Eric P. Jensen, Turning Point for Teachers, 1988. 이 책은 교실에서 활용될 수 있는 NLP, 가속학습 및 다른 학습 기법을 다루는 워크북으로서 많은 실용적인 비결을 담고 있다.

• Classroom Magic

Linda Lloyd, Metamorphous Press, 1989. 이 책은 특히 초등학교 교실 수업에서 활용될 수 있는 NLP 기법을 다루면서 일상의 수업 계획에 따라 적용될 수 있게 편집되었다. 특히 학생들의 학습 기술을 개발하기 위한 많은 아이디어를 소개하고 있다.

• Listening Skills in Music

Joseph O'Conner, Lambent Books, 1989. 이 책은 재능 있는 음악가를 모델링하는 것과 관련하여 음악적 기억력 증진을 위한 전략과 그것을 어떻게 가르칠 수 있을지에 대해서 설명하고 있다. 또한 모델링 과정을 보여 주는 비디오가 함께 제공되고 있다.

• Not Pulling Strings

Joseph O'Conner, Lambent Books, 1987. 이 책은 음악을 학습하고 가르치는 것과 관련된 내용을 다루고 있다. NLP의 라포, 표상체계, 하위양식과 같은 기본적인 NLP의 기법을 소개한다.

• The Carnival

D. Spence, Southern Institute Press, 1987. 이 책은 아동에게 NLP의 개념을 소개하기 위하여 고안된 책으로, NLP 기법을 통합하는 이야기로 꾸며져 있다.

## 건강과 치료 분야

• Virginia Satir: The Patterns of her Magic

Steve Andreas, Science and Behaviour Books, 1992. 이 책은 '부모 용

서하기' 기법을 적용하는 버지니아 사티어의 치료 작업 내용을 책으로 편집하여 엮은 것이다. 이 책에서는 상세한 논평과 함께 많은 기법이 소개되어 있다.

• Metamedicine

Vida Baron, Barez Publishing Company, 1990. 이 책은 의학에 적용되는 간단하고 기본적인 NLP적 관점을 소개하고 있다.

• Solutions

L. Cameron-Bandler, FuturePace Inc., 1985. 이 책은 *They Lived Happily Ever After*라는 책의 개정 및 증보판에 해당한다. 특히 성과 관계 문제에 NLP를 적용하는 것과 관련하여 명료하고 상세하게 논하고 있다.

• Beliefs: Pathways to Health and Wellbeing

Robert Dilts, Real People Press, 1990. 이 책은 어떻게 신념이 건강에 영향을 미칠 수 있는지에 대해서 설명하고 있다.

• Therapeutic Metaphors

David Gordon, Meta Publications, 1978. 이 책은 사람들로 하여금 자신의 자원과 접촉할 수 있도록 돕기 위한 강력한 메타포를 만드는 모형을 제시하고 있다. 특히 공감각, 표상체계, 하위양식과 같은 것을 활용하는 방법을 소개하고 있다.

• Patterns of Hypnotic Techniques of Milton H. Erickson, M. D., Volume 1

John Grinder and Richard Bandler, Meta Publications, 1975. 이 책은 밀턴 에릭슨이 사용했던 막연한 언어 패턴에 대해서 명료하게 잘 설명하고 있다. 특히 맞추기와 이끌기, 좌뇌 혼란시키기, 우뇌에 접근하기 같은 방법을 통한 기본적인 트랜스 유도법이 설명되어 있다. 특히 영국의 소설가로 유명한 올더스 헉슬리와 같은 사람과 에릭슨이 최면 작업을 하는 내용이 포함되어 있다. 이 책은 NLP계에서 두 번째로 출판된 것이다.

- Patterns of Hypnotic Techniques of Milton H. Erickson, M. D., Volume 2

  John Grinder and Richard Bandler, Judith DeLozier, Meta Publications, 1977. 이 책은 앞 제1권의 자매편에 해당하며 에릭슨이 다른 내담자들과 최면 작업을 한 내용을 상세하게 엮은 기법 중심의 책이다.

- Irresistible Communication: Creative Skills for the Health Professional

  Mark King, Larry Novick and Charles Citrenbaum, W.B. Saunders & Co, 1983. 이 책은 의사, 간호사, 사회사업가들에게 NLP와 커뮤니케이션을 소개하기 위한 명료하고 실용적인 입문서에 해당한다.

- Get the Results You Want: A Systemic Approach to NLP

  K. Kostere and L. Malatests, Metamorphous Press, 1985. 이 책은 치료자들이 치료 상황에서 NLP를 사용할 수 있도록 하는 명료한 입문서로서 환자와의 치료 상황을 녹취한 내용을 수록하고 있다.

- Maps, Models and the Structure of Reality

  K. Kostere and L. Malatests, Metamorphous Press, 1992. 이 책은 NLP의 철학적 기반을 위한 탐색서의 역할을 하며 NLP가 기법 사용에 어떻게 관련되는지를 밝히고 있다.

- Practical Magic

  Steven Lankton, Meta Publications, 1980. 이 책은 '임상심리치료 분야에 적용되는 기본 NLP'라는 부제하에 라포, 표상체계, 앵커, 메타모형, 전략, 트랜스, 메타포 등이 어떻게 심리치료에 적용되는지에 대해서 설명하고 있다.

- Facticity: A Door to Mental Health and Beyond

  Ragini Elizabeth Michaels, Facticity Trainings, 1991. 이 책은 우리 성격의 밝은 면과 어두운 면을 인식하고 통합하는 것과 관련된 내용을 담고 있다.

• Changing With Families

Virginia Satir, John Grinder and Richard Bandler, Science and
Behaviour Books, 1976. 이 책은 버지니아 사티어의 치료 작업에 대한
우수한 소개서로서 가족에서의 표상체계 분류, 비언어적 행동 등에 대한
내용을 광범위하게 다루고 있다.

• Your Balancing Act: Discovering New Life Through Five Dimensions of
Wellness

Carolyn Taylor, Metamorphous Press, 1988. 이 책은 신념체계를 통한
건강이라는 모형을 소개하고 있다. 여기서 말하는 다섯 가지 차원이란 신
체, 마음, 정서, 사회, 영성 분야를 말한다. 이 책은 특히 디즈니 만화의 메
뚜기 캐릭터인 지미니 크리켓을 이용하고 있다.

# NLP 관련 한국어 책

다음은 우리나라에서 출간된 NLP 관련 책을 소개한다. 여기서 소개되는 책은 원서와는 상관없이 국내 독자를 위하여 역자가 임의로 편집하여 소개한 것임을 밝힌다. 이 책은 직접적으로 NLP를 다루고 있다. 하지만 이들 외에도 일반 서적 중에서 NLP를 간단하게 소개하거나 언급한 내용의 책들도 많다는 사실을 볼 때 국내에서도 최근에 NLP가 많이 소개될 뿐 아니라 널리 보급되고 있음을 알 수 있을 것이다.

### 하룻밤에 끝내는 기적의 시리즈
### 하룻밤에 끝내는 기적의 잠재력: 내 안의 잠재력을 깨우는 NLP의 모든 것

김소현 역(David Molden & Pat Hutchinson, *Brilliant NLP*), 21세기북스, 2009. 이 책은 업무 능력 향상을 위한 최고의 노하우를 담아 낸 것으로, 개개인의 내부에 잠재되어 있는 능력을 최대한 활용해 탁월한 업무 성과를 보일 수 있는 비법을 알려 준다. 저자는 NLP를 통해서 성공한 미래의 모습을 구체적으로 그려 봄으로써 목표 달성률을 크게 향상시킬 수 있다고 하면서 단계별 트레이닝으로 실제 각자의 경우에 적용해 볼 수 있게 하였다.

### NLP 커뮤니케이션: 1시간에 업그레이드하기

김형신 역(Russel Webster, *Super Communication, the NLP way*), 시유시, 2001. 이 책은 부담 없이 1시간 안에 읽을 수 있도록 하는 개념의 '1시간에 업그레이드하기' 중의 하나로, NLP라는 언어 사용과 관련된 신경-언어학적 프로그래밍 기법을 통해 말을 잘할 수 있도록 도와준다. 저자는 NLP의 커뮤니케이션 원리와 기법을 빠른 시간 내에 배울 수 있도록 구성하여 당장 이용할 수 있는 조언을 추려 놓아 훌륭한 커뮤니케이터가 될 수 있도록 도와준다.

## 엄마가 들려주는 이야기가 아이의 인생을 바꾼다

문채원 역(Arth Rosan 저), 뜨인돌, 2002. 이 책은 아이들에게 이야기를 들려주는 것이 얼마나 중요한지를 깨우쳐 주고 있다. 아이가 듣는 이야기 속의 메타포(은유)는 아이들의 창의력과 상상력을 길러 주며 더 넓은 세상을 보는 지혜를 준다. 이 책은 엄마들이 아이들에게 더 쉽고 알차게 이야기를 들려줄 수 있는 방법들을 제공한다.

## 비즈니스 NLP

박정길 역(Sue Knight, *NLP at Work: The Difference that Makes a Difference in Business*), 물푸레, 2005. 이 책은 NLP에 관한 기초적인 내용을 구체적으로 설명하고 있으면서 동시에 NLP의 큰 그림을 그릴 수 있는 교과서라고 할 수 있다. 따라서 전문가뿐만 아니라 모든 사람이 쉽게 NLP를 이해하고 실생활에 적용할 수 있게 도와준다.

## 성공을 코칭하라: 잠자는 성공회로를 깨우는 NLP 심리 코칭법

박진희, 건강다이제스트사, 2007. 이 책은 개인의 우수성을 개발하는 방법과 기술을 제공하는 NLP 심리와 NLP 코칭에 대해 소개하고, 이를 통해 정체성과 사명감을 탐색하는 자아 발견의 계기를 마련해 준다.

## NLP 시리즈

설기문 외 공역, 생각의 나무, 2002. 이 책은 원래 독일에서 발간되어 인기리에 판매된 'NLP 시리즈'를 설기문 교수가 독일어 전문가들과 함께 한국어로 번역한 것이다. 이 시리즈는 모두 8권이다. 이들 책은 모두 일상생활에서 활용될 수 있는 NLP의 원리와 기법을 소개한 것이지만 현재는 절판 상태다. 하지만 역사적 의미가 있기에 시리즈 8권의 책 제목을 구체적으로 소개하면 다음과 같다.

① 생활 에너지 충전법: 에너지는 생명력이다
② 창조적 능력을 키우는 방법: 당신에게는 자신도 모르는 창의력이 있다

③ 새로운 삶에 도전하는 방법: 오늘과 다른 내일을 만든다

④ 인생을 긍정적으로 사는 방법: 아직도 물은 반 컵이나 남았다

⑤ 자신감 있게 사는 법: 준비된 사람만이 당당할 수 있다

⑥ 시험 스트레스를 이기는 방법: 시험 스트레스, 안녕

⑦ 마음을 다스리는 방법: 자기를 이기는 사람이 승리한다

⑧ 지혜로운 선택과 결정의 방법: 행복을 위한 선택, 성공을 위한 결정

## NLP의 원리: 변화와 성취를 위한 심리 파워 프로그램

설기문 역(Joseph O' Connor & Ian McDermott, *Principles of NLP*), 학지사, 2002. 이 책은 NLP를 일상생활에서 활용할 수 있는 기법을 설명해 주는 실천서다. 이 책에서 저자들은 그러한 기법과 더불어 그것이 어떠한 과정을 통해 개발되었는지를 설명한다. 따라서 이 책을 통해 다양한 NLP 기법을 익히고 실생활에 효과적으로 적용할 수 있는 지혜를 얻을 수 있을 것이다.

## NLP와 건강: 마음으로 건강을 다스린다

설기문 역(Ian McDermott, Joseph O' Connor, *NLP and Health: Practical Ways to Bring Mind and Body into Harmony*), 학지사, 2002. 이 책은 NLP 차원에서 건강의 문제를 이해할 수 있도록 NLP의 다양한 원리를 설명하고 있다. 그리고 각종 과학적인 근거를 통하여 NLP가 어떻게 건강 문제와 관련되는지를 잘 예시하고 있다. 아울러 NLP의 기법을 통해서 건강 문제를 해결하는 데 도움이 될 수 있는 다양한 실례와 방법을 소개하고 있다.

## NLP 파워: 자기혁신을 위한

설기문, 학지사, 2003. 이 책은 NLP의 프랙티셔너 과정을 포괄하고 있으며, 보편적으로 NLP를 제대로 이해하고 활용하기 위해 필요하다고 생각되는 프랙티셔너 과정 수준의 원리와 기법을 설명하였다. NLP의 다양한 원리와 기법들과 함께 특히 NLP가 다양한 분야에서 활용될 수 있는 예를 포괄

적으로 소개하였다.

## 시간선치료<sup>TM</sup>: 과거를 넘어 미래를 여는 NLP의 새로운 접근

설기문, 학지사, 2007. 시간선이란 과거-현재-미래를 잇는 선을 말하는데, 이 책은 그러한 시간선의 개념을 NLP의 원리에 기반하여 치료적 차원에서 개발한 시간선치료<sup>TM</sup>에 대해서 소개한 것이다. 따라서 이 책은 시간선치료<sup>TM</sup>을 공부하고 NLP 분야의 전문적인 능력을 기르고자 하는 사람들에게 기본적인 참고서 또는 지침서의 역할을 한다.

## 두려움 극복을 위한 NLP 전략

설기문, 오규영 공역(Joseph O' Connor, *Free Yourself From Fears: Overcoming Anxiety and Living Without Worry*), 학지사, 2007. 이 책은 NLP를 일상생활에서, 특히 불안과 두려움 극복을 위하여 활용할 수 있는 방법을 설명해 주는 실천서다. NLP의 궁극적인 목적은 모든 사람으로 하여금 뛰어난 탁월성을 발휘하는 삶을 살 수 있도록 가르치고 돕는 것이다. 이 책에서 저자들은 그러한 기법들과 더불어 NLP의 응용과 활용에 대하여 잘 설명한다. 특히 불안과 두려움의 문제가 다양하게 존재하는 이 시대에 NLP의 원리와 기법이 어떻게 적용될 수 있는지에 대해서 상세하게 안내해 주고 있다.

## Yes, I Can!: 생각대로 강력한 이미지 트레이닝

설기문, 물병자리, 2009. 이 책은 이미지 트레이닝이라는 원리와 방법을 통하여 '끌어당김의 법칙'을 실천적으로 적용하고 실현할 수 있도록 하는 실용적 지침서다. 이 책에서 다루는 이미지 트레이닝은 NLP의 원리에 해당하는 트랜스 상태를 활용해 평소 잘 각성되지 않는 잠재의식을 활성화시켜 활용하는 것이라고 할 수 있다. 따라서 이 책에서는 강력한 자기변화를 이끌어 내는 과정이 NLP 기법의 활용 과정과 함께 자세하게 설명되어 있다.

### 창조적 성공최면

설기문, 마음살림, 2009. 이 책은 인간의 잠재능력을 깨워 우리가 지니고 있는 무한 능력을 발휘하게 하여 진정한 행복의 문을 열 수 있게 하는 목적으로 쓰였다. 그리고 이 책에서는 잠재의식의 원리를 바탕으로 하여 다양한 사례와 체계적 설명을 통해 창조적 성공 최면의 단계를 제시하고 있으며, NLP 기법을 포함한 다양한 최면 기법을 소개하고 있다.

### 에릭슨최면과 심리치료

설기문, 학지사, 2009. 이 책은 기본적으로 에릭슨최면에 대해서 다룬 것이지만 밀턴 에릭슨의 이론과 기법이 NLP의 성립에 큰 기여를 했다는 점에서 NLP의 관련 참고 도서가 될 수 있다. 특히 NLP의 밀턴모형이 에릭슨최면의 기초에 해당하는 내용들이기에 이 책은 곧 NLP의 자매서로서의 의미를 가진다고 할 수 있다.

### NLP 행복코드로 세팅하라!

심교준 역(호리이 케이 저), 한언, 2004. 이 책은 어떤 사람에게나 중요하게 여겨지는 인간관계에 초점을 맞추어 NLP를 통하여 실제로 해결할 수 있고, 또 해결했던 사례를 구체적으로 소개한다. 특히 가족 문제에 대해서 대응과 해결의 촉진 방법으로 효과적인 NLP 스킬과 테크닉을 설명한다. 이 책은 2001년에 '인생을 위한 NLP'란 이름으로 출간된 적이 있으나 현재의 제목으로 바뀌었다.

### 원하는 변화를 순식간에 이루는 두뇌 사용 설명서: 성공하는 사람의 가장 강력한 무기

심교준 역(다카하시 게이지 저), 씨앗을 뿌리는 사람, 2007. 이 책은 NLP를 바탕으로 하여 개인의 내부에서 처리되는 정보를 더 나은 방향으로 수정하여 활용하는 기법을 소개한다. '성공적인 삶은 자신의 두뇌를 어떻게 사용했느냐에 달려 있다.'고 강조하며, 성공한 사람들의 두뇌 사용법을 분석한 다음 체계화된 이론으로 NLP를 제시하고 있다.

## 부모와 자녀를 사랑으로 묶는 끈 NLP: NLP 활용사례집 VOL. 2

심교준, 이소희 공역(Team Dolphin 저), 신정, 2007. NLP 활용 사례집 제2권으로 교육 현장에서 아이들을 대상으로 한 일본의 사례를 모아 엮었다. 일상생활에서 NLP가 어떻게 활용될 수 있는가에 대한 좋은 시사점과 사례를 제공한다.

## 21세기를 위한 가속학습: 당신의 잠재능력을 개발해 줄 6단계 학습계획

안서원 역(Colin Rose & Malcom J. Nicholl, *Accelerated Learning for the 21st Century*), 고려대학교출판부, 2002. 가속학습은 NLP와 밀접하게 관련된 학습법의 하나다. 이 책은 그러한 가속학습의 원리를 소개하는 책이다. 그래서 빨리 학습하고 창의적으로 사고하는 핵심적인 기술을 알려 주는 개인적인 how to 책에 해당하기도 한다. 이 책은 특히 가속학습의 원리가 어떻게 외국어 학습에 적용될 수 있는지 사례를 통해 구체적으로 제시하고 있다.

## NLP, 무한성취의 법칙

윤영화 역(Steve Andreas & Charles Faulkner, *NLP: The New Technology of Achievement*), 김영사, 2003. 이 책은 NLP의 이론과 실제를 다룬 것이다. 특히 여러 명의 저자들이 미국 NLP 분야의 대표 교육기관 중 하나인 NLP Comprehe-nsive의 실제적인 교육 내용을 중심으로 알기 쉽게 다룬 것을 번역한 것이다. 저자들은 이 책에서 독자들이 구체적인 NLP의 기법을 이론과 함께 쉽게 익히고 활용할 수 있도록 하였다.

## 우리 안에 잠든 거인을 깨우는 NLP: NLP 활용 사례집 1

이소희, 심교준 공역(Team Dolphin 저), 신정, 2009. 이 책은 NLP 활용 사례집이다. 총 5장으로 구성된 이 책에서는 NLP에 대한 체계적인 설명과 함께 다양한 활용의 일본 사례를 담고 있다.

### 꿈의 실현 20분: 순식간에 당신의 꿈을 이루어 주는 비밀, NLP

이한 역(Richard Bandler, *Get the Life You Want: The Secrets to Quick & Lasting Life Change*), 아시아코치센터, 2009. 이 책에서는 일상에서 쉽게 부딪힐 수 있는 심리적 압박을 효과적으로 극복할 수 있는 간단한 치료법을 소개하고, 그에 성공한 사람들의 사례를 다양하게 제시해 그 결과물에서 자신의 꿈을 실현시키는 데 도움이 될 만한 요소를 선별적으로 취하도록 한다.

### 공부습관 3주만에 바뀐다: 습관이 바뀌면 성적이 오른다!

이호선, 북하우스, 2005. 이 책은 NLP는 학습 능력 향상의 효과적인 도구라는 전제하에 NLP를 통하여 어떻게 3주라는 짧은 시간에 공부 습관을 바꿀 수 있는지를 저자의 체험을 바탕으로 하여 보여 주고 있다.

### NLP 심리치료: 원리와 실제

전경숙, 학지사, 2003. 이 책은 원래 처음에는 '인간이해 심리치료'란 제목으로 출간되어 현재의 제목으로 바뀐 것으로, 인간에게 내재해 있는 능력의 우수성을 개발하는 새로운 접근 방법인 NLP의 소개서에 해당한다. 또한 이 책은 저자가 받은 훈련을 기반으로 여러 전문가가 개발하고 소개한 자료를 첨가하여 현재 진행 중인 NLP 지도자 자격증 훈련 프로그램의 교재로 활용하도록 한 것이다.

### NLP 기본법칙을 통한 신념의 기적

전경숙, 박정자 공역(R. Dilts, T. Hallbom, & S. Smith, *Beliefs: Pathways to Health and Well Being*), 학지사, 2006. 이 책은 건강과 웰빙을 찾는 길에 있는 독자들에게 좋은 로드맵을 제공하여 풍요롭고 자극적이며 열정적인 여정을 발견하도록 할 수 있을 것이다. 이 책은 특히 암, 공황, 알레르기 등 생명의 위협이나 행복과 관련된 정신적·신체적 문제에서 효과적으로 회복한 사람들의 신념을 보여 주고, 그들이 어떻게 신념을 변화시켰는지를 잘 보여 주고 있다.

## 네 안에 잠든 거인을 깨워라

조진형 역(Anthony Robbins, *Awaken the Giant Within*), 씨앗을 뿌리는 사람, 2008. 이 책은 세계적으로 유명한 성공학과 자기계발의 멘터인 앤서니 라빈스의 저서를 번역한 것으로 개인의 변화와 성공 사례를 보여 주면서 즉각적으로 변화와 성공으로 이르는 길을 안내하는 책이다. 이 책의 내용은 전반적으로 NLP를 바탕으로 하여 구성되었으며, 세계적으로 천만 권 이상 팔린 초베스트셀러답게 독자의 마음을 뜨겁게 움직이는 열정과 인간 심리와 행동의 연결 구조를 정확히 밝히고 있다.

## 거인의 힘 무한능력: 마음과 몸의 혁명

조진형 역(Anthony Robbins, *Unlimited Power*), 씨앗을 뿌리는 사람, 2008. 이 책은 앤서니 라빈스의 또 다른 베스트셀러로서 마음과 신체를 변화시키는 혁명적인 책이다. 자기 자신과 이 세계를 변화시키고자 하는 사람들을 위한 성공 실천 안내서이기도 한 이 책은 나를 한계 짓던 벽을 허물고 이전에는 상상도 못했던 능력을 발휘하게 하는 구체적인 방법을 제시한다. 그 내용들은 NLP의 원리와 기법을 중심으로 구성되었다고 할 수 있다.

# NLP 용어 번역어 목록

NLP는 언어에 관한 것이기도 하다. 따라서 NLP에서는 유난히 NLP만의 독특한 의미를 담은 조어들이 많고 또 다양한 용어나 개념이 사용되고 있다. 그래서 이들 용어나 개념에 대해서 제대로 이해하는 것이 NLP를 이해함에 있어서 아주 중요하다. 이에 여기에서는 빈번하게 사용되는 NLP의 기본적인 용어에 대한 번역어를 사전식으로 정리하여 소개하였다. 이들 번역어는 역자가 NLP를 오랫동안 가르치는 경험을 통하여 우리나라 상황에 가장 알맞다고 판단하여 정립된 것이라고 할 수 있다.

물론 NLP 전문가에 따라서는 이와 다르게 또는 다른 개념이나 용어로 번역할 수도 있다. 그러나 역자 입장에서는 이들 번역어가 역자로서는 가장 적절한 번역어라고 판단하였다.

NLP 용어를 번역하는 일에는 용어 자체에 대한 직역도 있고 맥락과 의미를 살리는 의역도 있다. 여기서는 가급적이면 의역의 방법을 택하기로 하였고, 그것이 어렵다고 판단될 때는 차라리 NLP의 맛을 살리는 NLP의 고유한 용어라는 차원에서 영어 그대로를 우리말로 살렸다는 점을 밝힌다. 이 과정에서 과거에 역자의 다른 책이나 교재(예, NLP의 원리, NLP 파워, NLP와 건강)에서 사용되던 일부 번역어들이 새롭게 바뀐 모습으로 소개되는 경우도 있을 것임을 이해하기 바란다.

analogous behavior: 아날로그 행동     'As-If' frame: '가정하기' 문형

accessing cues: 접근단서     anchor: 앵커

anchoring: 앵커링     associated state: 연합 상태

auditory: 청각     backtrack: 역추적

baseline state: 기저선 상태     behaviour: 행동

beliefs: 신념     beyond identity: 초정체성

body language: 신체언어

breaking state: 상태파괴

calibration: 계측

capability: 능력

chaining anchoring: 연쇄 앵커링

changing state: 상태 바꾸기

chunking: 유목화

collapsing anchoring: 붕괴 앵커링

complex equivalence: 복문등식

congruence: 일관성

conscious: 의식

content reframing: 내용 관점 바꾸기

context reframing: 맥락 관점 바꾸기

conversational postulate: 대화형 요구

criterion: 준거

cross-matching: 교차일치시키기

cross-over mirroring: 교차거울반응하기

deep structure: 심층구조

deletion: 삭제, 생략

digital behavior: 디지털 행동

dissociated state: 분리 상태

distortion: 왜곡

dovetailing outcomes: 맞춤성과

downtime: 내면집중상태

ecology check: 생태 점검

ecology: 생태

elicitation: 이끌어내기

emotional state: 정서적 상태

environment: 환경

epistemology: 인식론

evidence procedure: 증거 절차

eye accessing cues: 눈동자 접근단서

first position: 일차적 입장

flexibility: 유연성, 융통성, 신축성

frame: 관점, 틀, 문형

future pace: 미래 가보기

generalization: 일반화

gustatory: 미각

identity: 정체성

in time: 내재 시간형

incongruence: 비일관성

internal dialogue: 내부 대화

internal representation: 내부 표상

kinesthetic: 신체감각

law of requisite variety: 필수적 다양성의 법칙

lead system: 유도체계

leading: 이끌기

learning state: 학습단계

learning model: 학습모형

logical level: 논리적 수준

map of reality: 실재지도

matching: 일치시키기

meaning reframing: 의미 관점 바꾸기

meta: 메타

Meta model: 메타모형 또는 메타화법

metacognition: 메타인지

metaphor: 메타포, 은유

Milton model: 밀턴모형, 밀턴화법

mirroring: 거울반응하기

mismatching: 불일치시키기

modal operator: 서법기능어

model of the world: 세상모형

modelling: 모델링

multiple description: 다중관점적 진술

NLP, Neuro-Linguistic Programming: 신경-언어 프로그래밍

neurological levels: 신경적 수준

new behaviour generator: 새 행동 창조 기법

new code: 새로운 코드

nominalization: 명사화

olfactory: 후각

outcome: 성과

pacing: 맞추기

pattern: 패턴, 문형, 화법, 기법

perceptual filter: 인식적 필터, 인식적 여과장치

phonological ambiguity: 음운적 모호성

positive intention: 긍정적 의도

predicates: 술어

preferred representational system: 선호표상체계

presuppositions: 기본 가정, 전제 조건

rapport: 라포

reframing: 관점 바꾸기

representational system: 표상체계

resource: 자원

resource anchoring: 자원 앵커링

resourceful state: 자원 충만 상태

second position: 이차적 입장

self modelling: 자기 모델링, 자기 모방

sensory acuity: 감각적 민감성

sensory mode: 감각양식

sensory-based description: 감각기반 진술

sensory-based evidence: 감각기반 증거

somatic pacing: 신체적 맞추기

spirituality: 영성

stacking anchoring: 누적 앵커링

state: 상태

stepping: 유목화

strategy: 전략

submodalities: 하위양식

surface structure: 표층구조

swish pattern: 휘익 기법, 스위시 패턴

synesthesia: 공감각

third position: 삼차적 입장

through time: 통과 시간형

time line therapy: 시간선치료

time line: 시간선

TOTE model of strategy: TOTE 전략모형

trance: 트랜스

triple description: 삼중 묘사

unconscious: 무의식

unified field: 통일장

universal quantifier: 포괄적 수량화

unspecified noun: 비구체적 명사

unspecified verb: 비구체적 동사

uptime: 외부집중상태

value: 가치

visual: 시각

visualization: 심상화

well-formed criteria: 형식 조건에 맞게 잘 설정된 준거

well-formed outcome: 형식 조건에 맞게 잘 설정된 성과

well-formed strategy: 형식 조건에 맞게 잘 설정된 전략

**가치(value)** 건강, 행복, 돈과 같이 자기 자신이 중요하게 생각하는 것을 말한다. 내담자의 가치를 알아보기 위해서는 '당신은 ~(직업, 가족, 인생 등)에 있어서 가장 중요하게 생각하는 (여기는) 것이 무엇인가?' 또는 '당신에게 중요한 것은 무엇인가?'라고 물어볼 수 있다. 이것은 메타 프로그램의 주요한 내용에 포함된다. 가치는 신념에도 영향을 미치거나 신념과 밀접한 관계가 있다. 그리고 이것은 신경적 수준의 한 가지이기도 하며, 조정되거나 변화될 수도 있다. 신경적 수준, 메타 프로그램을 보라.

**가정하기 문형('As-If' frame)** 마치 어떤 일이 발생한 것처럼 가정하여 말하는 화법을 말한다. 이것은 원하는 목표나 성과를 달성하고자 할 때 현재 경험하고 있는 문제나 장애를 극복하고자 하는 과정에서 창조적 문제 해결을 촉진하기 위한 목적으로 사용된다. 이것은 심상이나 상상을 통하여 미래에 원하는 대로 이루어지는 상황을 가정하게 한다. 그래서 '당신에게 만약 ~와 같은 일(사건)이 생긴다면 어떻게 될까?'와 같은 질문을 통하여 상대방의 대답을 이끌어 낼 수 있다. 이 질문에 대하여 그는 현실적 장애에도 불구하고 자기가 원하는 미래상을 생각하거나 그런 맥락에서 창의적으로 현실 문제를 해결할 수 있는 지혜를 찾게 된다.

**감각양식(sensory mode)** 인간이 갖고 있는 오감, 즉 시각, 청각, 신체감각(촉각), 후각, 미각과 같은 외부의 정보나 사태를 받아들이고 경험하는 다섯 가지의 감각적 통로를 말한다. 표상체계를 보라.

**감각적 민감성(sensory acuity)** 우리가 세상에서 얻는 오감을 통한 감각 정보를 보다 정교하고 유용하게 구분할 수 있는 과정을 말한다. NLP에서 성공의 4대 원리 중 한 가지로서 감각적 민감성을 꼽는다. 나머지 세 가

지는 라포, 목표 또는 성과, 행동적 유연성이다. 라포, 목표, 성과, 행동적
유연성을 보라.

**감각기반 진술**(sensory-based description)  어떤 경험을 오감각적 차원에
서 설명하거나 진술하는 것을 말한다. 감각적 차원은 감각에 의해서 관찰
하거나 검증 가능한 것이기도 하다. 예를 들어, '그녀는 행복하다.'는 표
현은 감각에 기반을 둔 진술이라고 보기 어렵다. 하지만 다음과 같은 진
술은 감각적인 차원에서 진술한 것이라고 볼 수 있다. 앞의 문장과 비교
해 보라. '그녀의 가슴은 뛰고 눈동자는 빛이 났다. 그리고 목소리는 꾀꼬
리처럼 청아하였으며, 얼굴 표정은 햇살처럼 밝게 빛나고 있었다.'

**거울반응하기**(mirroring)  이것은 문자 그대로 내담자나 상대방의 거동을
거울처럼 반응해 보이는 것을 말한다. 이것은 또한 라포 형성을 위한 기
법에 속하는 것으로서 맞추기(pacing)의 한 종류이기도 하며 일치시키기
(matching)와 유사한 것이기도 하다. 구체적으로 거울반응을 한다는 것
은 상담자나 프랙티셔너가 내담자의 행동이나 비언어적인 반응에 따라
그와 같은 행동을 하거나 같은 반응을 보이는 것을 말한다. 이것은 마치
거울이 자신의 모습을 똑같이 되비춰 주듯이 상담자가 내담자의 거울이
되어 그에게 똑같이 되비춰 주듯 따라 하는 것을 의미한다. 이러한 반응
은 무의식적인 차원에서 내담자에게 동질감을 유발함으로써 라포 형성이
쉽게 이루어지도록 한다. 거울반응을 할 때는 내담자가 쉽게 눈치채지 못
하도록 하는 것이 중요하다. 라포, 교차거울반응하기, 맞추기, 일치시키
기를 보라.

**계측**(calibration)  관측 또는 캘리브레이션이라고도 하는 것으로, 내담자
또는 상대방의 비언어적 신호나 단서를 읽고 그것을 바탕으로 내적인 상
태를 짐작하거나 알아맞히는 것을 말한다. 예를 들어, 얼굴 표정이나 눈
동자의 움직임, 피부의 밝기나 긴장도, 목소리의 특성과 같은 외적인 단
서를 감지하고 그것을 통해 그의 내적 상태, 즉 느낌이나 생각의 방향 같

은 것을 알아내는 것을 말한다. 이러한 계측이 제대로 이루어지기 위해서는 감각적 민감성이 있어야 한다. 그리고 계측이 제대로 이루어질 때 상담자가 내담자와의 효과적인 라포 형성뿐만 아니라 변화를 위한 이끌기(leading)를 잘할 수 있을 것이다. 아울러 계측을 통하여 내담자에게서 일어나는 변화를 정확하게 알아차림으로써 변화를 위한 과정이 제대로 이루어지고 있는지, 그가 상담자의 유도에 제대로 따라오고 있는지를 짐작할 수 있다. 그러므로 계측은 NLP의 모든 변화를 위한 과정에서 늘 사용되는 기법이라고 할 수 있다. 민감성, 라포, 맞추기, 이끌기를 보라.

공감각(synesthesia)  두 가지 이상의 감각적 경험이 자동적으로 연결되거나 동시에 이루어지는 것을 말한다. 예를 들어, 다음과 같은 문장에서 공감각의 경우를 볼 수 있다. '모래밭을 거닐 때 온 얼굴에 따스한 햇살을 받으면서 발바닥에서 느껴지는 까칠까칠한 모래의 느낌을 느낀다.' 감각을 보라.

관점 바꾸기(reframing)  컵의 물을 보고 '이만큼이나 있다.'고 생각할 수도 있고 '이것밖에 없다.'고 생각할 수도 있다. 이것은 결국 관점(frame)의 문제다. 관점 바꾸기란 어떤 경험, 상황, 사건, 사실을 문제되는 기존의 관점과는 다른 관점에서 바라보고 기존의 의미와는 다른 의미를 부여함으로써 문제에서 벗어나게 하는 언어적 기법을 말한다. 예를 들어, '키가 작다.'고 하는 대신에 '작은 고추가 맵다.'는 차원에서 생각하거나 말하는 것, '밤에 잠을 잘 못 이룬다.'고 고민하는 대신에 '조용한 밤 시간을 잘 활용할 수 있어서 좋겠다.'고 생각함으로써 오히려 더 적극적인 자세를 취하는 것이 좋은 예다. 몸이 아픈 것에 대해서 고통스러워하기보다는 스스로를 돌아볼 수 있는 좋은 기회라는 식으로 관점 바꾸기를 하여 자신의 상태를 수용할 수도 있을 것이다. 관점 바꾸기에는 의미 관점 바꾸와 맥락 관점 바꾸기와 같은 종류가 있다. 의미 관점 바꾸기, 내용 관점 바꾸기, 맥락 관점 바꾸기를 보라.

**교차거울반응하기**(cross-over mirroring)  이것은 거울반응하기 기법의 한 종류다. 내담자의 신체언어에 맞추되 그와는 다른 신체 부위를 사용하는 것을 말한다. 예를 들어, 내담자가 말하는 일정한 리듬에 따라 발장단을 맞추는 것, 그가 자기의 머리를 만지거나 쓰다듬고 있을 때 나의 무릎을 만지거나 쓰다듬는 것, 그가 규칙적으로 발장단을 맞출 때 나는 손으로 책상을 같은 속도와 리듬으로 치는 것 등이 해당한다. 중요한 것은 상대 방과 서로 다른 신체 부위를 사용하여 그의 신체언어에 맞추어 간다는 것 과 그가 의식하지 못하는 상태에서 한다는 것이다. 맞추기, 거울반응하기를 보라.

**교차일치시키기**(cross-matching)  교차거울반응하기와 비슷한 개념이라고 할 수 있다. 교차거울반응하기를 보라.

**긍정적 의도**(positive intention)  어떤 행동이나 신념 뒤에 숨어 있는 긍정 적인 목적을 말한다. NLP에서는 모든 행동에 긍정적 의도가 있다고 가르 친다. 따라서 아무리 나쁜 문제나 증상에 있어서도 보이지 않는 무의식적 인 긍정적 의도가 있다고 할 수 있다. 예를 들어, 다른 사람들로부터 관심 을 받기 위하여 의도적으로 문제 행동을 하는 어린이에게서도 그러한 긍 정적 의도를 발견할 수 있다. 또한 사람들이 술로써 스트레스나 부정적 정서를 해소하고자 한다면 그러한 것이 습관화되어 알코올중독자가 될 수 있는데, 이 경우에 그는 무의식적 차원에서 작용한 긍정적 의도에 따 라서 결국은 알코올중독자가 되었다고 할 수 있다. 따라서 아무리 큰 문 제 행동이나 병적인 증상이라 하더라도 긍정적 의도가 있기 때문에 그것 을 찾아내어 다룸으로써 치료적 효과를 극대화할 수 있다. 예를 들어, 담 배를 끊고자 하는 사람의 경우는 흡연을 통해 인간관계적 차원에서 외로 움을 벗어난다거나 긴장을 쉽게 해소한다는 등의 긍정적 의도를 제대로 다룰 때보다 쉽게 금연의 효과를 볼 수 있을 것이다.

**기본 가정**(presupposition)  메타모형과 밀턴모형의 한 종류에 해당하는 것 으로서 어떤 사실을 기정사실로 암묵적으로 인정하고 받아들이는 것을 말한다. 예를 들어, "몇 시에 점심식사를 함께할까요?"라고 묻는다면, 이 질문에서는 '아직 점심식사를 하지 않았다.' '함께 식사할 최소한 두 명 이상의 사람이 있다.'는 것과 같은 가정 사항이 암묵적으로 인정된다고 할 수 있다. 영어 원문에서 presupposition은 두 가지 서로 다른 의미로 사용되기에 다른 상황에서는 전제조건으로 번역될 수도 있다. 전제조건 을 보라.

**기저선 상태(baseline state)** 평상시에 유지되는 습관적인 마음의 상태를 말한다. 평소에 안정된 마음의 상태를 유지하고 있는 사람도 있지만 늘 긴장하고 불안한 마음의 상태를 유지하는 사람도 있다. 이때 경험하는 내적인 상태, 즉 시각적 · 청각적 · 신체감각적 표상을 포함하는 내면적 경험의 상태 전체를 기저선 상태라고 할 수 있다. 우울증 환자의 기저선 상태는 무력감, 비관적인 태도, 감정적 상태로 특징지을 수 있다. 반면에 성취인은 높은 자기존중감, 낙천적이고 긍정적인 자신감과 유능감, 밝고 건강한 미래에 대한 희망적 태도의 상태와 같은 기저선 상태를 가질 것이다.

**내면집중상태(downtime)** 내면의 생각과 느낌 쪽으로 주의가 집중된 가벼운 트랜스 상태를 말한다. 외부 집중 상태를 보라.

**내부 대화(internal dialogue)** 자기가 스스로에게 말하는 일종의 자기 독백을 일컫는 말이다. 어려운 과제를 수행해야 하는 상황에서 자포자기하는 사람은 스스로에게 '나는 할 수 없다.'는 내부 대화를 하게 된다. 그러한 대화는 곧 무력감과 함께 부정적인 생리적 상태를 조성하는 결과를 초래하여 실제로 과제 수행을 못하도록 일조하게 된다. 물론 내부 대화라는 것이 꼭 소리 내어서 말로 해야만 하는 것은 아니다. 오히려 들리지 않는 소리로 말하는 것, 즉 생각도 내부 대화에 해당된다고 할 수 있다.

**내부 표상(internal representation)** 실재 지도를 보라.

**내용 관점 바꾸기(content refraiming)** 관점 바꾸기의 한 종류로서 특정 진술에 있어서 그 내용을 다른 것에 초점을 둠으로써 진술문을 다른 의미로 해석하거나 받아들이는 것을 말한다. '이것은 어떤 다른 의미가 있는가?' 와 같은 질문을 통해서 내용 관점 바꾸기를 할 수 있을 것이다. 관점 바꾸기, 의미 관점 바꾸기, 맥락 관점 바꾸기를 보라.

**내재 시간형(in time)** 이것은 시간선의 한 종류로서 과거가 뒤에 있고 미래가 앞에 있는 형태의 시간선을 말하며, 통과 시간형의 반대다. 시간선을 알아보기 위해서는 "당신은 과거가 어디에서 생각나는가? 그리고 미래는 어디에서 생각나는가?" 또는 "당신은 과거의 일을 생각할 때 어느 방향에서 생각나는가, 그리고 미래의 일은 어디에서 생각나는가?"라고 물어볼 수 있다. 내재 시간형의 사람들은 현재가 자신의 몸속, 특히 머릿속에 존재하는 것으로 경험되기 때문에 과거나 미래가 현재와 연결된 것으로 연합되어 기억되기가 쉽다. 그래서 과거의 일을 생각하거나 떠올릴 때 시간의 거리나 간격을 잘 느끼지 못하고 쉽게 연합되는 성향을 보인다. '뒤를 돌아보지 마라.' '앞을 보고 가자.' 와 같은 표현은 내재 시간형 차원에서 할 수 있는 표현이라고 할 수 있다. 내재 시간형의 사람은 시간 관념이 약하고 순서, 절차, 계획에 둔감한 편이라고 할 수 있다. 그래서 내재 시간형은 시골형, 동양적 시간형에 해당한다고 할 수 있다. 시간선, 통과 시간형, 시간선치료를 보라.

**논리적 수준(logical level)** 신경적 수준을 보라.

**누적 앵커링(stacking anchoring)** 앵커링에서 비슷한 성격의 여러 가지의 앵커를 누적하여 한 형태로 설정하는 것을 말한다. 특히 신체의 특정한 지점에 비슷한 성격의 여러 가지 자원 상태를 설정하는 것이 보통이다. 예를 들어, 손등 위에 특정한 점이 있다면 그 자리에, 특정한 손가락 위의 마디에, 또는 손목의 어느 부위에 여러 차례로 앵커를 설정한다면 좋은 누적 앵커링이 될 것이다. 앵커, 앵커링, 자원, 자원 앵커링, 붕괴 앵커링, 연쇄 앵커링을 보라.

**눈동자 접근단서(eye accessing cues)** 인간이 내적으로 어떤 경험을 하고 있느냐에 따라 그 경험의 차원은 눈동자의 움직임으로 나타난다. 즉, 시각적 경험, 청각적 경험 그리고 신체감각적 경험은 각각 서로 다른 방향으로 움직이는 눈동자의 움직임을 통해서 나타난다. 또 개인이 갖고 있는 선호표상체계에 따라서도 특정한 방향으로의 눈동자 움직임이 나타날 수 있다. 그러므로 상대방의 눈동자 움직임을 통해서 그의 내적 경험의 차원을 짐작할 수 있다고 할 때 눈동자 움직임은 내적 경험의 차원에 접근할 수 있는 훌륭한 단서가 된다. 이 단서는 라포 형성, 선호표상체계의 확인, 전략 수립 과정, 메타 프로그램 등에서 크게 활용된다. 접근단서, 표상체계, 선호표상체계, 전략, 메타 프로그램을 보라.

**능력(capability)** 어떤 일을 수행하기 위한 성공 전략으로써 일종의 기술이라고 할 수 있다. 자동차를 운전할 수 있다면 그것은 능력 차원의 것이다. 논리적 수준 또는 신경적 수준에 속하는 한 가지 종류에 해당한다. 논리적 수준, 신경적 수준을 보라.

**다중관점적 진술(multiple description)** 같은 사건을 보는 여러 가지 차원의 관점을 갖는 지혜와 그런 다중관점적 차원에서 어떤 현상을 이해하고 설명하는 것을 말한다. 세 가지 입장이 있는데, 첫 번째는 일차적 입장(first position)이다. 이것은 자신의 현실을 말하며 어떤 상황에서 자기 자신이 직접적으로 '연합'하여 경험하면서 보고 듣고 느끼는 것을 말한다. 두 번째는 이차적 입장(first position)으로 상대방의 현실로서 상대방의 입장에서 생각하고 보고 느끼는 것을 말한다. 세 번째는 삼차적 입장(third position)으로, 제삼자의 입장에서 바라보고 생각하는 초연한 관점이다. 마치 강 건너 불구경하듯이 '분리'하여 보고 듣고 생각하는 것을 말한다. 동일한 상황에서 어느 관점 또는 입장을 취하느냐에 따라서 경험의 차원과 질은 달라진다. 이 세 가지 모두를 갖는 것을 다중관점이라고 부른다.

**대화형 요구(conversational postulate)** 최면적 언어에 해당하는 것으로 일상 대화에 있어서 비형식적으로 이루어지는 요구나 명령이다. 따라서 겉보기에는 단순한 의문문인 것 같지만 내용상으로는 명령어로 해석될 수 있는 문장이나 질문을 말한다. 예를 들어, '문이 아직도 열려 있니?' 라는 말은 '문 닫아라.' 는 명령어에 해당하고 '상 차릴 준비가 되었니?' 라는 말은 '상 차릴 준비를 해라.' 는 명령어에 해당한다고 할 수 있다. 이것은 결과적으로 일반 대화 속에서 이루어지는 비형식적 요구나 명령이라고 할 수 있다.

**디지털 행동**(digital behavior)  특정한 의미가 있으면서 이름도 붙일 수 있는 행동을 말한다. 예를 들어, 대화 중에 얼굴을 찡그리거나 눈을 찡긋하는 행동, 웃는 행동, 고개를 끄덕이거나 가로젓는 행동을 하면 상대방의 말이나 뜻에 동의하거나 동의하지 않는다는 의미를 전달하는 행동반응이 된다. 그리고 손이나 손가락을 어떻게 하느냐에 따라서 상대방에게 욕을 하거나 적대감을 표시하는 행동으로 인식될 수도 있다. 이러한 것을 디지털 행동이라고 할 수 있다. 아날로그 행동을 보라.

**라포**(rapprot)  신뢰관계, 협응관계를 말한다. 라포는 일반적인 인간관계를 포함하여 상담과 치료, 비즈니즈 관계의 기본적인 조건이 되며 변화와 성취를 위한 전제조건이 되기도 한다. NLP 성공의 4대 원리 중 하나다. 일반적으로 라포는 타인과의 관계에서만 생각하기 쉬우나 자신과의 라포도 중요하다. 자신과의 라포에는 자기 자신의 신체와의 라포, 마음과의 라포, 영적 라포 또는 초개인적 연합이 포함된다.

**맞춤성과**(dovetailing outcomes)  최적화된 해결책을 찾기 위하여 서로 간에 차이를 조정하고 서로의 욕구나 필요에 맞도록 끼워 맞추는 성과를 말한다. 이것은 윈윈(win-win) 해결책을 위한 기초가 된다. 성과, 잘 구성된 성과를 보라.

**맥락 관점 바꾸기**(context refraiming)  관점 바꾸기의 한 종류로서 특정한 상황과 사건을 다른 맥락에서 해석하고 평가하는 것을 말한다. 예를 들어, '비가 온다.' 는 것을 운동회라는 맥락에서 생각하면 나쁜 것으로 생각되겠지만, 농촌의 모내기철이라는 맥락에서 보면 오히려 좋은 것이 될 수 있다. 이것은 맥락에 따라서 상황의 평가가 달라질 수 있다는 말이 되므로 맥락 관점 바꾸기에 해당한다. 맥락 관점 바꾸기를 위해서는 '이 일을 어떤 다른 맥락에서 볼 때 다르게 평가될 수 있을까?' 라고 물어볼 수 있다. 관점 바꾸기, 의미 관점 바꾸기, 내용 관점 바꾸기를 보라.

메타(meta)  다른 것에 대하여 서로 다른 논리적 수준에 있는 것을 말한다. 이것은 그리스어로 '~을 뛰어넘어' '~에 관하여'의 의미를 띠고 있다. 메타모형, 메타인지를 보라.

메타모형(Meta model): 메타모델이라 하는 것으로 언어를 경험과 연결시키는 일련의 언어양식과 질문을 총칭하는 것이다. 일반적으로 인간은 외부의 정보나 사태를 접할 때 삭제, 왜곡, 일반화의 세 가지 틀을 통하여 그것을 부정확하고 불완전한 형태로 받아들이고 그에 따른 내적 경험을 하고 내부 표상(internal representation)을 만들게 된다. 이 내부 표상은 불완전한 세상모형(model of world)으로서 세상이라는 '영토'에 대한 '지도'이며, 외적 실재(reality)를 반영한 불완전하고 부정확한 모형(model)이기도 하다. 그런데 인간은 자기의 경험을 설명할 때 자신의 내적 경험, 즉 내부 표상에 해당하는 세상모형에 기초하여 표현한다. 이렇게 표현하는 것은 바로 모형에 대한 모형(model about model)이기에 이를 메타모형이라고 부른다. 결국 사람들이 사용하는 대부분의 커뮤니케이션, 즉 의사소통은 메타모형에 해당된다고 할 수 있다. 그런데 메타모형을 통해서는 표층구조(surface structure)만 드러나고 진정한 경험의 내용, 즉 심층구조(deep structure)는 드러나지 않아 제대로 이해할 수 없기에 일련의 질문을 통하여 구체적이고 정확한 정보를 얻고자 하게 된다. 이러한 전체 과정을 메타모형이라고도 한다. 이 메타모형에는 메타모형 위반(meta model violation)과 메타모형 도전(challenge) 또는 반응의 두 가지가 있다. 메타모형 위반은 사람들이 왜곡, 삭제, 일반화와 같은 여과 과정, 즉 위반을 통하여 내적 경험을 정확하게 표현하지 못하는 것을 말한다. 메타모형 도전 또는 반응은 그러한 위반을 지적하고 정확한 정보를 얻기 위해 적절한 반응이나 질문을 하는 것을 말한다. 이러한 메타모형의 원리를 역으로 이용하여 최면적 유도를 목적으로 하는 언어적 패턴인 밀턴모형과는 달리 메타모형은 탈최면의 방법이기도 하다. 표층구조, 심층구조, 밀턴모형을 보라.

**메타인지(metacognition)** 초인지(超認知)라고도 하며, 아는 것에 대하여 아는 것을 말한다. 당신이 하고 있는 일을 어떻게 하는지를 설명하기 위하여 필요한 지식을 갖고 기술을 갖는 것을 말한다. 메타를 보라.

**메타포(metaphor)** 은유라고도 하며 어떤 이야기를 간접적으로 커뮤니케이션하거나 비유적으로 표현하는 형식으로서 직유, 이야기, 풍자 등을 포함한다. 흔히 '이야기하기(storytelling)'가 교육적으로 크게 도움이 된다고 하는데, 그것은 이야기를 통하여 학습자로 하여금 쉽게 흥미와 호기심을 유발하고 이야기 속에서 전하고자 하는 메시지를 쉽게 전할 수 있기 때문이다. NLP에서의 메타포도 바로 그러한 이야기하기와 유사하다고 할 수 있다. 직접적인 메시지 전달은 학습자나 내담자의 저항을 초래할 수 있지만, 메타포는 자연스레 트랜스를 유도하고 무의식 차원에서 메시지를 전달하고 변화를 유도하며 문제와 그 해결책에 대한 각성을 촉진할 수 있다. 메타포에서 활용될 수 있는 이야기로는 자기의 실제 경험뿐만 아니라 잘 알려진 동화나 우화(이솝우화와 같은 것), 신화, 소설의 이야기들이 널리 활용된다. 그리고 가상의 이야기를 창조할 수도 있다. 어느 경우든 내담자의 문제 상황과 연결되어야 하며, 아울러 문제 해결에 대한 아이디어도 포함되어야 한다.

**명사화(nominalization)** 동사를 추상명사로 바꾸는 과정을 뜻하는 언어학의 용어다. 예를 들어, '관계한다'는 동사 또는 과정에 해당하는 용어는 '관계'라는 명사의 형태로 명사화됨으로써 고정된 상태가 되어 버린다. '관계한다'고 할 때는 구체적으로 어떻게 관계한다는 내용이나 과정이 동영상처럼 설명될 수 있지만, '관계'라고 했을 때는 추상명사가 되고, 마치 정지 화면처럼 움직임이나 과정이 없는 상태로 굳어 버림으로써 구체적인 경험이나 내용이 모두 생략/삭제된다. 이 명사화는 메타모형과 밀턴모형의 주요한 언어 패턴 중 하나에 해당한다.

**모델링(modelling)**  모방하기라고도 할 수 있는 것으로, 어떤 사람의 목표 달성을 가능하게 했던 일련의 아이디어와 행동을 추려 내어 그대로 따라 해 보는 과정을 말한다. 이것은 NLP 이론과 실제의 기본에 해당하는 개념이자 기술이다. NLP는 창시자인 밴들러와 그린더가 펄스, 사티어, 에릭슨과 같은 탁월한 치료자를 모방하고 모델링함으로써 시작된 것이기에 모델링의 중요성을 충분히 이해할 수 있을 것이다. 더 쉬운 예를 들자면, 운동선수들은 올림픽 금메달 리스트 또는 자기가 닮고 싶은 최우수 선수의 정신적 자세나 경기 동작을 분석하고 그것을 그대로 모방하고 따라 함으로써 자신의 정신력과 기량을 개발하는데, 이것이 바로 모델링이라고 할 수 있다.

**무의식(unconscious)**  현재의 각성 상태에 속해 있지 않는 마음의 부분으로서 의식(consciousness)과 반대되는 개념이기도 하다. NLP에서는 잠재의식(subconscious)이라고 부르기도 한다.

**미각(gustatory)**  오감 중의 하나로서 맛과 관련되는 감각이다. 오감을 보라.

**미래 가보기(future pace)**  원하는 미래의 결과나 성과가 확실히 일어날 수 있도록 하기 위하여 마음속으로 그러한 결과나 성과가 달성되는 장면을 그려보고 가 보는 것을 말한다. 일종의 상상의 미래 경험하기라고 할 수 있다.

**밀턴모형(Milton model)**  메타모형의 원리를 역으로 이용하여 의도적으로 메타모형 위반을 하는 언어 패턴을 말한다. 이는 최면 유도를 목적으로 하며 추상적이고 모호한 표현을 통해서 상대방으로 하여금 트랜스 상태에 들어가도록 유도하는 화법이다. 이것은 밀턴 에릭슨이 즐겨 사용한 최면적 언어 패턴으로서 그의 이름을 따서 지은 용어다. 메타모형을 보라.

**맞추기(pacing)** 상대방과 한동안 그가 가진 세상의 틀 속에서 만나면서 그와 내적인 상태와 외적인 행동을 같이 맞추어 주고 그것을 통해서 라포를 형성하기 위한 기본적인 기술이다. 또한 상대방에게 영향을 미치고 이끌기(leading)를 하기 위한 선행 기술이기도 하다. 맞추기는 크게 말(words), 음성(tonality), 생리적 반응(physiology)의 차원에서 이루어질 수 있다. 즉, 내담자와 같은 차원에서 말, 음성적 요소, 생리적 반응을 사용하여 맞추어 나가는 것을 말한다. 예를 들어, 내담자가 주로 사용하는 단어나 표현을 같이 사용한다든가, 호흡 속도에 맞추어 같이 호흡을 한다든가, 특징적인 몸짓이나 행동 방식에 맞추어 함께 반응해 나갈 수 있다. 상담자가 시도하는 이러한 맞추기는 무의식적으로 내담자에게 동질감을 형성하고, 그 결과로 내담자와의 라포가 쉽게 형성되는 데 기여한다. 맞추기를 하기 위해서는 일치시키기(matching)와 거울반응하기(mirroring) 기법이 활용된다. 맞추기를 할 때는 내담자가 쉽게 눈치를 채지 않도록 하는 것이 중요하다. 라포, 일치시키기, 거울반응하기를 보라.

**복문등식(complex equivalence)** 메타모형의 한 가지며 왜곡에 해당하는 문형이라고 할 수 있다. 두 가지의 문장이 직접적으로 관련이 없음에도 불구하고 같은 것을 의미하는 식으로 해석되거나 등식으로 연결 짓는 것을 말한다. 예를 들어, 다음과 같은 문장이 복문등식에 해당한다. '당신은 나를 바라보지 않는군요. 그래서 당신은 나를 싫어하는군요.' 상대방을 바라보지 않는다는 것이 반드시 자신을 싫어하는 것이라는 증거가 없음에도 그렇게 해석하고 받아들인다는 것은 곧 왜곡의 한 예이며 복문등식에 해당한다. 메타모형을 보라.

**분리 상태(dissociated state)** 경험으로부터 거리를 두고 바깥쪽에서 보거나 듣듯이 생각하고 느끼는 일종의 관조 상태를 말한다. 삼차적 입장을 취함으로써 초연하고 객관적인 관찰을 하는 상태로서 '강 건너 불구경하는' 것과 같은 상태다. 특히 정서적으로 충격적인 경험이나 부정적인 경험에 대해서는 분리 상태를 유지하는 것이 좋다. 연합(association)과 반대되는 경험이며 개념이다. 연합 상태, 삼차적 입장을 보라.

**불일치시키기(mismatching)** 상대방과의 상호작용(만남이나 대화)을 중단하거나 그의 태도를 변화시키거나 방해함으로써 관계를 끝내고자 하는 목적으로 그와는 다른 행동양식을 취하고 다른 반응을 보이는 것을 말한다. 예를 들어, 대화 중에 상대방과 제대로 눈을 마주치지 않는다거나 전혀 다른 맥락에서 이야기를 한다면 그와 불일치시키는 것이 되고, 그 결과로 상대방과의 대화는 더 이상 지속되기 어려울 것이다. 일치시키기를 보라.

**붕괴 앵커링(collapsing anchoring)** 부정적 정서를 제거하거나 해소하기 위하여 사용하는 앵커링의 한 종류다. 붕괴 앵커링을 위해서는 일단 부정적 정서에 대한 앵커링 설정 작업이 필요하다. 그리고 긍정적 앵커링이나 자원 앵커링의 설정이 필요하다. 일단 두 가지의 앵커링 작업이 완료되면, 자원 앵커링을 붕괴시키고자 하는 부정적 정서에 대한 앵커링과 동시에 발사한다. 그리고 부정적 앵커링을 먼저 해제한 후에 약 5초 정도 동안 자원 앵커링 상태를 유지한다. 그러고 나서 자원 앵커링을 해제하면 붕괴 앵커링의 과정이 완료된다. 앵커, 앵커링, 자원, 자원 앵커링, 누적 앵커링, 연쇄 앵커링을 보라.

**비구체적 동사(unspecified verb)** 메타모형과 밀턴모형의 한 종류로 생략/삭제에 해당하는 문형이다. 어떤 동사가 구체적으로 무슨 행동을 뜻하는지, 또는 그 행동의 과정이 어떠한지의 설명이 생략되거나 삭제되어 막연하게만 표현되는 문형을 말한다. 그래서 '나는 버림받았다.'고 한다면 구체적으로 어떻게 또는 어떤 식으로 버림받았는지에 대한 설명이 없기에 '버림받았다'는 것을 비구체적 동사라고 할 수 있다. 메타모형, 밀턴모형, 생략, 비구체적 명사를 보라.

**비구체적 명사**(unspecified noun)  메타모형과 밀턴모형의 한 종류로서 생략/삭제에 해당하는 문형이다. 누구 또는 무엇에 대한 구체적인 설명이 없는 막연하고 추상적인 명사를 말한다. '미움을 버려라.'라는 표현에서는 어떤 미움, 무엇 또는 누구에 대한 미움을 말하는 것인지에 대한 설명이 없기 때문에 비구체적 명사라고 할 수 있다. 메타모형, 밀턴모형, 생략, 비구체적 동사를 보라.

**비일관성**(incongruence)  일관성과 반대되는 개념으로서 자기 자신과의 라포를 이루지 못함으로써 분아들 간에 일치하지 않는 모습을 보이거나 분아들 간의 내부적인 갈등이 행동으로 표출되는 상태를 말한다. 경우에 따라서 생각과 감정 간에, 의식과 무의식 간에 일치하지 않거나 신념·가치관이 행동과 일치하지 않아 겉으로 자신의 신념과 다른 행동을 보이는 경우도 비일관성이라고 할 수 있다. 연속적인 비일관성의 예는 어떤 행위에 있어서 그와 모순되는 다른 행위가 뒤따라오는 경우다. 동시적 비일관성의 예는 말로는 동의하면서도 동시적으로 그 목소리가 회의적인 분위기를 풍기는 경우다. 일관성을 보라.

**삭제**(deletion)  생략을 보라.

**삼중 묘사**(triple description)  어떤 사태, 상황, 사건을 일차적 입장, 이차적 입장, 삼차적 입장에서 바라보는 것을 말한다. 다중관점적 진술과 비슷한 개념이라고도 볼 수 있다. 다중관점적 진술, 일차적 입장, 이차적 입장, 삼차적 입장을 보라.

**삼차적 입장**(third position)  초연한 관찰자의 관점, 초연한 상태, 즉 분리 상태에서 '강 건너 불구경하듯이' 세상을 인식하고 경험하는 것을 말한다. 이것은 특히 부정적 정서나 기억을 다룰 때 효과적인 기법이 될 수 있다. 즉, 부정적 정서의 상태에서 삼차적 입장을 취하게 되면 자연스럽게 관조하는 차원에서 분리 상태가 이루어짐으로써 정서적으로 초연하고 무감각해지는 효과를 볼 수 있게 된다. 분리 상태, 삼중 묘사, 일차적 입장,

이차적 입장을 보라.

**상태(state)**  사고, 느낌, 감정, 신체적 · 정신적 에너지의 총체를 말한다. 특히 정서와 관련하여 행복한 상태, 긴장 상태, 불안 상태와 같은 상태를 말하는 경우가 많다. 예를 들어, 긴장 상태에서는 이완 상태와는 다른 신체적 · 생리적 · 심리적 상태를 경험하게 된다. 흔히 특정한 내부 표상을 갖게 되면 그러한 표상에 상응하는 상태를 경험하게 되고, 그 상태에 따라서 그에 상응하는 생리적 반응이나 행동이 표출된다. 상태에서 벗어나는 것을 상태파괴(break state)라고 한다. 상태파괴를 보라.

**상태 바꾸기(changing state)**  상태파괴와 같은 의미다. 상태파괴를 보라.

**상태파괴(break state)**  특정한 정서적 상태에서 벗어나도록 하는 것을 말한다. 상태파괴를 위해서는 의도적으로 연합 상태, 집중 상태 또는 주의를 분산시키는 말이나 반응 또는 행동을 하게 한다. 예를 들어, 우울한 상태에 있는 사람에게 자신의 주소를 말하게 하거나 지난 주말에 있었던 일에 대해서 물어본다면 그는 그 질문에 대답하기 위하여 잠시라도 기존의 우울한 상태에서 벗어나게 된다. 이렇게 볼 때 질문 자체가 우울한 상태를 파괴하고 벗어나게 하는 역할을 한다고 볼 수 있다. 따라서 특정한 상태에 젖어 있거나 몰입해 있는 사람에게 전혀 관련 없는 질문을 함으로써 그의 특정한 상태를 파괴할 수 있다. 상태를 보라.

**새 행동 창조 기법(new behaviour generator)**  미래에 원하는 새로운 행동, 앞으로 변화나 개선을 하고 싶은 행동이 있을 때 상상 속에서 원하는 방식으로 행동하고 느끼는 과정을 반복함으로써 새로운 행동을 창조하는 기법을 말한다.

**생략(deletion)**  삭제라고도 하며, 말이나 생각을 할 때 경험의 일부를 제외하고 생략하거나 삭제하는 것을 말한다. 인간은 외부의 정보를 받아들일 때 자신의 욕구나 사전 경험, 관심 정도에 따라서 자기에게 유리하거나 해당되는 것에만 주의를 집중하다 보면 나머지 부분에 대해서는 주의를 기울이지 못하고 생략/삭제하는 결과를 경험하게 된다. 이것은 일종의 여과적 장치에 해당한다. NLP에는 세 가지 인식적 여과장치가 있는데, 그것은 곧 왜곡(distortion), 일반화(generalization), 생략 또는 삭제다. 따라서 생략은 메타모형에서 사용되는 주요한 언어적 패턴이자 인간이 외부 정보를 받아들일 때 사용하는 인식적 여과장치(perceptual filter) 중의 한 가지다. 메타모형, 왜곡, 일반화를 보라.

**생태(ecology)** 생물이 자연계에서 생활하고 있는 모습을 말하는 생태의 사전적인 의미와는 별도로, 생태의 개념에는 생명체 간, 생명체와 환경 간, 분야 간의 상호관계와 상호 의존성을 말하는 또 다른 의미가 포함된다. 즉, 하나의 모든 생명체는 서로 간에 유기적인 관계를 맺고 있으며 환경과도 불가분의 관계가 있다는 점을 전제로 한다. 그래서 특정한 생물체의 멸종이나 그 생물체에게서 나타나는 심각한 변화는 그 자체로만 끝나지 않고 직접적으로는 공생관계나 먹이사슬 관계에 있는 다른 생물체나 주변 환경뿐만 아니라 보이지 않는 범위에까지 그 영향을 미치게 된다. NLP에서는 이러한 개념을 받아들여 특정한 행동이나 증상의 변화를 시도할 때 그것이 미칠 생태적 영향을 고려한다. 즉, 겉보기에는 특정한 변화가 바람직한 것 같지만 궁극적으로 그 변화로 인해 다른 부분에서 균열이 일어나거나 부정적인 결과가 초래된다면 그 변화에 대해서 다시 생각해 보아야 한다. 즉, 그 변화 자체를 포기하거나 다른 방식으로 변화를 시도하거나 또는 생태에 부정적인 영향을 미치지 않도록 하는 적절한 조치를 취하는 것이 필요하다. 예를 들어, 어떤 사람이 중독적인 흡연 습관을 고치기 위해서 금연을 하고자 한다면, 그것이 진정한 효과를 거두기 위해서는 담배를 끊음으로써 파생되는 부작용에 대해서 미리 생각해 두는 것이 좋다. 즉, 지금까지 담배를 피우는 것이 긴장이나 불안을 해소하는 아주 유용한 수단이었다면 담배를 끊음으로써 문제가 생길 수도 있다고 할 수 있다. 담배를 끊게 되면 결과적으로 불안, 긴장을 해소할 수 있는 수단을 상실하게 되어 금연을 통하여 얻을 수 있는 이점보다는 불안, 긴장을 해소하지 못함으로써 초래되는 문제가 더 클 수 있기에 오히려 심각한 문제에 빠지게 될 수 있다. 그러므로 담배 끊기를 위한 시도는 실패하거나 오히려 문제를 유발하게 된다. 그래서 모든 변화나 치료 작업에서는 반드시 생태 점검 (ecology check)을 하는 것이 필요할 수 있다.

**생태 점검(ecology check)** 변화의 긍정적인 효과를 극대화하고 그 변화로 인해 의도하지 않았던 문제가 파생될 수 있을 가능성을 방지하기 위하여 생태적 상호관계를 검토하고 점검하는 것을 말한다. NLP에서는 모든 변화와 성과를 달성하기 위해서 반드시 거쳐야 하는 과정이기도 하다. 생태를 보라.

**서법기능어(modal operator)** 이것은 원래 영어 문법의 용어지만, NLP에서는 '반드시 ~해야 한다' '~할 수 있다' '~할 수 없다'와 같이 규칙이나 법칙을 암시하는 말을 일컫는 개념으로 사용되고 있다. 그리고 서법기능어는 특히 조동사를 사용하는 말에 해당하기도 한다. 서법기능어에는 'should, must, have to'와 같은 단어나 조동사를 사용하는 필수성의 서법기능어(modal operator of necessity)와 'can, will, may, be able to'와 같은 단어나 조동사를 사용하는 가능성의 서법기능어(modal operator of possibility) 두 가지가 있다. 이들은 모두 메타모형과 밀턴모형의 주요 언어 패턴이다.

**선호표상체계(preferred representational system)** 어떤 사람이 내적으로 사고하고 자신의 경험을 조직화하기 위하여 시각, 청각, 신체감각 등의 표상체계 중에서 대체적으로 가장 많이 사용하는 표상체계를 말한다. 그래서 개인은 누구나 특정의 감각 유형에 기초한 선호표상체계를 갖게 된다. 예를 들어, 어떤 사람이 주로 시각적인 차원의 자극에 민감하고 시각적 차원에서 반응하기를 잘한다면 그는 시각적 선호표상체계를 가지고 있다고 할 수 있다. 이와 같은 선호표상체계는 대표적으로 선호표상체계 검사와 같은 것을 통해서 알아볼 수 있으며, 눈동자 접근단서나 전략, 메타 프로그램과 같은 형태로도 확인이 가능하다. 그러므로 선호표상체계는 라포 형성, 눈동자 접근단서, 전략, 메타 프로그램 등에서 활용된다. 라포, 눈동자 접근단서, 전략, 메타 프로그램을 보라.

성과(outcome)  목표(goal)와 유사한 개념이지만 특히 구체적인 감각에 근거를 두는 바람직한 목표를 말한다. 이것은 목표보다는 훨씬 구체적인 의미를 담고 있는 개념으로서, 특히 바라는 것을 달성하면 구체적으로 오감적 차원에서 무엇을 보고 듣고 느끼게 될지에 초점을 두고 설정하는 목표라고 할 수 있다. 이것은 NLP의 성공의 4대 원리 중 하나에 해당하기도 한다.

세상모형(model of the world)  실재지도를 보라.

술어(predicates)  어떤 상상체계의 사용을 드러내는 감각에 근거한 단어로서 구체적으로 형용사, 부사, 동사를 말한다. 사람들은 자신의 선호표상체계의 유형에 따라 자주 사용하는 술어의 종류가 달라진다. 즉, 시각적 선호표상체계를 가진 사람은 시각적인 술어를 자주 사용한다. 예를 들어, 그는 '보다, 푸르다, 모습이다, 그림 그리다, 풍경을 보다, 관점을 갖다' 와 같은 시각적 술어를 자주 사용하는 경향이 있다고 할 수 있다. 마찬가지로 청각적 표상체계의 사람은 '듣다, 목소리가 크다, 시끄럽다, 조율하다, 소리를 죽이다' 와 같은 술어를 자주 사용하게 된다. 결과적으로 사람들은 자신의 선호표상체계에 따라서 그에 해당하는 감각에 바탕을 둔 술어를 자주 사용하게 된다. 이러한 술어의 원리는 라포 형성이나 전략에 있어서 아주 유용하게 활용된다. 선호표상체계, 라포, 전략을 보라.

시각(visual)  오감 중의 하나로서 눈으로 보는 것, 보이는 것과 관련된다.

시간선(time line)  우리의 과거-현재-미래를 연결하는 가상적인 선을 말한다. 이것은 현재 그리고 미래의 내적 그림, 소리, 느낌, 과거의 기억을 저장하는 방식이기도 하다. 시간선은 내재 시간형(in time)과 통과 시간형

(through time)의 두 가지 종류가 있다. 시간선의 종류에 따라서 개인의 성격이나 행동양식이 달라진다는 데 의미가 있다. 그리고 모든 인간의 경험과 기억은 이 시간의 맥락에서 구조화되는데, 시간의 맥락이 바뀌면 경험이나 기억의 구조도 바뀌게 된다. 따라서 그러한 구조의 변화는 곧 변화나 치료의 효과로 전환되게 된다. 아울러 시간선이 바뀌면 그에 따라 성격이나 개인적 성향, 시간에 대한 관념도 달라지게 된다. 시간선의 원리에 바탕하여 이루어지는 치료 기법은 시간선치료(time line therapy) 기법이라고 할 수 있다. 그러므로 이 시간선은 특히 시간선치료를 비롯한 치료적 상황과 함께 미래의 목표 설정을 위한 작업에서 유용하게 활용된다. 그리고 시간선치료에서는 시간선을 바꾸는 과정도 포함됨으로써 시간선 변경을 통한 성격의 변화도 아울러 시도한다. 내재 시간형, 통과 시간형, 시간선치료를 보라.

시간선치료(time line therapy)  이것은 시간선의 개념에 기초하여 미국의 테드 제임스가 1980년대 후반에 최면의 원리를 가미하고 기존의 NLP 기법을 좀 더 발전시킨 치료 기법이다. 특히 분노, 슬픔, 죄책감, 불안과 같은 부정적인 정서의 제거와 제한적 신념의 제거 그리고 미래의 목표 설정 및 달성의 분야에서 탁월한 효과를 발휘하는 것으로 알려져 있다.

신경-언어 프로그래밍(Neuro-Linguistic Programming)  인간 탁월성에 대한 연구이며 사람들이 어떻게 자신의 경험을 구성하는지를 설명하는 주관적 경험의 구조에 대한 연구체계다. 1970년대 중반에 미국의 리처드 밴들러와 존 그린더에 의해 산타크루즈 소재 캘리포니아대학교에서 창시되었다. 그들은 당시에 게슈탈트 치료의 펄스, 가족치료의 시티어, 최면치료의 에릭슨의 치료 이론과 기법에 기초하여 탁월한 변화의 원리와 독특하고도 새로운 치료를 위한 원리와 기법을 개발하였다. 오늘날 NLP는 세계적으로 광범위하게 보급되었으며 심리치료와 상담 분야뿐만 아니라 교육, 산업, 세일즈, 스포츠, 인간관계, 자기계발 분야에 이르기까지 인간 생활의 거의 전 분야에 걸쳐서 영향을 미치고 활용되고 있다.

**신경적 수준(neurological levels)**  경험의 여러 가지 차원을 말하는 것이다. 여기에는 환경, 행동, 능력, 신념, 정체성, 초정체성 또는 영성이 있다. 논리적 수준을 보라.

**신념(beliefs)**  자기 자신, 타인, 세상 그리고 세상의 운영 원리에 대해 일반화하는 개념으로 신경적 차원의 한 가지다. 신경적 수준을 보라.

**신체감각(kinesthetic)**  오감 중의 하나로서 기본적으로 신체적인 감각, 촉각을 말하지만 동시에 기억된 감각 상태, 정서 균형감각 등과 같은 내적 감정을 의미하기도 한다. 일반적으로는 촉각이라고 하는 이것에는 넓은 의미로는 후각, 미각도 포함된다. 오감을 보라.

**신체언어(body language)**  입에서 소리로 나오는 말(言)의 형태로가 아니라 말이 아닌 말, 즉 얼굴 표정, 자세, 몸의 움직임과 같은 시각적인 신체적 표현을 통해 커뮤니케이션하는 방법이다. 비언어(nonverbal)라고도 한다.

**신체적 맞추기(somatic pacing)**  자기 자신의 신체적 경험에 초점을 두고 맞추어 나가는 것을 말한다. 예를 들어, 신체적으로 통증이 있으면 그 통증이 어떤 것이며 강도가 어느 정도인지를 생각하고 그것을 의식하면서 그에 스스로 반응하는 것이 신체적 맞추기가 될 수 있다.

**새로운 코드(new code)**  존 그린더와 주디스 펠로지어가 그들의 저서인 *Turtles All the Way Down*에서 NLP에 대해 설명한 것을 말한다.

**실재지도(map of reality)**  세상모형(model of the world), 내부 표상(internal representation)과 같은 개념으로 현실을 지각하고 경험하는 주관적인 세계를 말한다. 그러니까 인간의 주관적인 경험 세계는 객관적인 현실과 다를 수 있다. 그의 과거 경험, 가치관이나 신념, 교육적 배경과 문화 등에 따라서 동일한 현실적 상황에서라도 서로 다르게 지각하고 이해하여 내면적인 경험을 다르게 하는데, 이러한 것이 실재지도라고 할 수 있다. '지도는 영토가 아니다.' 라는 전제조건과 관련이 있다.

**심상화**(visualization)  마음속에서 내적 이미지를 그려 보는 것을 말한다. 특정한 대상이나 그것의 움직임 또는 움직임의 과정을 상상하는 것을 말하기도 한다.

**심층구조**(deep structure)  내면의 경험을 말한다. 표층구조(surface structure)의 반대 개념으로서 왜곡, 생략/삭제, 일반화가 이루어지기 전의 마음 상태를 말하기도 한다. 그러므로 심층구조가 세 가지 형태의 인식적 여과장치를 거치면서 표층구조로 바뀌게 된다. 이러한 현상을 다루는 문법을 변형문법(transformational grammar)이라고도 한다. 표층구조, 메타모형을 보라.

**아날로그 행동**(analogous behavior) 디지털 행동(digital behavior)의 상대 개념으로 사용되는 행동을 설명하는 개념이다. 아날로그 행동은 아무런 의미도 없고 이름 붙일 수 없는 사소한 행동을 말한다. 디지털 행동을 보라.

**앵커**(anchor)  닻이라고도 하며, 특정한 반응을 불러내는 모든 자극을 말한다. 행동주의 심리학의 자극-반응(stimulus-response)이론에서 말하는 자극에 해당하는 것이기도 하다. 즉, 파블로프가 했던 종소리를 듣고 침을 흘리는 개의 조건반응 실험에서 종소리에 해당하는 것이다. 닻이란 바다의 배가 안전하게 정박하기 위해 사용하는 도구이기도 한데, 이 닻을 내림으로써 배는 안전하게 정박할 수 있다. 앵커가 하나의 조건 형성과 같이 실제의 행동과 연결되는 것을 앵커링(anchoring)이라고 한다. 앵커에는 감각양식에 따라 시각적 앵커, 청각적 앵커, 신체감각적 앵커와 같은 종류가 있으며, 성질에 따라 긍정적인 기분이나 느낌을 유발하는 긍정적 앵커와 그 반대에 해당하는 부정적인 앵커가 있다. 그리고 긍정적 자원을 불러일으킨 자원 앵커(resource anchor), 누적 앵커(stacking anchor), 붕괴 앵커(collapsing anchor), 연쇄 앵커(chaining anchor)도 있다. 앵커링, 자원 앵커링, 누적 앵커링, 붕괴 앵커링, 연쇄 앵커링을 보라.

**앵커링(anchoring)** '닻 내리기'라고도 하며, 앵커를 적용하여 특정한 반응을 유발하는 것을 말한다. 즉, 특정한 반응을 불러일으키기 위하여 특정한 자극을 적용하는 것으로서 자극을 반응과 연결시키는 것이기도 하다. 행동주의 심리학에서 말하는 조건 형성의 개념에 해당한다. 인간의 모든 행동은 앵커링의 결과라고도 볼 수 있을 정도로 앵커링의 개념은 인간 생활과 밀접한 관계가 있다고 할 수 있다. 앵커링은 자연발생적으로 이루어질 수도 있으나 인위적·의도적으로 이루어질 수도 있다. 예를 들어, 신생아가 엄마의 얼굴을 알아보고 웃는 것이나 엄마의 목소리를 알아듣고 웃는 것에서부터 신호등의 빨간불을 보고 가던 길을 멈추는 것, 뉴스 시간에 맞추어서 TV 채널을 돌리는 것에 이르기까지 모두가 앵커링의 결과라고 할 수 있다. 이런 예들은 모두 자연적 앵커링에 해당한다고 할 수 있다. 그러나 교육적이거나 치료적인 차원에서 의도적으로 앵커링을 설정할 수도 있다. 일반적으로 NLP에서 앵커링을 활용할 때는 긍정적 차원에서 긍정적인 정서반응이나 행동을 유발하기 위한 목적으로 의도적으로 사용하는 경우가 대부분이다. 넓은 의미에서 치료나 변화의 목적으로 사용되는 앵커링에는 용도에 따라 자원 앵커링(resource anchoring), 누적 앵커링 (stacking anchoring), 붕괴 앵커링(collapsing anchoring), 연쇄 앵커링(chaining anchoring) 등이 포함될 수 있다. 자원 앵커링, 누적 앵커링, 붕괴 앵커링, 연쇄 앵커링를 보라.

**역추적(backtrack)** 이미 이루어진 상황이나 일의 전개 과정을 뒤에서부터 처음에 이르기까지 역으로 되돌아보거나 전체 과정을 요약하는 것을 말한다.

**연쇄 앵커링(chaining anchoring)** 부정적 정서를 해소하거나 제거하기 위하여 사용하는 앵커링의 한 종류다. 이것은 여러 가지의 앵커링을 연쇄적으로 설정하고 활용하는 앵커링의 특수한 종류에 해당한다고 할 수 있다. 특히 전략(strategy)을 설정할 때 유용하게 활용될 수 있다. 앵커, 앵커링을 보라.

**연합 상태(associated state)** 어떤 상황이나 사건을 직접적으로 경험하는 상상을 하고 시각적·청각적·신체감각적 차원에서 그 경험의 느낌을 느끼면서 몰입하는 상태라고 할 수 있다. 연합 상태에서는 시각적으로 보고, 청각적으로 듣는 것을 상상하고, 신체감각적으로 느낌을 갖는 경험을 할 수 있다. 이것은 일종의 몰입 상태라고도 할 수 있으며, 일차적 입장이 되는 것을 말하기도 한다. 분리 상태의 반대 개념으로서 특히 긍정적인 기억이나 경험을 회상하거나 앵커링을 할 때는 연합 상태를 유지하는 것이 필요하다. 분리 상태를 보라.

**영성(spirituality)** 진정한 자신이 되고 자신의 본질을 경험하면서 타인들과 가장 잘 연결되어 있는 경험을 하는 차원을 말하는 것으로 신경적 수준의 하나다. 영성은 초정체성이라고도 하는데, 신경적 수준의 가장 깊은 수준이라고 할 수 있다. 특히 자기를 뛰어넘어 타인과의 관계나 더 넓은 조직이나 세계와의 관계 또는 초월적인 상태와 관련된다. 초정체성, 신경적 수준을 보라.

**왜곡(distortion)** 경험한 내용을 어떤 식으로든 다른 의미로 변화시키거나 정확하지 않고 틀리게 지각하고 경험하는 것을 말한다. 한국 속담에 "자라 보고 놀란 가슴 솥뚜껑 보고 놀란다."라고 했는데, 이 말은 전혀 놀랄 필요가 없는 솥뚜껑을 자라로 왜곡하여 지각하였기 때문에 놀라게 되는 과정을 설명한 것이라고 할 수 있다. 왜곡은 또한 메타모형에서 사용되는 주요한 언어 패턴으로 인간이 외부 정보를 받아들일 때 사용하는 생략(deletion), 일반화(generalization)를 포함하는 세 가지 인식적 여과장치(perceptual filter) 중 하나다. 메타모형을 보라.

**외부집중상태(uptime)** 관심과 감각의 초점이 외부 사건이나 사태로 향해 있거나 집중되어 있는 상태를 말한다. 내면 집중 상태를 보라.

**유도체계**(lead system)  저장된 정보에 접근하기 위해 주로 사용하는 표상
체계를 말한다. 예를 들어, 축제일 광경을 내적 그림으로 떠올리다 보면
그와 관련된 모든 경험이 되살아날 수 있다. 이때 축제일 광경의 내적 그
림이 바로 유도체계인데, 이 경우에는 시각적인 것이다. 어떤 소리를 듣
는 순간에 관련된 기억이 살아난다면 그것은 청각적인 유도체계라고 할
수 있다. 표상체계를 보라.

**유목화**(chunking/stepping)  언어 및 경험의 차원을 오르내리면서 지각을
변화시키는 방법으로, 특히 언어적 맞추기(matching) 기법, 메타모형, 밀
턴모형 등에서 사용되는 방법이다. 메타모형에서는 구체적인 사례에 대
해 질문함으로써 주어진 추상적인 언어로부터 직접적인 경험 차원, 즉 하
향 차원으로 내려가므로 하향 유목화(chunking down)가 사용된다. 그리
고 밀턴모형에서는 구체적인 경험을 포괄적이며 일반적이고 추상적인 문
장 구조로 바꿈으로써 상위 차원으로 올라가므로 상향 유목화(chunking
up)가 사용된다. 하향 유목화는 탈최면 또는 탈트랜스(out of trace)를 위
한 것이며, 상향 유목화는 최면유도, 즉 트랜스로 이끌기 위한 것이기도
하다. 메타모형, 밀턴모형을 보라.

**유연성**(flexibility)  융통성이라고도 한다. NLP의 네 가지 지혜 중 하나로서
결과 또는 성과를 이룩하기 위하여 다양한 사고와 행동을 할 수 있다.
즉, 다양한 선택을 할 수 있는 능력을 말한다. 특정한 상황에서 기존의 행
동이나 사고 대신에 그와는 다르게, 즉 대안적인 방식으로 사고하고 행동
할 수 있을 때 적용되는 개념이기도 하다. NLP의 성공의 4대 원리 중 하
나다. 필수적 다양성의 법칙을 보라.

**음운적 모호성**(phonological ambiguity)  밀턴모형에서 말하는 모호성의
한 종류에 해당한다. 발음이나 소리는 같지만 의미가 다른 단어들을 말한
다. 예를 들어, '배는 먹는 것이지만, 배는 타는 것이며, 또 다른 배는 사

람의 신체 부위를 말한다.'고 할 때 동일한 배가 모두 세 가지의 다른 의미로 사용되었으므로 음운론적 모호성에 해당한다. "우리는 우리에 갇힌 동물을 보면서 우리 집을 생각했다."라고 할 때도 음운적 모호성을 발견할 수 있다. 밀턴모형을 보라.

의미 관점 바꾸기(meaning reframing)  관점 바꾸기의 한 종류로서 어떤 상황이나 일을 기존의 의미가 아닌 다른 의미로 해석하는 것을 말한다. 예를 들어, '키가 작다.'는 것은 '작은 고추가 맵다.'는 의미로, '몸살이 걸렸다.'는 것은 '쉴 수 있는 기회를 가졌다.'는 의미로, '실패했다'는 것은 '재도전할 수 있는 새로운 기회를 가졌다.'는 의미로 관점을 바꾸어 해석할 수 있을 것이다. 이와 같은 의미 관점 바꾸기를 통하여 문제에서 쉽게 벗어날 수 있게 될 것이다. 관점 바꾸기, 의미 관점 바꾸기, 맥락 관점 바꾸기를 보라.

의식(conscious)  현재 순간에 각성되고 있는 모든 것을 말한다. 무의식에 반대되는 개념이기도 하다. 무의식을 보라.

이끌기(leading)  충분한 라포를 바탕으로 의도적으로 상대에게 변화된 행동을 유도하기 위하여 적용하는 기법이다. 이것은 맞추기(pacing)나 거울반응하기(mirroring)와 같은 일치시키기(matching)와 함께 사용되는데, 충분한 맞추기가 이루어지면 자연스럽게 이끌기가 유도된다. 그래서 '맞추기-맞추기-이끌기(pace-pace-lead)'의 공식이 성립한다. 이끌기가 적용되는 예를 들어 보면, 내담자가 이야기를 하면서 머리를 빈번하게 만지작거리며 산만한 모습을 보일 때, 직접적으로 그에게 머리를 못 만지게 하기보다는 상담자도 함께 머리를 만지거나 다른 신체 부위를 만지는 형식으로 적절한 맞추기를 시도해 나가다가 적절한 때에 머리 만지기를 중단함으로써 이끌기를 시도하면 내담자도 상담자를 따라 머리 만지기를 함께 중단하게 된다. 거울반응하기, 맞추기, 일치시키기를 보라.

이끌어내기(elicitation)  행동을 통해서 특정한 상태를 유도하거나 끄집어내는 것을 말한다. 또는 비언어적 신호에 대한 직접적 관찰이나 메타모형 질문을 던짐으로써 정보를 수집하는 것을 말하기도 한다.

**이차적 입장**(second position)  상대방의 관점에서 세상을 보고 생각하고 감정을 느끼는 것을 말한다. 상대방을 이해할 수 있는 좋은 수단이 된다. 일차적 입장, 삼차적 입장, 삼중 묘사, 다중관점적 진술을 보라.

**인식론**(epistemolgy)  우리가 아는 것을 어떻게 하는가에 대한 연구를 말한다.

**일관성**(congruence)  신념, 가치관, 기술 그리고 행동의 일관성을 말한다. 이것은 자신과 라포를 이룬 상태를 말하기도 한다. 예를 들어, 자신의 신념이나 가치관에 부합하게 행동하거나 무의식적인 관심에 따라서 의식적인 관심을 보인다면 일관성이 있다고 할 수 있다. 그리고 내담자에 대한 진정한 이해와 애정을 갖고서 언어적·비언어적으로 이완되고 편안한 표정과 모습으로 그의 말에 경청한다면 일관성이 있다고 할 수 있다. 반면에 마음속으로는 불안을 경험하면서도 겉으로는 편안하다고 말하거나 그렇게 행동하려고 한다면, 또는 진정한 이해의 마음이 없으면서 라포를 형성하기 위해 노력하는 모습을 보인다면 일관성을 보이지 않는 것이라고 할 수 있다. 라포를 형성하고 상담 및 치료, 변화의 진정한 효과를 얻기 위해서는 반드시 일관성이 확보되어야 한다. 비일관성을 보라.

**일반화**(generalization)  특정한 경험이 모든 종류의 경험을 대표하게 되는 과정을 말한다. 이것은 왜곡(distortion), 생략/삭제(deletion)와 함께 인간이 외부의 자극이나 정보를 받아들일 때 작동시키는 인식적 여과장치 (perceptual filter) 중 하나이며 메타모형에서 사용되는 주요한 언어 패턴이기도 하다. 일반화의 예를 들어 본다면, 과거에 남자로부터 성폭행을 당했던 어떤 여성이 세상의 모든 남자를 불신하고 결혼을 하지 않으려 하는 것, 개에게 물렸던 사람이 모든 개뿐만 아니라 털 달린 동물에 대해서 두려워하는 반응을 보이는 것을 꼽을 수 있다. 대부분의 알레르기 증상도 일반화의 예가 될 수 있다. 과거에 상한 음식을 먹고 이상반응을 일으키고 고통을 경험한 적이 있다면 그 경험이 일반화되어 그와 유사한 음식에 대해서도 이상반응을 일으키게 되는데, 이것이 바로 특정 음식에 대한 알레르기라고 할 수 있다. 메타모형을 보라.

**일차적 입장**(first position)  자기 자신의 관점으로만 세상을 지각하는 것을 말하며, 자신의 내면적 실재와 접촉하고 있는 상태다. 모든 직접 경험은 바로 일차적 입장에서 이루어진다. 일차적 입장은 연합 경험을 할 때 적용되는 입장이기도 하다. 이차적 입장, 삼차적 입장, 삼중 묘사, 다중관점적 진술을 보라.

**일치시키기**(matching)  맞추기(pacing)의 한 방법이며 라포 형성을 위한 방법이기도 하다. 라포 형성을 위해 또는 라포 상태를 증진시키기 위한 목적으로 내담자나 상대방의 행동, 기술, 신념 또는 가치관의 일부를 받아들여 반영하거나 그대로 따라 함으로써 그에게 맞추고 일치시키는 것을 말한다. 내담자의 언어, 비언어적 반응, 행동 등에 일치시킬 수 있다. 이것은 거울반응하기(mirroring)와 유사한 기법이다. 마주하고 있는 상대방이 오른손을 들 때 왼손을 드는 반응을 보이는 것이 일치시키라면, 거울에서와 마찬가지로 똑같이 오른손을 들어 보이는 것은 거울반응하기라고 할 수 있다. 일치시키기 기법을 활용할 때는 내담자가 의식하지 못하도록 하는 것이 필요하다. 맞추기, 거울반응하기를 보라.

**자기 모델링**(self modelling)  자신의 우수한 상태를 자원으로 이용하기 위해 스스로를 모방하고 모델링하는 방법을 말한다. 모델링을 보라.

**자원**(resources)  성과를 얻고 목표를 성취하며 변화와 치료적인 효과를 성취하고 긍정적인 경험을 하는 데 도움이 될 수 있는 긍정적인 상태나 지식, 기술, 행동, 경험, 소유물 등을 말한다. 예를 들어, 돈을 비롯한 물질적인 재산, 용기, 자신감, 행복한 상태, 동기, 과거의 성취 경험에 대한 기억, 낙천적이고 긍정적인 태도 및 사고방식, 포용 능력, 라포 형성 능력, 집중력, 문제 해결 능력, 직관력과 같은 것이 모두 자원이 될 수 있다. 자원 상태, 앵커링, 자원 앵커링을 보라.

**자원충만 상태(resourceful state)** 자원이 풍부한 상태를 말한다. 다시 말해서, 심리적으로 행복하거나 즐거운 상태, 기분 좋은 상태, 자신감 있는 상태와 같이 자원에 해당하는 것을 경험하고 느끼고 있는 상태를 말한다. 자원 상태를 이끌어 내기 위해서는 '가장 행복했던 순간을 기억할 수 있습니까? 그때를 기억할 때 그 기분은 어떠 합니까? 그 기분과 정서를 지금 느껴 보세요.'라는 말을 할 수 있다. 자원, 앵커링, 자원 앵커링을 보라.

**자원 앵커링(resourse anchoring)** 자원 상태를 앵커링하는 것을 말한다. 즉, 행복, 자신감, 유능감, 즐거움, 용기와 같은 심리와 생리 상태를 이끌어 내기 위하여 이루어지는 앵커링을 말한다. 자원, 자원 상태, 앵커링을 보라.

**전략(strategy)** 특정한 성과가 일관되게 나타날 수 있는 반복 가능한 사고와 행동의 계열을 의미한다. 사람은 누구나 어떤 상황에서든 전략을 사용한다고 볼 수 있다. 전략은 특정한 방식으로 행동하고 사고하는 일종의 행동적 · 심리적 습관이나 행동적 특성이라고도 볼 수 있다. 결국 전략이란 사람들은 특정한 방식으로 생각하고 감정을 가지며 행동을 하는 습관을 갖고 있음을 전제로 하면서, 그 특정한 방식이 어떤 것인지를 분석하고 보다 바람직한 성과를 얻을 수 있도록 수정하고 효과적으로 활용할 수 있게 하는 것을 목적으로 삼는다. 전략이 적용되는 예를 들어 보면, 직장인들은 늘 같은 길로 출퇴근을 하며 학생들도 늘 같은 길로 등하교를 하는 것을 지적할 수 있다. 즉, 사람들은 거의 매일 같은 지역에서 같은 교통편을 이용하고 같은 길을 통과하여 목적지에 도착하는데, 대부분의 경우는 특별한 상황이 발생하지 않는 한 그에 소요되는 시간도 거의 비슷하다. 특히 자가 운전을 하면서 출퇴근을 하는 경우에도 늘 같은 지점에서 좌우회전을 하거나 U턴을 하고 늘 같은 지역을 통과하게 되는데, 이 모든 것은 그가 무의식적으로 사용하는 전략 때문이다. NLP에서 중요하게 취급하는 대표적인 전략에는 동기 전략, 구매 전략, 판매 전략, 학습 전략, 사랑 전략 등이 있다.

**전제조건(presuppositions)** 인간의 본성이나 행동과 관련된 어떤 명제나 진술을 말한다. NLP에서 전제조건이란 그 내용의 사실성, 진실성과 상관없이 그것을 사실로 인정하고 수용하여 그에 따라 행동할 때 변화나 치료적 효과를 얻는 데 도움이 되기 때문에 당연한 것으로 받아들이는 전제된 생각이나 신념을 말한다. 요컨대, 그 명제나 진술을 당연하게 받아들이고 그에 따라 행동할 때 바람직한 성과나 변화가 초래될 수 있다는 것이 전제조건의 진정한 의미다.

**접근단서(accessing cues)** 우리가 특정한 생각을 하거나 특정한 방향으로 생각하게 되면 호흡이나 자세, 몸짓, 눈동자의 움직임이 변한다. 그러므로 그 변화를 보면 상대방의 생각이나 그 방향을 짐작할 수 있게 된다. 여기서 그러한 변화를 접근단서라고 한다. 이를 달리 표현하면, 접근단서란 내적인 생각이나 그 생각의 방향을 짐작할 수 있게 하는 호흡, 자세, 몸짓, 눈동자의 움직임과 같은 신체적·생리적 조건을 말한다. 이것은 라포 형성을 위해서뿐만 아니라 여러 가지의 NLP 변화기법에서 크게 활용된다. 눈동자 접근단서를 보라.

**정서적 상태(emotional state)** 상태를 보라.

**정체성(identity)** 자아상 또는 자아관을 말하는 것으로서 스스로 생각하는 자기 자신을 의미한다. 신경적 수준의 하나다. 신경적 수준을 보라.

**준거(criterion)** 특정한 맥락에서 중요하게 생각하는 것을 말한다.

**지각적 필터(perceptual filter)** 인식적 여과장치라고도 할 수 있다. 이것은 우리의 세상모형을 형성하는 독특한 생각, 경험, 신념, 언어를 말한다. 특히 왜곡(distortion), 생략/삭제(deletion), 일반화(generalization)와 같은 것이 대표적이다. 그 외에도 메타 프로그램이나 가치와 같은 것도 해당된다. 왜곡, 생략, 삭제, 일반화, 가치, 신념, 메타 프로그램을 보라.

청각(auditory) 오감 중의 하나로 사람의 목소리를 비롯한 여러 가지 형태의 소리나 음악을 듣는 감각을 말한다. 오감을 보라.

초정체성(beyond identity) 신경적 수준의 하나로서 영성 수준이기도 하면서 타인과 가장 크게 연결되는 수준, 가장 크게 자기 자신이 되는 수준을 말한다. 신경적 수준, 영성을 보라.

TOTE 전략모형(TOTE model of strategy) 1960년에 미국의 조지 밀러(Georgy Miller), 유진 갤런터(Eugene Galanter), 킬 프리브람(Karl Pribram)에 의해 출판된 『행동의 계획과 구조(Plans and the Structure of Behavior)』에서 처음으로 공식화된 용어로서 컴퓨터 모델링에 기초하여 만들어진 일종의 공식이다. 이것은 특히 하나의 전략이 만들어지는 과정을 보여 준다. TOTE는 Test, Operate, Test, Exit의 첫 자를 각각 묶은 용어다. 전략을 보라.

통과 시간형(through time) 시간선의 한 종류로서 내재 시간형(in time)과 반대되는 개념이다. 통과 시간형은 내재 시간형이 아닌 시간형에 해당하는 것으로, 특히 과거, 현재, 미래가 앞에서 펼쳐지며 통과하는 시간형을 말한다. 그러니까 과거와 현재가 앞에서 보이기 때문에 과거를 생각하기 위해서는 뒤를 돌아봐야 할 필요가 없다고 할 수 있다. 그리고 시간선이 모두 앞에서 보이기 때문에 시간의 흐름이나 순서와 같은 것이 잘 보인다. 이러한 이유로 통과 시간형의 사람은 시간에 예민하고 어떤 일의 순서와 절차를 중시하는 경향이 있다. 그러므로 통과 시간형은 도시형, 서구형에 해당하는 시간선이라고 할 수 있다. 시간선, 내재 시간형, 시간선 치료를 보라.

**통일장**(unified field)  NLP를 위한 통합적인 틀을 의미한다. 구체적으로는 신경적 수준, 인식적 입장, 시간이라는 세 가지 차원이 통합된 3차원의 매트릭스를 말한다.

**트랜스**(trance)  몽환(夢幻) 상태라고도 한다. 최면치료를 위한 필수조건이기도 한데, 일시적으로 자신의 내부에 확고하고 일정한 주의를 집중함으로써 일어나는 변형된 의식 상태(altered state of consciousness)를 말한다. 이것은 어떤 일에 집중할 때 경험하는 현상이다. 예를 들어, 재미있는 소설책을 읽다 보면 시간 가는 줄 모른다거나 전화벨 소리를 듣지 못하는 것은 바로 트랜스 상태에 빠졌기 때문이다. 마찬가지로 TV나 영화를 볼 때, 운전을 할 때, 무엇을 깊이 생각할 때 트랜스 상태로 쉽게 몰입할 수가 있다. 이 트랜스 상태에서 변화와 치료적 효과가 극대화될 수 있다. 대부분의 NLP 기법은 내담자로 하여금 트랜스 상태를 유도하고 그 상태에서 변화를 시도하도록 되어 있다.

**포괄적 수량화**(universal quantifier)  메타모형과 밀턴모형의 한 종류로서 일반화에 해당하는 문형이다. 한두 개 또는 소수의 사례를 전체적인 것으로, 또는 전무(全無)한 것으로 평가하거나 표현하는 것을 말한다. 특히 '모두, 모든 것, 어느 것이든, 아무것도, 항상, 늘, 아무도'와 같은 단어가 사용될 때 해당한다. 메타모형, 밀턴모형, 일반화를 보라.

**표상체계**(representational system)  시각, 청각, 신체감각, 후각, 미각의 다섯 가지 감각양식을 사용하여 내면에서 정보나 경험, 기억을 표상하는 여러 통로를 말한다. 기본적으로 표상의 개념은 어떤 객체나 경험을 자신의 뇌 속, 즉 마음속에 대표하여 떠올리는 그림, 즉 상이라고 할 수 있다. '장님 코끼리 만지기'라는 말에서 장님들이 코끼리에 대해 이해하고 (표상하여) 설명하는 것이 제각기 다르듯이 동일한 대상물을 경험하거나 기억을 하더라도 그것을 표상하는 방식은 사람에 따라 다르다. 예를 들어, 어떤 사람은 그것을 모습이나 색깔, 크기를 중심으로 하는 시각적 표상체계를 사용하여 표상할 수도 있고, 어떤 사람들은 소리를 기준으로 하는 청각적 표상체계를 사용할 수도 있으며, 또 다른 사람들은 느낌과 생리적 반응을 기준으로 하는 신체감각적 표상체계를 사용할 수도 있다. 그러므로 표상체계를 안다는 것은 어떤 사람을 이해하는 좋은 수단이 된다. 이 표상체계는 NLP의 여러 기법을 적용함에 있어서 기본적으로 활용되는 개념이자 기법이다. 선호표상체계를 보라.

**표층구조**(surface structure)  심층구조의 반대 개념으로서 겉으로 드러나는 커뮤니케이션을 말한다. 흔히 '도를 도라고 할 때, 그것은 도가 아니다.' 라는 말이 있는데, 여기서 '도를 도' 라고 할 때 나타나는 것이 바로 표층 구조라고 할 수 있다. 그렇기에 그 표층구조로서의 도는 심층구조에 해당하는 도라고 하기 전의 처음의 '도' 와는 다른 것이라고 할 수 있다. 심층 구조가 표층구조로 바뀌어 나타나는 과정은 왜곡(distortion), 생략/삭제 (deletion), 일반화(generalization)를 통해서 이루어지며, 그렇게 바뀌는 현상을 설명하는 문법을 변형문법(transformational grammar)이라고 한다. 심층구조, 메타모형을 보라.

**프레임**(frame)  관점의 틀이나 문형, 화법을 말한다. NLP에는 다양한 관점이 있는데, 예를 들어 성과 관점, 라포 관점, 역추적 관점 등이 있다.

**필수적 다양성의 법칙**(law of requisite variety)  어떤 조직이나 기관이든 다양성이 있을 때 성공할 수 있기에 반드시 다양성을 갖출 필요가 있음을 말하는 법칙이다. 다양성은 일종의 유연성이라고도 할 수 있으며, 고정되고 불변하는 상태가 아니라 상황과 조건에 따라 다른 선택을 할 수 있는 능력이나 상태를 의미한다고 볼 수 있다. 이러한 법칙은 성공과 변화의 핵심 원리라고 할 수 있다. 유연성을 보라.

**하위양식**(submodalities)  각 감각양식, 즉 표상체계 내에서 좀 더 구체적이고 섬세하게 구분하는 것을 말한다. 세부감각이라고도 할 수 있으며, 사고나 감정, 즉 마음의 가장 작은 기본 단위라고 할 수 있다. 그러므로 하위양식이 모여서 각각의 감각양식이 이루어진다고 할 수 있다. 예를 들어, 시각적 감각양식의 하위양식으로는 시각적 속성의 대표적인 크기, 모양, 색상, 명암, 위치, 거리와 같은 것이 있으며, 청각적 하위양식으로는 소리의 크기, 높낮이, 소리의 질과 같은 것이 있다.

**학습단계**(learning state) 학습모형을 보라.

**학습모형**(learning model) 학습단계라고도 한다. 학습이 이루어지는 네 단계를 의미하는데, 구체적으로 ① 인식하지 못하는 무능 단계(unconscious incompetence), ② 인식하는 무능 단계(conscious incompetence), ③ 인식하는 유능 단계(conscious competence), ④ 인식하지 않는 유능 단계(unconscious competence)를 말한다. 여기서 첫 번째 단계는 스스로 무능하다는 사실을 모르는 단계, 두 번째 단계는 스스로 무능하다는 사실을 깨달은 단계라고 할 수 있다. 그러므로 두 번째 단계의 경우는 스스로의 무능과 부족을 인식하고 학습을 위한 노력을 하는 단계여서 학습이라는 차원에서 첫 번째보다 더 진전된 단계라고 할 수 있다. 왜냐하면 첫 번째 단계에서는 스스로의 무능을 인식하지 못하기 때문에 아무런 학습 노력을 하지 않을 것이기 때문이다. 세 번째 단계는 두 번째의 학습 노력의 결과로 이제 유능 단계로 진입하지만 아직은 학습이 성숙하지 못해서 자신의 능력이나 기술을 의식하며 의식적으로 기술을 발휘하는 서투른 초보 단계라고 할 수 있다. 그러나 진정한 학습은 자신의 능력이나 기술 자체를 의식하지 않고 무심의 상태, 즉 의식적 상태에서 그러한 능력을 발휘할 수 있는 마지막 단계에서 완성된다고 할 수 있다.

**행동**(behaviour) 우리의 사고 과정을 포함하는 모든 활동이나 행위를 말한다. 신경적 수준의 하나다. 신경적 수준을 보라.

**형식 조건에 맞게 잘 설정된 성과**(well-formed outcome) 구체적이고 성취 가능하며 측정 가능한 방식으로 잘 표현되고 묘사된 성과를 말한다. 성과를 보라.

**형식 조건에 맞게 잘 설정된 전략**(well-formed strategy)  타당한 전략의 구성 요소와 계열을 잘 갖춘 형태로 구성된 전략을 말한다. 전략을 보라.

**형식 조건에 맞게 잘 설정된 준거**(well-formed criteria)  성취 가능하고 확증 가능한 성과를 표현하는 것에 대한 사고방식을 말한다. 이것은 맞춤성과와 원원(win-win) 해결책의 기초가 된다. 맞춤성과, 준거를 보라.

**환경**(environment)  우리가 처한 장소와 시간 그리고 함께하는 사람들을 말하며, 신경적 수준의 하나다. 신경적 수준을 보라.

**후각**(olfactory)  오감 중의 하나로 냄새와 관련된 경험을 말한다. 오감을 보라.

**휘익 기법**(swish pattern)  없애고 싶은 특정 행동이나 원하지 않는 반응을 없애고 원하는 바람직한 행동이나 반응을 새롭게 할 수 있도록 하는 기법으로, 특히 하위양식적 요소를 활용한다. 두 손을 함께 사용함으로써 '휘익' 하는 소리와 함께 이 기법을 적용한다는 뜻에서 이 기법을 휘익 기법이라고 한다.

# 찾아보기

## 《내 용》

▶▶▶▶▶ 저자 소개

## 조셉 오코너(Joseph O'Connor)

영국 출신의 세계적인 NLP 전문가이자 NLP 분야의 베스트셀러 저자다. 특히 그는 NLP를 교육, 음악, 스포츠 분야에 활용하는 NLP 전문가 겸 트레이너다. 또한 대학교에서 인류학을 전공하였고, 영국의 왕립음악아카데미로부터 자격을 인정받은 음악교사이기도 하다. 그는 존 그린더, 로버트 딜츠 등으로부터 NLP 훈련을 받았다.

오코너는 NLP 책을 최초로 저술한 비미국인 저자이기도 하며, 영국을 비롯한 유럽, 북미와 남미, 아시아 등지에서 NLP 트레이닝을 실시하였다. 그리고 1996년 싱가포르에서 국립커뮤니티리더십연구소로부터 메달을 수여받기도 했다. 현재는 브라질에서 살고 있으며, 그곳의 코칭전문 회사인 Lambent do Brasil의 공동대표를 맡고 있으면서 NLP 트레이닝과 코칭 전문가로 활동하고 있다.

주요 저서로는 *Not Pulling String, Training with NLP*(존 시모어와 공저), *Successful Selling with NLP, Free Yourself from Fears, NLP Workbook, Coaching with NLP*(공저), *NLP and Relationship*(공저) 등이 있다.

홈페이지  http://www.josephoconnor.com/
         http://www.lambent.com

## 존 시모어(John Seymour)

영국의 유명한 NLP 트레이너이자 컨설턴트, 저술가다. 그는 영국에서 가장 오래된 NLP 교육기관인 존 시모어협회(John Seymour Associates Ltd.)를 1985년에 설립하고 NLP 트레이닝을 실시해 왔다. 또한 NLP를 비즈니스, 교육, 카운슬링 분야로 도입하여 수많은 세미나를 통하여 사람들에게 교육하였다. 그는 수많은 조직체와 회사에 NLP를 보급해 왔고 NLP를 전국적으로 영국의 보건과 교육 분야에 도입하였다.

그는 대학원에서 교육학과 심리학을 전공하였으며, 미국에서 리처드 밴들러, 존 그린더, 로버트 딜츠, 주디스 펠로지어로부터 NLP 교육을 받았다.

주요 저서로는 조셉 오코너와의 공저인 *Training with NLP*를 비롯하여 *Peak Performance through NLP, Successful Managers Handbook* 등이 있으며, NLP와 자기계발 분야의 오디오테이프, 비디오테이프, 소프트웨어를 제작하기도 하였다.

홈페이지  http://www.john-seymour-associates.co.uk

▶▶▶▶▶ **역자 소개**

• **설기문**(kmseol@hanmail.net/www.nlp21.com/http://cafe.daum.net/trancenet)

경북대학교 교육학과 졸업

계명대학교 대학원 교육학과 졸업(석사)

미국 United States International University 대학원 교육학과 상담심리 전공(박사)

동아대학교 교육학과 교수 역임

한국상담심리학회 및 한국상담학회 공인 상담전문가

국제공인 NLP 트레이너

국제공인 최면치료 트레이너

국제공인 마스터 시간선치료 트레이너

현) 동방대학원대학교 자연치유학과 NLP 최면학 전공 교수

　　설기문마음연구소 및 한국NLP & 최면아카데미 원장

〈주요 저 · 역서〉

NLP의 원리, NLP 파워, NLP와 건강, 에릭슨최면과 심리치료, 최면상담 외


• **이차연**(mindbodyhealer@hanmail.net)

해군사관학교 졸업

한양대학교 대학원 전자통신공학과 졸업(공학석사)

동방대학원대학교 자연치유학과 NLP 최면학 전공 박사과정 재학

국제공인 NLP 트레이너

최면상담사

해군대령 예편

현) 누리보듬심리상담연구소 소장


• **남윤지**(circle-jee@hanmail.net)

동국대학교 사회개발학과 졸업

동방대학원대학교 자연치유학과 NLP 최면학 전공 석 · 박사통합과정 재학

국제공인 NLP 트레이너

현) 선재마음연구소 소장

• 정동문(dongmun2000@hanmail.net / http://cafe.daum.net/speechleader-ship)
중앙대학교 신문방송학과 졸업
동방대학원대학교 자연치유학과 NLP 최면학 전공 석·박사통합과정 재학
국제공인 NLP 트레이너
최면상담사
변화성공 트레이너
현) 정동문변화성공트레이닝 대표
　　한국폴리텍2대학 외래교수


• 권원달(wdkweon@hanmail.net)
경북대학교 치과대학 치의학과 졸업
고려대학교 임상치의학대학원 구강악안면외과 전공(치의학석사)
동방대학원대학교 자연치유학과 NLP 최면학 전공 박사과정 재학
국제공인 NLP 트레이너
최면상담사
현) 남대구 행복을 심는 치과 원장


• 김행신(vinna21@hanmail.net)
부산대학교 대학원 가정관리학과 졸업(이학석사)
부산대학교 대학원 가정학과 졸업(이학박사)
동방대학원대학교 자연치유학과 NLP 최면학 전공 박사과정 수료
국제공인 NLP 트레이너
현) 부산대학교 생활환경대학 강사
　　미래마음연구소 소장

# NLP 입문

Introducing NLP

2010년 4월 30일 1판 1쇄 발행
2025년 5월 30일 1판 11쇄 발행

지은이 • 조셉 오코너 · 존 시모어
옮긴이 • 설기문 · 이차연 · 남윤지 · 정동문 · 권원달 · 김행신
펴낸이 • 김 진 환
펴낸곳 • (주) **학 지사**
　　　　　04031 서울특별시 마포구 양화로 15길 20 마인드월드빌딩 5층
대표전화 • 02) 330-5114　　팩스 • 02) 324-2345
등록번호 • 제313-2006-000265호

홈페이지 • http://www.hakjisa.co.kr
인스타그램 • https://www.instagram.com/hakjisabook/

ISBN 978-89-6330-369-7 03180

정가 17,000원

출판미디어기업 **학 지사**

간호보건의학출판 **학지사메디컬** www.hakjisamd.co.kr
심리검사연구소 **인싸이트** www.inpsyt.co.kr
학술논문서비스 **뉴논문** www.newnonmun.com
원격교육연수원 **카운피아** www.counpia.com
대학교재전자책플랫폼 **캠퍼스북** www.campusbook.co.kr